„Zurück dürfen wir nicht!“

Michail S. Gorbatschow

„Zurück dürfen wir nicht!“

Programmatische Äußerungen zur Umgestaltung der sowjetischen Gesellschaft.

Eine kommentierte Auswahl der wichtigsten Reden M. S. Gorbatschows aus den Jahren 1984 – 1987

Herausgegeben
von
Horst Temmen

Bremen 1987

CIP-Kurztitelaufnahme der Deutschen Bibliothek

Gorbatschow, Michail S.: „Zurück dürfen wir nicht!“ Programmat. Äußerungen zur Umgestaltung d. sowj. Gesellschaft; e. kommentierte Ausw. der wichtigsten Reden M. S. Gorbatschows von 1984–1987 / Temmen, Horst (Hrsg.) – Bremen: Donat und Temmen, 1987.
ISBN 3-924444-32-3
NE: Temmen, Horst [Hrsg.]

Umschlaggestaltung:
Horst Griese

Techn. Mitarbeit:
Dirk Schröder

Hohenlohestr. 21
D 2800 Bremen

Der Verlag dankt der Presseagentur Nowosti, Köln für die Überlassung der Reden und insbesondere Herrn A. Egorow für die freundliche Hilfe.

Satz: Formsatz GmbH, Diepholz
Druck: Geffken-Druck, Bremen
ISBN 3-924444-32-3

Inhalt

Vorwort

Seit knapp zwei Jahren sind die vom Generalsekretär der KPdSU, M. S. Gorbatschow, geprägten Begriffe »perestrojka«, »glasnost« und Demokratisierung in aller Munde. Für die Sowjetunion symbolisieren sie einen Prozeß politischer und ökonomischer Veränderungen, den ihr Parteichef als »Revolution« bezeichnet. Dabei galt dieses Land in der westlichen Welt lange Zeit als nahezu unreformierbar. Was bedeutet »perestrojka« für die Sowjetgesellschaft konkret? Welche Auswirkungen hat »glasnost« für Jugendliche, Arbeiter und Intellektuelle? Wo liegen die Grenzen der Demokratisierung? Wie verändert sich die sowjetische Außenpolitik unter Gorbatschow?

Das Buch hat die Absicht, den momentanen Reform- und Umgestaltungsprozeß in der sowjetischen Gesellschaft durch Äußerungen des Generalsekretärs darzustellen. Beeindruckt von der zuweilen überraschend offenen und klaren Sprache in der Benennung gesellschaftlicher Problemzonen, erscheint die Idee, durch den Parteiführer eine Bestandsaufnahme der sowjetischen Ökonomie und Politik vor dem anstehenden 70. Jahrestag der sozialistischen Oktoberrevolution zusammenzustellen, außerordentlich reizvoll und verspricht, profunde Informationen aus ›erster, höchst autorisierter Hand‹.

Diese Vorgehensweise ist darüberhinaus besonders geeignet, Dimensionen und Tiefenschärfe des Problembewußtseins eines Mannes zu dokumentieren, der wohl zu recht als einer der bemerkenswertesten Parteichefs in der sowjetischen Geschichte bezeichnet wird. Ein Parteichef, der der Gesellschaft »Aufgaben wahrhaft revolutionären Charakters« in den Arbeitsplan schreibt und damit nicht nur sich und die Sowjetbürger zu einer »perestrojka« ansporonen, sondern angesichts nicht nur nuklearer, aber auch ökologischer Bedrohung der ganzen Menschheit »radikale, neue Denkansätze« empfehlen will.

Die getroffene Auswahl Gorbatschow'scher Gedanken belegt auch die Dynamik der Entfaltung und Ausformulierung des Reformkonzeptes – ausgehend von der spektakulären Rede im Dezember 1984, also noch vor seiner Wahl zum Parteichef, bis hin zu den letzten Äußerungen zur Meinungsfreiheit und dem Pressewesen am 16. Juli 1987. Die Geschwindigkeit, mit der immer mehr und tiefergehender einzelne Gesellschaftsbereiche in dem Umgestaltungs- und Erneuerungsprozeß einbezogen werden, läßt aber auch erkennen, daß Gorbatschow sich auf einige Gedankenmodelle und Teilentwürfe eines neuen Gesellschaftskonzeptes beziehen konnte, die bereits vor seiner Amtseinführung – wenn auch nicht immer von außen sichtbar – entstanden sein mußten.

Spekulationen darüber, wie weit M. S. Gorbatschow und die Partei diese neuerliche »Revolution« auszubauen beabsichtigen, werden eher angeregt als durch seine Äußerungen unterbunden. Die Grenzen scheinen weit gesteckt und sind bisher wesentlich allgemeiner formuliert als der Entwurf des »neues Denkens« in allen Bereichen der Gesellschaft. Um die hier nur in Ausschnitten vorgestellten Gedanken und Absichtserklärungen von Gorbatschow in einen größeren Zusammenhang zu stellen und – mitunter recht kritisch – zu würdigen, sind den längeren Textpassagen des Generalsekretärs knapp gehaltene Beiträge vorangestellt, die von ausgewiesenen Beobachtern verfasst wurden. Die Autoren *U. Engelbrecht* (Moskau), *H. Meyer* (Moskau), *W. Schlott* (Bremen) und *K. Segbers* (Bremen) bemühen sich in verschiedener Weise, ihre langjährigen journalistischen und wissenschaftlichen Erkenntnisse und Erfahrungen aus der Zeit vor dem Umbruch und der »Revolution des Denkens« mit den Äußerungen und den Inhalten Gorbatschow'scher Reformen zu konfrontieren. Es gilt, die *neuen* Entwürfe und Modelle herauszuarbeiten und in einer abschließenden Zwischenbilanz, Schwierigkeiten, Widersprüche aber auch Chancen der Politik von »perestrojka«, »glasnost« und »demokratizacija« aufzuzeigen.

Horst Temmen, August 1987

Hinweis: Die Titel- und Zwischenüberschriften in den Textabschnitten von M. S. Gorbatschow sind vom Herausgeber eingefügt worden. Ein Fundstellennachweis verwendeter Reden und Beiträge findet sich am Ende des Buches.

Uwe Engelbrecht

»Zurück dürfen wir nicht«

Der Reformkurs M. S. Gorbatschows

Die Welt ist bisweilen erstaunlich begriffsstutzig. War es journalistische Blindheit, war es Unglaube an die Aussagekraft von Worten und Begriffen, die inflationär geworden zu sein schienen, war es die Befangenheit in Vorurteile – kurzum, nur wenige merkten auf, als Michail Sergewitsch Gorbatschow erstmals öffentlich sein Konzept der »perestrojka« vorlegte, das er damals freilich selbst noch nicht mit diesem Begriff verband. Dies geschah am 10. Dezember 1984, als der damalige »zweite Mann« der Partei noch zu Amtszeiten von Tschernenko, als Politbüromitglied und Sekretär des Zentralkomitees der KPdSU vor allem für Fragen der Ideologie zuständig, auf einer »wissenschaftlich-praktischen Unionskonferenz« in Moskau referierte.[1]

Der Text war am folgenden Tag in der »Prawda« – grob verkürzt – nachzulesen. Einige ausländische Beobachter waren ebenso elektrisiert wie einige politikkundige Sowjetbürger. Weltweite Schlagzeilen, wie sie es eigentlich verdient hätten, machten die Äußerungen von Gorbatschow damals jedoch nicht.

Mag sein, daß die graue Amtsperiode des Konstantin Tschernenko so auf den Gemütern lastete, daß an die Möglichkeit von radikalen Veränderungen niemand mehr glauben mochte. Insbesondere in der UdSSR war nach den Hoffnungen, die Juri Wladimirowitsch Andropow in seiner knapp einjährigen Amtszeit zu wecken vermocht hatte, die Enttäuschung über dieses Zwischenspiel außerordentlich groß. Trotzdem bleiben der nur mäßige Widerhall auf Gorbatschows Referat im Lande selbst und das nahezu gänzlich fehlende Echo im Ausland rückblickend ein Rätsel. M. S. Gorbatschow war damals kein Unbekannter mehr – schon nach Andropows Tod im Jahre 1983 hatte er vielen als der einzig nennenswerte und vielversprechende Nachfolgekandidat gegolten. Daß er Tschernenko ablösen würde, galt nicht nur unter Eingeweihten als einigermaßen sicher. Sein Auftritt vor besagter Konferenz war nicht nur ein Ausdruck der Ungeduld, sondern durfte schon als unverkennbarer Versuch gewertet werden, für die wenige Monate später fällige Wachablösung möglichst viele Gleichgesinnte um sich zu scharen.

Viele Menschen in Moskau schienen das – zwar mit einiger Verzögerung – zu spüren: Die Broschüre, die kurz nach der »Prawda«-Veröffentlichung mit dem vollständigen Referatstext herauskam, war nach wenigen Tagen in den

Buchhandlungen vergriffen. Erst nach seiner Amtsübernahme erneut aufgelegt, belegt dieser Text rückblickend, daß Gorbatschow und seine Mitstreiter bereits mit einem überraschend weitgehend formuliertem Konzept antraten, wenn auch viele Teilaspekte und Details – vor allem die Projekte für die Wirtschaftsreform – in der Folgezeit erst noch erarbeitet und diskutiert werden mußten. »Revolutionär«, wie der Parteichef die »perestrojka« später öffentlich bezeichnen sollte, war schon dieses Referat.

Das ändert sich auch nicht dadurch, daß seine Ausführungen noch eine ganze Menge der damals üblichen Leerformeln enthielten und mehrmals mit den obligaten Referenzen an den Parteichef Tschernenko aufwarteten. Sein ideologischer Bezugspunkt war jedoch das »Juni-Plenum« im Jahre 1983[2], auf dem Andropow in der ihm eigenen vorsichtigen Art versucht hatte, Partei und Öffentlichkeit mit den Unzulänglichkeiten und Fehlentwicklungen der sowjetischen Gesellschaft vertraut zu machen und die Gesellschaftswissenschaften und insbesondere die Ökonomen auf ihre ungelösten Probleme hinzuweisen. Als Antwort auf die nun immer drängenderen Probleme benannte Gorbatschow im Dezember als »Hauptaufgabe der gegenwärtigen Etappe« eine »wesentliche Beschleunigung des sozialökonomischen Fortschritts«[3]. Gleich nach dieser auch technokratisch interpretierbaren Formel findet sich jedoch die Feststellung, je verantwortungsvoller die historischen Zielsetzungen seien, desto mehr komme es auf eine aktive Teilnahme der Massen an: »Lebendiges Schaffen des Volkes ist das Wesen des Sozialismus.«[4] Gorbatschow führte diesen Gedanken auf eine Weise weiter aus, die verriet, daß es ihm um mehr ging als nur um die traditionellen Lippenbekenntnisse zu einem sozialistischen Demokratismus.

Der Begriff »Beschleunigung« blieb im übrigen noch lange, auch in Gorbatschows Reden, als Hauptcharakteristikum für den unter ihm eingeleiteten Kurs erhalten; erst in der zweiten Hälfte des Jahres 1986 wurde er immer wieder und durch das Januar-Plenum von 1987 endgültig durch die inzwischen allgegenwärtigen Begriffe »perestrojka« und Demokratisierung verdrängt. Der Unterschied zwischen den früheren und jetzigen Formulierungen ist von erheblicher theoretischer und praktischer Bedeutung: »Beschleunigung« ist die forcierte Fortsetzung einer sich bereits vollziehenden Entwicklung, entsprach also noch dem jahrelang üblichen formalhaften Gerede von der »weiteren Vervollkommnung des entwickelten Sozialismus«. »perestrojka« – Umgestaltung, Umbau – dagegen postuliert eine qualitativ neue Richtung, einen Bruch, eben eine »Revolution«, wie Gorbatschow sie bezeichnete.

In seinem bedeutenden Referat mußte er noch faktische Vorsicht walten lassen und ließ diesen Begriff nur anklingen: die qualitative Umgestaltung der Produktivkräfte und die Vervollkommnung der Produktionsverhältnisse bestimmten den Hauptgehalt der Politik der KPdSU in der gegenwärtigen Etappe, referierte er, und wegen ihres »unkonventionellen Charakters«, ihres Ausmaßes und ihrer Kompliziertheit sei sie ein »im wahrsten Sinne des

Wortes titanisches Vorhaben«, das »mit revolutionärem Schwung« realisiert werden müsse.[5]

In Anlehnung an Andropow[6] führte Gorbatschow damals ein Postulat von erheblicher politischer und theoretischer Sprengkraft in die Debatte ein: er forderte dazu auf, »die vereinfachte Auslegung der bekannten These von der Übereinstimmung der Produktionsverhältnisse und der Produktivkräfte im Sozialismus zu überwinden, wonach diese Übereinstimmung geradezu automatisch die uneingeschränkte Entwicklung der Produktivkräfte sichert.« Diese Verkümmerung einer Kernaussage des Marxismus war in der Stalin-Ära geboren worden und besagte, vereinfacht ausgedrückt: Im Kapitalismus geraten die expandierenden Produktivkräfte immer mehr in Gegensatz zu den Produktionsverhältnissen, also den Eigentumsformen, die politischen Strukturen, der Verwaltung der Wirtschaft und den gesellschaftlichen Beziehungen der Menschen zueinander – die Produktionsverhältnisse werden also zur Fessel der Produktivkräfte und damit der gesellschaftlichen Entwicklung.

Im Sozialismus aber, so wollte es der stalinistische Dogmatismus, sei es genau umgekehrt: dort seien die Produktionsverhältnisse den Produktivkräften sogar voraus und übten deshalb einen fördernden Sog auf deren weitere Entwicklung aus. An diesem Dogma hatte schon Andropow gekratzt. Daß nun Gorbatschow es in allgemein verständlicher Weise in Frage stellte, lief im Grund auf die Feststellung hinaus, daß der ganze politisch-administrative Überbau, wie ihn das Land seit Stalins Zeiten kannte, nichts mehr tauge und im Interesse der ökonomisch-sozialen Zukunftsperspektiven der UdSSR umgekrempelt werden müsse. Und er wurde ziemlich deutlich: »Die Unannehmbarkeit derartiger Ansichten besteht darin, daß das Problem der Vervollkommnung der Produktionsverhältnisse gegebenenfalls entweder überhaupt von der Tagesordnung gestrichen oder aber in den Hintergrund verdrängt wird.«[7]

Sehr viel vorsichtiger stellte Gorbatschow auch einige andere marxistische Grundauffassungen (wieder) zur Disposition und sprach von bisherigen »Vorurteilen gegenüber der Rolle der Ware-Geld-Beziehungen und der Wirkung des Wertgesetzes, die oftmals auch als dem Sozialismus wesensfremd hingestellt« worden seien.[8] Letztlich brachte er damit die bis heute nicht ausdiskutierte Rolle von Marktbeziehungen in einer sozialistischen Gesellschaft in die Debatte. »Ernste wissenschaftliche Empfehlungen bezüglich der Anwendung solcher ökonomischen Hebel wie Preis, Selbstkosten, Gewinn, Kredit und einige andere« seien erforderlich. Damit war das Thema Wirtschaftsreform in einem Umfang auf die Tagesordnung gesetzt, welches weit über bisherige Gedankenmodelle und die schon unter Andropow eingeleiteten vereinzelten Experimente hinausreichte. Er zog aber auch damals schon Grenzen, an denen noch heute festgehalten wird: »Die Aufgabe einer gründlicheren Nutzung der potentiellen Möglichkeiten des sozialistischen Wirtschaftssystems allein darauf (auf den Markt, U. E.)

zu reduzieren, würde jedoch bedeuten, grundlegende Prinzipien und Vorzüge des Sozialismus herabzuwürdigen, wie den planmäßigen Charakter unserer Wirtschaft, die Priorität der sozialen Ziele der ökonomischen Entwicklung, die Möglichkeit ihrer bewußten Optimierung zwecks tiefgreifender qualitativer Umgestaltungen in der perestrojka im Interesse der Gesellschaft.« In diesem Sinne hat sich Gorbatschow bis heute gegen extreme Ansichten einer kleinen Zahl sowjetischer Ökonomen verwahrt, die die Gültigkeit von Marktgesetzen sogar bis zur Hinnahme von Arbeitslosigkeit ausgedehnt wissen wollen, um solcherart die Arbeitsdisziplin zu steigern.

Sensationell aber wirkte in jenem Dezember 1984 die Neuinterpretation des Begriffs von der »sozialistischen Selbstverwaltung des Volkes«. Der lange verpönte Begriff hatte auf den Seiten der »Prawda« bis dato nur selten Gastrecht gefunden. Spätestens an dieser Stelle mußte dem aufmerksamen und politisch beschlagenen Leser aufgehen, daß der Referent nicht nur die »weitere Vervollkommnung« des »entwickelten Sozialismus« im Sinne hatte, sondern eine politische Umwälzung, die er im Januar 1987 mit den Worten begründen sollte: »Wir brauchen die Demokratie wie die Luft zum Atmen.«

Schwer vorstellbar, was sich Ende 1984 der theoretisch unbeschlagene, aber orthodoxe Parteichef Tschernenko und andere Politbüromitglieder gedacht haben mögen, als sie der »Prawda« Gorbatschows Belehrungen über die »tiefgründige Idee der Bahnbrecher des Marxismus-Leninismus von der Selbstverwaltung« entnehmen mußten: »Marx, Engels, Lenin faßten den Übergang zur Selbstverwaltung der Werktätigen als praktische Aufgabe des Proletariats gleich nach der Machtübernahme durch dieses auf. Den Hauptinhalt dieser Idee sahen sie in der Gewährleistung einer realen, praktischen Teilnahme einer immer größeren Masse der Werktätigen an der Leitung – an der Ausarbeitung, Prüfung, Annahme und Realisierung sozialökonomischer Entscheidungen. Lenin stellte die sowjetische Staatsmacht und die Selbstverwaltung des Volkes nie einander gegenüber«[9] – wie es, so klang zwischen den Sätzen mit, seit Stalin immer geschehen war. Hier waren bereits im Kern jene Elemente einer deutlichen, kritischen Vergangenheitsbeschreibung angelegt, die im Januar-Plenum von 1987 für weltweite Aufmerksamkeit und Resonanz sorgten.

Auch die Politik der »glasnost«, also der Offenheit, Transparenz, der ungehinderten Publizität, wurde rückblickend in jenem Referat bereits mit einer Deutlichkeit begründet, die eigentlich später keiner grundsätzlichen Ergänzung mehr bedurfte.[10] Ähnliches gilt für die durch Parteibeschluß später verkündeten sozialpolitischen Prioritäten, die Forderung nach mehr Rechtssicherheit oder nach »Achtung der Würde der Persönlichkeit«. Mit einem Wort: rund ein Vierteljahr, bevor er zum Generalsekretär der KPdSU avancierte, hatte Gorbatschow so etwas wie Elemente eines Regierungsprogramms vorgelegt, das er seitdem Schritt für Schritt ergänzt, anpaßt und in die Praxis umsetzt.

Wer wollte, konnte anhand dieses Referates auch damals schon Erkenntnisse über Gorbatschows weltanschauliche Positionen gewinnen. Die Vorstellung, es handele sich bei ihm um eine Art technokratischen Pragmatiker, der etwa im Sinne der Konvergenz-Theorie die UdSSR westlichen Einflüssen öffnen wolle, um sie ausschließlich nach deren Muster zu modernisieren, hätte im Ausland eigentlich gar nicht aufkommen dürfen. Vielmehr geht es ihm auch um ein »Zurück zu den Quellen!«, nämlich zu Marx, Engels und Lenin. Darin liegt für ihn der einzige Weg, die auch durch den Stalinismus verschütteten Potentiale der sowjetischen Gesellschaft auf eine Weise zu entwickeln, welche aus ihr ein attraktives Gegenmodell zu den westlichen Gesellschaften machen könnte.

Besonders deutlich wird dies an jenen Stellen des Referats vom Dezember 1984, wo er sich mit den »Quellen des globalen Widerstreits der beiden Systeme an einer immer breiteren Front« auseinandersetzte. Sie liegen für ihn in den »nicht enden wollenden Versuchen einer sozialen Revanche, mit denen sich die herrschenden Kreise des Imperialismus tragen«. Diese düstere Sicht der Triebkräfte westlicher Politik, die er auch auf dem XXVII. Parteitag Anfang 1986 erkennen ließ, mag durch die Erfahrungen mit der amerikanischen Politik der Reagan-Administration wesentlich mitgeprägt worden sein. Sie schimmert aber auch bei späteren Äußerungen immer wieder durch und liegt im beständigen Widerstreit mit seinem Bemühen, gewissermaßen »trotz allem« Abrüstung, möglichst konflikfreie Koexistenz und sogar stabile Kooperation mit diesen Kontrahenten zu erreichen.

Nirgendwo wird seine Abneigung gegen gewisse Aspekte westlicher Lebensweisen greifbarer als bei seinen Darstellungen der Erscheinungsformen bürgerlicher »Massenkultur«: »Die Ideologen des Kapitalismus, die sich für die Verfechter des Humanismus und der Menschenrechte ausgeben, versuchen, der sozialistischen Welt Normen und Standards einer uns fremden Lebensweise aufzuzwingen und die erhabenen humanistischen Ideale zu untergraben, ohne die selbst das Leben und die Tätigkeit des Menschen ihren Sinn verlieren. Sie möchten die Sitten und Geschmacksgewohnheiten verbreiten, die in der bürgerlichen Gesellschaft herrschen, das Bewußtsein der Menschen ‚auflockern', es für kleinbürgerliche Ideen und kleinkarierte nichtige Verlockungen, für Individualismus, für spießbürgerliche Besitzgier, für ideologische und kulturelle Wahllosigkeit anfällig machen.«[11]

Gewiß ist sich Gorbatschow mit seinem »Chefideologen« Professor Alexander Jakowlew einig, der sich auf einer Pressekonferenz in Madrid einmal in dem Sinne äußerte: je mehr die Politik der perestrojka voranschreite, um so weiter werde sich die sowjetische Gesellschaft von den westlichen Kulturen entfernen und meinte damit, um so unverkennbarer und »alternativer« würden sich ihre eigenen Lebensformen, ihr eigenes kulturelles Gesicht, entwickeln. Gorbatschow sieht das mit Sicherheit nicht anders. Doch hält er wie auch Jakowlew wenig von Verboten, um die unerwünschten Einflüsse abzuwehren. Wie dieser ist er überzeugt, daß der beste Schutz gegen sie in einer einst ungehemmten Entfaltung der intellektuell-kulturellen Potentiale seines Landes bestehen werde.

Warum hat es gut zwei Jahre gedauert, bis sich die Welt über alle Implikationen des Gorbatschow'schen Referates völlig klar wurde? Unter den Gründen spielt gewiß auch eine bedeutende Rolle die verbreitete – und auch heute noch fortwirkende – Unwilligkeit im Westen, von der These der Unreformierbarkeit der sowjetischen Verhältnisse Abstand zu nehmen. Allerdings hatte Gorbatschow auch innenpolitische Rücksichten zu nehmen: Auch seine programmatische Rede auf dem XXVII. Parteitag fiel relativ konturenlos aus und blieb hinter den Erwartungen zurück, die das Referat vom Dezember 1984 und die nachfolgenden Äußerungen bei einigen geweckt hatte. Der Parteitag, der statutengemäß fällig war, kam für seine Zwecke eigentlich zu früh: viele theoretische und vor allem praktische Fragen waren noch nicht ausdiskutiert und die Führungsorgane konnten in der kurzen Zeitspanne nicht auf den neuen Kurs eingestimmt werden. Auf dem Januar-Plenum kam Gorbatschow selbst mehrmals auf diese Hintergründe zu sprechen: »gleichzeitig sehen wir …, daß die Umgestaltung sich als schwieriger erweist und die Ursachen für die in der Gesellschaft angehäuften Probleme tiefer liegen, als wir früher angenommen haben. Je tiefer wir in die Arbeit bei der Umgestaltung eindringen, um so deutlicher werden ihre Dimensionen und ihre Bedeutung, tauchen immer neue, ungelöste Probleme auf, die wir als Erbe der Vergangenheit übernommen haben … um so mehr, da in der Gesellschaft, ja auch in der Partei selbst, ein gewisses Unverständnis für die Kompliziertheit der Lage bleibt, in der sich das Land befindet … die Erfahrungen der vergangenen eineinhalb Jahre haben unsere Entschlossenheit gefestigt, diese Analyse zu vertiefen …«[12]

Ob es dem Generalsekretär tatsächlich so ergangen ist, darf man ein wenig bezweifeln; sein Referat vom Dezember 1984 läßt eigentlich wenig Raum für die Vorstellung, er sei sich über die Konsequenzen und über die zu erwartenden Schwierigkeiten im allgemeinen nicht im Klaren gewesen. Eher schien eine zeitweilig wohl dosierte Verabfolgung der Kurskorrekturen aus politisch-taktischen Gründen geboten, bis dann im Januar 1987 der Boden für die Feststellung bereitet war: »Im wesentlichen geht es um eine Wende und um Maßnahmen revolutionären Charakters. Wir sprechen von Umgestaltung (perestrojka) und mit ihr verbundenen Prozessen einer tiefgreifenden Demokratisierung der Gesellschaft und fassen dabei wirklich revolutionäre und allseitige Veränderungen der Gesellschaft ins Auge. Ein solcher grundlegender Umschwung ist notwendig, denn einen anderen Weg gibt es für uns einfach nicht. Zurückgehen dürfen wir nicht und werden wir niemals.«[13]

Anmerkungen

1. Gorbatschow, M. S., Lebendiges Schaffen des Volkes. Referat auf der wissenschaftlich-praktischen Unionskonferenz »Vervollkommnung des entwickelten Sozialismus und die ideologische Arbeit der Partei im Lichte der Beschlüsse des Juni-Plenums (1983) des ZK der KPdSU«. 10. Dezember 1984, APN-Verlag 1985. Das Referat erschien zuerst in erheblich gekürzter, häufig sinnentstellter Fassung in: Prawda vom 11. Dezember 1984. Die deutsche Version in: Sowjetunion heute (Beilage), Nr. 1 1985 basiert auf der Prawda-Fassung. Wir beziehen uns auf die vollständige APN-Fassung.
2. Vergl. Rede von Generalsekretär J. Andropow auf dem Plenum des ZK der KPdSU am 15. Juni 1983, in: Sowjetunion heute (Beilage), Nr. 7 1983, S. II– VIII.
3. vergl. Anmerkung 1, S. 6.
4. ebenda, S. 6.
5. ebenda, S. 19.
6. Der theoretisch sehr gebildete Andropow hatte einiges zur Vorbereitung der »perestrojka« beigetragen, vor allem in seiner Gedenkschrift zum 100. Todestag von Karl Marx (»Die Lehre von Karl Marx und einige Fragen des sozialistischen Aufbaues in der UdSSR«). Andropows sehr behutsame, oft nur dem gebildeten Leser zugängliche Formulierungen wie auch seine kurze, immer wieder durch Krankheitsphasen unterbrochene Amtszeit behinderten jedoch eine nachhaltige Breitenwirkung seiner Erkenntnisse.
7. Gorbatschow, M. S., Lebendiges Schaffen ..., S. 11.
8. ebenda, S. 13.
9. ebenda, S. 14.
10. ebenda, S. 28.
11. ebenda, S. 39. Siehe auch Beitrag von W. Schlott in diesem Band.
12. Gorbatschow, M. S., Wir brauchen Demokratie wie die Luft zum Atmen. Referat auf dem Plenum des ZK der KPdSU am 27/28. Januar 1987. Köln 1987, S. 5. Auch in: Sowjetunion heute (Beilage), Nr. 2 1987.
13. ebenda, S. 12.

»Perestrojka«, »glasnost« und Demokratisierung

M.S. Gorbatschow:

Lebendiges Schaffen des Volkes …

10. Dezember 1984

Das Zentralkomitee betrachtet die Durchführung dieser Konferenz als eine bestimmte Etappe in der Arbeit zur Erfüllung der Beschlüsse des Juni- Plenums, als einen wichtigen Abschnitt in der Vorbereitung auf den ordentlichen XXVII. Parteitag der KPdSU. Wir erwarten eine tiefgreifende Analyse der gewonnenen Erfahrungen, eine sachliche Erörterung ideologischer Probleme, auf die es im Zusammenhang mit den umfangreichen sozialökonomischen Aufgaben, die vor unserem Lande stehen, die Aufmerksamkeit zu konzentrieren gilt.

Notwendig sind ständiges Suchen und unkonventionelle Ideen und Vorschläge wie auch aktive Handlungen zu ihrer Umsetzung. Hier baut die Partei auf den kollektiven Geist und die vielseitigen Erfahrungen der Kommunisten, auf das schöpferische Denken ihres ideologischen Aktivs.

Unsere Gesellschaft durchlebt eine recht verantwortungsvolle Periode. Im Hinblick auf das Hauptergebnis der vergangenen Jahre kann man mit voller Bestimmtheit sagen, daß Partei und Volk, die unbeirrbar dem vom XXVI. Parteitag der KPdSU festgelegten Kurs folgen, sicheren Schrittes auf dem Wege der Vervollkommnung aller Aspekte des Lebens der sowjetischen Gesellschaft, auf dem Wege des Friedens und Fortschrittss vorankommen.

. . .

In der Tätigkeit der Parteiorganisationen, der Staats-, Sowjet- und Wirtschaftsorgane setzt sich immer mehr ein realistisches, nüchternes und schöpferisches Vorgehen sowie Unversöhnlichkeit gegenüber den Mängeln durch. Allgemeine Billigung fand der von der Partei entfaltete Kampf, der darauf zielt, allerorts Ordnung, Organisiertheit und Disziplin durchzusetzen sowie die Verantwortung der Kader auf allen Leitungsebenen zu erhöhen.

Die Realisierung einer Reihe wichtiger Maßnahmen im wirtschaftlichen, sozialen und ideologischen Bereich ermöglichte, die ungünstigen Tendenzen in der Wirtschaft zu überwinden und deren Wachstumstempo zu beschleunigen, sie wirkte sich auf die politisch-moralische Atmosphäre im Lande günstig aus. Im Ergebnis erhöhte sich das Ansehen der Partei noch mehr, erstarkten ihre Verbindungen mit den Massen, kam es zu einem noch stärkeren Zusammenschluß der Arbeiterklasse, der Bauernschaft und der Intelligenz um das Leninsche Zentralkomitee. Davon zeugt beredt und überzeugend die uneingeschränkte Unterstützung des Volkes für die politische Linie der Partei die selbstlose Teilnahme der sowjetischen Menschen an deren Verwirklichung.

Auf uns warten umfangreiche und komplizierte Aufgaben. Der bevorstehende XXVII. Parteitag der KPdSU wird dem Land neue historische Horizonte eröffnen. Er wird bekanntlich die Neufassung des Parteiprogramms, des Programms der Vervollkommnung des entwickelten Sozialismus, annehmen sowie die Aufgaben für das neue Planjahrfünft und bis zum Jahre 2000 festlegen.

Als prinzipielle Grundlage der strategischen Linie der Partei, der weiteren Verbesserung der ideologischen und der gesamten parteipolitischen Arbeit dienen die von K. U. Tschernenko formulierten theoretischen Richtlinien und Thesen bezüglich des erreichten Niveaus der sozialen Reife der sowjetischen Gesellschaft. Tiefgehend begründet wurde die Schlußfolgerung, daß wir uns am Anfang der historisch langen Etappe des entwickelten Sozialismus befinden. Auf dieser Basis wird die von der Partei erarbeitete Konzeption der entwickelten sozialistischen Gesellschaft konkretisiert, bietet sich die Möglichkeit, sich besser jene sozialökonomischen Koordinaten vorzustellen, in denen man handeln muß.

. . .

Wie das Leben zeigt, ist die Vervollkommnung des Sozialismus eine nicht weniger komplizierte und verantwortungsvolle Arbeit als jene, die Partei und Volk in den vorangegangenen Etappen ihres Aufbaus leisten mußten. Es gilt, tiefgreifende Umgestaltungen in der Wirtschaft und im ganzen System der gesellschaftlichen Beziehung zu vollziehen, ein qualitativ höheres Lebensniveau der sowjetischen Menschen zu sichern. Im Ergebnis wird der Sozialismus eine neue Reifestufe erreichen. Es sind dies Probleme von wahrhaftig gigantischen Dimensionen. Daher ergibt sich auch die Hauptaufgabe der gegenwärtigen Etappe – die einer wesentlichen Beschleunigung des sozialökonomischen Fortschritts. Sie wird mit aller Entschlossenheit und Zielstrebigkeit gelöst werden.

Es ist gut bekannt: Je schwieriger und umfangreicher, je verantwortungsvoller die historischen Zielsetzungen sind, desto mehr kommt es auf eine aktive Teilnahme der Massen an ihrer Realisierung an. Lebendiges Schaffen des Volkes ist das Wesen des Sozialismus, ein gundlegender Faktor seiner Entstehung und Entwicklung. Wie ruft man bei Millionen Interesse und eine bewußte Einstellung zu den neuen Problemen und Aufgaben hervor, wie überzeugt man sie von der Notwendigkeit einer energischen Durchführung der vorgemerkten Umgestaltungen, wie erreicht man, daß sie zum ureigenen Anliegen der Werktätigen selbst werden – auf diese Fragen kam Lenin immer wieder aufs neue zurück. In ihrer Lösung sah er den Hauptzweck der politisch ideologischen und der organisatorischen Tätigkeit der Partei.

In den kompliziertesten, mitunter dramatischen Perioden im Leben des Landes, angesichts tiefer Wandlungen oder historischer Prüfungen wandte sich die Partei mit aller Offenheit und Aufrichtigkeit an das Volk, sie erläuterte ihm die lebenswichtige Notwendigkeit der bevorstehenden Aufgaben und erhielt von ihm stets volle Unterstützung. Auf die Kräfte, den Geist, das Talent und den Arbeitselan des sowjetischen Menschen zu bauen, sich auf die Massen zu stützen – das ist ein unveräußerlicher Bestandteil, eine grundlegendes Prinzip der Tätigkeit der Kommunistischen Partei.

Die Idee der Begründer des Marxismus von der zunehmenden Rolle des menschlichen Faktors im gesellschaftlichen Fortschritt ist heute besonders aktuell. Bei der Vervollkommnung des entwickelten Sozialismus geht es in der Endkonsequenz um die Erweiterung der Möglichkeiten für die Entwicklung der Persönlichkeit, der Initiative des sowjetischen Menschen als Herr seines Landes, als Werktätiger und Staatsbürger.

Für die Realisierung der von der Partei vorgezeichneten historischen Umgestaltungen gilt es, alle schöpferischen Kräfte zu mobilisieren, die in der Arbeits- und der gesellschaftlichen Aktivität der Massen eingeschlossen sind. Welches sind die sozialen und ideologischen Wege zur Realisierung dieses Ziels?

Vor allem ist dies die größere Aufmerksamkeit gegenüber dem Menschen. Aufmerksamkeit in allem – im großen wie im kleinen. Es handelt sich nicht nur um die allgemeine Ausrichtung der sozialökonomischen Pläne auf eine Verbesserung der Lebensbedingungen der Menschen, sondern auch um eine Vervollkommnung der Praxis des Funktionierens aller Elemente unserer Gesellschaft, aller ihrer Strukturen.

Jede Entscheidung, jeder Schritt in der praktischen Tätigkeit müssen in erster Linie im Hinblick darauf bewertet werden, was sie für die Menschen mit sich bringen, welches ihre sozialen und ideologischen Auswirkungen sind. Keinerlei Berufungen auf objektive Umstände dürfen eine Mißachtung der Bedürfnisse der Menschen rechtfertigen. Es gibt keine Interessen der Sache, die im Widerspruch zu den Interessen des arbeitenden Menschen stehen, und es kann sie auch nicht geben. Das ist für uns Kommunisten eine prinzipielle Frage.

Wenn wir hervorheben, daß die Partei in den Mittelpunkt ihrer gesamten Politik die Sorge um den Menschen stellt, dürfen wir gleichzeitig auch die andere Seite der Angelegenheit nicht außer acht lassen – dessen Verantwortung gegenüber der Gesellschaft, dessen Arbeitsbeitrag zur Vergrößerung des gesellschaftlichen Reichtums.

Vertiefung der sozialistischen Demokratie …

Ein bewährter Weg, bei den sowjetischen Menschen das Bewußtsein herauszubilden, daß sie vollberechtigte, umsichtige Herren ihres Landes sind, daß sie an den Vorhaben und Sorgen der Partner unmittelbar Anteil haben, ist die immer effektivere Einbeziehung der Werktätigen in die Leitung der Produktion und der sozialpolitischen Prozesse, die Vertiefung der sozialistischen Demokratie.

. . .

Die gegenwärtige Entwicklungsetappe der sowjetischen Gesellschaft ist gekennzeichnet durch tiefgreifende Wandlungen im gesamten System der sozialistischen Produktionsverhältnisse auf der Basis qualitativer Veränderungen in den Produktivkräften sowie durch die sich vertiefende Wechselwirkung und wechselseitige Durchdringung technisch-ökonomischer, sozialpolitischer und geistig-ideologischer Faktoren. Dies macht erforderlich, die Produktionsverhältnisse in unlöslicher Einheit mit den Formen der Organisation der Arbeit und der Produktion, mit der Leitung und Planung, mit dem System der Anreize, im gesamten sozialen Kontext der Lebenstätigkeit der Menschen zu betrachten.

Ein solches Vorgehen wird es gestatten, die vereinfachte Auslegung der bekannten These von der Übereinstimmung der Produktionsverhältnisse und der Produktivkräfte im Sozialismus zu überwinden, wonach diese Übereinstimmung geradezu automatisch die uneingeschränkte Entwicklung der Produktivkräfte sichert. Die Unannehmbarkeit derartiger Ansichten besteht darin, daß das Problem der Vervollkommnung der Produktionsverhältnisse gegebenenfalls entweder überhaupt von der Tagesordnung gestrichen oder aber in den Hintergrund verdrängt wird.

Indes reproduziert sich die Übereinstimmung der Produktionsverhältnisse und der Produktivkräfte keineswegs von sich aus, sondern sie erfordert eine ständige zielgerichtete Arbeit zur Vervollkommnung des gesamten wirtschaftlichen Systems des Sozialismus. Dies zu berücksichtigen ist in den Perioden tiefgreifender qualitativer Wandlungen in der Entwicklung der Volkswirtschaft besonders wichtig. Die Verlangsamung des wirtschaftlichen Wachstums Ende der 70er, Anfang der 80er Jahre dürfte sich wohl nicht nur durch das Zusammentreffen einer Reihe ungünstiger Faktoren, sondern auch dadurch erklären, daß die Notwendigkeit nicht rechtzeitig erkannt wurde, einige Aspekte der Produktionsverhältnisse zu verändern...

Man spricht bei uns viel und mit gutem Grund von der Notwendigkeit, die Möglichkeiten und Vorzüge des sozialistischen Wirtschaftssystems unter den gegenwärtigen Verhältnissen vollständiger zu realisieren. Es kommt aber auch vor, daß die Perspektive einer Beschleunigung der Entwicklung der Wirtschaft und des Wachstums ihrer Effektivität allein von der Entwicklung der Ware- Geld-Beziehungen abhängig gemacht wird.

Was läßt sich dazu sagen? Gewiß, Ware-Geld-Beziehungen sind dem Sozialismus eigen. Ihre Instrumente finden in der sozialistischen Wirtschaft weitgehend Anwendung. Und es kommt darauf an, diese Instrumente noch besser anwenden zu lernen, ohne selbstverständlich zu vergessen, daß sich deren Wesen und Zweckbestimmung im Sozialismus ändern. Dazu sind ernste wissenschaftliche Empfehlungen bezüglich der Anwendung solcher ökonomischen Hebel wie Preis, Selbstkosten, Gewinn und Kredit und einige andere unter den gegenwärtigen Bedingungen erforderlich.

Die Aufgabe einer gründlichen Nutzung der potentiellen Möglichkeiten des sozialistischen Wirtschaftssystems allein darauf zu reduzieren, würde jedoch bedeuten, solche grundlegenden Prinzipien und Vorzüge des Sozialismus herabzuwürdigen wie der planmäßige Charakter unserer Wirtschaft, die Priorität der sozialen Ziele der ökonomischen Entwicklung, die Möglichkeit ihrer bewußten Optimierung zwecks tiefgreifender qualitativer Umgestaltungen in der Produktion im Interesse der Gesellschaft.

Die Realisierung eben dieser grundlegenden Prinzipien gestattete den Ländern der sozialistischen Gemeinschaft in ihrer Entwicklung eindrucksvolle Resultate zu erzielen. Auf die gegenwärtigen Bedingungen angewandt, werden sie die Intensivierung der Produktion beschleunigen. Auch hier – bei der Ausarbeitung spezifisch sozialistischer, auf Planung beruhender Methoden des Wirtschaftens – muß die Wirtschaftswissenschaft der Praxis wirksamere Hilfe erweisen.

Prinzip der Selbstverwaltung ...

Die Bedürfnisse der Vervollkommnung des entwickelten Sozialismus diktieren die Notwendigkeit einer ernsten Bereicherung unserer Vorstellungen auch von vielen weiteren großen Problemen der Gesellschaftskunde.

Nehmen wir die Fragen der Entwicklung des politischen Systems unserer Gesellschaft. Gut bekannt ist beispielsweise die tiefgründige Idee der Bahnbrecher des Marxismus-Leninismus von der Selbstverwaltung. Marx, Engels, Lenin faßten den Übergang zur Selbstverwaltung der Werktätigen als praktische Aufgabe des Proletariats gleich seit der Machtübernahme durch dieses auf. Den Hauptinhalt dieser Idee sahen sie in der Gewährleistung einer realen, praktischen Teilnahme einer immer größeren Masse der Werktätigen an der Leitung – an der Ausarbeitung, Prüfung, Annahme und Realisierung sozialökonomischer Entscheidungen. Lenin stelle die sowjetische Staatsmacht und die Selbstverwaltung des Volkes nie einander gegenüber. Er schätzte die Sowjets deshalb so hoch, weil sie diese beiden Eigenschaften in sich vereinigen, weil sie Organe der Macht der Arbeiter und Bauern sind und deren Vereinigung, deren Zusammenschluß, deren Selbstverwaltung sichern.

Zugleich sind in den Gesellschaftswissenschaften noch viel zu simplifizierte und mitunter auch einseitige Auslegungen der Selbstverwaltung gängig. In einigen von ihnen wird die Selbstverwaltung mit dem Funktionieren lediglich einiger Zellen der sozialistischen Gesellschaft (auf Produktions- bzw. territorialer Ebene) verbunden; in anderen wird sie der staatlichen Verwaltung gegenübergestellt; in wieder anderen wird die praktische Verwirklichung der Prinzipien der Selbstverwaltung bis zum Übergang zu der höchsten Phase des Kommunismus aufgeschoben.

Es bedarf keiner besonderen Beweisführung, daß wir heute, da umfangreiche Arbeit zur Erhöhung der Rolle und des Ansehens der Sowjets, zur Vervollkommnung unseres politischen Systems, aller Formen und Mittel der Einbeziehung der Massen in die Angelegenheiten von Staat und Gesellschaft geleistet wird, ganz besonders eine ernsthafte Ausarbeitung theoretischer Probleme der Entwicklung der sozialistischen Selbstverwaltung des Volkes benötigen. Solche Forschungen werden der Partei helfen, erfolgreicher jene praktischen Aufgaben zu lösen, die sich auf diesem Wege ergeben.

Nicht minder bedeutsam ist das Problem der Erfassung in unserem politischen System objektiv bedingter Interessen verschiedener sozialer Gruppen. Es ist mittlerweile nicht nur durch die Theorie, sondern auch durch die historische Erfahrung erwiesen worden, daß unser Staat, wie auch unser politisches System insgesamt, die grundlegenden Interessen des sowjetischen Volkes – der Arbeiterklasse, der Bauernschaft und der Intelligenz, aller Nationen und Völkerschaften unseres Landes – vertritt, daß er die höchste Errungenschaft des Sozialismus darstellt. Als zementierende Grundlage wirken hier die Interessen der Arbeiterklasse, die bis hin zur vollständigen Überwindung der klassenmäßigen Unterschiede die führende Kraft der Gesellschaft bleiben wird. Solange solche Unterschiede aber bestehen, muß man ihnen Rechnung tragen...

Es sind Fragen von großer Wichtigkeit, in welchen Formen, mit welchen Methoden im politischen System diese Interessen erfaßt werden, wie deren Koordination und Subordination auf der Basis der grundlegenden Interessen des Volkes erfolgt und was in der gegenwärtigen Etappe der historischen Entwicklung der sowjetischen Gesellschaft getan werden muß.

Dabei darf das politische System selbstverständlich keine passive Widerspiegelung des sich faktisch herausbildenden Spektrums der Interessen sein. Es muß auf diese aktiv einwirken, gesunde Interessen fördern und umgekehrt deren Entstellung entgegentreten – dem Ressortgeist und Lokalpatriotismus, der Gegenüberstellung der Interessen von Kollektiv und Gesellschaft, der Hypertrophie und der Entartung persönlicher Interessen. Der Weg dazu führt über die maximal vollständige Wahrnehmung der jeweiligen spezifischen Funktionen, durch jedes Element des politischen Systems, die richtige Verknüpfung und Abgrenzung dieser Funktionen, die Förderung der Aktivität und Initiative jeder staatlichen und gesellschaftlichen Organisation.

Überaus aktuell ist die wissenschaftliche Erforschung auch eines solchen, scheinbar traditionellen Problems wie das Prinzip des demokratischen Zentralismus unter den gegenwärtigen Bedingungen...

Das wichtigste Gebiet des Kräfteeinsatzes in der ideologischen Arbeit wie auch in der gesamten Tätigkeit von Partei und Volk bleibt nach wie vor die Wirtschaft. Eben hier kommt der menschliche Faktor voll zur Wirkung, findet die Initiative der Massen ein breites Betätigungsfeld.

(*Siehe ausführlich im Wirtschaftsabschnitt*) ...

Unsere Vorstellungen von der sozialen Gerechtigkeit sind keine Frucht wirklichkeitsfremder Träumereien oder spekulativer Überlegungen. Sie widerspiegeln die tiefsten Grundfesten des Sozialismus, der die Ausbeutung des Menschen durch den Menschen vernichtet, die gesellschaftlichen Beziehungen auf der Basis des Kollektivismus grundlegend umgestaltet und somit einen Schritt von welthistorischer Bedeutung auf dem Wege zur vollen sozialen Gleichheit der Menschen getan hat.

Soziale Gerechtigkeit manifestiert sich bei uns in der realen Macht des Volkes, in dem gleichen Verhältnis zu den Produktionsmitteln, in solchen grundlegenden Werten wie das gleiche Recht auf Arbeit und deren Entlohnung, auf Bildung, medizinische Hilfe und soziale Sicherstellung sowie breiter Zugang zu den Errungenschaften der geistigen Kultur. Die sozialistische Gesellschaft verwirklicht Einheit der Rechte und Pflichten der Bürger, die Gleichheit aller vor dem Gesetz und die Gleichheit des Gesetzes für alle, eine einheitliche Disziplin und Moral, die Achtung der Würde der Persönlichkeit, unabhängig von dem sozialen Status und der nationalen Zugehörigkeit der Menschen.

Aktivierung der Massen …

Die sozialistische Gesellschaft kann sich nicht effektiv entwickeln, ohne neue Wege für die Aktivierung der schöpferischen Tätigkeit der Massen in allen Sphären des gesellschaftlichen Lebens ausfindig zu machen.

Gewaltige Perspektiven für die Erhöhung der sozialen Rolle des Menschen birgt die Vervollkommnung des sowjetischen politischen Systems, die weitere Entwicklung der sozialistischen Demokratie in sich. Heute, da es darauf ankommt, das Land auf eine qualitativ neue Stufe des sozialökonomischen Fortschritts zu heben, erkennen wir deutlich, daß die Lösung dieser Aufgabe von der Erreichung eines neuen Niveaus in der Entwicklung der sozialistischen Demokratie nicht zu trennen ist.

Selbstverständlich steht hier die Entfaltung der Tätigkeit der Sowjets in allen ihren Aspekten im Vordergrund. Die politische und soziale Erfahrung, das Niveau der Bildung, der Kultur und der beruflichen Qualifikation der Deputierten und des breiten gesellschaftlichen Aktivs der Sowjets garantieren, daß sie die verschiedensten Probleme kompetent lösen. Und es gilt, alles zu tun, damit diese gewaltige Kraft immer effektiver zur Geltung kommt, damit alle Schlüsselfragen des gesamtstaatlichen und des lokalen Lebens ins Blickfeld der Sowjets geraten. Die Werktätigen müssen gut wissen, wie ihr Sowjet arbeitet, wie er die Aufträge der Wähler erfüllt, wie er ihre Interessen vertritt und schützt. Zugleich kommt es darauf an, das verfassungsmäßige Prinzip der Rechenschaftspflicht aller Exekutivorgane als wirksames Mittel der Kontrolle des ganzen Volkes über die Sachlage auf verschiedenen Abschnitten des staatlichen, wirtschaftlichen und kulturellen Aufbaus strikt einzuhalten, das es gestattet, Fehler zu vermeiden, und zuverlässige Garantien im Kampf gegen beliebige Verdrehungen und Abweichungen von unseren Prinzipien bietet.

Besondere Bedeutung erlang die Sorge der Sowjets, der staatlichen Organe der Volkskontrolle, unserer Öffentlichkeit um die strikte Einhaltung der sowjetischen Gesetze durch alle Amtspersonen und Bürger. Die Linie der Partei zur Gewährleistung der Ordnung, zur Festigung der Disziplin, zur unbedingten Befolgung der sowjetischen Gesetze wird durch die Massen deshalb so aktiv unterstützt, weil sie, was ihr Wesen und ihre Ziele anbetrifft, zutiefst gerecht ist, und den Interessen der arbeitenden Menschen dient. Keinerlei Nachsicht für diejenigen, die gegen die Gesetze verstoßen – das ist unsere unabänderliche Position, von der die Partei nicht um einen Schritt abgehen wird.

Von großer Bedeutung ist die Einbeziehung der Werktätigen in die tägliche Erörterung und Lösung von Fragen, die die Arbeit von Betrieben und Baustellen, Kolchosen und Sowchosen betreffen. Breite Möglichkeiten dazu bietet das Gesetz über die Arbeitskollektive. Dieses Gesetz wurde von allen Werktätigen, die darin mit vollem Grund ein wichtiges Instrument der Entwicklung der sowjetischen Demokratie, der sozialistischen Selbstverwaltung des Volkes sehen, mit großer Befriedigung aufgenommen. Eine sachkundige Anwendung dieses Gesetzes bietet die Möglichkeit, die Tatkraft der Menschen real zu aktivieren und eine bessere Nutzung aller – technischen, ökonomischen und sozialen – Reserven der Produktion zu fördern. Die Erfahrung zeugt aber auch von etwas anderem: Von sich aus, ohne eine gebührende Aufmerksamkeit für dessen Realisierung, kommt dieses Gesetz nicht zum Tragen.

Vorliegende Informationen zeigen, daß viele Kollektive ihre Rechte nicht vollständig wahrnehmen, daß sie die vom Gesetz vorgesehenen Sanktionen und Vergünstigungen sowie Maßnahmen der materiellen und moralischen Stimulierung nur episodisch anwenden...

Forderung nach Offenheit ...

Ein unabdingbarer Aspekt der sozialistischen Demokratie, eine Norm des gesamten gesellschaftlichen Lebens ist die Publizität.* Breite, rechtzeitige und ehrliche Information zeugt vom Vertrauen zu den Menschen, von der Achtung gegenüber ihrem Verstand und ihren Gefühlen, gegenüber ihrer Fähigkeit, sich über diese oder jene Ereignisse ein eigenes Urteil zu bilden. Sie fördert die Aktivität der Werktätigen. Publizität in der Arbeit der Partei- und der staatlichen Organe ist ein wirksames Mittel des Kampfes gegen bürokratische Auswüchse, sie verpflichtet dazu, an die Fassung der Beschlüsse und die Kontrolle über deren Erfüllung, an die Korrigierung der Mängel

* russ. glasnost. Im späteren deutschen Sprachgebrauch mit »Öffentlichkeit« bzw. »Offenheit« übersetzt.

und Versäumnisse mit größerer Gründlichkeit heranzugehen. Davon hängen aber doch in hohem Maße die Überzeugungskraft der Propaganda, die Wirksamkeit der Erziehung, die Sicherung der Einheit von Wort und Tat.

. . .

Von gewaltiger Bedeutung sind für die Realisierung der Prinzipien der sozialen Gerechtigkeit die Verteilungsverhältnisse. Dies ist eine besonders sensible Sphäre, die sowohl auf die Produktion als auch auf das Bewußtsein und die Stimmung der Menschen einen aktiven Einfluß ausübt.

In den letzten Jahren wurde nicht wenig geleistet, um auch in dieser Sphäre gebührende Ordnung zu schaffen. Es bleiben aber noch nicht wenige Probleme, und sie müssen durch gemeinsames Vorgehen der staatlichen und ökonomischen Organe sowie der breiten Öffentlichkeit gelöst werden. Davon sprach Genosse K. U. Tschernenko auf der Unionsberatung der Volkskontrolleure.

Im Leben kommt es vor, daß ein mit vollem Einsatz und hochproduktiv tätiger Arbeiter, Kolchosbauer oder Ingenieur bei der Nutzung materieller Güter keinen Vorrang genießt, daß er ebensoviel bekommt wie ein Faulpelz und ein Pfuscher, der seine Schicht an der Werkzeugmaschine oder am Zeichenbrett mehr schlecht als recht ableistet. Es leuchtet ein, welch ernsthaften Schaden dies der Produktion wie der Erziehung zufügt, indem es bei den Menschen den Glauben an die Gerechtigkeit untergräbt.

Wir sind verpflichtet, die Dinge realistisch zu sehen. Die Einstellung zur Arbeit fußt in der gegenwärtigen Etappe nicht nur auf dem Bewußtsein. Ohne eine materielle Interessiertheit, ohne eine exakte Erfassung, ohne eine Kontrolle des ganzen Volkes über das Maß der Arbeit und das Maß der Konsumtion, ohne eine gebührende Strenge zur Erfüllung der Aufgaben wäre es einfach pures Wunschdenken, auf eine gewissenhafte Haltung eines jeden und aller zur Arbeit zu rechnen.

Das Leben hat uns gelehrt, daß Abweichungen von den sozialistischen Prinzipien der Verteilung und der Wirtschaftsführung solche ernst zu nehmenden Erscheinungen hervorbringen können und hervorbringen wie soziale und Arbeitspassivität, Schmarotzertum, moralischer Nihilismus, verborgene Formen der Umverteilung von Einkünften und Gütern. Im großen und ganzen sind gerade mit solchen Abweichungen, damit, daß diese oder jene ökonomische Probleme ungelöst bleiben, sowohl die nicht durch Arbeit erworbenen Einnahmen wie auch die für einige Personen, sei es auch vorübergehend, existierende Möglichkeit verbunden, von Mitteln zu leben, die aus zweifelhaften bzw. ungesetzlichen Quellen stammen.

. . .

Mehr Dienstleistung und Konsum …

Das Problem der Verteilungsverhältnisse betrifft nicht nur die Entlohnung, sondern auch das gesamte System der Befriedigung der Bedürfnisse der Menschen, das sich in hohem Maße auf die gesellschaftlichen Konsumtionsfonds stützt.

Die Interessen eines jeden berührt beispielsweise das Gesundheitswesen. Bei uns ist ein wirklich demokratisches System des Gesundheitsschutzes geschaffen worden. Zugleich darf man nicht übersehen, daß die ärztliche Betreuung den modernen Forderungen nicht in allem gerecht wird. Gegenwärtig werden Vorschläge mit dem Ziel vorbereitet, den Schutz der Gesundheit der sowjetischen Menschen weiter zu verbessern und die Qualität der medizinischen Hilfe zu erhöhen. Man muß erreichen, daß die Partei- und Staatsmachtorgane der Tätigkeit der medizinischen Einrichtungen mehr Beachtung schenken.

In den letzten Jahren erlangte die Dienstleistungssphäre ein großes gesellschaftliches Gewicht. Ihre Bedeutung wird zunehmen. Dies muß durch alle erkannt werden und in unseren Plänen und praktischen Handlungen einen entsprechenden Niederschlag finden. Bekanntlich wird diese Wirtschaftssphäre gründlich kritisiert. Die Werktätigen geraten mitunter in die Lage von Bittstellern, verschwendet wird einer unserer größten Reichtümer – die Zeit, darunter auch Arbeitszeit; der Umfang der Arbeit im Haushalt verringert sich nicht, die Erhöhung des kulturellen Niveaus der Werktätigen wird behindert. Bemerkbar macht sich auch das Mißverhältnis zwischen Angebot und Nachfrage, das negative Erscheinungen ökonomischer und moralischer Art hervorruft.

Die Partei wird die Anstrengungen verstärken, damit die Dienstleistungssphäre mit den Erfordernissen der Zeit in Übereinstimmung gebracht wird.

. . .

Das Entwicklungsfeld des Menschen ist nicht nur die Produktion und das tägliche Leben, sondern auch die Freizeitgestaltung. Wie wird die Freizeit genutzt, was bringt sie dem Menschen – das alles sind Probleme von großer sozialökonomischer und erzieherisch-ideologischer Tragweite. Im Hinblick darauf ist es ausgesprochen wichtig, die Tätigkeit der Kultureinrichtungen, der Sport- und Tourismusorganisationen zu verbessern...

Ökonomisches Denken ...

Das Zentralkomitee mißt der Beherrschung des Leninschen Arbeitsstils durch alle unsere Kader eine große Bedeutung bei. Er beruht auf einer sorgfältigen Analyse der Situation, auf der Klärung dessen, welche Formen, Methoden und Verfahrensweisen den nötigen Effekt ergeben und welche sich in Schablonen und Schemen verwandelt haben, die dem Geist der Zeit nicht mehr gerecht werden. Allein bei einem politischen Herangehen, bei einer kritischen Gegenüberstellung der ständigen Anstrengungen und der praktischen Ergebnisse, bei einer ständigen schöpferischen Suche kann man die Fragen, wie Lenin sagte, nicht »auf Beamtenart«, sondern staatsmännisch lösen.

Die Durchsetzung des modernen Stils des ökonomischen Denkens ist eine lebenswichtige Notwendigkeit. In keinem geringeren Maße gilt dies aber auch für das ideologische Denken.

. . .

Die Fakten zeugen aber auch davon, daß noch bei weitem nicht überall genügend Können und mitunter auch Beharrlichkeit da ist, um die Arbeit praktisch zu organisieren. Die Fähigkeit, sich mit alltäglichen Dingen zu beschäftigen, reale Resultate zu erzielen, diese ständig am Gang des Lebens zu messen – das ist das Wesen der ideologischen und der organisatorischen Arbeit. »In *diesem* Sinne«, betonte Lenin, »muß unsere Losung unbedingt lauten: *Weniger* ‚Leitung', mehr praktische Arbeit, das heißt weniger allgemeine Betrachtungen, mehr Tatsachen, und zwar geprüfte Tatsachen, die uns zeigen, worin, unter welchen Bedingungen und inwieweit wir vorwärtsschreiten oder auf der Stelle treten oder zurückgehen.«

. . .

Kampf dem Formalismus ...

Ein Erzfeind des lebendigen Gedankens und der lebendigen Arbeit war und bleibt der Formalismus, der viele Gesichter hat. Dessen Wesen sind die Inkompetenz, Gleichgültigkeit, Ersetzung eines parteilich-politischen Vorgehens durch ein formal-bürokratisches, da es nicht darauf ankommt, wie man etwas macht, sondern auf eine schönere Optik. Daher rühren »elanvolle« Untätigkeit, unwiderstehlicher Drang nach Sitzungsgetue und die Vorliebe für alle möglichen Kampagnen.

Manche Parteiorganisationen sind scheinbar aktiv, aber diese Aktivität ist ebenso wie die Neueinführungen, die da vorgeschalgen werden, ausschließlich von Effekthascherei geprägt. Da veranstaltet beispielsweise ein Stadt- oder ein Rayonparteikomitee einmal im Monat einen »Tag der Grundorganisation« und sucht auch noch zu beweisen, daß dies erforderlich sei, um das Niveau der Leitung der unteren Ebenen der Partei zu erhöhen. Da verwandelt sich eben das, was ständig getan werden muß, was praktisch den Kern der gesamten tagtäglichen Tätigkeit eines Parteikomitees ausmacht, in eine Kampagne. Einer wahren Sachlichkeit wird hier Schaumschlägerei, das Streben nach äußerem Effekt entgegengesetzt. So mancher hat es sogar verstanden, den Kampf gegen Phrasendrescherei und für Sachlichkeit auf wohlklingende Phrasen zu reduzieren. Es gibt bei uns noch genug Leute, die allzugern von einer Tribüne aus pathetische Versicherungen verkünden, doch bei weitem nicht so gewandt sind, wenn es um Taten geht.

Fertige Rezepte für den Kampf gegen den Formalismus, die sich für alle Lebensituationen eignen, existieren selbstverständlich nicht.

Mit noch größerem Tempo ...

28. August 1985

Was gegenwärtig in unserem Land vor sich geht, habe ich mir nicht allein ausgedacht. Es widerspiegelt die gemeinsame Meinung unserer gesamten Führung. Wir sind überzeugt, daß wir richtig handeln. Diese Probleme sind herangereift, und sie müssen gelöst werden. Die wichtigste Schlußfolgerung, die man aus Begegnungen mit den Menschen zieht, ist die, daß unsere Vorschläge und praktischen Schritte von ganzem Herzen unterstützt werden. Mehr noch, sowohl in der Partei als auch unter der Bevölkerung zeigt sich der Wunsch, mit noch größerem Tempo zu handeln. Wir sind der Ansicht, daß Mut und Entschlossenheit, zugleich aber auch Behutsamkeit notwendig sind. Wir werden auch weiterhin im Geiste hoher Verantwortung gegenüber unserem Volk handeln. Und die Menschen fordern von uns eine standhafte Politik, keine Kluft zwischen Worten und Taten. In diesem Sinne werden wir streng kontrolliert. Und das, was wir jetzt vor aller Öffentlichkeit unternehmen, demonstriert noch stärker unsere Demokratie. Es kann keine Rede davon sein, daß sich die Menschen fürchten, sondern im Gegenteil, sie begrüßen unser Vorgehen.

Ich möchte aber nicht, daß Sie meinen, ich würde versuchen, alles in rosarotem Licht darzustellen. Im Lande geht ein tiefgreifender Prozeß vor sich, der von uns allen eine große Umstellung verlangt. Es ist normal, daß das die Menschen, die Kader, die Arbeitsmethoden aller berührt. Und daß ein Wechsel einiger Kader vor sich geht, bedeutet nicht, daß wir irgendeine außerordentliche Situation haben. Das ist ein natürlicher Prozeß. Schlecht ist es nur dann, wenn dieser Prozeß zum Stehen kommt.

Hierbei geht es also nicht darum, daß diese oder jene Umgruppierungen von Kadern irgendeinen politischen Kampf um jene Fragen widerspiegeln, die wir gegenwärtig lösen. Wir sind der Ansicht, daß jedermann an jedem Ort sich umstellen muß – sowohl wir, die Genossen in den Unionsrepubliken und in den Gebieten als auch in jedem einzelnen Arbeitskollektiv. Natürlich erfordert das von der Partei große Anstrengungen. Weil die von uns eingeschlagene Linie die herangereiften Erfordernisse widerspiegelt, wird sie entschieden von unserem Volk unterstützt. Das gibt uns die Gewißheit, daß wir richtig handeln.

Eine neue Revolution ...?

4. Februar 1986

Frage: Heute wird viel darüber gesprochen, daß die UdSSR jetzt in eine ebenso verantwortungsvolle Phase ihrer Entwicklung eintritt wie jene, die mit der Oktoberrevolution eingeleitet wurde. Bedeutet das, daß es sich um eine neue Revolution handelt?

Antwort: Natürlich nein; die Frage so zu stellen, denke ich, wäre falsch. Meiner Ansicht nach wäre es richtiger zu sagen, daß wir heute, in den achtziger Jahren, die Aufgabe stellen, die von der bolschewistischen Partei vor fast 70 Jahren begonnene Sache stark zu beschleunigen.

Die Oktoberrevolution ist ein Wendepunkt in der tausendjährigen Geschichte unseres Staates, und von ihrer Bedeutung und von den Folgen für die Entwicklung der gesamten Menschheit her hat sie in der Vergangenheit nicht ihresgleichen. Aber Revolution zu machen ist nicht alles – sie muß auch verteidigt werden, die Vorstellungen der arbeitenden Menschen von Gleichheit und Gerechtigkeit, ihre sozialen und moralischen Ideale müssen im Leben verwirklicht werden. Mit anderen Worten, es muß eine neue Gesellschaft errichtet werden, die ein menschenwürdiges Leben gewährleisten kann.

All das erforderte von unserem Volk, von der Partei enorme Arbeit, wahres Heldentum, mitunter auch Opfer. Der Bürgerkrieg und der Krieg gegen Hitlerdeutschland, die tiefgreifenden Veränderungen auf dem Lande, die Schaffung einer mächtigen Industrie, die Beseitigung des Analphabetentums der Mehrheit der Bevölkerung, die grundlegende soziale und kulturelle Umgestaltung der Gesellschaft und die Herausbildung prinzipiell neuer Beziehungen zwischen den Nationen sind nur einige Kapitel unserer im Grunde noch kurzen Geschichte.

Darauf sind wir stolz, und dieser Stolz ist die Grundlage des sowjetischen Patriotismus. Wenn wir nicht standgehalten und eine Niederlage auch nur in einem der genannten Kapitel erlitten hätten, dann wäre alles das in Frage gestellt worden, weshalb die Oktoberrevolution gemacht wurde. Und jedes dieser Kapitel könnte für sich allein zu Recht als wahrhaft revolutionäre Tat bezeichnet werden.

Das bezieht sich auch auf die Aufgaben, die heute gelöst werden. Sie sind kompliziert und gleichzeitig sehr wichtig. Wenn wir sie nicht bewältigen, machen wir all das wertlos, was wir um den Preis riesiger Anstrengungen in der Vergangenheit erreicht haben und komplizieren unsere Zukunft. Möglicherweise ist es für jeden sowjetischen Kommunisten, für die gesamte Partei das Schwierigste und zugleich Notwendigste, bis zum Ende und in vollem Maße die Herausforderung, die die Epoche stellt, zu begreifen, zu empfinden und würdig darauf zu antworten. Das ist eine doppelte Herausforderung.

Einerseits ist die sowjetische Gesellschaft in eine neue Etappe ihrer Geschichte eingetreten. Ihr Wesen besteht darin, daß die Erfordernisse der Entwicklung der Produktivkräfte, die Bedürfnisse des Volkes und die Bedürfnisse der Menschen die Frage auf die Tagesordnung stellen, viele Seiten der Produktionsverhältnisse, der Methoden der Wirtschaftsführung sowie der Methoden, Formen des Stils der Partei- und Staatsführung, das heißt der Politik, ernsthaft umzugestalten und zu vervollkommnen. Es geht auch darum, in die Lösung gesellschaftlicher Angelegenheiten immer breitere

Schichten des Volkes einzubeziehen und seine schöpferischen Fähigkeiten und Erfahrungen zur Lösung der komplizierter werdenden Aufgaben zu mobilisieren, das heißt unsere sozialistische Demokratie weiterzuentwikkeln und zu bereichern.

Die Notwendigkeit all dessen empfinden wir schon ziemlich lange. Das Wesen dessen, was im Lande und vor allem in der Partei derzeit geschieht, besteht darin, die sozialökonomische und geistige Entwicklung der sowjetischen Gesellschaft entschieden zu beschleunigen und dafür alle vorhandenen Möglichkeiten zu nutzen. Das ist ganz gewiß eine revolutionäre Aufgabe.

Andererseits ergibt sich die Herausforderung unserer Epoche daraus, daß die menschliche Zivilisation leider sehr effektive Mittel der Selbstvernichtung hervorgebracht hat. Es sind nicht einmal eine beispiellose Dummheit oder ein Verbrechen notwendig, daß es zum Schlimmsten kommt. Es genügt, weiter so zu handeln, wie jahrtausendelang gehandelt wurde – sich bei der Lösung internationaler Angelegenheiten auf Waffen und militärische Stärke verlassen und sie gegebenenfalls auch anwenden. Mit diesen Jahrtausende alten Traditionen muß jetzt unbarmherzig gebrochen werden, man muß für immer auf sie verzichten. Sonst kann sich das Problem des Überlebens der Menschheit als unlösbar erweisen. Im Atomzeitalter kann man nicht – zumindest nicht lange – mit der Psychologie, den Gewohnheiten und Verhaltensweisen der Steinzeit leben. Ist eine so jähe Umkehr in den internationalen Angelegenheiten, im außenpolitischen Denken und Handeln nicht eine zutiefst revolutionäre Aufgabe? Meiner Meinung nach ist das so. Und wir als das Land, das als erstes die sozialistische Revolution vollzogen hat, sehen unsere größte Verantwortung und unsere Verpflichtung darin, mit allen Kräften bei der Lösung dieser Aufgabe zu helfen.

Insgesamt betrachten wir unser Programm praktischer Aktionen, das der XXVII. Parteitag der KPdSU beraten und annehmen wird, unter allen Gesichtspunkten als ein Programm von wahrhaft revolutionärem Charakter und Maßstab.

Bericht an den Parteitag …

25. Februar 1986

Der von unserem Land zurückgelegte Weg, seine wirtschaftlichen, sozialen und kulturellen Errungenschaften bestätigen überzeugend die Lebenskraft der marxistisch-leninistischen Lehre und das dem Sozialismus innewohnende riesige Potential, das im Fortschritt der sowjetischen Gesellschaft realisiert ist. Wir dürfen auf das, was in diesen Jahren angespannter Arbeit, den Jahren des Kampfes, geleistet wurde, durchaus stolz sein!

Die Führung der KPdSU schätzt das Erreichte nach Gebühr, hält es jedoch für ihre Pflicht, mit der Partei und dem Volk ehrlich und offen über unsere Versäumnisse in der politischen und praktischen Tätigkeit, über die ungünstigen Tendenzen in der Wirtschaft und im sozial-geistigen Bereich sowie über die Ursachen solcher Erscheinungen zu sprechen. Jahrelang blieben praktische Handlungen der Partei- und Staatsorgane – nicht nur wegen objektiver Faktoren, sondern vor allem auch wegen subjektiver Gründe – hinter den Erfordernissen der Zeit, des Lebens selbst zurück. Die Probleme bei der Entwicklung des Landes wuchsen rascher an, als sie gelöst wurden. Trägheit, verknöcherte Leistungsformen und -methoden, verminderte Dynamik bei der Arbeit, der zunehmende Bürokratismus – all das schadete unserer Sache beträchtlich. Im Leben der Gesellschaft zeigten sich allmählich Stagnationserscheinungen.

Die Situation erforderte Veränderungen, doch sowohl in den zentralen Organen als auch an der Basis gewann eine eigenartige Mentalität die Oberhand: Wie könnte man der Sache abhelfen, ohne etwas zu verändern? Das aber gibt es nicht, Genossen. Wie es so heißt, braucht man nur einen Augenblick stehenzubleiben, und schon ist man kilometerweit zurückgeblieben. Man darf der Lösung herangereifter Probleme nicht aus dem Weg gehen. Eine solche Position kostet das Land, den Staat, die Partei viel zu viel.

. . .

Genossen! Im Demokratismus, im lebendigen Schöpfertum der Werktätigen sah Lenin die wichtigste Entwicklungskraft der neuen Gesellschaftsordnung. Wie kein anderer vertraute er dem Volk und trug dafür Sorge, daß die politische Aktivität und die Kultur der Massen einen Aufschwung erlebten, hob er hervor, daß ein Ungebildeter außerhalb der Politik steht. Seit jener Zeit sind fast sieben Jahrzehnte ins Land gegangen. Unermeßlich gewachsen ist das Niveau der Allgemeinbildung und Kultur der Sowjetbürger, ihre sozialpolitischen Erfahrungen sind reicher geworden. Und das will heißen, daß die Möglichkeiten und das Bedürfnis eines jeden Bürgers, sich an der Lenkung und Leitung der Angelegenheiten von Staat und Gesellschaft zu beteiligen, enorm gewachsen sind.

Die Demokratie, das ist jene gesunde und reine Atmosphäre, in der der sozialistische Gesellschaftsorganismus voll gedeihen kann. Wenn wir davon sprechen, daß das leistungsstarke Potential des Sozialismus bei uns noch nicht in vollem Maße genutzt wird, so meinen wir gerade deshalb auch, daß *die Beschleunigung der Entwicklung der Gesellschaft ohne die Weiterentwicklung der sozialistischen Demokratie, aller ihrer Aspekte und Erscheinungsformen undenkbar und unmöglich ist.*

Im Hinblick darauf ergreifen die Partei und ihr Zentralkomitee Maßnahmen, die darauf abzielen, den Demokratismus der sozialistischen Ordnung zu vertiefen. Hierzu sind Maßnahmen zur Aktivierung der Sowjets, der Gewerkschaften, des Kommunistischen Jugendverbands, der Arbeitskollektive und der Volkskontrolle, zur Verstärkung der Publizität zu rechnen. Dennoch sollte das Geleistete und auch das, was gegenwärtig getan wird, nicht am Gestern, sondern an den Dimensionen und der Kompliziertheit der neuen Aufgaben gemessen werden. Sie, diese Aufgaben, erfordern, wie in der Neufassung des Parteiprogramms unterstrichen wird, eine konsequente und stete Weiterentwicklung *der sozialistischen Selbstverwaltung des Volkes.*

In der sozialistischen Gesellschaft kann die Leitung, besonders unter den gegenwärtigen Bedingungen, kein Privileg eines engeren Kreises von Profis sein. Nicht nur aus der Theorie, sondern auch aus der eigenen jahrelangen Praxis wissen wir, daß sich die sozialistische Ordnung erst dann erfolgreich entwickelt, wenn das Volk selbst seine Angelegenheiten real verwaltet, wenn sich Millionen von Menschen am politischen Leben beteiligen. Das ist denn auch die Selbstverwaltung der Werktätigen, wie sie von Lenin aufgefaßt wurde, sie bildet den Wesensinhalt der Sowjetmacht. Die Grundsätze der Selbstverwaltung entwickeln sich nicht außerhalb, sondern vielmehr innerhalb unseres Staatswesens und durchdringen immer tiefer alle Poren des staatlichen und gesellschaftlichen Lebens, bereichern den Inhalt des demokratischen Zentralismus und stärken dessen sozialistischen Charakter.

Als Führungskraft und wichtigster Garant bei der Entwicklung der sozialistischen Selbstverwaltung tritt die Partei auf. Sie nimmt in der Gesellschaft die Führungsrolle wahr und bildet zugleich selbst die höchste Form einer sich selbst verwaltenden gesellschaftspolitischen Organisation. Indem die KPdSU die innerparteiliche Demokratie entfaltet und die Aktivität der Kommunisten, die in allen Bestandteilen des politischen Systems tätig sind, steigert, lenkt sie die Vertiefung der sozialistischen Selbstverwaltung des Volkes und die verstärkte Beteiligung der Massen, eines jeden Menschen an den Belangen unseres Landes in die richtigen Bahnen.

. . .

Die *Erweiterung der Publizität* ist für uns eine Grundsatzfrage. Das ist eine politische Angelegenheit. Ohne Publizität gibt es keinen Demokratismus, kein politisches Schöpfertum der Massen und keine Beteiligung der Massen an der Leistungsfähigkeit, und es kann sie auch gar nicht geben. Das ist, wenn Sie so wollen, das Unterpfand für eine staatsbewußte, vom Gefühl hoher Verantwortung getragene Grundhaltung Dutzender Millionen von Arbeitern, Kolchosbauern und Vertretern der Intelligenz, der Ausgangspunkt für die psychologische Umstellung unserer Kader.

Manchmal bekommt man, sobald von der Publizität die Rede ist, Aufforderungen zu hören, größere Vorsicht walten zu lassen, wenn wir von unseren Mängeln und Versäumnissen, von den Schwierigkeiten sprechen, die in jeder lebendigen Arbeit unvermeidlich sind. Darauf kann es nur eine Antwort geben, nämlich die von Lenin: Die Kommunisten brauchen immer und unter allen Umständen die Wahrheit. Die Erfahrungen des letzten Jahres haben gezeigt, mit welcher Entschlossenheit die sowjetischen Menschen die kompromißlose Einschätzung all dessen unterstützen, was uns daran hindert, vorwärtszuschreiten. Diejenigen aber, die gewohnt sind, sich bei der Arbeit kein Bein auszureißen, ein X für ein U vorzumachen, fühlen sich in der Tat im Lichte der Publizität nicht wohl in ihrer Haut, da alles, was im Staat und in der Gesellschaft vor sich geht, unter Kontrolle des Volkes und vor des Volkes Augen geschieht. Deshalb müssen wir die Publizität zu einem störungsfrei funktionierenden System gestalten. Sie wird im Zentrum gebraucht, doch in einem kaum geringeren und vielleicht sogar in einem noch größeren Maße wird sie an der Basis benötigt, dort, wo der Mensch lebt und arbeitet. Er will nicht nur das wissen, was im Maßstab des Staates beschlossen wird, sondern auch, welche Entscheidungen von den örtlichen Partei- und Staatsorganen, von den Betriebsleitungen und den Gewerkschaften getroffen werden, und er muß es auch. Den Aufgaben des Aufbaus und der weiteren Entwicklung des sozialistischen Demokratismus muß die ganze Palette von *sozialpolitischen und persönlichen Rechten und Freiheiten des sowjetischen Menschen* dienen. Die Partei und der Staat betrachten die Vertiefung dieser Rechte und Freiheiten und die Stärkung der diesbezüglichen Garantien als ihre vordringliche Pflicht. Doch es gehört zum Wesensinhalt des Sozialismus, daß es keine Rechte des Bürgers ohne dessen Pflichten gibt und es sie auch nicht geben kann, ebenso wie es keine Pflichten ohne Rechte gibt.

Es kommt darauf an, die Aktivität der Werktätigen – aller wie auch jedes einzelnen – beim Aufbauwerk, bei der Überwindung von Mängeln, Übergriffen und jeglichen krankhaften Erscheinungen, Abweichungen von den Normen unseres Rechts und unserer Moral zu steigern. Die Demokratie war und bleibt ein überaus wichtiger Hebel zur Stärkung der sozialistischen Gesetzlichkeit, während strikte Gesetzlichkeit ein unabänderbarer Bestandteil unserer Demokratie war und bleibt.

Schaffung neuer Rechtsordnungen …

In der letzten Zeit wurde Beachtliches zur Stärkung der Rechtsordnung in allen Lebensbereichen der Gesellschaft geleistet. Doch dürfen die Anstrengungen in dieser Richtung auf keinen Fall nachlassen. Es steht uns bevor, die Qualität der sowjetischen Gesetze auch weiterhin zu verbessern. Unsere Gesetzgebung – das Zivil- und Arbeitsrecht, das Finanz- und das Verwaltungsrecht, das Wirtschafts- und Strafrecht – muß die Durchsetzung der ökonomischen Leitungsmethoden und die wirksame Kontrolle über das Maß der Arbeit und des Verbrauchs, die Verwirklichung der Grundsätze der sozialen Gerechtigkeit noch stärker fördern.

Die Verantwortung der Rechtsschutz- und der anderen Organe muß nachdrücklich erhöht, der juristische Dienst in den Sowjets und in der Volkswirtschaft sowie die Staatliche Arbitrage müssen verstärkt und die Rechtserziehung der Bevölkerung muß vervollkommnet werden. Eine ständige Aufgabe bleibt die Nutzung der ganzen Kraft der sowjetischen Gesetze bei der Bekämpfung der Kriminalität und anderer Rechtsverletzungen, damit die Menschen in jeder beliebigen Ortschaft die Sorge des Staates um ihre Ruhe und Unantastbarkeit spüren und sich dessen sicher sind, daß kein Rechtsverletzer der wohlverdienten Strafe entgeht.

Die demokratischen Prinzipien der Rechtsprechung, der Gleichheit der Bürger vor dem Gesetz und anderen Garantien, die den Schutz der Interessen des Staates und eines jeden Bürgers sichern, müssen strikt gewährt werden. In diesem Zusammenhang gilt es, die Aufsichtsrolle der Staatsanwaltschaft entschieden zu verstärken, die Arbeit der Gerichte und die Anwaltstätigkeit zu vervollkommnen und schon in nächster Zeit die Vorbereitung eines laut Verfassung vorgesehenen Gesetzes abzuschließen, das das Verfahren regelt, nach dem ein Bürger über rechtswidrige Handlungen von Amtspersonen, die seine Rechte schmälern, beim Gericht Beschwerde einzulegen vermag. Es ist nur natürlich, daß die Gesetzlichkeit und Rechtsordnung desto besser gewahrt sein werden, je aktiver die Partei- und Staatsorgane, die Gewerkschaften und der Komsomol, die Arbeitskollektive und die freiwilligen Milizhelfer, kurz und gut, alle Kräfte unserer Öffentlichkeit, in diese Arbeit einbezogen werden.

Das Wesen der Beschleunigung …

6. März 1986

Der Parteitag hat die grundlegenden Fragen beantwortet, die das Leben der Partei, der Gesellschaft gestellt hat, er hat jedem Kommunisten, jeden sowjetischen Menschen mit einem klaren Blick für die bevorstehenden Aufgaben gewappnet. Er hat gezeigt, wie richtig wir gehandelt haben, als wir auf dem Aprilplenum die Konzeption von der sozialökonomischen Beschleunigung entwickelten. Die Idee von der Beschleunigung durchdrang unsere gesamte Tätigkeit vor dem Parteitag. Sie stand im Mittelpunkt der Aufmerksamkeit des Parteitages und fand im Politischen Bericht des ZK, in der Neufassung des Parteiprogramms und in den Abänderungen an ihrem Statut wie auch in den Hauptrichtungen der wirtschaftlichen und sozialen Entwicklung unseres Landes für das zwölfte Planjahrfünft und bis zum Jahr 2000 ihren Niederschlag. Diese Dokumente wurden von den Parteitagsdelegierten voll und ganz unterstützt und gebilligt.

Die angenommene und bestätigte Generallinie der Innen- und Außenpolitik der Partei, die Linie der Beschleunigung der sozialökonomischen Entwicklung unseres Landes, der Festigung des Friedens auf der Erde, stellt das politische Hauptergebnis des XXVII. Parteitages der KPdSU dar. Von nun an wird sie zum Lebensgesetz für die Partei, für jede ihrer Organisationen und zur Anleitung zum Handeln für die Kommunisten, für alle Werktätigen.

Wir sind uns dessen bewußt, welch große Verantwortung gegenüber der Geschichte die KPdSU übernimmt, welch immense Last sie sich aufbürdet, indem sie die Strategie der Beschleunigung entwickelt. Doch wir sind überzeugt, daß gerade diese Strategie dringend erforderlich ist. Wir sind uns dessen sicher, daß sie realistisch ist. Gestützt auf die unerschöpflichen Möglichkeiten und Vorzüge des Sozialismus, auf das lebendige Schöpfertum des Volkes, werden wir imstande sein, alle unsere Vorhaben zu verwirklichen.

Die Beschleunigung der sozialökonomischen Entwicklung unseres Landes durchsetzen bedeutet, durch Vervollkommnung des ökonomischen Systems des Sozialismus dem Wachstum der Produktivkräfte, dem wissenschaftlich-technischen Fortschritt neuen starken Auftrieb zu verleihen und die enormen Reserven unserer Volkswirtschaft einzusetzen.

Die Beschleunigung durchzusetzen bedeutet, durch enge Verknüpfung der Erhöhung des Wohlstandes der Werktätigen mit der Arbeitseffektivität, durch Verbindung der allseitigen Sorge um den Menschen mit einer konsequenten Verwirklichung der Prinzipien der sozialistischen Gerechtigkeit die Durchführung einer aktiven und wirkungsvollen Sozialpolitik zu gewährleisten.

Die Beschleunigung durchsetzen bedeutet, durch Vertiefung der Demokratie, durch unentwegte Entwicklung der sozialistischen Selbstverwaltung des Volkes, durch Ausbau der Publizität im Leben von Partei und Gesellschaft der Initiative und Aktivität eines jeden Werktätigen, eines jeden Kollektivs größeren Spielraum zu bieten.

Die Beschleunigung durchsetzen bedeutet, durch engere Verbindung der ideologischen und organisatorischen Arbeit mit den realen Problemen des Lebens, durch Überwindung von Phrasendrescherei und Schulmeisterei, durch Erhöhung der Verantwortung für die übertragenen Aufgaben diese Arbeit dem Menschen näherzubringen und auf die Überwindung von Schwierigkeiten, auf die praktische Lösung der vor uns stehenden Aufgaben zu richten.

Das alles, Genossen, können und müssen wir tun!

Die KPdSU tritt organisierter, geschlossener und kampffähiger, mit einer wohldurchdachten Langzeitpolitik in den Zeitraum nach dem Parteitag. Sie ist fest entschlossen, zielstrebig zu handeln, erkennt die ganze Kompliziertheit, die großen Dimensionen sowie das Neue der vor ihr stehenden Aufgaben und scheut weder Schwierigkeiten noch Hindernisse.

Uns steht bevor, jedem sowjetischen Menschen das Wesen und den Geist der Parteitagsbeschlüsse bewußt zu machen. Das bedeutet, ihm nicht nur die grundsätzlichen Feststellungen des Parteitages zu erläutern, sondern auch die Arbeit in Übereinstimmung mit den neuzeitlichen Erfordernissen praktisch zu organisieren.

Auf unserem Parteitag wie auch in der Zeit vor dem Parteitag wurden sehr viele aufschlußreiche Vorschläge unterbreitet und zahlreiche tiefschürfende Gedanken geäußert. Es gilt, sie alle sorgfältig zu prüfen und zu erreichen, daß alles Wertvolle und der Sache Nützliche verwirklicht wird.

Das Wichtigste besteht jetzt darin, die Energie der Vorhaben in die Energie konkreter Handlungen zu verwandeln. Treffend sprach darüber Wassili

Jakowlewitsch Gorin, Vorsitzender einer Kolchose im Gebiet Belgorod und Delegierter unseres Parteitages: »Im ganzen Land, in jedem Arbeitskollektiv ist ein keinesfalls leichter, aber, wir sind uns dessen sicher, unumkehrbarer Prozeß der Erneuerung und Umgestaltung im Gange. Er zieht sich durch die Hirne und Herzen der sowjetischen Menschen und verlangt von jedem, daß er sich voll einsetzt. Vor allem in seiner Arbeit.«

Ja, Genossen, die Beschleunigung, die radikalen Umgestaltungen in allen Bereichen unseres Lebens sind nicht nur eine Losung, sondern ein Kurs, den die Partei fest und unbeirrbar steuern wird.

Viele Deligierte verwiesen darauf, daß Ressortgeist, Lokalegoismus, Papierkrieg sowie andere bürokratische Schranken ein ernstes Hindernis auf dem Wege des Neuen und Fortschrittlichen seien. Ich möchte Ihnen versichern, Genossen, daß das Zentralkomitee alle Hindernisse auf dem Wege zur Beschleunigung des sozialökonomischen Fortschritts entschlossen beseitigen, Disziplin und Ordnung festigen sowie die organisatorischen, moralischen und materiellen Voraussetzungen für die größtmögliche Entwicklung des Schöpfertums, für kühnes Forschen und sozialistischen Unternehmungsgeist schaffen wird. Ich bin überzeugt, daß dies die umfassende und energische Unterstützung der ganzen Partei und aller Werktätigen finden wird.

Die Organisatoren der Arbeit zur Erfüllung der Festlegungen des Parteitages sind die Parteikomitees von oben bis unten. Der Stil auf den es gegenwärtig ankommt, heißt Konkretheit, Sachlichkeit, Folgerichtigkeit, Einheit von Wort und Tat, Auswahl der wirksamsten Mittel und Methoden, sorgfältige Berücksichtigung der Meinungen der Menschen und kluges Koordinieren der Aktivitäten aller gesellschaftlichen Kräfte.

Es gilt, die Trägheit, den Formalismus, die Gleichgültigkeit und die Gewohnheit, die lebendige Sache in leeren und endlosen wortreichen Diskussionen rund um die Sache und an der Sache vorbei zu ertränken, ebenso wie die Versuche, sich »der Umgestaltung anzupassen«, restlos zu überwinden.

Eine der wichtigsten Schlußfolgerungen des Parteitages lautet: Alle Parteikomitees müssen als echte Organe der politischen Leitung handeln. Letztendlich wird der Erfolg unseres ganzen Kampfes für die Verwirklichung der Generallinie des XXVII. Parteitages durch die bewußte Teilnahme der breitesten Volksmassen am kommunistischen Aufbau bestimmt werden. Alles hängt von uns ab, Genossen. Die Zeit energischen und geschlossenen Handelns ist gekommen. Die fordert jeden Kommunisten, jeden sowjetischen Menschen auf, sich aktiv in die große Arbeit zur Verwirklichung unserer Pläne, zur Vervollkommnung der sowjetischen Gesellschaft und zur Erneuerung unseres sozialistischen Heims einzuschalten.

Noch keine tiefgreifenden Veränderungen ...

31. Juli 1986

Unser Volk verbindet seine Hoffnungen und Pläne mit den Beschlüssen des Parteitages, mit der auf dem XXVII. Parteitag formulierten Politik der Partei. Es rechnet damit, daß die Umsetzung und die Verwirklichung des vom Parteitag ausgearbeiteten Kurses gewaltige Auswirkungen auf das Schicksal des Landes und damit auf unsere ganze Gesellschaft, auf die Arbeitskollektive, auf jede Familie und auf jeden Menschen haben werden. Das heißt, wir vermochten auf der Grundlage einer gründlichen, ernsthaften und verantwortungsvollen wissenschaftlichen Analyse der Realitäten unserer Gesellschaft eine Politik vorzuschlagen, die vom Volk als seine eigene aufgenommen wurde. Dies, Genossen, ist eine große Sache und eine wichtige Voraussetzung dafür, daß wir die weitere Aktivierung aller gesellschaftlichen Kräfte, der gesamten politischen und geistigen Potenzen unserer Gesellschaft gewährleisten können.

Weder die Arbeiterklasse noch die Bauernschaft, noch die technische und die schöpferische Intelligenz – keiner will länger auf die alte Art und Weise leben, will sich mit dem abfinden, was veraltet ist, was unsere Bewegung bremst, unsere Wirklichkeit, unser Leben und unsere sozialistische Ordnung überschattet. Wir alle können nun schon nicht mehr auf die alte Art leben. Das ist offensichtlich. Und in diesem Sinne können wir sagen, daß ein bestimmter Schritt bei der Beschleunigung getan worden ist.

Es besteht jedoch die Gefahr, daß dieser erste Schritt bereits als Erfolg aufgefaßt wird, als hätten wir die ganze Situation schon im Griff. Ich habe darüber in Wladiwostok gesprochen. Und ich möchte auch in Chabarowsk noch einmal darüber sprechen. Wenn wir diese Schlußfolgerung ziehen würden, dann begingen wir einen großen Fehler und einen Irrtum. Das Erreichte kann uns bislang in keiner Weise zufriedenstellen. Überhaupt sollte man sich nie am Geleisteten berauschen. Das müssen wir alle gut lernen. Das ist die Lehre der letzten mindestens zwei Jahrzehnte. Und jetzt ist dies besonders gefährlich.

Tiefgreifende qualitative Veränderungen, die die Tendenz des beschleunigten Wachstums festigen würden, hat es bislang nicht gegeben. Insgesamt steht uns, Genossen, eine umfangreiche und angespannte Arbeit bevor. Das Wichtigste liegt, offen gesagt, noch vor uns.

. . .

Allzuviel hängt vom Erfolg der Umgestaltung ab, als daß wir auch nur im geringsten mit unserer Aufmerksamkeit dafür nachlassen dürften.

Denken Sie daran, welche Energie, welchen Elan unsere Partei bei der Verwirklichung der Umgestaltungen an den Wendepunkten unserer sozialistischen Geschichte gezeigt hat, wieviel Reden und Artikel Wladimir Iljitsch Lenin der Erläuterung des neuen Herangehens beim Aufbau des Sozialismus und der Neuen Ökonomischen Politik gewidmet hat, als die Frage der

Notwendigkeit ihrer Einführung, der Umgestaltung der Arbeit des Staates in der neuen Etappe aktuell wurde. Das gleiche kann man auch vom Herangehen der Partei an die Beschlüsse während der ersten Planjahrfünfte, des Wiederaufbaus nach dem Kriege und der Entwicklung der Volkswirtschaft sagen.

Erneut: eine neue Revolution ...?

Heute geht es um Veränderungen von nicht geringeren Ausmaßen. Die derzeitige Umgestaltung umfaßt nicht nur die Wirtschaft, sondern auch alle anderen Seiten des gesellschaftlichen Lebens: die sozialen Beziehungen, das politische System, den geistig-ideologischen Bereich sowie Arbeitsstil und -methoden der Partei und all unserer Kader. Umgestaltung ist ein umfassendes Wort. Ich würde zwischen den Wörtern »Umgestaltung« und »Revolution« ein Gleichheitszeichen setzen. Unsere Umgestaltungen und Reformen, die in den Beschlüssen des April-Plenums des Zentralkomitees der Partei und des XXVII. Parteitages der KPdSU vorgesehen sind, stellen eine wahre Revolution im ganzen System der gesellschaftlichen Beziehungen, in den Hirnen und Herzen der Menschen, in der Psychologie und im Verständnis der heutigen Zeit dar, vor allem der aus dem stürmischen wissenschaftlich-technischen Fortschritt erwachsenden Aufgaben.

In der KPdSU und im ganzen Land herrscht die einheitliche Auffassung: Die Antworten auf die Fragen, die das Leben stellt, müssen wir nicht außerhalb des Sozialismus, sondern innerhalb unseres Systems suchen, indem wir das Potential der Planwirtschaft, der sozialistischen Demokratie, der Kultur und des menschlichen Faktors erschließen und uns auf das rege Schaffen des Volkes stützen.

Das gefällt so manchem im Westen nicht. Dort wartet man auf etwas, was einer Abkehr vom Sozialismus gleich käme, darauf, daß wir vor dem Kapitalismus zu Kreuze kriechen und seine Methoden übernehmen.

. . .

Es darf aber auch nicht zugelassen werden, daß veraltete Dogmen uns die Augen verschließen, uns stören voranzuschreiten, schöpferisch die Theorie auszuarbeiten und sie in der Praxis, in der jetzigen konkreten historischen Etappe, die unsere Gesellschaft durchläuft, anzuwenden. Das können wir ebenfalls nicht zulassen.

Ich sage das auch deshalb, weil es bei uns natürlich noch Leute gibt, die sich das Wort »Umgestaltung« nur schwer zu eigen machen und es manchmal sogar nur mit Mühe aussprechen können. Oftmals sehen sie in diesem Erneuerungsprozeß nicht das, was er tatsächlich in sich birgt, sondern fast eine Erschütterung der Grundfesten, beinahe das Abgehen von unseren Prinzipien. Unser politischer Kurs ist darauf gerichtet, die potentiellen Möglichkeiten und Vorzüge der sozialistischen Gesellschaftsordnung restlos aufzudecken, alle Hindernisse, alle Barrieren für unser Voranschreiten zu beseitigen und den Faktoren des gesellschaftlichen Fortschritts Raum zu geben.

Und noch eins möchte sagen. Je weiter wir bei der Umgestaltung vorankommen, desto deutlicher wird sichtbar, wie kompliziert diese Aufgabe ist und wie gewaltig die Ausmaße und der Umfang der vor uns stehenden Arbeit sind. Es wird klarer, wie viele Vorstellungen über Wirtschaft und Leitung, über soziale Fragen, Staatlichkeit und Demokratie, Erziehung und Bildung sowie über moralische Ansprüche noch hinter den Anforderungen und Aufgaben des heutigen Tages und um so mehr hinter den Aufgaben der weiteren Entwicklung zurückbleiben.

Es gilt, Schicht für Schicht die angehäuften Probleme in allen Sphären des gesellschaftlichen Lebens abzutragen und sich von Überlebtem zu trennen, indem man kühn schöpferische Lösungen sucht.

Das Zentralkomitee ist sich darüber im klaren, daß all das große Anstrengungen und nicht wenig Zeit erfordert. Aber langsames Vorgehen oder gar Tatenlosigkeit sind in einer solchen Situation nicht statthaft. Deshalb kommen wir immer wieder auf die Notwendigkeit der allseitigen Umgestaltung zurück, und wir werden das solange tun, wie wir den grundlegenden Schritt vorwärts nicht gesichert haben, vor allem im Denken unserer Führungskader, im Denken und in der Psychologie aller Werktätigen, der ganzen Gesellschaft.

. . .

Die schon vorhandene Erfahrung bestätigt..., daß der Prozeß der Umgestaltung gleichzeitig von oben und von unten vor sich gehen muß. Die Umgestaltung muß alle Leitungsebenen, alle Glieder der politischen und staatlichen Führung erfassen, und der Kreis muß sich mit der Umgestaltung in den Produktionskollektiven schließen. . .

»Kalk« abkratzen ...

Die Umgestaltung... setzt die Schaffung einer Atmosphäre in der Gesellschaft voraus, die die Menschen anregen würde, die angestaute Trägheit und Gleichgültigkeit zu überwinden, in der Arbeit und im Leben alles abzuschütteln, was nicht den Prinzipien des Sozialismus, unserer Weltanschauung und Lebensweise entspricht. Offen gesagt, gibt es viel, woran gearbeitet werden muß. Aber auch in diesem Fall muß jeder vor allem vor der eigenen Tür kehren, Genossen, – sowohl im Politbüro als auch in der Parteigrundorganisation –, und jeder einzelne muß versuchen, mit sich selbst zu Rande zu kommen. Wir haben uns in den vergangenen Jahren an so manches gewöhnt, in einer Situation unzureichender Kritik, Offenheit und Verantwortung gegenüber Erscheinungen, die den Prinzipien des Sozialismus in keiner Weise entsprechen. Ich beziehe das sowohl auf die einfachen Arbeiter als auch auf die Funktionäre.

Wir müssen den ganzen »Kalk«, der sich abgesetzt hat, abkratzen, uns säubern. Und die Parteikomitees müssen bei diesem Prozeß aktiv helfen.

. . .

Vor einer Woche haben das ZK der KPdSU, das Präsidium des Obersten Sowjets der UdSSR den Beschluß über Maßnahmen zur weiteren Erhöhung der Rolle und der Verantwortung der Sowjets gefaßt. Sie haben sich wahrscheinlich schon mit dem Inhalt dieses Beschlusses vertraut gemacht. Denken Sie sich in ihn hinein – den Sowjets werden viele Rechte übertragen. Und wir werden auf diesem Weg noch weiter gehen. Die Sowjets müssen ihr Potential ausschöpfen. Aber ich möchte in diesem Zusammenhang noch zwei Gesichtspunkte unterstreichen. Wir haben auch früher ganz gute Beschlüsse gefaßt, vielleicht etwas schwächere, weniger konkrete. Aber nicht immer haben diese Beschlüsse gewirkt.

Warum? Die Sache ist die, daß die örtlichen Parteiorgane die Sowjets unnötig bevormunden und die Entscheidung vieler Fragen, für die die Sowjets verantwortlich sind, an sich gezogen haben. Dies zum ersten. Und weiter – es fehlte auch an der gebührenden Achtung seitens der Wirtschaftskader gegenüber den Sowjets. Da drängelt und drängelt der Sowjet, man müsse das städtische Verkehrswesen entwickeln, die Kläranlagen ausbauen, die Stadt verschönern, sich am Bau von Wohnungen und Kultureinrichtungen beteiligen und so weiter und so fort. Viele haben die beharrlichen und richtigen Forderungen der Sowjets einfach vom Tisch gewischt. Damit muß Schluß gemacht werden. Denn gerade in den Sowjets wird doch die Sozialpolitik realisiert, die es dem Volk ermöglicht, über unsere Politik im Ganzen zu urteilen, darüber, worauf sie gerichtet und wie sie auf den Menschen orientiert ist und ihm dient. Man muß diesen Beschluß, Genossen, unterstützen, man muß den Sowjets die Möglichkeit geben, sich zu entfalten, und auch von ihnen wirklich Rechenschaft fordern.

. . .

Ich sage es hier ganz offen: Unsere Kader – in Partei, Staat und Wirtschaft – müssen lernen, unter den Bedingungen der Erweiterung der Demokratie, der Aktivierung des menschlichen Faktors und der Entfaltung der Initiative des Volkes zu arbeiten. Es ist kein Geheimnis, daß ein Teil unserer Kader die Reaktion der Menschen, ihre erhöhte Sensibilität für die in der Gesellschaft vor sich gehenden Prozesse als persönliche Kränkung aufnahm. Und manche unbequemen Menschen, Menschen, die von unserer Ordnung und Ideologie überzeugt sind und die für die Sache kämpfen, wurden nicht selten als Demagogen abgestempelt, es fanden sich Methoden, um sie abzuschieben, aber so, daß man möglichst nicht beschuldigt werden konnte, sich für Kritik gerächt zu haben.

Jetzt gilt es, die Beteiligung des Volkes an der Lösung der Fragen der Produktion, in den Städten, Gebieten und Regionen und selbst auf gesamtgesellschaftlicher Ebene überall real zu gewährleisten. Natürlich können sich auch Demagogen die Demokratisierung zunutze machen. Sie treten aber nur vereinzelt auf. Die große Masse ist dafür, daß in der Gesellschaft eine gesunde Atmosphäre herrscht, daß die Führung den Werktätigen näher steht, sich mit ihnen berät, ihnen Rechenschaft ablegt, sie informiert und daß die Führung an Klarheit interessiert ist, daran, daß jeder äußern kann, was ihm am Herzen liegt.

. . .

Kurzum, Genossen, der Arbeitsstil muß geändert werden. Er muß von Achtung vor dem Volk, vor seiner Meinung, von echter, nicht zur Schau gestellter Verbundenheit mit ihm getragen sein. Man muß wirklich zu den Menschen gehen, auf sie hören, die Begegnung mit ihnen suchen und sie informieren. Und je schwieriger es ist, desto öfter muß man sich mit ihnen treffen, mit ihnen zusammensein, wenn diese oder jene Aufgabe gelöst wird.

Kräfte in Bewegung setzen ...

18. September 1986

. . . Es ist für uns sehr wichtig, daß wir die perestrojka nicht tot reden, sie nicht verplaudern. Es ist für uns wichtig, daß die perestrojka einen unumkehrbaren Charakter erhält, daß sie die gewaltigen Kräfte in Bewegung bringt, die in unserer sozialistischen Gesellschaftsordnung eingebunden sind.

. . .

Die Partei gab mit ihrem eigenen Beispiel eine Lektion der Prinzipienhaftigkeit, eine Lektion der Wahrheit, und sie rief zur aktiven Teilnahme am Kampf für einen neuen qualitativen Zustand unserer Gesellschaft, für den Umbau des ganzen Hauses, in dem wir heute und morgen leben.

Es bemüht sich doch jeder Hauswirt, sein Haus immer stabiler zu machen, immer bequemer in jeder Hinsicht, damit es mit jedem Jahr besser werde, weil der Mensch selbst wächst, seine Bedürfnisse sich verändern, und die Anforderungen komplizierter werden und zunehmen. Aber es ist erforderlich, über dieses Haus nachzudenken, sich zu sorgen, es mit gemeinsamen Kräften herzurichten, zu verändern, damit man gut leben und atmen kann.

. . .

Die perestrojka ist kein einmaliger, spontaner Akt, sondern ein Prozeß, der sich über eine bestimmte historische Periode erstrecken wird. Wir leben in einer Umbruchzeit. Das Land durchläuft in seiner Entwicklung eine sehr wichtige Etappe. Es vollzieht sich ein scharfer Umschwung im Leben der sowjetischen Gesellschaft. Und wenn wir alle – in Moskau, in den Republiken, den Kreisen und Gebieten, in den Arbeitskollektiven, in den Partei-, den staatlichen und gesellschaftlichen Organisationen immer an die Wichtigkeit des gegenwärtigen Moments denken, an ihre einschneidende Bedeutung für unser Schicksal, für unser Land, dann werden wir leichter die Bedeutung der alltäglichsten Arbeit erkennen, die jeder von uns verrichtet, und das Große im Kleinsten, im Gewöhnlichsten sehen.

. . .

Wichtige Kennzeichen der Zeit sind eine breite Öffentlichkeit, die offene Erörterung der brennendsten Probleme in unserer Gesellschaft, der Entwicklung des Landes. Und das schafft eine neue, eine völlig neue Atmosphäre. Durch Debatten, Diskussionen, manchmal vielleicht heftige, sogar zu heftige – das habe ich wiederum auch hier empfunden –, durch die Gegenüberstellung der Ansichten und Standpunkte, durch Bedenken, verbreitet sich die perestrojka sowohl im Denken der Menschen wie auch in der Psychologie des Verständnisses der Eigenart des gegenwärtigen Moments.

. . .

Aber es gibt auch diejenigen, die im Zusammenhang mit der perestrojka Befürchtungen äußern. Das Politbüro des ZK weiß das. Ich sage offen, daß sie uns nicht schrecken. Im Gegenteil, es würde bei uns große Unruhe und Mißtrauen hervorrufen, wenn plötzlich alles glatt ginge, wie am Schnürchen, wie man sagt. Dann müßten wir sofort überlegen: Was ist los? Offenbar sind wir noch nicht zum Kern durchgedrungen. Warum? Es ist doch unser Vorhaben, kardinale Veränderungen in allen Lebenssphären zu verwirklichen. Ich habe diese Veränderungen ihrem Wesen nach als revolutionär bezeichnet. Es ist völlig klar, daß damit im Laufe dieser Veränderungen Interessen, Stellung, Position und Schicksal der Arbeitskollektive und der Familien ebenso berührt werden wie die Arbeit der Partei-, Sowjet- und Wirtschaftsorgane, der gesellschaftlichen Organisationen, die Tätigkeit aller Abteilungen der staatlichen Macht dieses Landes.

. . .

Es zeigt sich, daß vielen die Offenheit nicht gefällt, die sich in immer mehr Sphären des gesellschaftlichen Lebens durchsetzt. Es gibt nicht wenige Fälle unnatürlicher Reaktionen auf Kritik von seiten der Werktätigen – Arbeiter und Bauern, und auch unserer Intelligenz, nicht bei allen trifft der Prozess der Erweiterung der Demokratie auf Billigung.

Demokratie, Genossen, das sind nämlich nicht nur Rechte, das sind Verantwortung, Verpflichtungen, das ist die Frage der Disziplin. Demokratie – das ist kein alles Erlauben, keine Anarchie. Sie verwirklicht sich in der Einheit der Rechte und Pflichten, die es dem Menschen erlauben, seine bürgerliche Haltung zu bekunden.

. . .

Ich will jetzt nicht alle Probleme ansprechen, ich unterstreiche nur: wir können die perestrojka verwirklichen, wenn sich der Einzelne als Herr des Landes fühlt, und als Herr des Landes kann er sich fühlen, wenn der Prozeß der Demokratisierung erweitert wird.

. . .

Dabei bezieht sich das nicht nur auf die leitenden Kader, sondern auf alle – auf einfache Kommunisten, Arbeiter, unsere Intelligenz, die Bauern.

Wenn es nötig ist, irgendjemandem irgend etwas zu sagen, wenn er vom rechten Weg abkommt, muß das direkt gesagt werden, in Übereinstimmung mit unserer sozialistischen Demokratie, den Prinzipien der Öffentlichkeit, der Offenheit, der Wahrhaftigkeit. Man braucht den Prozeß der Demokratisierung nicht zu fürchten. Er wird unsere Gesellschaft nicht nur nicht schwächen, sondern, umgekehrt, stärken. Er wird nicht nur Disziplin und Ordnung nicht untergraben. Umgekehrt, die Verbesserung der Angelegenheiten wird auf einer bewußten Grundlage erfolgen.

Eine erste Bilanz ...

27. Januar 1987

Das Aprilplenum (1985) und der XXVII. Parteitag öffneten den Weg für eine objektive, kritische Analyse der Situation, die sich in der Gesellschaft herausgebildet hat, und faßten für das Schicksal des Landes historische Beschlüsse. Wir haben unwiderruflich mit der Umgestaltung begonnen und auf diesem Weg die ersten Schritte getan.

Zieht man eine allgemeine politische Bilanz, dann kann man voller Überzeugung sagen: Im Leben der sowjetischen Gesellschaft vollziehen sich gewaltige Veränderungen, positive Tendenzen verstärken sich.

. . .

Für das Zentralkomitee ist wichtig, daß der politische Kurs des XXVII. Parteitages, die praktische Tätigkeit zu seiner Verwirklichung und die Umgestaltung selbst die breite Unterstützung der Werktätigen und des ganzen sowjetischen Volkes gefunden haben. Und das, Genossen, ist für die führende Partei das wichtigste.

Gleichzeitig sehen wir, daß sich die Veränderungen zum Besseren nur langsam vollziehen, daß die Umgestaltung sich schwieriger erweist und die Ursachen für die in der Gesellschaft angehäuften Probleme tiefer liegen, als wir früher angenommen haben. Je tiefer wir in die Arbeit bei der Umgestaltung eindringen, um so deutlicher werden ihre Dimensionen und ihre Bedeutung, tauchen immer neue, ungelöste Probleme auf, die wir als Erbe der Vergangenheit übernommen haben.

. . .

Objektiv reifte in der Wirtschaft und auch auf anderen Gebieten die Notwendigkeit von Veränderungen heran, aber in der politischen und praktischen Tätigkeit der Parteien und des Staates fand sie keine Realisierung.

Worin liegt die Ursache für diese komplizierte widersprüchliche Situation?

Die Hauptursache – und das Politbüro hält es für notwendig, darüber in aller Offenheit auf dem Plenum zu sprechen – bestand darin, daß das ZK der KPdSU, die Führung des Landes vor allem aus subjektiven Gründen nicht rechtzeitig und in vollem Umfang die Notwendigkeit von Veränderungen und die Gefahr des Anwachsens von Krisenerscheinungen in der Gesellschaft einschätzen sowie eine klare Linie zu ihrer Überwindung, zu einer umfassenden Nutzung der Möglichkeiten, die im sozialistischen System liegen, erarbeiten konnte.

Bei der Ausarbeitung der Politik und in der praktischen Tätigkeit überwogen konservative Haltungen, Trägheit, das Bestreben, alles vom Tisch zu wischen, was nicht in die gewohnten Schemata paßte, und die mangelnde Bereitschaft zur Lösung der herangereiften sozialökonomischen Fragen.

Für all das, Genossen, tragen die führenden Organe der Partei und des Staates die Verantwortung.

. . .

Die Ursachen für diese Lage liegen weit zurück. Sie wurzeln noch in jener historischen Situation, in der aufgrund bekannter Umstände aus der Theorie und der Gesellschaftswissenschaft die lebendige Diskussion und schöpferisches Denken verschwanden und autoritäre Einschätzungen und Betrachtungen zu unantastbaren Wahrheiten wurden, die man nur noch kommentieren konnte.

Es kam zu einer Art Verabsolutierung der in der Praxis entstandenen Organisationsformen der Gesellschaft. Mehr noch. solche Vorstellungen vom Wesen der Sache wurden mit den ureigensten Merkmalen des Sozialismus gleichgesetzt, als unveränderlich betrachtet und als Dogmen verkündet, die für eine objektive Analyse keinen Raum lassen. Es hat sich eine starre Form sozialistischer Produktionsverhältnisse herausgebildet, und ihr dialektisches Zusammenwirken mit den Produktivkräften wurde unterschätzt. Die soziale Struktur der Gesellschaft wurde schematisch als frei von Widersprüchen, als frei von Dynamik in den vielfältigen Interessen ihrer verschiedenen Schichten und Gruppen dargestellt.

. . .

Die Partei hat in sich die Kraft und den Mut gefunden, die Lage nüchtern einzuschätzen, die Notwendigkeit von grundlegenden Veränderungen in Politik und Wirtschaft auf sozialem und geistigem Gebiet zuzugeben, das Land auf den Weg von Umgestaltungen zurückzuführen.

In dieser Situation, Genossen, wurde auch die Frage der beschleunigten sozial-ökonomischen Entwicklung des Landes, der Umgestaltung aufgeworfen. Im wesentlichen geht es um eine Wende und um Maßnahmen revolutionären Charakters. Wir sprechen von der Umgestaltung und den mit ihr verbundenen Prozessen einer tiefgreifenden Demokratisierung der Gesellschaft und haben wirklich revolutionäre sowie allseitige Veränderungen in der Gesellschaft vor.

Ein solcher grundlegender Umschwung ist notwendig, denn einen anderen Weg gibt es für uns einfach nicht. Zurückgehen dürfen wir nicht und werden wir niemals. Wir haben die Pflicht, den Kurs des Aprilplenums (1985) des ZK und des XXVII. Parteitages konsequent und unbeirrbar zu verwirklichen, vorwärts zu schreiten und die Gesellschaft auf ein qualitativ neues Entwicklungsniveau zu heben.

. . .

Perestrojka bedeutet ...

Unter der Umgestaltung verstehen wir die entschlossene Überwindung stagnierender Prozesse, das Beseitigen all dessen, was bremst, sowie die Schaffung eines zuverlässigen und wirksamen Mechanismus zur Beschleunigung der sozialökonomischen Entwicklung der sowjetischen Gesellschaft.

Der Hauptgedanke unserer Strategie ist, die Errungenschaften der wissenschaftlich-technischen Revolution mit der Planwirtschaft zu verbinden und das gesamte Potential des Sozialismus zu mobilisieren.

Die Umgestaltung – das ist das sich Stützen auf das lebendige Schöpfertum der Massen, das ist die allseitige Entwicklung der Demokratie und der sozialistischen Selbstverwaltung und die Förderung von Initiativen von Selbständigkeit, die Stärkung der Disziplin und Ordnung, die Erweiterung der Offenheit, Kritik und Selbstkritik in allen Bereichen des gesellschaftlichen Lebens: das ist ein Höchstmaß an Achtung der Werte und Würde der Persönlichkeit.

Die Umgestaltung – das ist die ständige Erhöhung der Rolle der intensiven Faktoren bei der Entwicklung der Leninistischen Prinzipien des demokratischen Zentralismus bei der Leitung der Volkswirtschaft, die allgemeine Einführung wirtschaftlicher Leistungsmethoden, der Verzicht auf Kommandieren und Administrieren, die Garantie des Übergangs aller Wirtschaftszweige zu den Prinzipien der vollständigen wirtschaftlichen Rechnungsführung und zu neuen Formen der Arbeits- und Produktionsorganisation, die allseitige Förderung von Neuerertum und sozialistischer Initiative.

Die Umgestaltung – das ist die entschlossene Hinwendung zur Wissenschaft, die aktive Partnerschaft von Wissenschaft und Praxis mit dem Ziel maximaler Resultate, die Fähigkeit, stets auf einer soliden wissenschaftlichen Grundlage zu handeln, die Bereitschaft und der brennende Wunsch der Wissenschaftler, den Kurs der Partei auf die Erneuerung der Gesellschaft aktiv zu unterstützen; gleichzeitig ist das auch die Sorge um die Entwicklung der Wissenschaft, ihren Kaderzuwachs und ihre aktive Teilnahme an den Umgestaltungsprozessen.

Umgestaltung – das ist die vorrangige Entwicklung des sozialen Bereichs, die immer bessere Befriedigung der Bedürfnisse des sowjetischen Volkes hinsichtlich guter Arbeits- und Lebensbedingungen, Erholung, Bildung und medizinischer Betreuung; das ist das ständige Bemühen um geistigen Reichtum, die Kultur des Individuums und der Gesellschaft, das ist die Fähigkeit, die Lösung der großen und grundlegenden Probleme des Lebens der Gesellschaft mit der Lösung der täglichen Fragen, die die Menschen bewegen, zu verbinden.

Umgestaltung – das ist die energische Befreiung der Gesellschaft von Entstellungen der sozialistischen Moral, die konsequente Verwirklichung der Prinzipien sozialer Gerechtigkeit; das ist die Einheit von Wort und Tat, von Rechten und Pflichten; das ist die Wertschätzung ehrlicher und in guter Qualität ausgeführter Arbeit sowie die Überwindung von gleichmacherischen Tendenzen und des Konsumdenkens.

Das Endziel der Umgestaltung ist wohl klar: Die tiefgreifende Erneuerung aller Seiten des Lebens im Lande, die Schaffung modernster Organisationsformen der sozialistischen Gesellschaft, die volle Ausschöpfung des humanistischen Charakters unserer Ordnung in allen ihren entscheidenden Aspekten – den ökonomischen, sozialen und politischen sowie moralischen.

. . .

Im Land bildet sich eine neue ethisch-moralische Atmosphäre heraus. Eine Neubestimmung der Werte, ein schöpferisches Umdenken ist im Gange. Diskussionen über die Wege der Umgestaltungen in der Wirtschaft sowie im sozialen und geistigen Bereich haben sich entfaltet, die Suche nach neuen Methoden in der organisatorischen und ideologischen Arbeit nimmt an Breite zu. Offenheit, Wahrhaftigkeit in der Bewertung der Erscheinungen und Ereignisse, Unversöhnlichkeit gegenüber Mängeln sowie der Wunsch nach Verbesserung der Dinge setzen sich immer mehr als aktiv wirkende Lebensprinzipien durch.

. . .

Wir sind uns natürlich bewußt, daß die Überwindung der entstandenen Klischees im Denken und Handeln ein komplizierter, nicht schmerzloser Prozeß ist, der Zeit und ein besonnenes Herangehen erfordert.

Es liegt ganz klar auf der Hand, daß sich dieser Prozeß nicht autonom, losgelöst von den Umgestaltungen im politischen, sozialökonomischen und geistigen Leben vollziehen kann.

Wir müssen uns darüber im klaren sein, daß heute ein ganzes System von Maßnahmen erforderlich ist. Dazu gehören sowohl die Ausarbeitung der theoretischen Grundsätze, die auf den Realitäten der Gegenwart und einer tief fundierten wissenschaftlichen Voraussicht der Zukunft basieren, als auch die Veränderung des gesellschaftlichen Bewußtseins, die konsequente Weiterentwicklung der demokratischen Institutionen sowie die Erziehung der Massen zu politischer Kultur, die Umgestaltung des Mechanismus der Wirtschaftsführung und der Organisationsstrukturen und natürlich eine aktive Sozialpolitik.

. . .

Gibt es Garantien …?

Haben wir Garantien dafür, daß der eingeleitete Prozeß der Umgestaltungen bis zu Ende geführt wird, daß sich frühere Fehler nicht wiederholen und wir eine wirkliche Entwicklung unserer Gesellschaft gewährleisten können?

Diese Fragen beantwortet das Politbüro eindeutig: Ja, wir haben solche Garantien.

Das sind der einheitliche Wille und das gemeinsame Handeln von Partei und Volk, die durch ihre Erfahrungen aus der Vergangenheit und durch das Erkennen ihrer Verantwortung für Gegenwart und Zukunft der sozialistischen Heimat vereint sind.

Das sind die allseitige Entwicklung der Demokratie in der sozialistischen Gesellschaftsordnung sowie die reale und immer aktivere Teilnahme des Volkes an der Lösung aller das Leben des Landes betreffenden Fragen, das ist die völlige Wiederherstellung der Leninschen Prinzipien der Publizität, gesellschaftlichen Kontrolle, Kritik und Selbstkritik, das ist Offenheit in der Politik, die in der Einheit von Wort und Tat besteht.

. . .

Vertiefung der sozialistischen Demokratie ...

Gerade die Vertiefung der sozialistischen Demokratie, das Schöpfertum der sowjetischen Menschen sowie die avantgardistische Rolle der Kommunisten in der Praxis gewährleisten sowohl den Erfolg als auch die Unumkehrbarkeit der vom XXVII. Parteitag abgesteckten revolutionären Umgestaltungen.

. . .

Nur bei konsequenter Entwicklung der demokratischen Formen, die dem Sozialismus eigen sind, und bei Erweiterung der Selbstverwaltung sind bei uns Fortschritte in der Produktion, in der Wissenschaft und Technik, in der Literatur, der Kultur und Kunst, in allen Sphären des gesellschaftlichen Lebens möglich. Nur ein solcher Weg gewährleistet eine bewußte Disziplin. Nur durch Demokratie und Dank der Demokratie ist die Umgestaltung selbst möglich. Nur so erhalten die gewaltige schöpferische Kraft des Sozialismus, die freie Arbeit und ein freier Geist in einem freien Land Raum.

Deshalb ist die weitere Demokratisierung der sowjetischen Gesellschaft eine unaufschiebbare Aufgabe.

. . .

Als prinzipielle Richtung der Demokratisierung unseres Lebens sieht das Politbüro die Vervollkommnung des sowjetischen Wahlsystems an. Im Auftrag des XXVII. Parteitages werden dazu die entsprechenden Vorschläge ausgearbeitet.

Was ist hier zu sagen? Der geltende Mechanismus des Wahlsystems garantiert, daß alle Bevölkerungsschichten in den gewählten Machtorganen vertreten sind. In den gegenwärtigen Sowjets sind auf allen Ebenen die Arbeiterklasse, die Kolchosbauern, die Intelligenz, sind Frauen und Männer, Veteranen und Jugendliche, alle Nationalitäten und Völkerschaften des Landes vertreten. Die Wahlorgane widerspiegeln die soziale, berufliche und nationale Struktur der sowjetischen Gesellschaft, die Vielfalt der Interessen der gesamten Bevölkerung – das ist für sich genommen – eine gewaltige Errungenschaft der sozialistischen Demokratie.

Doch wie alle politischen, wirtschaftlichen und sozialen Institutionen kann das Wahlsystem nicht in erstarrtem Zustand verharren, kann nicht abseits der Umgestaltung und der sich in der Gesellschaft entwickelnden neuen Prozesse stehen.

Worin besteht das Wesen der an das Zentralkomitee der KPdSU, an das Präsidium des Obersten Sowjets der UdSSR, an andere zentrale Organe und an die Massenmedien gerichteten Vorschläge und Wünsche der Werktätigen in bezug auf diese Fragen?

In politischer Hinsicht geht es um die Vertiefung des demokratischen Charakters der Wahlen, um die effektivere und realere Teilnahme der Wähler in allen Stadien der Kampagne vor und während der Wahl.

Konkret geht es in den meisten Vorschlägen darum, daß auf den Wählerversammlungen in den Arbeitskollektiven sowie auf Wählerforen in der Regel über mehrere Kandidatenvorschläge beraten werden sollte. Es ist vorgeschlagen, die Wahlkreise zu vergrößern und in jedem mehrere Abgeordnete zu wählen. Die Genossen vertreten die Ansicht, daß es dadurch jedem Bürger ermöglicht wird, seine Meinung zu einem größeren Kreis von Kandidaten zum Ausdruck zu bringen und daß die Partei- und Staatsorgane besser die Stimmung und den Willen der Bevölkerung kennenlernen.

Ein neues Wahlsystem ...?

Auf diese Wünsche eingehend, müssen wir die Wahlen, die Verfahrensweise bei der Aufstellung der Diskussion der Kandidatenvorschläge auf neue Weise organisieren. Die Wahlhandlung muß von Formalismus befreit werden. Wir müssen uns darum kümmern, daß die Wahlkampagne schon in diesem Jahr in einer Atmosphäre breiterer Demokratie und der interessierten Teilnahme der Menschen an diesem Prozeß stattfindet.

. . .

Es ist völlig natürlich, daß im Zuge der weiteren Demokratisierung der sowjetischen Gesellschaft auch Fragen der Erweiterung der innerparteilichen Demokratie erörtert werden müssen.

Auf dem XXVII. Parteitag wurden bei den Veränderungen und Ergänzungen zum Statut der KPdSU bekanntlich eine Reihe wichtiger Leitsätze verwirklicht, die auf die Festigung der demokratischen Prinzipien im Leben der Partei gerichtet sind. Diese Arbeit muß fortgesetzt werden. Es erscheint zweckmäßig, über die Vervollkommnung des Mechanismus der Bildung der führenden Parteiorgane zu beraten.

Das ZK hat zu dieser Frage viele verschiedene Vorschläge erhalten. Gestatten Sie, die Schlußfolgerungen darzulegen, die auf der Grundlage einer Analyse dieser Vorschläge gezogen wurden.

Zunächst und vor allem zur Bildung von Wahlorganen in den Parteiorganisationen: Der Sinn der meisten Vorschläge in dieser Hinsicht besteht darin, den Willensbekundungen ausnahmslos aller Kommunisten bei den Wahlen der Sekretäre der Parteibüros und Parteikomitees sowie bei der Erhöhung ihrer Verantwortung gegenüber ihren Wählern vollen Raum zu geben.

Es ist notwendig, auch über die Veränderung des Modus der Wahl von Sekretären der Rayonkomitees, der Kreiskomitees, der Stadtkomitees, der Gebietskomitees und der Regionalkomitees der Partei sowie der Zentralkomitees der Kommunistischen Parteien der Unionsrepubliken nachzudenken. Hier kann man, wie die Genossen vorschlagen, so verfahren, daß die Sekretäre, in geheimer Abstimmung auf den Plenartagungen der entsprechenden Parteikomitees gewählt werden. Die Mitglieder des Parteikomitees hätten dabei das Recht, eine beliebige Anzahl von Kandidaten auf dem Stimmzettel einzubringen. Eine derartige Maßnahme würde die Verantwortung der Sekretäre gegenüber den Parteikomitees, die sie gewählt haben, erhöhen, ihnen mehr Sicherheit in der Arbeit geben und es ihnen gestatten, das Maß ihrer Autorität genauer einzuschätzen.

Es versteht sich, daß in der Partei das statutengemäße Prinzip unverrückbar bleiben muß, demzufolge die Beschlüsse der übergeordneten Organe – auch zu Kaderfragen – für alle untergeordneten Parteikomitees bindend sind.

Nach Auffassung des Politbüros muß die weitere Demokratisierung auch die Bildung zentraler Leistungsorgane der Partei beinhalten. Ich denke, daß das völlig logisch ist. Ebenso logisch wäre es offenbar, die Wahlen der Leistungsorgane auch in anderen gesellschaftlichen Organisationen zu demokratisieren.

. . .

Für eine gesunde Atmosphäre in der Gesellschaft müssen wir auch die Offenheit weiterentwickeln. Sie ist ein mächtiger Hebel zur Verbesserung der Arbeit an allen Abschnitten unseres Aufbaus, eine wirksame Form der Volkskontrolle. Die beste Bestätigung dafür sind die seit dem April-Plenum (1985) des ZK gesammelten Erfahrungen.

Es ist offensichtlich an der Zeit, die Erarbeitung von Rechtsakten in Angriff zu nehmen, die Publizität garantieren. Sie müssen eine maximale Offenheit in der Tätigkeit der staatlichen und gesellschaftlichen Organisationen gewährleisten und den Werktätigen die reale Möglichkeit geben, ihre Meinung zu jeder beliebigen Frage des gesellschaftlichen Lebens zu äußern.

Kritik und Selbstkritik ...

Ein erprobtes Instrument der sozialistischen Demokratie sind Kritik und Selbstkritik. Dagegen gibt es wohl keine offenen Einwände. Im Leben stoßen wir jedoch auf Tatsachen, die davon zeugen, daß die Notwendigkeit der Unterstützung einer kritischen Stimme in der Gesellschaft längst nicht allen bewußt war. Mitunter geht es soweit, daß manche Mitarbeiter selbst die kleinsten Bemerkungen als Anschlag auf ihr Prestige auffassen und es mit allen möglichen Mitteln verteidigen. Es gibt auch noch Ausgekochtere. Sie geben zu, daß die Kritik gerechtfertigt ist, danken sogar dafür, haben es aber nicht eilig, die Mängel zu beseitigen, weil sie meinen, daß alles so weiterläuft wie bisher.

. . .

Hier muß leider gesagt werden, daß wir es nach wie vor damit zu tun haben, daß Kritik nicht akzeptiert wird. Es kommt sogar vor, daß Menschen wegen Kritik Verfolgungen ausgesetzt sind und kritische Äußerungen direkt unterdrückt werden. Oft nimmt das solche Ausmaße und Formen an, daß das Zentralkomitee eingreifen muß, um Wahrheit und Gerechtigkeit wiederherzustellen und um ehrliche Menschen, die sich um die Sache sorgen, zu unterstützen.

. . .

In einer weiteren Frage muß Klarheit bestehen. Wir sprechen davon, daß in der sowjetischen Gesellschaft keine Zonen bestehen dürfen, die der Kritik verschlossen sind. Das trifft in vollem Umfang auch auf die Massenmedien zu.

Genossen! Eine echte Demokratie existiert nicht außerhalb des Gesetzes und über ihm. Der XXVII. Parteitag hat die Hauptrichtungen der Entwicklung unserer Gesetzgebung sowie der Festigung der Rechtsordnung festgelegt. In diesem Planjahrfünft ist noch viel zur Vorbereitung und zur Annahme neuer Gesetze zu tun, die die Entwicklung der Wirtschaft, die soziale Sphäre und die Kultur, die sozialistische Selbstverwaltung des Volkes und die Erweiterung der Garantien für die Rechte und Freiheiten der Bürger betreffen.

Neue Gesetze ...

Das Politbüro hat den Vorschlag unterstützt, in nächster Zeit eine neue Strafgesetzgebung auszuarbeiten. Sie soll den heutigen Entwicklungsbedingungen der sowjetischen Gesellschaft besser entsprechen, die Interessen und Rechte der Bürger wirksamer schützen sowie zur Festigung der Disziplin und der Rechtsordnung führen. Wir müssen gründlich nachdenken und Maßnahmen einleiten, damit Rolle und Autorität des sowjetischen Gerichtes verstärkt, das Prinzip der Unabhängigkeit der Richter strikt gewahrt, die Aufsicht durch die Staatsanwälte entschieden verstärkt und die Arbeit der Untersuchungsorgane vervollkommnet wird. Eine Gesetzesvorlage über das Verfahren der Klage vor Gericht gegen unrechtmäßige Handlungen von Amtspersonen, die die Rechte des Bürgers schmälern, ist bereits ausgearbeitet und wird bald zur Diskussion stehen. Es wurden zusätzliche Schritte zur Verbesserung der Arbeit des staatlichen Vertragsgerichtes und zur Erweiterung der Rechtspropaganda festgelegt.

Wenn wir von der Demokratisierung der sowjetischen Gesellschaft sprechen – was für uns eine Grundsatzfrage ist –, so ist es angebracht, den wichtigsten, den bestimmenden Wesenszug der sozialistischen Demokratie erneut zu unterstreichen. Ich meine die organische Verbindung von Demokratie und Disziplin, von Selbständigkeit und Verantwortungsbewußtsein, von Rechten und Pflichten der Leitungskader und jedes Bürgers.

. . .

Die Demokratisierung aller Bereiche des Lebens der sowjetischen Gesellschaft ist vor allem deshalb wichtig, weil wir mit ihr die Weiterentwicklung des Initiativgeistes der Werktätigen und die Aufdeckung des gesamten Potentials der sozialistischen Gesellschaftordnung verknüpfen. Wir brauchen sie, um voranzukommen, damit in der Gesellschaft die Gesetzlichkeit erstarkt und Gerechtigkeit triumphiert, damit sich eine solche moralische Atmosphäre durchsetzt, in der der Mensch frei lebt und seine Arbeit Früchte trägt.

Genossen! Es ist gut bekannt, daß die Wirksamkeit wahrer Demokratie davon abhängt, in welchem Maße sie von den Interessen der breiten Massen ausgeht, sich auf sie stützt und von allen Schichten und Gruppen der Gesellschaft unterstützt wird.

Und in dieser Hinsicht bedürfen die Aufgaben der Umgestaltung noch einmal einer Analyse unserer Reserven und Möglichkeiten zum weiteren Ausbau der sozialen Basis der Demokratie. Die Aktualität dieser Fragestellung liegt auf der Hand.

. . .

Ich möchte wiederholen – ohne die Entwicklung der Demokratie und ohne eine breite Teilnahme der Werktätigen werden wir die Aufgaben der Umgestaltung nicht lösen.

Die Parteikomitees, alle Kader müssen lernen, in einer Atmosphäre sich vertiefender Demokratie und wachsender Aktivität des Volkes im politischen Leben und in der Arbeit zu wirken.

Umgestaltung ist kein Spazierweg ...

28. Januar 1987

Die sowjetischen Menschen verknüpfen mit der Umgestaltung ihre Lebenspläne, die Geschicke des Landes, dessen internationales Ansehen und Gewicht. Dürfen wir also irgendwelche Schwankungen bei ihrer Durchsetzung zulassen? Nein, Genossen!

Jawohl, die Umgestaltung ist bereits eine Realität. Heute sind wir uns deutlich und tiefer dessen bewußt, daß wir sowohl aufgrund der inneren Entwicklung des Landes als auch aufgrund der äußeren Bedingungen, der internationalen Lage, eine Beschleunigung der sozialen und ökonomischen Entwicklung des Landes sichern müssen. Doch ohne eine Erneuerung der Gesellschaft wird es keine Beschleunigung, aber auch keine Umgestaltung aller Bereiche ihres Lebens geben. Auf alten Wegen lassen sich neue Aufgaben nicht lösen, geschweige denn Aufgaben von historischer Dimension, wie sie sich heute stellen.

Die Umgestaltung ist kein Spaziergang auf einem geebneten Gartenweg. Das ist eine Bergbesteigung, bei der nicht selten unausgetretene Pfade beschritten werden müssen.

Wir stehen erst am Anfang des Weges...

Ich möchte noch einige Momente unterstreichen, die auf dem Plenum zur Sprache gekommen sind. Meines Erachtens war es durchaus begründet, daß im Referat des Politbüros eine ernsthafte, tiefergehende Demokratisierung der sowjetischen Gesellschaft als das wichtigste Thema in den Vordergrund geschoben wurde.

Das ist, Genossen, jener Hebel, der es ermöglichen wird, in die Umgestaltung deren entscheidende Kraft – das Volk – einzubeziehen. Wenn wir das unterlassen, werden wir die Aufgaben der Beschleunigung nicht lösen und die Umgestaltung nicht sicherstellen. Sie wird es einfach nicht geben.

Andererseits schaffen wir durch die Entwicklung und das Voranbringen der sozialistischen Demokratie und die Entfaltung ihres Potentials die denkbar zuverlässigsten Garantien dafür, daß sich die Fehler der Vergangenheit nicht wiederholen. Doch es kommt nicht nur darauf an.

Wir brauchen Demokratie wie die Luft zum Atmen

Wenn wir das nicht begreifen und selbst dann, wenn wir das begreifen, aber keine realen bedeutenden Schritte zu ihrer Erweiterung und ihrem Voranbringen und zur umfassenden Einbeziehung der Werktätigen des Landes in den Prozeß der Umgestaltung unternehmen, so werden, Genossen, unsere Politik und die Umgestaltung ersticken.

Darin besteht unsere Grundidee. Wie auch alle Mitglieder des Politbüros – und in jeder Pause tauschten wir Meinungen über den Verlauf des Plenums aus – bin ich sehr zufrieden, daß diese überaus wichtige Richtung der Tätigkeit der KPdSU in der gegenwärtigen Etappe des Kampfes für die Ziele der Beschleunigung die volle Unterstützung des Plenums des ZK gefunden hat.

. . .

Wir brauchen einfach Offenheit, Kritik und Selbstkritik. Das sind die wichtigsten Züge der sozialistischen Lebensweise. Und wenn so mancher denkt, wir brauchen das, um die Mängel der Vergangenheit zu kritisieren, so irrt er sich gewaltig. Die Hauptsache besteht darin, daß Offenheit, Kritik und Selbstkritik und Demokratie für unsere Vorwärtsbewegung, für die Lösung enormer Aufgaben erforderlich sind. Ohne aktive Mitwirkung des Volkes werden wir diese Aufgaben nicht lösen können. Eben dazu brauchen wir das alles.

Und wenn es jemandem scheint, es sei nicht leicht, in einer solchen Atmosphäre zu arbeiten, so möchte ich daran erinnern, daß ich schon vor etwa sechs Monaten geraten hatte: Beginnt unter den Bedingungen der sich entfaltenden Demokratie arbeiten zu lernen. Laßt uns alle lernen.

Die Presse muß im Lande Offenheit fördern, unser Volk informieren. Sie muß das aber voller Verantwortung tun – eben diesen Wunsch bringen wir zum Ausdruck. Keine Sensationshascherei. Wir brauchen die Presse als aktiven Teilnehmer an der Umgestaltung.

Wir brauchen mehr Sachlichkeit bei der Arbeit. Richtig sind die Hinweise und Äußerungen zahlreicher Genossen, daß schon viel geredet wurde.

Das trifft auf alle zu, darunter auch auf die Presse. Heute ist es für uns sehr wichtig, alles zu sehen, was positiv und konstruktiv ist, das zu übernehmen und zum Gemeingut der gesamten Partei und des gesamten Volkes zu machen und die Keime des Neuen unter den Bedingungen der Umgestaltung zu nutzen.

Gorbatschow auf dem Gewerkschaftskongreß ...

25. Februar 1987

Auf dem Januar-Plenum des Zentralkomitees wurde ohne Umschweife auf die Verantwortung der Partei und ihrer leitenden Organe für die Situation im Lande hingewiesen. Das ist aber wohl nur die eine Seite der Angelegenheit, wenn auch eine sehr wichtige. Es gibt auch eine andere Seite.

Es ist für niemanden ein Geheimnis, daß vielen Schluderarbeit, nichterarbeitete Löhne, unverdiente Prämien, eine Atmosphäre fehlender gegenseitiger Anforderungen, der Kontroll- und der Verantwortungslosigkeit durchaus paßte und so manchem auch heute noch paßt.

Es muß klar sein: Damit sich unsere berechtigten materiellen und sozialen Erwartungen erfüllen, sind Zeit und Anstrengungen, sind praktische Handlungen erforderlich.

Die Umgestaltung bedeutet, daß jeder an seinem Arbeitsplatz mehr leisten muß: jeder Arbeiter, Kolchosbauer, Angestellter, Ingenieur, Wissenschaftler, Lehrer, Minister, Parteifunktionär. Das ist jedoch bei weitem nicht überall und nicht immer der Fall.

. . .

Wir wollen heute die Situation in der Gesellschaft von Grund auf verändern, denn wir können uns nicht damit abfinden, wie wir früher lebten, wie wir arbeiteten. Uns wird aber nichts gelingen, wenn wir es nicht schaffen, die Kräfte der Trägheit, des Abbremsens bis zu Ende zu brechen, die dadurch gefährlich sind, daß sie das Land erneut in einen Zustand der Stagnation und Lethargie hereinzerren können, der mit einer Verknöcherung der Gesellschaft und mit sozialer Korrosion droht.

. . .

Das Januar-Plenum bestärkt die Gesellschaft in der Überzeugung, daß die Umgestaltung unumkehrbaren Charakter annimmt. Das hat jetzt die Positionen vieler Bevölkerungsschichten stark aktiviert. Es gab noch viele Abwartende und Zuschauende. Nun gehen sie in die Kategorie der aktiv Handelnden über. Dieser Prozeß verläuft jedoch nicht ohne Schwierigkeiten, nicht schmerzlos.

Woran liegt das? Bis jetzt befanden wir uns auf der Ebene der Ausarbeitung einer Konzeption der sozialökonomischen Entwicklung – April-Plenum, XXVII. Parteitag, Juni-Plenum. Doch nun dringt der Prozeß der Umgestaltung von der Idee in die Tiefe, in die Praxis vor, und es stellte sich heraus, daß er die Interessen vieler berührt: in dem einen Fall über die staatliche Erzeugnisabnahme, in einem anderen über das Rentabilitätsprinzip, die Eigenfinanzierung, in wieder einem anderen über die Wählbarkeit und in noch einem anderen über Kontrolle, Offenheit und Kritik usw.

Gibt es Widerstand ...?

Daran gibt es nichts Überraschendes. Der Prozeß der Umgestaltung erfaßt immer neue Lebenssphären der Gesellschaft, er berührt die Interessen aller sozialen Gruppen. Wie das echt revolutionären Umgestaltungen auch eigen ist, begeistert die Umgestaltung die einen und verleiht ihnen neue Kraft, bei manchen ruft sie Verwirrung hervor, und wieder anderen gehen die Wandlungen einfach gegen den Strich. Gegen den Strich gehen sie ganz besonders jenen, die gewohnt sind, nachlässig zu arbeiten, alles aufs Geratewohl zu machen, die gleichgültig, träge und initiativlos sind. Gegen den Strich geht sie auch jenen, die bisher in ihrem Betrieb, ihrem Rayon, ihrer Stadt, ihrem Labor wie in ihrem eigenen Landgut schalteten und walteten, ohne der Meinung des Kollektivs, der Werktätigen sonderlich Rechnung zu tragen. Ganz zu schweigen von jenen, die die Atmosphäre, in der alles erlaubt war, dazu ausnutzten, den Staat zu plündern und sich zu bereichern, und dabei unsere Gesetze und moralischen Normen zynisch mißachteten. Das sind die Quellen des verdeckten Widerstands gegen die Umgestaltung, der Zauderei im praktischen Handeln und des Bestrebens abzuwarten.

Es sei nochmals gesagt – hier gibt es im Grunde genommen nichts Unerwartetes. Es wäre vielmehr sonderbar, wenn die Umgestaltung allen passen würde – den Ehrlichen und den Ehrlosen, den Fleißigen und den Faulenzern, den aktiven, prinzipienfesten Menschen und den Funktionären, die alles Maß vergessen haben. Das würde bedeuten, daß in unserer Politik etwas nicht bis zum Ende durchdacht ist, etwas nicht richtig funktioniert, daß sie irgendeinen Fehler hat. Hier gibt es aber ein politisches Detail, das man nicht ignorieren darf. Ich habe die eigennützigen Gegner der Umgestaltung erwähnt. Eine gewisse Dramatik des Moments besteht jedoch auch darin, daß es unter ihren Opponenten auch uneigennützige, ehrliche Menschen gibt, die jedoch vorerst im Banne der alten Vorstellungen bleiben, die die

Schärfe und den kritischen Charakter der Probleme, die sich für die Gesellschaft ergaben, nicht erkannt haben. Wir müssen auf sie durch Überzeugung einwirken, ihr Vertrauen durch die Richtigkeit unserer Vorhaben, durch den Erfolg der Umgestaltung gewinnen. Es ist unsere Pflicht, solchen Menschen zu helfen, ihre wirklichen Interessen zu begreifen, ihren Platz in der gemeinsamen Reihe zu finden.

. . .

Die Worte »Umgestaltung«, und »Öffentlichkeit« wurden – insbesondere nach dem Januar-Plenum des ZK – überall im Ausland als eine Art Synonyme für die Begriffe »Fortschritt« und »Frieden« aufgefaßt.

Gewiß sehen die einen – unsere Verbündeten, Freunde und demokratisch gesinnte Menschen – mit Hoffnung, Vertrauen und großen Erwartungen, wie sich das Gesicht unserer Gesellschaft, der Stil und das Klima unseres alltäglichen Lebens verändert.

Die anderen – politische und ideologische Gegner – verfolgen diese Prozesse mit gewissen Befürchtungen und nicht selten auch mit Wut.

Doch kennzeichnend ist, daß man trotz dieser Unterschiede überall im Ausland das Wesentliche richtig erkannte: Die neue Denkweise, die die Partei zur Richtschnur ihres Kurses gemacht hat, ist die Antwort der KPdSU auf die Herausforderung der Zeit, die ein qualitativ neues Herangehen an die Lösung der Aufgaben notwendig macht, mit denen die Menschheit am Ende des zweiten Jahrtausends konfrontiert ist.

Das Ziel der perestrojka ...

10. April 1987

Das Endziel der Umgestaltung besteht darin, den sowjetischen Menschen ein besseres Leben zu sichern und höhere Formen der gesellschaftlichen Organisation und der sozialen Gerechtigkeit durchzusetzen. Ist ein solches Ziel erreichbar? Wir antworten zuversichtlich: Ja, es ist erreichbar. Es ist keine Utopie, keine Phantasie, sondern ein ganz realer Plan, der auf nüchternen Berechnungen und gründlich durchdachten Prognosen beruht. Wir haben wahrhaft immense Möglichkeiten. Es geht darum, die gesellschaftlichen Mechanismen, die bisher nur mit halber Kraft und bisweilen auch mit Störungen funktionierten, voll wirksam werden zu lassen, das über Bord zu werfen, was unsere Entwicklung hemmt, und das einzuführen, was eine Beschleunigung bewirkt.

Wo ist nun jener Motor, der die Umgestaltung sichert und uns die gewünschte Beschleunigung bringt? Wir sehen ihn in der weiteren Entwicklung unserer sozialistischen Demokratie. In der Einbeziehung der breitesten Massen der Werktätigen – bis hin zu jedem ehrlichen sowjetischen Werktätigen – in die unmittelbare Arbeit zur Leitung des Landes liegt im wesentlichen der Hauptsinn der Beschlüsse des Januar-Plenums des ZK der KPdSU.

Nur das Volk, das über die ganze Macht im Staat verfügt und sich für die Situation im Land, im Gebiet, in der Stadt sowie in jedem Betrieb als verantwortlicher Hausherr begreift, ist fähig, jene komplizierten und vielfältigen Aufgaben zu lösen, die die Umgestaltung in sich birgt, ist fähig die sowjetische Gesellschaft auf neue Positionen des sozialen, ökonomischen und wissenschaftlich-technischen Fortschritts zu bringen.

Was heißt »mehr Sozialismus« ...?

16. April 1987

Es gibt auch noch eine andere Frage: ob wir mit dem gegenwärtigen Stand der Dinge zufrieden sind. Und auf sie müssen wir ganz realistisch und offen antworten: Nein, damit sind wir nicht zufrieden. Vor uns steht die Aufgabe, im vollen Maße alle Vorzüge und Möglichkeiten des Sozialismus sowie sein außerordentlich reiches materielles und moralisches Arsenal und seinen mächtigen revolutionären Gehalt aufzudecken und zu nutzen.

Wenn wir sagen: mehr Sozialismus – dann unterstreichen wir, daß wir einen sich ständig erneuernden, sich entwickelnden Sozialismus brauchen, der in ökonomischer, kultureller und moralischer Hinsicht in der Lage ist, in der Vorhut der menschlichen Zivilisation zu stehen.

Mehr Sozialismus – das bedeutet mehr Dynamik und Schöpferkraft, Organisiertheit und Ordnung, Wissenschaftlichkeit und Initiativen in der Wirtschaftsführung sowie Effektivität in der Leitung.

Mehr Sozialismus – das bedeutet mehr soziale Gerechtigkeit und Erhöhung der Autorität der Arbeit – des vorrangigsten Wertes der sozialistischen Gesellschaft.

Mehr Sozialismus – das bedeutet mehr Demokratie, Öffentlichkeit und Kollektivismus in unserem Zusammenleben, mehr Kultur und Menschlichkeit in den Beziehungen zwischen den Menschen, mehr Würde und Selbstachtung der Persönlichkeit.

Mehr Sozialismus – das bedeutet mehr Zielstrebigkeit zu den hohen patriotischen Zielen, mehr staatsbürgerliche Unruhe bezüglich der Angelegenheiten des Landes und mehr Sorge um den Frieden.

Unsere gemeinsame Pflicht – die Pflicht aller Generationen von Sowjetmenschen – ist es, die Heimat als mächtige und gedeihende Macht in das 21. Jahrhundert zu führen...

Die tiefgreifende Analyse des Standes der Dinge im Lande, die scharfe Kritik der negativen Erscheinungen und die zunehmende Demokratisierung des Lebens bildeten den Beginn der moralischen Läuterung der Gesellschaft, der Befreiung des Bewußtseins der Menschen und des Wachsens ihrer sozialen Aktivität.

Mit anderen Worten, der zurückliegende Zeitraum war nicht leicht, aber letztlich fruchtbringend. Wir haben in dieser Etappe das Allerwichtigste er-

reicht: Die Ideen der Erneuerung und der revolutionären Veränderung haben das Bewußtsein von Millionen Menschen ergriffen und die überwiegende Mehrheit unseres Volkes auf ihre Seite gezogen. Alles zeugt davon, daß die Anhänger der Umgestaltung den Ton in unserem gesellschaftlichen Leben angeben. Und wir glauben, daß sich dieser Prozeß und diese Tendenz verstärken und anwachsen werden. Das aber ist die Hauptsache, Genossen!
. . .

Grenzen der Demokratisierung ...?

Und natürlich muß ein solches Problem besonders hervorgehoben werden wie der Kampf gegen den Bürokratismus. . . . Hat die Gesellschaft eine Garantie für den erfolgreichen Kampf gegen das bürokratische Übel? Ja, die gibt es. Und wir alle wissen, was dafür getan werden muß. Vor allem sind Offenheit, Kritik und die weitere Entwicklung der demokratischen Grundlagen unserer Gesellschaft notwendig.

Und das ist kein zeitweiliges, kein utilitaristisches Bedürfnis, wie manche meinen. Das ist eine prinzipielle Frage. Offenheit, Kritik und Demokratie sind die Triebkräfte der Erneuerung, deren Fehlen uns erneut zur Stagnation führen wird.

Ihr wißt, daß noch darüber gestritten wird, ob nicht zu viel Kritik geübt werde, ob eine dermaßen umfassende Publizität notwendig sei, ob die Demokratie nicht zu irgendwelchen unerwünschten Erscheinungen führen werde. Wir betrachten diesen Streit nicht als etwas Negatives: Er beinhaltet eine bestimmte Sorge um die Stabilität unserer Gesellschaft. Man darf die Demokratie jedoch nicht totreden. Es gibt Menschen, die sich scheinbar für das Neue einsetzen, sobald sie aber etwas tun müssen, machen sie die Entwicklung der Demokratie, Kritik und Publizität von verschiedenartigen Bedingungen und Vorbehalten abhängig.

Ich kann nicht sagen, zum wievielten Male ich eine Erklärung im Namen des ZK der KPdSU zu dieser Frage abgebe, jedoch sage ich es noch einmal: Genossen, Kritik und Publizität müssen über die politische und moralische Gesundheit unserer Gesellschaft wachen. Was jedoch die Demokratie angeht, so ist es an der Zeit, daß alle folgendes begreifen: Ohne wahre Demokratie kann es einfach keinen Sozialismus geben. Der Sozialismus – das ist die Gesellschaft der Werktätigen, der Sozialismus – das ist Demokratie.

Ursprung der perestrojka ...

18. Mai 1987

Nicht nur ich, sondern auch meine Kollegen aus der Parteiführung verbinden die Entstehung und die Ausformulierung der Konzepte zur Erneuerung des Sozialismus auf eigener Grundlage, in allen Sphären der Entwicklung des Sozialismus, vor allem mit dem Plenum des Zentralkommitees der KPdSU vom April 1985. Natürlich hat man in der Partei die Notwendigkeit von Wandlungen und Erneuerungen bereits einige Jahre früher gesehen. Das Verständnis dieser Notwendigkeiten findet seinen Ausdruck in den Dokumenten und Entscheidungen der Partei, auch auf den Parteitagen. Das Übel bestand darin, daß viele äußerst wichtige politische Schlüsse und Entscheidungen, die mit der Entwicklung des Sozialismus zusammenhängen, letztendlich bloße Wünsche blieben. Sie wurden nicht durch eine Praxis, eine praktische Tätigkeit der Partei untermauert. Ungelöste Probleme stauten sich auf, die Gesellschaft fühlte es und die Partei selbst bekam dies letztendlich zu spüren. Probleme jedoch müssen gelöst, Krankheiten geheilt werden. Wenn die Krankheit erst in den Tiefen des Organismus eingedrungen ist, verschlimmert sie sich nur noch. Und es ist kein Zufall, daß wir sogar den Terminus »Vorkrisenerscheinungen« für die Situation benutzten, in der sich das Land am Übergang der 70-/80-er Jahre befand.

Ich kann den manchmal geäußerten Behauptungen nicht zustimmen, daß der Kurs der Erneuerung des Sozialismus persönlich mit dem Namen Gorbatschow verbunden ist. Das Gegenteil ist richtiger. Die Formulierung des neuen Weges ist Ausdruck dafür, daß in der sowjetischen Gesellschaft und im sowjetischen Volk eine große Einsicht in die Notwendigkeit von Veränderung bestand und besteht. Mit anderen Worten, gäbe es keinen Gorbatschow, so gäbe es jemand anderes. Unsere Gesellschaft reifte heran und die Notwendigkeit des Umbruchs bereitete sich selbst den Weg. Diese Umgestaltungen erforderten einige grundlegende personelle Korrekturen. Diese erfolgten sowohl im Zentralkommitee der Partei als auch in der Regierung. Zur Führung kamen neue Personen, die in den letzten Jahren besonders deutlich die Situation wahrnahmen und Ideen formulierten, was zu tun ist. Nach dem März 1985 erneuerte sich die Führung der Partei und ein Aktionsplan wurde auf dem April-Plenum des ZK der Partei festgelegt. Ich möchte es noch einmal betonen, das war kein Gedankenblitz, keine Erleuchtung, sondern das Verständnis der objektiven Notwendigkeit des Wandels unserer Gesellschaft, auf dessen Grundlage auch die Linie der Erneuerung und Beschleunigung der gesellschaftlichen Entwicklung formuliert wurde.

. . .

Widerstand gegen den neuen Kurs …

Wir haben keinen politischen Widerstand gegen den neuen Kurs. Aber wir sind alle Kinder unserer Zeit. Die alte Lebensweise, der alte Arbeitsstil und alte Methoden, alte Analyseansätze und Problemlösungen wirken sich auch auf uns aus. Deshalb müssen wir uns alle, vom Arbeiter bis zum Generalsekretär, umstellen. Das ist keine Schönfärberei, sondern der Kern der Frage. Ich würde sogar sagen, das ist der Kern der Demokratisierung unseres Lebens...

Unsere gegenwärtigen Auseinandersetzungen sind Dispute von Gleichgesinnten, denen der Erfolg der eingeleiteten Veränderungen am Herzen liegt. Es ist unser echtes Anliegen, daß die Demokratisierung der Gesellschaft an Stärke zunimmt, und wir sind uns voll und ganz bewußt, daß Demokratie nichts mit Narrenfreiheit und Anarchie gemein hat. So wie auch vernünftige Vorsicht nichts mit Rückversicherung zu tun hat.

Nebenbei möchte ich bemerken: In der bürgerlichen Presse wird der sich bei uns vollziehende Prozeß der Demokratisierung falsch ausgelegt. Es ist erkennbar, daß mancher seine Leser und Zuhörer sehr gerne davon überzeugen möchte, daß man in der Sowjetunion die Absicht habe, sich zu guter Letzt jener Demokratie zu nähern, die im Westen herrscht. Ich würde sagen, es ist genau umgekehrt. Wir entwickeln das ursprüngliche Wesen der Leninschen Prinzipien der sowjetischen sozialistischen Demokratie unter Berücksichtigung des angehäuften politischen und kulturellen Potentials der sowjetischen Gesellschaft und des Volkes weiter. Die sozialistische Demokratie ist unser Ziel, ist Voraussetzung und ein mächtiges Instrument der Umgestaltung gleichermaßen.

. . .

Ja, in unserer Geschichte gab es Schwierigkeiten, Fehler, die der Entwicklung der sozialistischen Demokratie abträglich waren, und Verletzungen der sozialistischen Gesetzlichkeit und der demokratischen Normen.

Das sind Realitäten unseres historischen Weges. So sehen wir sie auch.

. . .

Auf der Tagesordnung stehen neue, wichtige Schritte. Ferner werden Gesetzgebungsakte vorbereitet, die darauf abzielen, dem Prozeß der Demokratisierung eine größere Stabilität sowie Unumkehrbarkeit zu verleihen. Eines der Ziele ist, noch konsequenter die Macht des arbeitenden Volkes zu festigen, ihm völlige Schaffensfreiheit zu gewähren und das gesamte System auszubauen, das dem sowjetischen Menschen die politischen und bürgerlichen Rechte und Freiheiten garantiert. Natürlich sind unsere sowjetischen Gesetze und umfangreichen wirtschaftlichen und sozialen Garantien dabei Mittel zur Sicherung und zum Schutz dieser Rechte und Freiheiten. Dies entspricht völlig den internationalen Menschenrechtsabkommen.

Ergebnisse: eine zweite Bilanz ...

25. Juni 1987

Genossen! Die seit dem April-Plenum (1985) vergangene Zeit gehört zu den verantwortlichsten und in politischer Hinsicht inhaltsreichsten Perioden in der Geschichte unserer Partei, im Leben des Volkes. Sie wird gekennzeichnet durch intensive theoretische und praktische Arbeit, durch das Suchen und die Lösung neuer Probleme, mit denen die sowjetische Gesellschaft konfrontiert wurde.

Es darf mit Sicherheit gesagt werden, daß sich in den zwei Jahren die politische Situation im Lande wesentlich geändert hat. Immer tiefer greift die Erkenntnis durch, daß die Notwendigkeit einer Umgestaltung durch die wachsenden Widersprüche in der Entwicklung der Gesellschaft ins Leben gerufen wurde, die sich allmählich häuften und, ohne eine rechtzeitige Lösung zu finden, im Grunde Vorkrisenformen annahmen.

Unter diesen komplizierten Bedingungen hat die Partei den Kurs auf Umgestaltung ausgearbeitet. Wir haben mit der Vorwärtsbewegung begonnen. Der Erneuerungsprozeß nimmt in wachsendem Maße konkrete Formen an, nimmt einen immer größeren Kreis von Problemen in sich auf, erfaßt neue Schichten des gesellschaftlichen Lebens.

Die Umgestaltung in der Gesellschaft vertieft sich und wächst. In erster Linie ist sie darauf gerichtet, Widersprüche, welche die Hauptglieder des Bremsmechanismus bilden, zu entblocken und somit der gesellschaftlichen Entwicklung einen mächtigen und unumkehrbaren Beschleunigungsimpuls zu verleihen.

Es muß klar verstanden werden, daß wir die Ziele der Beschleunigung der sozialökonomischen Entwicklung nicht nur darin sehen, daß das unterlaufene Zurückbleiben und die Deformationen auf verschiedenen Gebieten der gesellschaftlichen Entwicklung überwunden werden. Durch die historische Notwendigkeit, durch die veränderten – und zwar grundlegend veränderten – Bedingungen innerer und internationaler Art diktiert, sind sie auf Erreichung eines qualitativ neuen Zustands der sozialistischen Gesellschaft gerichtet.

Für die Lösung dieser Aufgabe hat uns die Geschichte nicht viel Zeit gelassen. Eben danach, wie die Umgestaltung verläuft, nach ihren Ergebnissen wird man die Möglichkeiten des Sozialismus beurteilen, wird man beurteilen, was er praktisch dem Menschen gibt und inwiefern die Gesellschaft in sozialer Hinsicht effektiv ist.

Dadurch, Genossen, werden der Umfang der in Angriff genommenen Vorhaben und das Maß unserer Verantwortung bestimmt.

Die in der Gesellschaft nach dem Januar-Plenum vor sich gehenden Veränderungen zeigen besonders klar, daß sich gesunde Kräfte des Landes, die Werktätigen unbeirrbar für Umgestaltung, für Beschleunigung, für die unverzügliche Lösung spruchreifer Probleme, für die unbedingte Überwindung der Stagnation und des Konservatismus aussprechen.

Im Lande entfaltet und vertieft sich der Prozeß der Demokratisierung aller Lebensbereiche. Initiativreicher handeln die gesellschaftlichen Organisationen. Demokratische Prinzipien in der Leitung der Produktion gewinnen an Kraft. Deutlich und gewichtig meldet sich die öffentliche Meinung zu Wort. Aktiver als früher arbeiten im Interesse der Umgestaltung die Massenmedien. Es ist eine Offensive gegen den Bürokratismus im Gange, allmählich werden Administrieren und Druck in den Leitungsmethoden überwunden. Wichtige Änderungen erfolgen in der Arbeit der Kader, ihre Zusammensetzung wird durch den Zustrom frischer Kräfte erneuert.

Die Erfahrungen der Demokratisierung legen ein beredtes Zeugnis davon ab, daß wir den richtigen Weg gehen. Das bietet gute Aussichten auf die Vervollkommnung unseres politischen Systems und der Gesellschaft insgesamt.

Zu den Errungenschaften der Umgestaltung darf die gegenwärtig stattfindende Explosion der geistigen Aktivität gezählt werden. Das Interesse der Öffentlichkeit für die in der Wissenschaft, in der Literatur und in der Kunst stattfindenden Prozesse, für das Wirken der Presse, des Rundfunks und des Fernsehens ist gestiegen. Die Menschen wollen mehr über die Vergangenheit, die Gegenwart und die Zukunft wissen. Größer und angespannter ist die Aufmerksamkeit für gesellschaftliche und staatliche Angelegenheiten, für weltanschauliche und moralisch-ethische Probleme geworden.

. . .

Die revolutionären Umwandlungen in der Gesellschaft ließen den Widerspruch zwischen den Anforderungen der Erneuerung, der Kreativität und der schöpferischen Initiative auf der einen und dem Konservatismus, der Trägheit und den eigennützigen Interessen auf der anderen Seite in den Vordergrund treten. Eine Offenbarung dieses realen Widerspruches ist das Mißverhältnis zwischen der wachsenden Aktivität der Massen und dem immer noch zählebigen bürokratischen Stil der Tätigkeit auf den verschiedensten Gebieten sowie Versuchen, die Umgestaltung zu bremsen. Die Überwindung dieses Widerspruchs erfordert rasche und nachdrückliche Maßnahmen sowohl in der Kaderpolitik als auch bei der Durchsetzung der neuen Handlungsweise und der neuen Normen des Partei-, Staats- und gesellschaftlichen Lebens.

Worin sieht das Politbüro das wirksamste Mittel zu Lösung dieses Widerspruchs? Die Antwort ist eindeutig und bestimmt: in der großzügigen Entwicklung der Demokratie. Heute – und das hat das Leben erneut bewiesen – wird unsere Bewegung gerade durch die befehlsmäßig-administrativen Formen der Leitung der Gesellschaft gehemmt. Demokratische und nur demokratische Formen vermögen, ihr eine starke Beschleunigung zu verleihen.

Die Erfahrungen der Umgestaltung, ihrer Anfangsetappe, veranlassen uns auch dazu, die real vorhandenen Widersprüche zwischen den Interessen verschiedener Bevölkerungsgruppen, Kollektive, Ressorts und Organisationen aufmerksam zu betrachten. Zweifellos baut der Sozialismus unversöhnliche Interessenwidersprüche ab. Diese These ist bekannt und zutreffend, aber sie bedeutet keineswegs, daß die Beseitigung des Antagonismus der Interessen mit ihrer Vereinheitlichung und Nivelierung identisch ist.

Nehmen wir das Verhalten zu der Umgestaltung. Im allgemeinen begreifen alle, daß es unmöglich ist, weiterhin auf die alte Art zu arbeiten, daß Umgestaltung und grundlegende Umwandlungen eine objektive Notwendigkeit bilden. Sobald aber die Umgestaltung sich jäh den Taten zuwandte, alle Gesellschaftsschichten durchdrang, den konkreten Menschen erreichte, sahen wir, wie der Widerspruch zwischen augenblicklichen, engstirnigen Interessen, ja sogar eigensüchtigen Beweggründen einzelner Personen und Gruppen und den Interessen der ganzen Gesellschaft, den langfristigen Interessen der Werktätigen an die Oberfläche kam.

Wir sehen sehr gut, wie schwierig die Umgestaltung in den Partei-, Staats- und Wirtschaftsorganen verläuft. Und spürt man etwa nicht, wie schmerzlich sie in einigen Zentralämtern empfunden wird? Von den Schwierigkeiten der Umgestaltung sprechen die Erfahrungen bei der Staatlichen Erzeugnisabnahme, beim Kampf gegen Trunksucht und Alkoholismus, bei den Anstrengungen zur Erhaltung von Ordnung und Disziplin. Davon zeugen auch die ersten Schritte zur Einbürgerung der Grundlagen der wirtschaftlichen Rechnungsführung und zur Durchsetzung solcher Entlohnungsprinzipien, bei denen der Lohn voll und ganz mit den Endergebnissen der Arbeit verbunden ist. Das alles, Genossen, sind reale Prozesse, Widersprüche des Lebens. Wir müssen sie erkennen und ihnen Rechnung tragen...

Private und gesellschaftliche Interessen ...

Unter den Verhältnissen der Umgestaltung stellt sich das Problem der Harmonisierung der gesellschaftlichen und persönlichen Interessen auf neue Art. Die Suche nach richtigen Verhältnissen zwischen den einen und den anderen ist von gewaltiger Bedeutung. Das ist eine Aufgabe der lebendigen Praxis. Es geht um die Berücksichtigung des ganzen Komplexes von Interessen – der Persönlichkeit, des Kollektivs, der Klassen, der Nationen, der Völkerschaften, der sozialen und beruflichen Gruppen, der komplizierten Dialektik ihrer wechselseitigen Beziehungen –, um eine dynamische Entwicklung der Gesellschaft zu sichern.

Es gilt, die Interessen sowohl über einen neuen Mechanismus der Wirtschaftsführunng als auch über die demokratischen Institute und über die Politik, die Ideologie und die Kultur anzuerziehen und zu lenken. Der Sinn der Umgestaltung besteht in letzter Konsequenz gerade in der Berücksichtigung der Interessen, in der Einwirkung auf die Interessen, in der Lenkung durch sie und über sie.

. . .

Im ganzen, Genossen, können wir heute auf dem Plenum ungeachtet aller Kompliziertheiten, Schwierigkeiten und Hindernisse mit gutem Grund sagen, daß die Umgestaltung einen ideologischen und moralischen Sieg errungen hat. Sie ist sowohl in die Breite als auch in die Tiefe gegangen.

Wenn wir aber eine derart verantwortungsvolle Einschätzung geben, dürfen wir auch Übertreibungen, erst recht die Seelenruhe, nicht zulassen. Im Grunde genommen sind wir jetzt lediglich auf der ersten Welle der Umgestaltung. Diese Welle brachte stehendes Wasser in Bewegung.

Die Partei erweckte die Aktivität der Massen. Und unsere Pflicht ist es, nicht zuzulassen, daß der Elan nachläßt, sondern ihn zu entwickeln und zu ermöglichen, daß er sich mit voller Kraft offenbart. Darüber muß man reden, um so mehr, als die Beunruhigung der Werktätigen über das Schicksal der Umgestaltung nicht schwindet. Die Menschen raten, ich würde sagen, verlangen weiter, nicht haltzumachen, auf dem Wege der Wandlungen voranzukommen. Vor kurzem wurde ich während meiner Reise nach Baikonur bei einem Gespräch mit Werktätigen der Stadt Leninsk gefragt: Wann wird die Umgestaltung auch sie erreichen? Ich habe geantwortet, daß hier die führenden Repräsentanten der Republik und des Gebiets anwesend sind, die unser Gespräch hören: Mögen sie sich darüber Gedanken machen, warum eine solche Frage gestellt wird, und für sich entsprechende Lehren ziehen.

Noch keine perestrojka auf dem Dorf ...

Oder nehmen Sie die Briefe an das ZK der KPdSU, das Präsidium des Obersten Sowjets der UdSSR und den Ministerrat der UdSSR, die Redaktionen der zentralen Zeitungen und Zeitschriften, des Rundfunks und des Fernsehens. Sie enthalten dasselbe. Die Menschen schreiben, daß sie für die Umgestaltung sind, aber keine Wandlungen ringsumher sehen. Die Umgestaltung berührt nicht die Arbeitskollektive, die Städte und Dörfer, in denen sie leben und arbeiten. Viele beweisen das mit Fakten. Folglich hat die Umgestaltung trotz gewaltiger Anstrengungen viele Orte real noch nicht erreicht. Das ist, Genossen, ein sehr ernsthaftes Symptom. Das Politbüro darf die entstandene Situation nicht übersehen. Sie wurde bei der Vorbereitung dieses Plenums mehrmals erörtert.

Zu welcher Schlußfolgerung kommen wir?

Die Umgestaltung begann auf Initiative der Partei und wird unter ihrer Führung verwirklicht. Die Partei brachte das Land in Bewegung, begeisterte mit ihren Ideen Millionen von Menschen, brachte gewaltige Hoffnungen hervor. Und wenn heute die Werktätigen über den langsamen Verlauf der Wandlungen beunruhigt sind, so bedeutet das, daß wir Unzulänglichkeiten in der Arbeit zulassen.

Es zeichnete sich, Genossen, und davon zeugen die Tatsachen, eine beunruhigende Tendenz ab – das Zurückbleiben einer Reihe von Parteiorganisationen hinter den vorherrschenden Stimmungen, dynamischen Prozessen, die sich in der Gesellschaft entfalten. Offensichtlich verlangt diese Frage eine Erörterung auf unserem Plenum. Heute ist das ein Schlüsselmoment in der Arbeit. Wie die Partei wirken wird, so wird auch die Umgestaltung vor sich gehen...

Genossen! Ich habe schon gesagt, daß sich bei weitem nicht alle Partei- und Staatsorgane an der Basis der Umgestaltung aktiv anschlossen. Sie tritt beispielsweise in Armenien auf der Stelle. Die Werktätigen der Republik sind stark über die Lage besorgt, die hier in der Wirtschaft und ganz besonders in der ideologisch-moralischen Sphäre entstanden ist. Zugleich sind die Führung der Kommunistischen Partei Armeniens und in erster Linie der erste Sekretär des ZK Gen. K. S. Demirtschjan der Meinung, daß die Lage in der Republik durchaus günstig ist. Mehr noch, manch einer behauptet sogar, daß die Umgestaltung in Armenien bereits vor dem April-Plenum des Zk der KPdSU begonnen hat. Es ist schwer zu sagen, was dabei gemeint ist.

In der Republik bewahrt man durch nichts gerechtfertigte Ruhe, an die Kader werden keine gebührenden Anforderungen gestellt, gegen Bestechung Schieberei und Protektionismus wird kein effektiver Kampf geführt. Das ZK der Kommunistischen Partei Armeniens muß die Sachlage sowohl in der Parteiorganisation als auch in der Republik im ganzen analysieren, sie von prinzipiellen Positionen aus betrachten und die Umgestaltung nicht in Worten, sondern mit Taten betreiben.

Nur wenige merkliche Veränderungen zum Besseren vollziehen sich auch in so einer großen Gebietsparteiorganisation wie die von Gorki. Viele lebenswichtige Fragen werden hier unbefriedigt gelöst. Das mächtige Potential des Gebiets wird nicht auf gebührende Weise genutzt, die soziale Sphäre und der Agrarsektor der Wirtschaft entwickeln sich nur langsam. Man möchte annehmen, daß das Gebietskomitee der Partei (Gen. J. N. Christoradnow) und alle Parteiorganisationen des Gebiets aus der Kritik Schlußfolgerungen ziehen und die Lage verbessern müssen.

In der neuen Situation sollen auch die Abteilungen des ZK der KPdSU auf eine neue Weise handeln und auf die Sachlage in den Parteiorganisationen der Republiken, Regionen und Gebiete größeren Einfluß ausüben und die Kontrolle über die Erfüllung der Beschlüsse des ZK der KPdSU gewährleisten.

In großer Eile ...

Genossen! In der Partei und Gesellschaft hat sich die Erkenntnis dessen durchgesetzt, daß die Umgestaltung eine langfristige Politik ist, daß die Aufgabe, die sowjetische Gesellschaft auf neue Positionen zu bringen, auf Anhieb nicht zu lösen ist. Es stellt sich aber heraus, daß einige Genossen diese richtige und realistische Zielsetzung so verstanden haben, als ob die Umgestaltung mit unserer allgemeinen strategischen Zielsetzung auf die Beschleunigung nicht verbunden wäre, als ob man sie ohne Eile, ohne besondere Sorgen, ja ohne sich dabei sehr anzustrengen, realisieren könne. Das ist schon mindestens aus zwei Gründen ein großer Irrtum.

Erstens, wir haben schon ohnehin Jahre und Jahrzehnte verloren; zweitens kommt das »herrliche Morgen« gar nicht, wenn man heute nicht im Schweiße des Angesichts arbeitet, indem man die Denkweise verändert, die Trägheit überwindet, sich neue Methoden aneignet. Die Auslassungen darüber, daß die »Umgestaltung warten kann«, sind schädlich und gefährlich. Das Politbüro stellt die Frage so: Schon heute, in der Anfangsetappe der Umgestaltung, muß jedermann an seinem Arbeitsabschnitt, in seinem Tätigkeitsbereich spürbare praktische Ergebnisse erzielen.

Die sowjetischen Menschen verstehen, daß die Erreichung vieler Ziele der Umgestaltung lange Zeit in Anspruch nehmen wird. Sie stellen aber zu Recht die Frage: Warum werden unaufschiebbare und relativ einfache Aufgaben, die die Arbeits- und Lebensbedingungen wesentlich verbessern und die moralisch- geistige Atmosphäre sanieren würden, nicht heute gelöst?

Unsere Menschen ließen auch die Tatsache nicht unbeachtet, daß mancherorts nicht nur kein Vorankommen zu verzeichnen ist, sondern auch früher eroberte Positionen aufgegeben werden. Nehmen wir zum Beispiel den Kampf für Disziplin und Ordnung. Es ist doch eine Tatsache, daß in vielen Orten die Aktivität nachgelassen hat und die Arbeit nur träge durchgeführt wird. Die Fälle der Trunksucht sind wieder häufiger geworden, wieder fühlen sich Nichtstuer, Schmarotzer und Diebe wohl, die auf Kosten der anderen leben. Die Werktätigen sind dadurch beunruhigt. Und diese Beunruhigung ist, Genossen, durchaus begründet.

Entscheidend ist die Demokratisierung …

Genossen! Nach dem April-Plenum des ZK ist es der Partei gelungen, in der Gesellschaft eine neue moralisch-politische Atmosphäre zu schaffen. eine Atmosphäre des Schöpfertums, des Experimentierens, der realistischen Einschätzung der Wirklichkeit, des kompromißlosen Kampfes gegen alles, was im Leben störend ist. Darum besteht die erste Schlußfolgerung, die sich aus den Erfahrungen der zwei letzten Jahre ergibt, darin, die Atmosphäre der Publizität, der Offenheit, die sich im Lande herausgebildet hat, die es jedem Menschen ermöglicht, seine staatsbürgerliche Haltung zur Geltung kommen zu lassen, aktiven Anteil an der Erörterung der lebenswichtigen Probleme der Gesellschaft zu nehmen, die in dieser Richtung gehenden Prozesse zu beschleunigen, nicht nur zu bewahren und aufrechtzuerhalten, sondern auch größtmöglich zu vertiefen und zu entwickeln.

Die Erfahrungen zeigen, daß sich ein Erfolg dort einstellt, wo die Partei-, Staats- und Wirtschaftsorgane das wachsende politische und gesellschaftliche Engagement der Werktätigen in vollem Maße ausnutzen. Ich will es geradeheraus sagen: Wir werden die Aufgaben der Umgestaltung nicht bewältigen, wenn wir die Linie auf die Demokratisierung nicht entschlossen und konsequent befolgen werden. Erinnern wir uns an die Worte von W. I. Lenin: ». . . Je tiefer die Umgestaltung, die wir vollbringen wollen, desto mehr muß man Interesse und bewußte Einstellung zu ihr wecken, muß man immer neue und neue Millionen und aber Millionen von dieser Notwendigkeit überzeugen.« So, auf Leninsche Art, müssen wir auch heute auf der Etappe der Umgestaltung vorgehen.

Zugleich muß man auch über folgendes sprechen. Die Materialien der Presse, die Einblicknahme in die Lage der Dinge an der Basis, die eingehende Information zeugen davon, daß die Entwicklung der Publizität und der Demokratie nicht einfach, an manchen Orten sogar schmerzhaft vor sich geht. Einige Genossen zeigten Unverständnis für demokratische Veränderungen und Angst vor ihnen. Diese Frage ist derart wichtig, daß das Plenum, wie ich denke, sie erörtern und eine klare und entschlossene Haltung einnehmen wird.

In dem Maße, wie die Umgestaltung verwirklicht wird, wie sich der Prozeß der Demokratisierung aller Lebensbereiche unserer Gesellschaft vertieft, entstehen neue Realitäten, die wir nicht außer acht lassen dürfen, einfach nicht dazu berechtigt sind. Unsere Menschen wollen sich nicht mehr damit abfinden, daß die Fragen, die ihre Interessen berühren, von wem auch immer ohne ihre Teilnahme gelöst werden. Mitunter führt das zu zugespitzten Situationen. Wovon zeugen sie? Davon, daß manche Partei-, Staats- und Wirtschaftsorgane, ein Teil unserer Leitungskader im Zentrum und an der Basis es immer noch nicht gelernt haben, unter den Bedingungen der sich erweiternden Demokratie zu arbeiten. Das Lernen darf man aber nicht aufschieben, lernen muß man beharrlich und heute schon. Die Parteikomitees und -organisationen, die Organe der Staatsmacht müssen die Hand stets am Pulsschlag der öffentlichen Meinung halten, die zu fassenden Beschlüsse und ihre Handlungen an ihm messen. Unser Volk ist für die Demokratisierung sowohl politisch als auch praktisch.

Die Meisterung neuer Zugänge bei der politischen Arbeit, der organisatorischen und ideologischen Tätigkeit erfolgt nicht leicht. Der eine kann sich schwer an die Publizität gewöhnen, dem anderen ist die Kritik, die Stellungnahmen in der Presse zuwider, wieder andere sind daran gewöhnt, nur ihre Meinung als »unfehlbar« zu betrachten. Darauf treffen wir jetzt und dabei nicht selten. Wollen wir diesen Erscheinungen auf den Grund gehen. Mit der Demokratisierung sind jene unzufrieden, die es fürchten, unter öffentliche Kontrolle der Gesellschaft zu geraten. Sie wissen gut: Vor der Obrigkeit kann man noch Ausflüchte machen, vor dem Volk muß man aber in vollem Maße Rede und Antwort stehen. Die Demokratie versetzt alles auf seine Stelle und zeigt, wer ist wer und wozu er fähig ist.

Man muß auch einige Momente erwähnen, die einen aufhorchen lassen. In allen großangelegten Sachen ist man gegen Fehlschläge nicht gefeit. Es gab sie, es gibt sie und es wird sie auch geben. Wir erleben heute manchmal auch Situationen, da manch einer geneigt wäre, die Atmosphäre der Offenheit und Transparenz bei weitem nicht im Interesse der Umgestaltung, nicht im Interesse des sich entwickelnden Sozialismus, der arbeitenden Menschen, sondern für die Erreichung seiner eigennützigen Ziele auszuschlachten.

Man muß gegen solche Erscheinungen publik und offen vorgehen. Unter den Verhältnissen der weiteren Demokratisierung leben und arbeiten bedeutet, vor Diskussionen, vor einer Konfrontation von Meinungen und Haltungen nicht zurückzuschrecken. Bei der Suche nach Wahrheit, im Interesse der Lösung der entstehenden Probleme und einer Beschleunigung unserer Vorwärtsbewegung ist das alles natürlich und notwendig.

Wenn wir aber sagen, daß die Demokratie lebhafte, breite, verantwortungsvolle Diskussionen und einen Vergleich verschiedener Standpunkte voraussetzt, so bedeutet das, daß man Versuche, unter dem Tarnmantel des Kampfes gegen eine Halbwahrheit sie durch eine andere zu ersetzen, nicht als demokratisch betrachten kann. Es ist nicht demokratisch, wenn man unter dem Tarnmantel des Kampfes gegen die Ambitionen einer Gruppe, gegen ihre Ansprüche auf Wahrheit in »letzter Instanz« Ambitionen einer anderen Gruppe, ihre Vorliebe und Voreingenommenheit, einen subjektivistischen Standpunkt aufzwingt. Wir beobachten das mitunter in den Massenmedien, in Kunst und Literatur, in den Kreisen der Wissenschaftler. Diese Erscheinung hat auch um die gesellschaftlichen und Parteiorganisationen keinen Bogen gemacht.

Insgesamt kann ich jedoch folgendes sagen: Der Prozeß der Offenheit, der Kritik und Selbstkritik verläuft bei uns auf einer gesunden Grundlage.

. . .

Interesse der Weltöffentlichkeit ...

Genossen! Die Umgestaltung in unserer Gesellschaft löst ein immenses Interesse in der Welt aus. Wir spüren, daß nicht nur die Werktätigen der sozialistischen Staaten, sondern auch die breiten Kreise der Weltöffentlichkeit Verständnis für unsere Probleme haben und mit uns sympathisieren. Die verschiedensten politischen Kräfte verhalten sich ernsthaft zum Kurs auf Umgestaltung. Dieser Kurs hat die Rolle, den Einfluß, das Ansehen unseres Landes erhöht, zeigt überzeugend die Aufrichtigkeit und unsere friedliebenden Absichten in der internationalen Arena.

Im Westen, besonders in den USA, gibt es natürlich ziemlich einflußreiche Gruppen, denen eben das nicht in den Kram paßt. »Offenheit ist eine Herausforderung an die amerikanische öffentliche Diplomatie. Gefährdet sind der Geist der freien Welt, ihr heutiger Tag und die Aussicht ihrer künftigen Sicherheit!« – so denken einige Vertreter der regierenden Kräfte in Amerika. Sie verstehen, daß es schwierig ist, überzeugende Argumente gegen den Kurs unserer Partei auf die Umgestaltung zu finden. Aus diesem Anlaß machen sie Einsatz vor allem darauf, den Prozeß der Demokratisierung, der Offenheit auszuschlachten, uns falsche Ziele und deformierte Werte zu unterschieben, bei unseren Menschen Zweifel an der Richtigkeit und Aufrichtigkeit der Politik der Partei, der Linie auf Umgestaltung, auf die Verbesserung der Sachlage im Lande aufkommen zu lassen. Hier gibt es eigentlich nichts Neues für uns. Wir haben das erwartet und vorgesehen.

Die sowjetischen Menschen wissen gut, was ein solches »Interesse« an unseren Angelegenheiten wert ist.

Wir führen die Umgestaltung durch, entwickeln die Demokratie, festigen die Werte des Sozialismus, nicht um jemandem zu gefallen, sondern weil wir unsere Gesellschaft durch die Umgestaltung, durch die Demokratie zu neuen Höhen des sozialökonomischen und geistigen Fortschritts bringen wollen. Und wir werden vom Weg der Umgestaltung nicht abrücken!

Resümee ...

Welche Schlußfolgerung ergibt sich, Genossen, aus der Analyse der gegenwärtigen Etappe der Umgestaltung?

Wir müssen vor allem aus der realen politischen und ideologischen Situation ausgehen, die sich nach dem April-Plenum des ZK herausgebildet hat: Sie ist kompliziert, widerspruchsvoll, insgesamt jedoch für die gesamte Sache der Erneuerung des Sozialismus, für die Sache der Umgestaltung zweifellos günstig. Das Leben unserer Gesellschaft kennzeichnet sich durch die anwachsende staatsbürgerliche Aktivität aller Bevölkerungsschichten, Initiative beim Aufwerfen neuer Fragen, durch die Überwindung der angehäuften Trägheitskraft. Sie kennzeichnet sich zunehmend durch die Entwicklung der Kühnheit und Entschlossenheit, durch das Streben der Menschen, Verantwortung für die gesellschaftlichen Angelegenheiten, für die weitere Entwicklung der demokratischen Grundlagen im Leben des Landes zu übernehmen.

Dies geht mit der Festigung der Überzeugtheit an der Unerschütterlichkeit der hohen Prinzipien des Sozialismus, an ihrer realen Verkörperung nicht in einer ferneren Zukunft, sondern bereits heute oder morgen einher.

Die neuen Prozesse verlaufen im ideologischen und politischen Bereich natürlich nicht glatt, und ihre Ergebnisse sind nicht eindeutig. Im gesellschaftlichen Bewußtsein hat sich viel Negatives als Widerspiegelung entsprechender Erscheinungen im Leben und vor allem der Diskrepanz zwischen Wort und Tat angehäuft. Man sieht sowohl gewisse Ratlosigkeit, Unverständnis und Angst vor Wandlungen als auch manchmal Versuche, dem Neuen Widerstand zu leisten. Es wäre unklug, dies zu übersehen. Es wäre jedoch noch unklüger und sogar fehlerhaft, die Schwierigkeiten und Unzulänglichkeiten unserer ideologischen und politischen Entwicklung zu verabsolutieren, denn dadurch würde man die Umgestaltung an sich, neue günstige politische und ideologische Erscheinungen, die sie im Leben der sozialistischen Gesellschaft hat aufkommen lassen, in Zweifel ziehen.

Wir brauchen keine Angst vor neuen Problemen, neuen Entdeckungen, neuen Herangehen im ideologischen und politischen Prozeß zu haben. Unsere Vernunft, unsere Kräfte und Fähigkeiten werden ausreichen, um unsere Arbeit auf Leninsche Art und Weise unter den Bedingungen der Umgestaltung durchzuführen, ohne sich an jedem ihrem Erfolg zu entzücken oder in Verzagtheit und erst recht in Panik zu geraten, wenn gewisse negative Erscheinungen festgestellt werden. Man muß die komplizierte, dialektisch widerspruchsvolle Kunst der Umgestaltung erlernen.

Genossen! Ich glaube, wir müssen auf dem Plenum folgendes vereinbaren. In ein paar Monaten beginnt in den Grundgliederungen der Partei die Rechenschafts- und Wahlkampagne. Es wird durchaus begründet sein, auf den Versammlungen der Kommunisten die Frage über den Verlauf der Umgestaltung, darüber, wie die Parteiorgansationen vorgehen, wie an diesem großen Anliegen des ganzen Volkes alle Kommunisten – Arbeiter, Bauern, Intellektuelle, unsere leitenden Kader – mitwirken, in den Mittelpunkt der Aufmerksamkeit zu rücken. Die bevorstehenden Rechenschaftsberichte und Wahlen in der Partei müssen das Geleistete beurteilen und notwendige Maßnahmen zur Vertiefung und Beschleunigung der Umgestaltung festlegen.

Es ist sehr wichtig, daß in der gegenwärtigen Etappe – einer Etappe der Entfaltung großangelegter praktischer Taten – in die leitenden Funktionen in den Parteiorganisationen besonders aktive Anhänger der gesellschaftlichen Wandlungen, prinzipientreue Menschen gewählt werden, die das Gebot der Zeit erkennen, richtige »Bauführer« der Umgestaltung sind, die bereit sind, keine Kräfte für ihre erfolgreiche Durchführung zu scheuen.

Harald Meyer

Gorbatschow und die »radikale Reform« des Wirtschaftssystems

Mehr Rechte für sowjetische Unternehmen

Mit einer großangelegten, inhaltlich über weite Strecken aber allgemein gehaltenen Rede trat Generalsekretär Michail S. Gorbatschow vor das ZK-Plenum, das sich in der Zeit vom 25. – 27.6.1987 mit den »Aufgaben der Partei bei der radikalen Umgestaltung der Wirtschaftslenkung« befaßte. Nichts deutete darauf hin, daß der Verfechter der »perestrojka« mit ernsthaftem Widerstand aus den Reihen des Zentralkomitees und des Politbüros gegen sein Reformkonzept rechnet. Eher fürchtet der Generalsekretär die mehr passiven Beharrungskräfte im weitverzweigten und kaum noch überschaubaren Wirtschaftsapparat der Sowjetunion: kleinliches Administrieren, Festhalten an Privilegien und Scheu vor der Verantwortung, Innovationen einzuführen. Die Parteispitze setzt zumindest nach außen hin geschlossen auf eine Modernisierung der Sowjetökonomie. Wie Wirtschaftsexperte Abel Aganbegjan im Anschluß an das ZK-Plenum auf einer Pressekonferenz betonte, habe es sich bei dem Grundsatzreferat Gorbatschows »nicht um seine persönliche Rede, sondern um eine Rede des Politbüros« gehandelt.[1]

Die Einführung einer sozialistischen Marktwirtschaft steht in der UdSSR auch nach dem Wirtschaftsplenum des Zentralkomitees nicht auf der Tagesordnung. Aber »mehr Markt« und »weniger Zentralplan« – das ist die Generallinie des Reformkonzepts. Als allgemeine Tendenz der »perestrojka« ist die Erweiterung der Selbständigkeit sowie der Rechte und Verantwortlichkeiten der Unternehmen anerkannt, wie sie auch die Bestimmungen des bereits unter Generalsekretär Juri Andropow beschlossenen, seit dem 1.1.1984 laufenden Großexperiments vorsehen. Eine durchgreifende Verbesserung der Verhältnisse wird damit allein noch nicht bewirkt. In einem zweiten Reformschritt wird die Selbstfinanzierung (die in der Maschinenfabrik Sumy/Ukraine und im Automobilwerk Togliatti/Wolga-Region erprobt worden war) nunmehr auf möglichst viele Unternehmen und Produktionsvereinigungen des sog. Maschinenbau-Komplexes sowie anderer Industriezweige ausgedehnt. Die Hauptetappen der »radikalen Reform« müssen jedoch erst noch bewältigt werden. Sie beinhalten einen breiten Übergang von heute noch vorherrschenden »administrativen« zu »ökonomischen« Methoden der Wirtschaftslenkung. Dazu gehören die Umgestaltung des Preis-,

Finanz- und Kreditsystems sowie die umfassende Ablösung des heutigen Zuteilungssystems durch einen Großhandel mit Produktionsmitteln und durch Direktbeziehungen zwischen den Unternehmen. Diese drei Reformelemente hängen eng zusammen.

Widerstände in der Wirtschaftsverwaltung

»Im Grundsätzlichen«, so Michail S. Gorbatschow in seiner Rede vor dem Zentralkomitee, »sind uns Sinn und Ausrichtung der Reform der Wirtschaftsverwaltung klar, sie lassen sich auf die Formel bringen: Mehr Sozialismus, mehr Demokratie.«[2] Im Detail, bei der Inangriffnahme konkreter Reformschritte, habe man es jedoch mit zahlreichen Interessenkonflikten zwischen verschiedenen Bevölkerungsgruppen, Arbeitskollektiven, Ämtern und Verwaltungen zu tun. Der Generalsekretär sieht vor allem einen Widerspruch zwischen »der wachsenden Aktivität der Massen und dem noch zählebigen bürokratischen Stil der Tätigkeit auf den verschiedensten Gebieten, den Versuchen, die perestrojka einzufrieren.«[3] Roß und Reiter nannte der Redner, was die Reformgegner anbetrifft, nicht. Klar dürfte sein, daß sie vor allem in den Zentralbehörden des Wirtschaftsapparats anzutreffen sind, deren üppige Kompetenz- und Personalausstattung in den kommenden Jahren stark eingeschränkt werden soll: im Staatlichen Planungskomitee *Gosplan*, im Finanzministerium, im Staatlichen Preisamt, im Staatskomitee für materiell-technische Versorgung *Gossnab* sowie in zahlreichen weiteren Fachministerien, Staatskomitees und Zentralbehörden, von denen es allein auf Unionsebene insgesamt etwa 80 gibt.

Gosplan soll von der Mehrzahl seiner »operativen Funktionen«, d.h. von der Befassung mit Detailproblemen der Investitions- und Planerfüllungstätigkeit in den einzelnen Wirtschaftszweigen, entbunden werden. Das Staatliche Planungskomitee hat sich künftig auf »strategische«, »perspektivische« Fragen der Wirtschaftspolitik und -planung zu konzentrieren, die volkswirtschaftliche Gesamtrechnung zu organisieren und die Einhaltung des gesamtwirtschaftlichen Gleichgewichts zu kontrollieren. *Gosplan* soll ebenso wie andere Zentralbehörden nicht mehr durch Verwaltungsanordnungen, sondern durch »ökonomische Normative« planen, insbesondere durch Setzung von preis-, finanz- und kreditpolitischen Rahmenbedingungen, ferner durch Staatsaufträge.

Mit dem Ziel, die – wie sich Gorbatschow ausdrückte – »Kommando- und Administrationsform der Lenkung von Wirtschaft und Gesellschaft«[4] allmählich zu überwinden, d. h. in erster Linie das Hineinregieren der Zentralbehörden in die laufende Wirtschaftstätigkeit der Unternehmen und Produktionsvereinigungen zukünftig einzudämmen, ist durch den Obersten Sowjet der UdSSR inzwischen ein neues Gesetz über das Staatliche Unternehmen verabschiedet worden. Der Reform-Fahrplan weist hier Ungereimtheiten auf. Das Unternehmensgesetz soll Anfang 1988 in Kraft treten, zu einem Zeitpunkt also, an dem höchstens zwei Drittel der Industrieproduktion in solchen Unternehmen und Produktionsvereinigungen erzeugt werden, die bereits unter den Bedingungen der »vollen wirtschaftlichen Rechnungsführung« und Selbstfinanzierung arbeiten. Aber Gorbatschow begreift die ganze Reform ausdrücklich nicht als »einmaligen Akt, sondern als Prozeß.« Nach seinen Worten sind Änderungen des Unternehmensgesetzes aufgrund von Erfahrungen, die bei der Durchführung der Wirtschaftsreform gemacht werden, nicht nur möglich, sondern wahrscheinlich. Einzelne Maßnahmen und Maßnahmebündel, darunter die angekündigte Preisreform, die weitere Strukturbereinigung und Straffung des kopflastigen Wirtschaftsverwaltungsapparats, die Zuerkennung von Außenhandelsbefugnissen an mehr Ministerien und Unternehmen, als es seit dem 1.1.1987 der Fall ist, werden wahrscheinlich bis weit in die neunziger Jahre hinein andauern.

Generalsekretär geizt mit konkreten Anweisungen

Mittelfristig sollen nicht mehr alle der vorhandenen 37000 Industrieunternehmen, sondern nurmehr »einige Tausend« große Produktionsvereinigungen Objekte der unmittelbaren Lenkung aus dem Zentrum und der Einbeziehung in den staatlichen Volkswirtschaftsplan sein. Michail Gorbatschow vermied in seiner Rede auf dem ZK-Wirtschaftsplenum jeden Hinweis darauf, welche Zentralbehörde in welchem Umfang Kompetenzen verlieren wird. Zwar kündigte er die Einführung des Großhandels mit Produktionsmitteln an (Unternehmen sollen durch Geschäfte untereinander auf der Grundlage von »Vertragspreisen« frei mit Maschinen, Ausrüstungen und Materialien Handel treiben können), er sagte aber nicht, was mit dem mächtigen Staatskomitee für materiell-technische Versorgung *Gossnab* geschehen soll, das einen Teil dieser Ressourcen bisher in eigener Regie zentral verwaltete und zuwies.

Die ZK-Rede des Generalsekretärs enthielt sowohl weitreichende Forderungen nach Selbstorganisation in der Wirtschaft (Wählbarkeit der Leiter, Stärkung der Selbstverwaltung der Betriebe, freiwillige Unternehmenszusammenschlüsse) als auch mehr technokratisch geprägte Vorstellungen (angeblicher Bedarf an detaillierter Aufzählung und Abgrenzung der Zuständigkeiten von Zentralbehörden einerseits und Unternehmen bzw. Vereinigungen andererseits, Einführung sogenannter »einheitlicher stabiler ökonomischer Normative und Stimuli« in die Unternehmensplanung).

An der Fünfjahresplanung soll festgehalten, die Zahl der vollzugsverbindlichen Plankennziffern aber stark eingeschränkt werden. Vor allem sieht das Konzept eine Abkehr von der bisherigen Praxis vor, den Betrieben das Produktionsvolumen vorzuschreiben. Der Generalsekretär ging scharf mit Auffassungen ins Gericht, die auf ein Festhalten an dieser Planungsform abzielen. Das Streben nach immer neuen Zuwächsen der Bruttoproduktion habe zur Verschwendung von Rohstoffen und Materialien, zur Aufblähung der Produktionskosten, zur Vernachlässigung der Erzeugnisqualität und letztlich zur Produktion am Verbraucher vorbei geführt. Unter dem neuen Wirtschaftsmechanismus, so deutete er an, müsse unter Umständen eine vorübergehende Wachstumsverlangsamung der Sowjetökonomie in Kauf genommen werden.[5]

M. S. Gorbatschow erwähnte im Zusammenhang mit Maßnahmen zur »Demokratisierung der Wirtschaft« ausdrücklich auch die Förderung verschiedener Spielarten der »kooperativen und individuellen Arbeitstätigkeit.«[6] Staatsbetriebe, die trotz Sanierungsversuchen unrentabel wirtschaften und deren Produkte keinen Absatz finden, sollen künftig stillgelegt werden können. Auf einer Pressekonferenz in Moskau schätzte der Sekretär der Abteilung Wirtschaft der Akademie der Wissenschaften der UdSSR, Abel Aganbegjan, daß 1000 bis 3000 der rd. 37000 Unternehmen und Produktionsvereinigungen in der Industrie über kurz oder lang geschlossen bzw. aufgelöst werden müssen.[7]

Banken sollen endlich Geld verdienen

Auch das sowjetische Finanz- und Kreditsystem steht vor einer tiefgreifenden Umgestaltung. Bisher brauchten die meisten Bankkredite an Produktions- und Handelsunternehmen nicht getilgt zu werden, die Grenzlinie zwischen rückzahlbaren Darlehen und Zuschüssen war fließend. Daraus resultierten eine Aufblähung des Geldvolumens und eine zurückgestaute Inflation, da der Geldschöpfung kein entsprechendes Wachstum im güterwirtschaftlichen Bereich gegenüberstand bzw. Konsumgüter hergestellt wurden, die auf keine Nachfrage stießen. Die sowjetischen Banken – neu gegründet wird u. a. eine Agro-Industriebank, reorganisiert eine Bauwirtschaftsbank – sollen künftig ebenfalls Gewinne erwirtschaften und werden daher die potentiellen Darlehensempfänger in Industrie und Handel Kreditwürdigkeitsprüfungen unterziehen.[8]

Die mittel- und langfristigen Stabilitätsrisiken der Sowjetökonomie aufgrund der Wirtschaftsreform sind beträchtlich. Die gegenwärtigen Wirtschaftsstrukturen der UdSSR verbergen bei administrativer Preisfixierung und trotz viel beklagter Arbeitskräfteknappheit ein hohes Potential an Inflation und Arbeitslosigkeit. Hinter der behördlichen Preisfestlegung hat sich im Konsumgüter- und Produktionsmittelbereich starker inflationärer Druck aufgestaut. Die sowjetische Wirtschaft leidet zwar nicht an Arbeitslosigkeit, wohl aber an Unterbeschäftigung. Viele Betriebe jedoch sind teilweise erheblich mit Arbeitskräften überbesetzt. Eine marktwirtschaftlich orientierte Reform kann – sofern sie funktionieren soll – nicht ohne Mobilität der Arbeitskräfte und bewegliche Preise auskommen. Dann aber drohen offene Inflation und Arbeitslosigkeit. Hierauf ist die UdSSR bislang jedoch weder wirtschafts- und sozialpolitisch noch ideologisch vorbereitet.

Die Bewährungsprobe für die »perestrojka« steht noch aus. Am 1.1.1988 sollen nicht nur das neue Gesetz für das staatliche Unternehmen, sondern auch eine Reihe von ZK- und Ministerratserlassen zur Neuordnung der Tätigkeit zentraler, sektoraler und regionaler Leitungsorgane in Kraft treten. Gorbatschow hat in seinen wirtschaftsprogrammatischen Reden des Jahres 1987 wiederholt betont, daß der Ausgangspunkt der gegenwärtigen sowjetischen Wirtschaftsreform die Reform der Unternehmensverfassung sei. Darin liege ein wesentlicher Unterschied und Vorzug gegenüber den Reformsätzen der fünfziger, sechziger und siebziger Jahre: das Programm einer radikalen Reform des Wirtschaftsmechanismus richte sich heute unmittelbar auf die Basisstrukturen der Wirtschaft, auf die einzelwirtschaftlichen Einheiten. Frühere Neuordnungsmaßnahmen hätten sich entweder in einer Reorganisation von Zentralbehörden erschöpft oder hätten letzteren zuviel Spielraum bei der Verwirklichung von Reformen im jeweils eigenen Zuständigkeitsbereich gewährt, so daß von den Verordnungen und Programmen infolge vielfältiger »Sickerverluste« an der Basis nur Stückwerk – das überdies häufig in sich widersprüchlich war – ankam.

Eigenlob nicht ganz stichhaltig

Bei der Abgrenzung seiner »perestrojka« von früheren Reformversuchen in der UdSSR unter Chruschtschow und Breshnew hat es Michail S. Gorbatschow mit den Tatsachen nicht sehr genau genommen. Schon vor Verabschiedung des neuen Unternehmensgesetzes wurden den Unternehmen und Produktionsvereinigungen der verarbeitenden Industrie 1986/87 staatliche Qualitätsabnahmestellen (»gosprijomka«) vor die Nase gesetzt. Ein neuer zentralisierter Behördenapparat wurde geschaffen, der Produktqualität und Einhaltung technisch-ökonomischer Normen und Parameter von teilweise immer noch nach altem System wirtschaftenden Unternehmen überwachen soll. Nach Umstellung aller Betriebe auf den neuen Wirtschaftslenkungsmechanismus wird sich die staatliche Qualitätsabnahme erst recht wie ein Fremdkörper ausnehmen, da doch erklärtermaßen an die Stelle administrativer Kontrollen und Kommandos ökonomische Stimuli treten sollen und – so die Wortwahl des Generalsekretärs – »die gesamte Volkswirtschaft . . . gleichsam im Selbstregelungsbetrieb« zu funktionieren hat.

Eine andere Merkwürdigkeit der »radikalen Wirtschaftsreform« besteht darin, daß die gesetzgebenden Organe der UdSSR am 13.1.1987 die rechtlichen Voraussetzungen für die Gründung von gemischtnationalen Gemeinschaftsunternehmen in der Sowjetunion geschaffen haben. Überstürzt wurde Westfirmen die Möglichkeit der Gründung von sogenannten Joint

Ventures zusammen mit sowjetischen Partnern und damit von Direktinvestionen in der UdSSR eröffnet – noch bevor überhaupt eine Neuordnung der sowjetischen Unternehmensverfassung ausgearbeitet worden ist. Das läßt nicht erkennen, daß der jetzige Generalsekretär den Reformprozeß »vom Kopf auf die Füße« gestellt hat.

Ein dritter Einwand gegen die These Michail S. Gorbatschows, die »perestrojka« stelle das Unternehmen, die Produktionsvereinigung in den Mittelpunkt der Neuordnung, betrifft die Schaffung zusätzlicher Leitungsebenen in der Wirtschaft, die nicht zu einem Abbau von Bürokratie, sondern in mehreren Fällen zu einer Verlängerung behördlicher Entscheidungswege geführt hat. Ein typisches Beipiel hierfür ist die Außenhandelsreform von 1986/87. Das Recht, in eigenem Namen und auf eigene Rechnung Export-Import-Geschäfte abschließen zu können, erhielten 21 von rd. 80 Ministerien, Staatskomitees und Zentralbehörden, aber nur 70 von rd. 37000 Unternehmen und Produktionsvereinigungen. Vor der Außenwirtschaftsreform, als das staatliche Außenhandelsmonopol weitgehend beim Ministerium für Außenhandel der UdSSR sowie beim Staatskomitee der UdSSR für außenwirtschaftliche Beziehungen zentralisiert war, gab es im Außenhandel zwei Leitungsebenen: die des Ministeriums bzw. Staatskomitees als Aufsichtsorgane sowie die der diesen Behörden angeschlossenen Außenhandelsvereinigungen. Nach der Außenwirtschaftsreform bestehen nicht weniger als vier Leitungsebenen: 1. die neu geschaffene Staatliche Außenwirtschaftskommission beim Ministerrat der UdSSR, die als eine Art Superministerium die Tätigkeit des Außenhandelsministeriums, des Staatskomitees für Außenwirtschaftsbeziehungen, der Außenhandelsbank und anderen mit außenwirtschaftlichen Befugnissen ausgestatteter Zentralbehörden koordinieren und kontrollieren soll; 2. das Außenhandelsministerium, das gegenüber den neu mit Außenhandelsbefugnissen ausgestatteten Industrieministerien, Staatskomitees usw. Aufsichtsbefugnisse wahrnehmen soll; 3. das Industrieressort mit eigenem Zugang auf die Außenmärkte (und eigener Außenhandelsorganisation); schließlich 4. die Produktionsvereinigung im Geschäftsbereich eines Industrieministeriums, soweit diese das Recht zur selbständigen Vornahme von Export-Import-Operationen zuerkannt erhalten hat (eine solche Produktionsvereinigung darf ebenfalls eine eigene Außenhandelsfirma gründen).

Das staatliche Außenwirtschaftsmonopol wurde zwar dezentralisiert, aber das hierarchische System der Aufsichtsbefugnisse und Zuständigkeiten hat an Komplexität eher noch zu- und an Transparenz abgenommen.

Irrwege der »wissenschaftlichen Weltanschauung«

M. S. Gorbatschow hat es nicht leicht, in der Sowjetgesellschaft so etwas wie Aufbruchstimmung für die Wirtschaftsreform zu erzeugen. Zu viele

»wissenschaftlich begründete marxistische Analysen der gesellschaftlichen Entwicklung«, auf die sich die KPdSU bzw. das Politbüro und ZK in ihrer Wirtschafts- und Gesellschaftspolitik erklärtermaßen stützten und stützen, haben sich als falsch herausgestellt.

Das auf dem 22. Parteitag der KPdSU 1961 beschlossene Parteiprogramm, das die Errichtung des Kommunismus innerhalb von zwanzig Jahren in Aussicht stellte, besaß in Anbetracht der fehlenden ökonomischen Voraussetzungen sowie infolge des ineffektiven, übermäßig bürokratisierten Wirtschaftsmechanismus nie eine echte Realisierungschance. Unter Gorbatschow ist nun auch der in der Breshnew- und Tschernenko-Zeit geprägte Begriff von der »entwickelten sozialistischen Gesellschaft« wie eine schlechte Münze außer Kurs gesetzt worden. Im Zuge der »radikalen Reform der Wirtschaftslenkung« setzt die Parteispitze nunmehr auf Werte und Leitbilder, die in der Sowjetökonomie bisher wenig ausgeprägt waren: auf Initiative und unternehmerisches, auf Wirtschaftlichkeit und Ressourceneinsparung gerichtetes Denken, auf die materielle Interessiertheit der Werktätigen, auf die Beurteilung ihrer Arbeit nach dem Endergebnis, dem fertigen Produkt. Die Neufassung des Parteiprogramms, die auf dem 27. Parteitag der KPdSU erörtert und verabschiedet wurde, enthält denn auch die Schlußfolgerung, daß die Periode der »Vervollkommnung des Sozialismus« in der UdSSR eine »unabdingbare und lange Etappe« auf dem Weg zum Kommunismus sein werde.[9]

Die längst fällige Reform des sowjetischen Wirtschaftsapparats, der sich bereits in der Breshnew-Ära immer weniger in der Lage zeigte, die Einführung des wissenschaftlich-technischen Fortschritts und die Steigerung der Arbeitsproduktivität in der Wirtschaft der östlichen Großmacht zu gewährleisten, war immer wieder hinausgezögert worden. Nicht die US-amerikanische und NATO-Politik des High-tech-Embargos sowie der Handelsdiskriminierungen, -boykotte und -sanktionen gegen Moskau, sondern der veraltete Wirtschafts- und Planungsmechanismus der Sowjets hatte die UdSSR im ökonomischen Wettbewerb der Systeme zurückgeworfen.

Unter außenwirtschaftlichen Gesichtspunkten trug ein anderer Umstand zum vorwiegend »extensiven« (auf bloßem Mehreinsatz von Arbeit und Kapital beruhenden) Wachstumstyp der Sowjetökonomie entscheidend bei: die lange Jahre hindurch günstige Mengen- und Preiskonjunktur auf den Erdöl- sowie anderen Rohstoffmärkten. Die Erdöl-Einnahmen wurden von Moskau als Importmittel für Zukäufe westlicher Maschinen und Ausrüstungen (oft im Rahmen von Großanlagengeschäften) eingesetzt. Von gezielten Technik-Importen zur Stärkung des eigenen Innovationspotentials konnte keine Rede sein, die Hartwährungsmittel wurden der Industrie nach dem »Gießkannenprinzip« zugewiesen. Die Folge war, daß die Moskauer Wirtschaftsbürokratie bei der Errichtung von Großstrukturen in der sowjetischen Industrie geradezu aus Bequemlichkeit mit Vorliebe auf importierte Technik zurückgriff: man brauchte sich auf diese Weise nicht mit den enormen Beschaffungsproblemen innerhalb der eigenen Zentralverwaltungswirtschaft herumzuschlagen. Sowjetische Ingenieure und Konstrukteure, ohnehin schlecht bezahlt und an der Heranführung technischer Neuheiten an die industrielle Serienproduktionsreife materiell nicht interessiert, flüchteten sich in unverbindliche Grundlagenforschung.

Die neue Moskauer Führung hingegen hat erkannt, daß die bisherigen Wege weiter nicht beschritten werden können. Die »rohstoff- und energielastige« Exportstruktur der UdSSR muß verbessert, der Anteil der Fertigwarenausfuhren am gesamten Exportvolumen erhöht werden. Anderenfalls drohen infolge des Erdölpreisrückgangs ernste Zahlungsbilanzprobleme. Der sowjetische Maschinenbau ist jedoch gegenwärtig – von wenigen Ausnahmen abgesehen – auf internationalen Märkten nicht konkurrenzfähig. Es war schon aus diesem Grund kein Zufall, daß Michail S. Gorbatschow mit dem Leitwort von der »Beschleunigung« (uskorenije) in der Anfangsphase seiner Amtszeit vor allem auf die Mobilisierung von brachliegendem Humankapital und auf die stärkere Anbindung der Forschungs- und Entwicklungsbasis an die Produktionssphäre zielte. Und ebensowenig kann als Zufall gelten, daß der Generalsekretär mit der seit dem Jahre 1986 in den Vordergrund gestellten Losung der »Umgestaltung« Kurs nimmt auf eine Anpassung des Wirtschaftssystems selbst an diese Erfordernisse. Mit der »radikalen Reform der Wirtschaftslenkung« soll endlich der mehrfach angestrebte Durchbruch zu einem intensiven, produktivitätsgestützten Wirtschaftswachstum bewerkstelligt werden, welcher bisher nicht gelungen ist.

Der Rubel kommt ins Rollen

Die Ware-Geld-Beziehungen, von deren allmählichem Absterben nach der proletarischen Revolution mit fortschreitender Entwicklung der sozialistischen Gesellschaft und deren Hinüberwachsen in den Kommunismus früher einmal alle marxistischen Wirtschaftstheoretiker – auch in der Sowjetunion – überzeugt waren, entwickeln sich in der UdSSR zu bisher nie gekannter Blüte. Im Dienstleistungssektor werden die unentgeltlichen Dienste zunehmend durch entgeltliche abgelöst. Dienstleistungen, für die der Verbraucher einen Preis zu zahlen hat, sollen künftig mit jährlichen Wachstumsraten von 20 bis 25 % ansteigen. In der Landwirtschaft werden die Kolchos- und Sowchosbetriebe auf Selbstfinanzierung umgestellt. Bereits 1987 zeichnen sich bei den Bestellungen von Mähdreschern, Ackerschleppern und anderen Landmaschinen Rückgänge im Umfang von bis zu 30% ab, da diese Technik von den Anwendern im Agrarsektor nunmehr selbst finanziert werden muß. Der vorhandene Landmaschinenpark wird künftig besser genutzt, die Bestellungen richten sich verstärkt auf jene Aggregate, die Mindestansprüchen an Betriebszuverlässigkeit und Haltbarkeit gerecht werden.

Auch im außenwirtschaftlichen Bereich sind Ware-Geld-Beziehungen auf dem Vormarsch. Die Hälfte der Valuta-Einnahmen bleibt künftig in der Verfügungsgewalt der exportierenden Unternehmen. Früher betrug diese Selbstbehalt-Quote nur 5 bis 10 %, so daß z. B. selbst solche Betriebe der verarbeitenden Industrie, deren Maschinenbauerzeugnisse auf den internationalen Märkten konkurrenzfähig waren bzw. sind, nicht einmal Ersatzteil-Importe für ihren Maschinenpark aus Eigenmitteln tätigen konnten.

Das bürokratische Festpreissystem soll teilweise durch frei aushandelbare Kontraktpreise abgelöst werden. Auf dem gegenwärtigen sowjetischen Preisgefüge, das sich von den Weltmarktpreisrelationen weit entfernt hat, kann nach übereinstimmender Ansicht sowjetischer Wirtschaftstheoretiker keine freie Konvertibilität des Rubels gegründet werden. Die sowjetische Währung soll offenbar zunächst im Rahmen des östlichen Wirtschaftsblocks RGW und dann auch im Verhältnis zu westlicher Valuta konvertibel oder jedenfalls teilkonvertibel gemacht werden.[10]

Auf die sowjetischen Verbraucher kommen Hand in Hand mit dem angestrebten Subventionsabbau im Konsumgüterbereich fühlbare Preisanhebungen – vor allem bei bestimmten Ernährungsgütern – zu. Der Fleischpreis (im Schnitt 2,20 Rbl je kg) wird derzeit mit 1,80 Rbl, der Milchpreis (0,36 Rbl je ltr) mit 0,30 Rbl subventioniert. Der Abbau der Preisstützungen soll durch Kompensationszahlungen an Einkommensschwächere sozial abgefedert werden.

Industrieressort gegen Wirtschaftsregion

Zu den Mängeln einer zentralen Planwirtschaft sowjetischen Typs gehörte deren einseitige, auf das sogenannte Zweigprinzip ausgerichtete Leitungsstruktur: die Wirtschaft wurde und wird heute noch nach Zweigen und Branchen von Moskau aus geführt und verwaltet, territoriale Fragen (insbesondere Probleme der regionalen Wirtschaftspolitik) spielten bei den Investitionsentscheidungen nur eine untergeordnete Rolle. Ganze Landesteile – vor allem der Ferne Osten der Sowjetunion – blieben in ihrer Entwicklung zurück. Die nach Industriezweigen aufgesplitterte Standort- und Industrieansiedlungspolitik hat in einer Reihe von Gebieten schwerwiegende Umweltschäden und -gefährdungen heraufbeschworen.

Eine Wirtschaftsverwaltung durch hierarchisch gegliederte Branchenministerien war das wirksamste und zugleich geräuschärmste Mittel russischer Hegemonialpolitik innerhalb der UdSSR. Die Institution eines zentralen, von Moskau aus gesteuerten Ministeriums mit untergeordneten Verwaltungsstellen, Produktionsvereinigungen und Betrieben im ganzen Land gestattete es, Russifizierungspolitik sozusagen im Rahmen innerbehördlicher Personalpolitik zu betreiben.

Gorbatschows Wirtschaftsreformkurs trägt auch in diesem Bereich Kompromißcharakter. Auf die Tagesordnung gesetzt wurde nicht eine völlige Umkrempelung des Wirtschaftslenkungssystems vom Zweig- auf das Territorialprinzip, wohl aber eine Ablösung des ersteren durch das letztere in Teilbereichen. Eine Umstellung auf das regionale System der Planung und Leitung erfolgte im sogenannte Argo-Industrie-Komplex (Neugründung des Staatlichen Agroindustriellen Komitees der UdSSR *Gosagroprom*, in das sieben ehemalige Ministerien und Staatskomitees in den Bereichen Landwirtschaft, Nahrungsmittelindustrie und ländliches Bauwesen aufgingen) sowie im Bausektor (Reorganisation des Staatlichen Bau-Komitees der UdSSR *Gosstroj*). Die Befugnisse der lokalen und regionalen Wirtschaftsverwaltungsbehörden werden erweitert, die diesen kleineren Gebietskörperschaften zustehenden Budgetmittel erhöht und der Bereich der sogenannter örtlich geleiteten Industrie auf Teile der Leichtindustrie (d. h. der Textil-, Bekleidungs-, Schuh- und Lederwarenindustrie) ausgedehnt.[11]

Die Meßlatten: USA und Europa

Die Moskauer Wirtschaftsführung mißt die Leistungsfähigkeit der Sowjetökonomie in erster Linie an Vergleichs-Wirtschaften des kapitalistischen Westens – vor allem an der US-Wirtschaft – und erst in zweiter Linie an den Volkswirtschaften der osteuropäischen sog. sozialistischen Länder. Die Erfahrungen, die in der Dritten Welt mit sozialistischen Aufbauversuchen oder autonomen Entwicklungsansätzen gemacht worden sind und die – wenn nicht für die Sowjetunion als Ganzes, so doch für ihre zentralasiatischen oder transkaukasischen Unionsrepubliken – von gewisser Bedeutung sein könnten, spielen bei den Konzeptualisierungsversuchen der Wirtschaftsreform in der UdSSR offenbar keine Rolle. Mehr noch: der Kreml ist zur Zeit so sehr mit dem »Umbau« der eigenen Wirtschaft beschäftigt, daß er für die Sanierung der Weltwirtschaft und der internationalen Handelsbeziehungen sowie für die Überwindung der Finanzkrise der mit hohen Außenschulden belasteten Länder der Dritten Welt bisher noch keine grundsätzlich neuen Lösungsansätze bereithält.

In einem Interview für die algerische Wochenschrift »Révolution Africaine« (31.3.1986) nahm Gorbatschow – nach der Rolle der Sowjetunion bei der Suche nach Wegen zur Überwindung der Weltwirtschaftskrise befragt – sogar bei Halbwahrheiten Zuflucht. Der Generalsekretär behauptete, vom sowjetischen Außenhandel gehe ein stabilisierender Einfluß auf die Warenmärkte aus, die von den Entwicklungsländern beliefert werden. Dabei sind die sowjetischen Einfuhren aus den Entwicklungsländern in den letzten Jahren drastisch zurückgegangen. Bei schrumpfendem Anteil dieser Region am sowjetischen Warenaustausch mit dem Ausland ging Moskau verstärkt dazu über, seine Handelsbilanz-Passivsalden im Warenverkehr mit kapitalistischen Industrieländern durch Hartwährungsüberschüsse im Dritte-Welt-Handel auszugleichen.

Auch Gorbatschows zweites Argument in dem erwähnten Interview, die wirtschaftliche und technische Hilfe der UdSSR trage in den Entwicklungsländern »zur Gestaltung der nationalen Basis von Wissenschaft und Industrie und zur Modernisierung der Landwirtschaft bei«, ist in dieser pauschalen Form nicht stichhaltig. Sowjetische Wissenschaftler kritisieren die einseitige Ausrichtung der Wirtschaftszusammenarbeit der UdSSR mit der Dritten Welt auf industrielle Großprojekte, die häufig auf die Versorgung der UdSSR mit bergbaulichen Rohstoffen ausgerichtet sind, und die Vernachlässigung des Agrarsektors (vor allem in afrikanischen Ländern).

Das dritte Argument des Generalsekretärs schließlich, Kredite der UdSSR würden durch die Entwicklung des Exports der jungen Nationalstaaten getilgt, und deshalb entstehe hier kein Schuldendrama, ist durch einen Kurswechsel der sowjetischen Außenwirtschaftspolitik gegenüber den Entwicklungsländern ins Zwielicht geraten. Neuerdings strebt Moskau, wie der Vorsitzende des Staatskomitees der UdSSR für Außenwirtschaftsbeziehungen Katuschew auf einer Pressekonferenz in Moskau erklärte[12], Direktinvestitionen in der Dritten Welt im Rahmen von Joint Ventures mit Westfirmen an. Derartige Gemeinschaftsunternehmen werden sich bei ihrer Investionspolitik weitgehend von kapitalistischem Profitkalkül leiten lassen, zumal die UdSSR selbst solchen Joint Ventures die vorrangige Aufgabe der »Devisenrentabilität« stellt.

Resümee

Gorbatschows Wirtschaftsreform befindet sich erst im Anfangsstadium und hat bisher nur auf einigen Teilgebieten klar faßbare Resultate gebracht. Die Meinungen in West und Ost über dieses Reformwerk gehen schon wegen dessen »Unfertigkeit« stark auseinander. Unkritische Bewunderer des Generalsekretärs sehen Gorbatschow bereits als großen Erneuerer des sowjetischen Wirtschaftssystems. Andere finden, konkret habe sich in der Sowjetökonomie bis jetzt wenig geändert. Obwohl es Gorbatschow mit seinen Reformen offenbar ernst meine, sei es noch keineswegs sicher, daß er sich damit werde durchsetzen können.

Aber schon jetzt steht fest: Selbst wenn Gorbatschow mit seinen Anstößen scheitern sollte, würden die Planungs- und Lenkungsmethoden in der Sowjetwirtschaft nie wieder so werden, wie sie im langen Zeitraum von Stalin bis Breshnew waren. Im Vergleich zu Chruschtschows Reformexperiment Ende der fünfziger Jahre, das von ideologischem Wunschdenken und emotionaler Sprunghaftigkeit gekennzeichnet war, sind die gegenwärtigen

Maßnahmen von mehr praktischem Sinn für das Machbare und von größerer Bereitschaft zur Preisgabe überholter Dogmen gekennzeichnet.

Die sowjetische Wirtschaftswissenschaft hat zur Vorbereitung der Reform wenig beigetragen. Hier rächten sich Fehler und Versäumnisse in der Vergangenheit: die sowjetischen Ökonomen hatten sich in ihren Arbeiten mehr und mehr auf nachträgliches scholastisches Begründen und Rechtfertigen bestehender Zustände bzw. marginaler Änderungen der zentralen Planwirtschaft beschränkt. Veröffentlichungen, die eine umfassende Kritik der Funktionsmängel und Systemwidersprüche der sowjetischen Wirtschaft beinhalten (Tatjana Saslawskaja) und/oder auf radikale, marktwirtschaftlich ausgerichtete Reformen abzielen (Schmeljow), haben bis heute Seltenheitswert.

Gorbatschows Thesen zur Wirtschaft orientieren sich an Grundbestandteilen zentraler Wirtschaftsplanung und sind gleichwohl revolutionär; sie signalisieren den längst überfälligen Abschied von der investitionspolitischen Gigantomanie und den vorwiegend autoritär-bürokratischen Formen der Wirtschaftslenkung. Wieviel mehr Markt und wieviel mehr Selbstverwaltung die sowjetische Wirtschaft und Gesellschaft in der von Gorbatschow geforderten kurzen Zeitspanne absorbieren und reproduzieren können, wird die Zukunft zeigen.

Anmerkungen:

1. Äußerung von A. Aganbegjan auf einer Pressekonferenz nach dem ZK-Plenum am 27. 7. 1987 in Moskau.
2. Über die Aufgaben der Partei zur grundlegenden Umgestaltung der Wirtschaftsleitung. Referat des Generalsekretärs des ZK der KPdSU, M. S. Gorbatschow, auf dem Plenum des ZK der KPdSU am 25. Juni 1987, in: Sowjetunion heute (Beilage), Nr. 7 1987. Auch in: »Neues Deutschland«, 26.–27/8 Juli 1987. Die Zitate sind dem »ND« entnommen.
3. ebenda.
4. ebenda.
5. ebenda.
6. ebenda.
7. Pressekonferenz, siehe Anmerkung 1.
8. Rede von Nikolai Ryschkov (Vorsitzender des Ministerrates der UdSSR) auf dem Plenum des ZK der KPdSU vom 25. 6. 1987.
9. Programm der Kommunistischen Partei der Sowjetunion. Neufassung. (Entwurf), in: Sowjetunion heute, Sonderheft Dezember 1985. (Dieser Entwurf wurde unverändert auf dem XXVII. Parteitag der KPdSU im Februar 1986 verabschiedet.)
10. Pressekonferenz, vergl. Anmerkung 1.
11. ebenda.
12. Pressekonferenz in Moskau, März 1987.

Wirtschaftsreform und Betriebsgesetz

M. S. Gorbatschow:

Wir stehen am Anfang einer historisch langen Etappe ...

10. Dezember 1984

Auf uns warten umfangreiche und komplizierte Aufgaben. Der bevorstehende XXVII. Parteitag der KPdSU wird dem Land neue historische Horizonte eröffnen. Er wird bekanntlich die Neufassung des Parteiprogramms, des Programms der Vervollkommnung des entwickelten Sozialismus, annehmen sowie die Aufgaben für das neue Planjahrfünft und bis zum Jahre 2000 festlegen.

Als prinzipielle Grundlage der strategischen Linie der Partei, der weiteren Verbesserung der ideologischen und der gesamten parteipolitischen Arbeit dienen die von K. U. Tschernenko formulierten theoretischen Richtlinien und Thesen bezüglich des erreichten Niveaus der sozialen Reife der sowjetischen Gesellschaft. Tiefgehend begründet wurde die Schlußfolgerung, daß wir uns am Anfang der historisch langen Etappe des entwickelten Sozialismus befinden. Auf dieser Basis wird die von der Partei erarbeitete Konzeption der entwickelten sozialistischen Gesellschaft konkretisiert, bietet sich die Möglichkeit, sich besser jene sozialökonomischen Koordinaten vorzustellen, in denen man handeln muß.

Die einschlägigen Einschätzungen und Schlußfolgerungen warnen vor Voreiligkeit, vor der Verwechslung dessen, was es bereits gibt, mit dem, was erst erreicht werden muß. Zugleich weisen sie eindeutig darauf hin, daß man im praktischen Handeln, bei der Lösung herangereifter Probleme und bei der Überwindung der Mängel keine Verzögerung zulassen darf.

. . .

Verantwortungsvolle Aufgaben stehen vor der Wirtschaftswissenschaft. Die Sachlage auf diesem Gebiet wurde in dem Beschluß des ZK der KPdSU über die Erhöhung der Rolle des Instituts für Wirtschaft der Akademie der Wissenschaften der UdSSR bei der Erforschung theoretischer Probleme der Ökonomie des entwickelten Sozialismus ausführlich und kritisch analysiert. In den letzten Jahren sind nicht wenige nützliche Arbeiten hinzugekommen. Zugleich aber hat die ökonomische Forschung noch keine umfassende Konzeption von den Wegen für den Übergang zu einer dynamischen, hochwirksamen Wirtschaft, für die Schaffung eines vollkommeneren Wirtschaftsmechanismus aufgestellt. Nicht alle Forschungsorganisationen arbeiten in engem Kontakt mit der Praxis. Einige Forscher können sich oft von überlebten Vorstellungen und Klischees nicht trennen. Ihre theoretischen Studien werden nicht selten in subjektive Schemen hineingezwängt und drehen sich im Kreis scholastischer Überlegungen.

Wenden wir uns einem solchen grundlegenden und aktuellen Problem zu, wie es die Wechselwirkung der modernen Produktivkräfte und der sozialistischen Produktionsverhältnisse ist. In seiner Auslegung sind die dogmatischen Vorstellungen keineswegs vollständig überwunden worden, die unserer Theorie und Praxis mitunter einen schlechten Dienst erweisen.

Woran liegt das? Vielleicht daran, daß die Produktionsverhältnisse mitunter ohne jeglichen Zusammenhang mit dem realen Stand der Produktivkräfte, der praktischen Tätigkeit der Menschen analysiert werden? Als Folge ergibt sich ein gewisses spekulatives, starres Bild der Produktionsverhältnisse als eine unveränderliche Gegebenheit, das von der Wirklichkeit weit entfernt ist.

. . .

Wir unternehmen gegenwärtig ernsthafte Schritte bei der Vervollkommnung der wirtschaftlichen Basis des Sozialismus, seines Wirtschaftsmechanismus. Es leuchtet ein, daß diese Arbeit desto erfolgreicher vorankommen wird, je besser die Gesellschaftswissenschaften die Wege für die Entwicklung der Produktionsverhältnisse, für die Umgestaltung der Wirtschaftsleitung aufzeigen werden. In den Vordergrund rücken solche grundlegenden Probleme wie die Wege zur Beschleunigung des wissenschaftlich-technischen Fortschritts und zur allseitigen Intensivierung der Produktion; die Vervollkommnung der sozialistischen Eigentumsformen, die es ermöglicht, den unmittelbaren Produzenten mit den gesellschaftlichen Produktionsmitteln immer organischer zu verbinden, bei ihm das Gefühl eines kollektiven Besitzers des gesamten gesellschaftlichen Eigentums zu festigen, das System der Interessen bei führender Rolle des Interesses des ganzen Volkes zu aktivieren und zu optimieren; die Entwicklung der wissenschaftlichen Grundlagen und der Praxis der Planung der Volkswirtschaft als Hauptmittel zur Realisierung der Wirtschaftspolitik der Partei; die Vervollkommnung des gesamten Systems der Distributionsverhältnisse.

. . .

Genosse K. U. Tschernenko betonte in seiner Rede in der Sitzung des Politbüros des ZK der KPdSU am 15. November 1984, daß *die positiven Wandlungen in der Wirtschaft nicht nur verankert, sondern auch ausgebaut werden müssen.* Es gilt, alles zu tun, um in der bis Ende des Planjahrfünfts verbleibenden Zeit die zurückgebliebenen Bereiche entschlossen aufrücken zu lassen und das elfte Planjahrfünft würdig zum Abschluß zu bringen. Dies ist unser allernächstes Anliegen. In dieser Richtung ist jetzt die politische, organisatorische und ideologische Arbeit der Parteikomitees zu konzentrieren.

Zugleich müssen wir heute an die Perspektiven der Entwicklung unseres Landes denken. Das Leben stellt uns eine Aufgabe von großer politischer Tragweite, nämlich die Volkswirtschaft auf ein qualitativ neues wissenschaftlich-technisches, organisatorisches und ökonomisches Niveau zu heben, einschneidende Wandlungen in der Intensivierung der gesellschaftlichen Produktion und der Erhöhung ihrer Effektivität herbeizuführen.

Der Kurs auf Intensivierung wird durch objektive Bedingungen, durch den gesamten Verlauf der Entwicklung des Landes diktiert. Eine Alternative dazu gibt es nicht. Nur eine intensive Wirtschaft, die sich auf modernster wissenschaftlich-technischer Grundlage entwickelt, kann als zuverlässige Basis für die Erhöhung des Lebensstandards der Werktätigen, für die erfolgreiche Realisierung der sozialen Aufgaben der Gesellschaft dienen. Nur eine intensive, hochentwickelte Wirtschaft kann die Festigung der internationalen Positionen unseres Landes sichern und ihm gestatten, in das neue Jahrtausend als große und blühende Macht würdig zu treten.

Titanisches Vorhaben mit revolutionärem Schwung angehen ...

Die qualitative Umgestaltung der Produktivkräfte und Vervollkommnung der Produktionsverhältnisse bestimmen das Wesen, den Hauptgehalt unserer gesamten Tätigkeit in der gegenwärtigen Etappe. In bezug auf ihren unkonventionellen Charakter, ihre Ausmaße und ihre Kompliziertheit ist dies ein im wahrsten Sinne des Wortes titanisches Vorhaben. Es muß mit revolutionärem Schwung realisiert werden und jedem ein Höchstmaß an Energie und Konzentration sowie tiefes Verständnis dafür abverlangen, daß es einen anderen Weg für die Vorwärtsbewegung nicht gibt.

. . .

Vorerst ist im gesellschaftlichen Bewußtsein die Wende zur Erhöhung der Effektivität und Qualität, zur allseitigen Intensivierung der Produktion, zur Beschleunigung des wissenschaftlich-technischen Fortschritts und zu einer besseren Nutzung des vorhandenen Potentials noch lange nicht abgeschlossen. Sie hat noch nicht im täglichen Stil des ökonomischen Denkens, in keinen energischen praktischen Handlungen vieler Leiter von Ministerien und anderen zentralen Leitungsorganen, Vereinigungen und Betrieben, unserer Wirtschaftskader ihren Niederschlag gefunden. Darin liegt eine der Ursachen dafür, daß der Intensivierungsprozeß vorerst noch langsam vor sich geht. Viele Qualitätsparameter der wirtschaftlichen Entwicklung können uns nicht befriedigen.

Unser Land steht an der Schwelle des zwölften Planjahrfünfts, in dem es eine Wende in der Erhöhung der Effektivität der Produktion zu erzielen heißt. Bei der Ausarbeitung der Pläne für das neue Jahrfünft wurden wir mit dem Bestreben einer Reihe von Ministerien, Vereinigungen und Betrieben konfrontiert, soviel wie möglich an Investitionen und anderen Ressourcen zu erhalten und gleichzeitig für sich minimale Auflagen für die Produktion der Erzeugnisse und die Erhöhung der Arbeitsproduktivität zu erwirken. Diese, mit Verlaub gesagt, »vernünftige Umsicht« hat nichts gemein mit einer wirklich verantwortungsbewußten Haltung gegenüber den gesamtstaatlichen Interessen, sie führt zu Verlusten an Zeit und Tempo, die sich nur schwer aufholen lassen. Das Zentralkomitee war gezwungen, solche Leiter zurechtzuweisen.

. . .

In jedem großen Vorhaben, das die Partei in Angriff nahm, ermittelte sie stets das wichtigste Glied, an dem sich die ganze Kette hervorziehen ließ. Ein solches Glied, das die Herbeiführung einer entscheidenden Wende in der Intensivierung der Wirtschaft, bei der Erhöhung des Tempos der ökonomischen und sozialen Entwicklung ermöglicht, ist heute die wesentliche Beschleunigung des wissenschaftlich-technischen Fortschritts. Diese Aufgabe hat außerordentlich große Dimensionen und viele Aspekte. Sie erfaßt nicht nur wissenschaftlich-technische, sondern auch ökonomisch-organisatorische und sozialpolitische Probleme wie auch Probleme der Kaderausbildung. Sie alle gilt es zu lösen, und zwar ohne Aufschub. ». . . Zeit gewinnen«, lehrte Lenin, »heißt alles gewinnen . . .«

. . .

Erforderlich ist eine wesentliche Änderung der Investitionspolitik. Heute werden die Investitionsressourcen über die Zweige und Regionen gewissermaßen »entsprechend dem erzielten Niveau« verteilt. Im Ergebnis wird die entstandene Produktionsstruktur für viele Jahre konserviert, die Herbeiführung qualitativer Fortschritte in ihrem wissenschaftlich-technischen Niveau gehemmt. Hier muß die Situation geändert werden, und zwar einschneidend, wobei hocheffektiven wissenschaftlich-technischen Programmen, der Entwicklung und Anwendung prinzipiell neuer Systeme von Maschinen und Technologien der Vorrang zu geben ist.

Besondere Beachtung verdient die Modernisierung des Produktionsapparates. Vorerst wird das Gros der finanziellen und materiell-technischen Ressourcen nach wie vor für den Neubau bereitgestellt. In diesem Zusammenhang gilt es, kurzfristig die Aufgabe der Rekonstruktion des Maschinenbaus selbst zu lösen, zur breiten Produktion von Maschinen- und Ausrüstungssystemen neuer Generationen überzugehen, fortgeschrittene Technologien zur Anwendung zu bringen und auf diesem Wege in kurzer Zeit eine grundlegende Erneuerung des Produktionsapparates in allen Zweigen der Wirtschaft zu gewährleisten.

. . .

Bei der Überführung der Wirtschaft unseres Landes auf die Gleise der Intensivierung stellt sich auf eine neue Art die von Lenin formulierte Frage, wie der Wettbewerb zu organisieren ist. Auf eine unkonventionelle Art und Weise, unter neuen Gesichtspunkten muß man viele Aspekte dieser ungemein wichtigen Sache analysieren, man muß auf die überlebten Auffassungen und Methoden verzichten. Wovon ist hier die Rede? Davon, daß die

Orientierung des Wettbewerbs auf die Brutto-, auf die ausschließlich umfangbezogenen Ergebnisse und Kennziffern aufzugeben ist. Die wichtigsten Ziele des Wettbewerbs sind heute exakter Arbeitsrhythmus, termingerechte Erfüllung vertraglicher Verpflichtungen, hohe Qualität der Erzeugnisse, Einführung und Einsatz neuer Technik, umsichtige Nutzung jeder Minute Arbeitszeit, jeder Tonne Rohstoff, jedes Rubels. Es kommt darauf an, mit allen ideologischen Mitteln die sich im Lande entfaltende Massenbewegung – zwei Tage im Jahr mit eingesparten Werk-, Roh- und Brennstoffen zu arbeiten – zu unterstützen.

Eine entscheidende Wende ...

11. März 1985

Die auf dem XXVI. Parteitag und auf den darauffolgenden Plenartagungen des ZK der KPdSU unter aktiver Mitwirkung von Juri Wladimirowitsch Andropow und Konstantin Ustinowitsch Tschernenko ausgearbeitete strategische Linie war und bleibt unverändert. Das ist eine Linie der beschleunigten sozial-ökonomischen Entwicklung des Landes, der Vervollkommnung aller Aspekte im Leben der Gesellschaft. Es geht um die Umgestaltung der materiell-technischen Basis der Produktion.

Es geht um die Vervollkommnung des Systems der gesellschaftlichen Beziehungen, vor allem der wirtschaftlichen. Es geht auch um die Entwicklung des Menschen selbst, um eine qualitative Verbesserung der materiellen Bedingungen seines Lebens und seiner Arbeit, seiner geistigen Ausprägung.

Wir müssen eine entscheidende Wende bei der Umstellung der Volkswirtschaft auf das Gleis der intensiven Entwicklung durchsetzen. Wir müssen in kurzer Frist die vordersten Positionen in Wissenschaft und Technik und den Welthöchststand bei der Produktivität der gesellschaftlichen Arbeit erreichen, ja wir sind dazu verpflichtet.

Um diese Aufgabe erfolgreicher und schneller zu lösen, müssen der Wirtschaftsmechanismus und das ganze Leitungssystem *auch künftig* beharrlich *vervollkommnet* werden. Beim Beschreiten dieses Weges und bei der Wahl optimaler Lösungen kommt es darauf an, die grundlegenden Prinzipien der sozialistischen Wirtschaftsführung schöpferisch anzuwenden. Das heißt, die planmäßige Entwicklung der Wirtschaft konsequent voranzutreiben, das sozialistische Eigentum zu festigen, die Rechte der Betriebe zu erweitern, ihre Selbständigkeit zu erhöhen und sie stärker am Endergebnis der Arbeit zu interessieren. Das heißt, die gesamte wirtschaftliche Entwicklung letztendlich den Interessen der sowjetischen Menschen unterzuordnen.

Schwierigkeiten der letzten Jahre …

23. April 1985

In den letzten Jahren verstärkten sich bekanntlich neben den bei der wirtschaftlichen Entwicklung des Landes erzielten Erfolgen ungünstige Tendenzen und ergaben sich manche Schwierigkeiten. Dank der aktiven Arbeit der Partei gelang es seit 1983 zahlreichen Gliederungen der Volkswirtschaft, aufzuholen und die Lage etwas zu verbessern. Die Schwierigkeiten sind jedoch bei weitem nicht überwunden, und wir müssen beträchtliche Anstrengungen unternehmen, um eine zuverlässige Grundlage für einen raschen Fortschritt zu schaffen.

Worin besteht die Ursache der Schwierigkeiten? Die Antwort auf diese Frage hat für die Partei, wie Sie begreifen, grundsätzliche Bedeutung.

Selbstverständlich wirkte sich der Einfluß natürlicher und einer Reihe äußerer Faktoren aus. Aber ich glaube, Hauptsache ist, daß Änderungen in den objektiven Bedingungen der Entwicklung der Produktion, die Notwendigkeit ihrer beschleunigten Intensivierung und Wandlungen in den Methoden der Wirtschaftsführung nicht rechtzeitig gebührendermaßen beurteilt wurden und, was besonders wichtig ist, im Wirtschaftsbereich bei der Ausarbeitung und bei der Ergreifung bedeutender Maßnahmen keine Beharrlichkeit an den Tag gelegt wurde. Wir müssen, Genossen, die entstandene Situation gründlich und konsequent begreifen und die schwerwiegendsten Schlüsse ziehen. Die historischen Geschicke des Landes, die Positionen des Sozialismus in der heutigen Welt hängen in mancher Hinsicht davon ab, wie wir die Sache weiterhin bewerkstelligen werden. Unter großzügiger Ausnutzung der Erkenntnisse der wissenschaftlich-technischen Revolution, indem wir die Formen der sozialistischen Wirtschaftsführung mit den modernen Verhältnissen und Bedürfnissen in Einklang bringen, müssen wir eine wesentliche *Beschleunigung* des sozialökonomischen Fortschritts erreichen. Einen anderen Weg gibt es einfach nicht.

. . .

In den meisten Zweigen verläuft der wissenschaftlich-technische Fortschritt träge, im Grunde genommen evolutionär – hauptsächlich durch Vervollkommnung der bereits verwendeten Technologien, durch Teilmodernisierung der Maschinen und Ausrüstungen. Natürlich ergeben diese Maßnahmen einen gewissen Nutzen, aber dieser ist zu gering. Gebraucht werden revolutionäre Wandlungen: der Übergang zu grundsätzlich neuen technologischen Systemen, zu einer Technik der letzten Generationen, die die größtmögliche Effektivität ergeben. Es handelt sich im Grunde genommen um die Umrüstung sämtlicher Volkswirtschaftszweige auf der Grundlage der neuesten Erkenntnisse von Wissenschaft und Technik.

Die Aktualität der Frage ergibt sich auch daraus, daß der Produktionsapparat des Landes in der letzten Zeit stark gealtert und die Erneuerungsquote der Anlagefonds zurückgegangen ist. Im zwölften Planjahrfünft muß eine beträchtliche Steigerung der Erneuerungsquote der Ausrüstungen im Vordergrund stehen.

Das entscheidende Wort bleibt da dem Maschinenbau vorbehalten. Seiner Entwicklung muß Priorität eingeräumt werden.

Die Zuwachsraten dieses Zweiges müssen schon im zwölften Planjahrfünft auf das Anderthalbfache gesteigert bzw. verdoppelt werden. Die Hauptaufgabe besteht darin, rasch zum Bau neuer Generationen von Maschinen und Ausrüstungen überzugehen, die die Einführung fortschrittlicher Technologien, eine mehrfache Steigerung der Arbeitsproduktivität, die Senkung des Materialaufwandes und eine Erhöhung der Fondseffektivität gewährleisten. Erstrangige Aufmerksamkeit ist der Vervollkommnung des Werkzeugmaschinenbaus, der beschleunigten Entwicklung der Rechentechnik, des Gerätebaus, der Elektrotechnik und der Elektronik als Katalysatoren des wissenschaftlich-technischen Fortschritts zu schenken.

Im Hinblick auf diese Aufgaben kann der Rückgang der Attraktivität der Ingenieurarbeit unmöglich als normal gelten. Hier stimmt etwas nicht, und wir müssen die Rolle und das Ansehen der Werkmeister, Ingenieure, Konstrukteure und Technologen erhöhen, die materiellen und moralischen Anreize ihrer Arbeit steigern.

Die Beschleunigung des wissenschaftlich-technischen Fortschritts und das Wachstum des Nutzeffekts der Produktion sind mit einer entschiedenen Verbesserung der Qualität der Erzeugnisse untrennbar verbunden. Ihre Nichtübereinstimmung mit modernen technischen, ökonomischen, ästhetischen und sämtlichen Konsumentenansprüchen – und mitunter auch unverkennbarer Ausschuß – stellen im Grunde genommen Diebstahl an den materiellen Ressourcen, eine Vergeudung von Arbeitskraft unseres Volkes dar. Deshalb muß die größtmögliche Erhöhung der Qualität der Erzeugnisse im Brennpunkt der Wirtschaftspolitik stehen. Qualität und wiederum Qualität – das ist heute unsere Losung. Wenn das Problem der Qualität gelöst wird, läßt sich auch das Problem der Quantität lösen. Das ist der einzig sichere Weg zu einer zunehmend vollständigeren Befriedigung der Bedürfnisse des Landes an modernen technischen Mitteln und der wachsenden Nachfrage der Bevölkerung nach mannigfaltigen Waren, zur Überwindung der Engpässe in der Volkswirtschaft.

Klarheit in der Umgestaltung ...

Jetzt besteht bei uns über das Konzept der Umgestaltung des Wirtschaftsmechanismus größere Klarheit. Indem die zentralisierten Grundlagen bei der Lösung strategischer Aufgaben auch weiterhin entwickelt werden, muß man den Weg der Erweiterung der Rechte der Betriebe und ihrer Selbständigkeit kühner beschreiten, die wirtschaftliche Rechnungsführung einführen und auf dieser Basis die Verantwortlichkeit der Arbeitskollektive und ihr Interesse an den Endresultaten der Arbeit erhöhen.

Die Ergebnisse des in diesem Bereich laufenden großangelegten Experiments scheinen nicht schlecht zu sein. Aber sie können uns nicht vollständig befriedigen. Es wurde eine Grenze erreicht, da man vom Experiment zur Errichtung eines in sich geschlossenen Systems der Wirtschaftsführung und der Leitung übergehen muß. Das bedeutet aber, daß man mit der praktischen Umgestaltung der Arbeit auch in den höchsten Gliederungen der Wirtschaftsleitung beginnen, sie in erster Linie auf die Lösung sozial-ökonomischer und wissenschaftlich-technischer Perspektivaufgaben, auf das Ausfindigmachen denkbar wirksamer Formen der Verbindung der Wissenschaft mit der Produktion orientieren muß.

Das Leben stellt immer höhere Anforderungen an die Planung, die das Kernstück der Leitung bildet. Sie muß zu einem aktiven Hebel der Intensivierung der Produktion, der Verwirklichung progressiver wirtschaftlicher Beschlüsse werden, ein ausgewogenes und dynamisches Wachstum der Wirtschaft sichern. Zugleich müssen die Pläne der Vereinigungen und Betriebe von einem Überfluß an Kennzahlen entlastet werden und die ökonomischen Normative, die der Initiative und dem Unternehmungsgeist freien Lauf lassen, eine breitere Anwendung finden.

Es ist an der Zeit, an die Vervollkommnung der organisatorischen Leitungsstrukturen heranzugehen, überflüssige Einheiten zu beseitigen, den Apparat zu vereinfachen und seine Effektivität zu erhöhen. Das zu tun ist auch deshalb wichtig, weil sich einige Leitungseinheiten in ein Hindernis verwandelten und die Bewegung zu bremsen begannen. Es ist erforderlich, die Zahl der Instruktionen, Bestimmungen und Methodiken, die mitunter Beschlüsse der Partei und der Regierung eigenwillig auslegen und die Selbständigkeit der Betriebe fesseln, einschneidend zu reduzieren.

Von großer Bedeutung ist es, daß die Prinzipien der wirtschaftlichen Rechnungsführung in allen primären Produktionseinheiten, an jedem Arbeitsplatz durchgesetzt werden. Das wird es ermöglichen, die Maßnahmen zur Vervollkommnung des Leitungssystems von oben mit der Entwicklung kollektiver Formen der Arbeitsorganisation und -stimulierung von unten zu vereinigen, die Aktivität der Werktätigen zu erhöhen.

Nicht weniger wichtig ist es, die Verantwortung der Republiks- und örtlichen Organe bei der Leitung des wirtschaftlichen Aufbaus und des Baus sozialer und kultureller Einrichtungen, bei der Befriedigung der Anforderungen der Werktätigen zu vergrößern. Dazu ist es selbstverständlich erforderlich, die Rechte der örtlichen Organe noch mehr zu erweitern, ihre Initiative und Interessiertheit an der Entwicklung der Produktion, an der Nutzung von Ressourcen, an dem Ingangsetzen aller Dienstleistungsbereiche für die Bevölkerung zu verstärken. Folglich muß man an der Basis für die Lösung aller Fragen, für die man zuständig ist, die volle Verantwortung tragen und die Rentnerideologie schneller überwinden.

Vergeudung von Ressourcen ...

17. Mai 1985

Wir wenden heute, Genossen, je Einheit des Nationaleinkommens bedeutend mehr Rohstoffe, Energie und andere Ressourcen auf, als das in einer Reihe anderer Länder der Fall ist. Wir schwimmen in Ressourcen, weil wir gewaltige Naturschätze besitzen. Dieser Reichtum hat uns, entschuldigen Sie meine Schroffheit, verdorben. Jetzt aber liegen 80 Prozent unserer Ressourcen im Osten des Landes, in Sibirien. Und um dorthin vorzurücken, muß man Städte bauen, muß man Straßen anlegen, muß man alles von neuem machen. Das kostet ungeheure Mittel. In knapp zehn Jahren sind die Ausgaben je Tonne des Erdöl-Produktionszuwachses auf über das 1,7fache gestiegen. In zehn Jahren um 70 Prozent!

. . .

Hier muß wiederum alles auf Grundlage der Technologie, einer energiesparenden und rohstoffsparenden, gelöst werden.

Ein einfaches Beispiel: Neulich prüften wir im Politbüro des ZK die Frage der Rekonstruktion von Wärmekraftwerken. Je Kilowattstunde Strom, die von veralteten Anlagen erzeugt wird, werden 400, 500 und mancherorts 600 Gramm Brennstoff aufgewendet. In modernen Anlagen sind es aber 240 Gramm und im Landesdurchschnitt 326 Gramm. Würde man heute den Aufwand in allen Wärmekraftwerken auf den Durchschnitt bringen, so könnten wir in einem Jahr 20 bis 22 Millionen und im Planjahrfünft etwa 100 Millionen Tonnen Brennstoff einsparen. So ein Ergebnis kann eine einzige Aktion bringen. Die Umstellung auf Dieselmotoren im Fahrzeugbau – bedeutet die Einsparung von Millionen Tonnen Treibstoff. Und so weiter.

In der Landwirtschaft kann man den Boden bis auf den Grund pflügen, man kann das aber auch mit einem flachschneidenden Tiefwühler tun und die gleichen Ergebnisse erzielen, ja dabei sogar den Boden schonen. In diesem Fall ist der Treibstoffverbrauch um 35 Prozent geringer. Als wir im vorigen Jahr die Erprobung einer weitgreifenden Getreidemähmaschine von 21 Metern durchführten, ging bei der Schwadenaufnahme der Treibstoffverbrauch je Hektar von 3,2 auf 1,7 Kilogramm zurück.

Wenn man die Frage von diesem Standpunkt in jedem Zweig betrachtet, sieht man, wie viel wir verlieren. Aber dabei wird niemand ruiniert. Allerdings, Genossen, scheint das nur so. In der Familie spürst du, wenn etwas aus deiner Tasche verschwindet, aber wenn es die Tasche des Staates ist, spürt das niemand unmittelbar.

. . .

Dieses Problem erstreckt sich auf alle Bereiche, und man darf nicht glauben, daß es sich nur auf die Industrie oder die Landwirtschaft beziehe. Bekanntlich gibt es große Verluste im Bauwesen. Und wieviele Agrarerzeugnisse verderben wegen der unzureichenden Lagerungs- und Verarbeitungskapazitäten!

Hier aber eine einfache Frage, mit der wir täglich konfrontiert werden, wenn wir den Hahn aufdrehen, um uns zu rasieren und zu waschen. Nach Angaben des Forschungsinstituts für kommunale Wasserversorgung und Abwasserreinigung fließen in unserem Land fast 21 Prozent des Trinkwassers ungenutzt, direkt in die Kanalisation. Dabei führen jetzt einige Länder, um den Bedarf der Bevölkerung an Trinkwasser zu decken, es aus dem Ausland ein. Im Maßstab unseres Landes wird jährlich allein für die Beförderung unzweckmäßig verwendeten Wassers soviel Strom aufgewandt, wie es das Dneproges-Kraftwerk erzeugt. Durch Wassereinsparung könnte man in einem Planjahrfünft 2,5 Milliarden Rubel einsparen.

Notwendigkeit der »Beschleunigung« ...

11. Juni 1985

Wenn das Zentralkomitee die *Beschleunigung* der sozialökonomischen Entwicklung zur Aufgabe macht, so versteht es darunter nicht nur die Erhöhung des Wachstumstempos der Volkswirtschaft. Es geht um eine neue Qualität unserer Entwicklung, um ein rasches Vorankommen in strategisch wichtigen Richtungen, um eine strukturelle Umgestaltung der Produktion, um den Übergang zur Intensivierung, um effektive Formen der Leitung und um eine umfassende Lösung der sozialen Probleme.

. . .

Heute ist ein beträchtlicher Teil der Produktionsfonds veraltet, infolgedessen hat sich das Gebiet der Generalreparaturen unermeßlich aufgebläht. Es verringert sich die Grundwirksamkeit, die Zahl neuer Arbeitsplätze wächst, die Mechanisierung der Produktion geht nicht zügig genug voran. Der Anteil der manuellen Arbeit sinkt zu langsam. Heute bestreitet niemand, daß der Rückfluß der Investitionen aus Rekonstruktionen etwa doppelt so hoch ist wie aus Neubauten. Die früheren extensiven Methoden der Wirtschaftsführung sind jedoch leider zählebig. In 15 Jahren wurden für das Eisenhüttenwesen beispielsweise Investitionen in Höhe von 50 Milliarden Rubel bereitgestellt. Ein Großteil davon wurde für neues, dabei nicht einmal komplexes Bauen verwendet, während der technischem Umrüstung der Betriebe keine Aufmerksamkeit geschenkt wurde. Auf Grund der unrichtigen technischen Politik des Kollegiums des Ministeriums für Eisenhüttenwesen und des Ministers Iwan Kasanez hat der Zweig weder die Auflagen des 10. noch des 11. Fünfjahresplans erfüllt. Die Sachlage erfordert hier grundlegende Veränderungen.

. . .

Insgesamt muß der Anteil im Land für die Rekonstruktion bereitgestellten Mittel am Gesamtumfang der Investitionen bereits in den nächsten Jahren von einem Drittel auf mindestens die Hälfte erhöht werden. Das ist nicht einfach, ohne den Neubau kommen wir nicht aus. Bei den zu errichtenden

Objekten muß jedoch überlegt verfahren werden. Einige sind zu beschleunigen, andere dagegen einzustellen, oder vorübergehend stillzulegen.

Zugleich muß eine allgemeine Bestandsaufnahme der Produktionsfonds durchgeführt und ein Programm zur Rekonstruktion aller Betriebe, aller Bereiche ausgearbeitet werden. Der Anteil der Aussonderung veralteter Grundfonds, insbesondere ihres aktiven Teils, muß verdoppelt werden. Dabei ist uns nicht an irgendeiner Erneuerung der Produktion gelegen, sondern an einer solchen, die mit der Einführung der modernsten Technik einhergeht und einen größtmöglichen ökonomischen und sozialen Nutzen bringt.

Ein sehr großes und akutes Problem ist das Verhältnis zwischen den Investitionen in extraktiven, verarbeitenden und verbrauchenden Zweigen. Die Erhöhung der Förderung von Brenn- und Rohstoffen wird immer schwieriger. Doch es gibt einen rationelleren Weg – den Weg der größtmöglichen Sparsamkeit, der umfassenden Einführung von materialsparenden Technologien. Das ist um die Hälfte bis zu zwei Dritteln billiger. Positive Erfahrungen bei der Materialeinsparung gibt es zum Beispiel im Ministerium für elektronische Industrie, wo der Produktionszuwachs im 11. Planjahrfünft ohne Erhöhung des Verbrauchs von Grundmaterialien erzielt wird.

Insgesamt bleibt unsere Wirtschaft in vielem verschwenderisch. Bis zu acht Millionen Tonnen Benzin werden jährlich wegen des Rückstandes bei der Umstellung des Fahrzeugparks auf Dieselmotoren verbraucht. Wegen der unvollkommenen Ausrüstung der Wärmekraftwerke verbrauchen wir jährlich mehr als 20 Millionen Tonnen Einheitsbrennstoff zuviel. Es gibt im Lande Hunderttausende primitiver Kesselanlagen, die den Brennstoff unrationell nutzen. Sekundärrohstoffe werden schlecht genutzt. Die Materialeinsparung muß eine Hauptrichtung der Investitionspolitik sein. Die Aufgabe besteht darin, den Zuwachs des Bedarfs der Volkswirtschaft an Brennstoffen, Rohstoffen und Material zu 75 bis 80 Prozent aus Einsparungen zu decken.

. . .

Bei der Verwirklichung der wissenschaftlich-technischen Revolution kommt dem Maschinenbau die führende Rolle, die Schlüsselstellung zu. Bereits im 12. Planjahrfünft muß das Wachstumstempo des Maschinenbaus auf das Anderthalb- bis Zweifache steigen. Die Aufgabe besteht darin, die vorhandenen Kapazitäten maximal auszulasten und den Zweig vorrangig zu rekonstruieren. Dafür müssen die Investitionen im Maschinenbau durch teilweise Umverteilung auf das 1,8 bis Zweifache erhöht werden. Der Umfang der Lieferungen von modernen Ausrüstungen für diesen Zweig muß drastisch steigen.

Eine besonders wichtige Aufgabe besteht darin, eine Massenfertigung von Techniken neuer Generationen in Gang zu bringen, die in der Lage ist, eine mehrfache Steigerung der Arbeitsproduktivität zu erbringen und den Weg zur Automatisierung aller Stufen des Produktionsprozesses zu öffnen. Wichtig ist, zur kompletten Lieferung von Ausrüstungen überzugehen sowie die betriebseigene Reparatur und Wartung der Technik umfassend zu organisieren.

Katalysatoren des Fortschritts sind die Mikroelektronik, die Rechentechnik und der Gerätebau, die gesamte Informatikindustrie. Sie erfordern eine beschleunigte Entwicklung. Natürlich hängt vieles nicht allein von der erhöhten Produktion von elektronischer Rechentechnik ab, sondern auch von deren klugem Einsatz in der Volkswirtschaft. Diesbezüglich haben wir bedeutende Beschlüsse gefaßt, deren Erfüllung streng kontrolliert werden muß. Mit einem Wort, der Aufschwung im sowjetischen Maschinenbau ist eine Hauptrichtung unserer Entwicklung, und sie muß heute und in Zukunft strikt eingehalten werden.

. . .

Die Aufgaben des wissenschaftlich-technischen Fortschritts, erfordern von uns ein neues Herangehen an unsere gesamte außenwirtschaftliche Tätigkeit. Der Außenhandelsumsatz des Landes hat den nicht geringen Umfang von 140 Milliarden Rubel erreicht, doch sein Wachstumstempo kann und muß beschleunigt werden. Die Hauptsache jedoch ist, daß sowohl der Export als auch der Import einen progressiven Charakter erhalten.

Der Export von Maschinen und Ausrüstungen nimmt in den letzten Jahren nur langsam zu. Dafür gibt es mehrere Gründe: sowohl die geringe Konkurrenzfähigkeit bei vielen von ihnen als auch das unzureichende Interesse der Industriebetriebe, für den Export zu arbeiten. Damit dürfen wir uns nicht weiter abfinden. In der Importpolitik gilt es, die Möglichkeiten der gegenseitig vorteilhaften internationalen Arbeitsteilung effektiver zu nutzen. In erster Linie betrifft dies natürlich unsere Beziehungen zu den RGW-Ländern.

. . .

Das Leben erfordert eine tiefgreifende *Umgestaltung* der *Planung* und *Leitung*, des *gesamten Wirtschaftsmechanismus*. Die Hauptrichtung bei der Umgestaltung der Wirtschaftsleitung ist uns im Prinzip klar. Sie besteht darin, die Vorzüge der sozialistischen Wirtschaft vollständiger und umfassender zu nutzen. Wir müssen den demokratischen Zentralismus wieder festigen und entwickeln. Das Prinzip der zentralen Leistung und Planung effektiver zu gestalten, die Selbständigkeit und Verantwortlichkeit der Betriebe zu erweitern, flexiblere Formen und Methoden der Leitung, der wirtschaftlichen Rechnungsführung und der Ware-Geld-Beziehung aktiv zu nutzen und die Initiative der Massen umfassend zu entfalten – darin besteht das prinzipielle Wesen der Umgestaltung.

Die Wirtschaft muß maximal aufnahmefähig für den wissenschaftlich-technischen Fortschritt gemacht werden, und alle Bereiche der Volkswirtschaft sind daran lebhaft zu interessieren. Die Partei und Wirtschaftsorgane arbeiten aktiv an der Lösung dieser Probleme. Alle neuen Zweige werden in das großangelegte Wirtschaftsexperiment einbezogen, aber davon muß man zur Schaffung eines einheitlichen Systems der Wirtschaftsführung und -leitung übergehen.

Es muß auf der höchsten Ebene begonnen werden, die Leninsche Idee der Verwandlung des Staatlichen Plankomitees in ein wissenschaftlich-ökonomisches Organ, das die großen Wissenschaftler und die führenden Fachleute vereint, in die Tat umzusetzen. Den führenden Platz in den Plänen müssen die Qualitätskennziffern einnehmen, die die Effektivität der Nutzung der Ressourcen, den Umfang der Erneuerung der Produktion sowie die Steigerung der Arbeitsproduktivität auf der Grundlage des wissenschaftlich-technischen Fortschritts widerspiegeln.

. . .

Neue Aufgaben für die Ministerien ...

Die größten Reserven beim Erzielen der höchsten Effektivität liegen an den Nahtstellen der Zweige. Darauf zu hoffen, daß das Staatliche Plankomitee der UdSSR alle Kettenglieder der zwischenzweiglichen Beziehungen koordinieren und die optimale Variante auswählen könnte, heißt Illusionen nähren. Das geht auch über die Kräfte der Ministerien. All das setzt die Frage nach der Bildung von Leitungsorganen für die großen Volkswirtschaftskomplexe auf die Tagesordnung. Unter den neuen Bedingungen müssen sich auch Rolle und Funktionen der Ministerien ändern. Sie werden in der Lage sein, sich maximal auf die Perspektivplanung und die breitangelegte Nutzung der Neuerungen für die Erhöhung des technischen Niveaus der Produktion und der Erzeugnisse zu konzentrieren. Der Leitungsapparat in den Zweigen muß wesentlich reduziert, alles Überflüssige muß aufgelöst werden.

. . .

Die Vereinigungen und Betriebe müssen tatsächlich vollständig auf die wirtschaftliche Rechnungsführung umgestellt werden. Die Zahl der zentral festgelegten Planaufgaben ist stark zu reduzieren. Bekanntlich kommt es nicht selten vor, daß Ministerien oder gar Unionsproduktionsvereinigungen willkürlich viele unnötige Kennziffern in die Pläne aufnehmen. Es ist an der Zeit, daß hier gesetzliche Ordnung hergestellt wird. Die Tätigkeit der Betriebe ist immer mehr durch ökonomische Normative zu regeln.

Die Vereinigungen und Betriebe müssen die Möglichkeit erhalten, selbst Mittel zu erarbeiten, die für die Erhöhung des technischen Niveaus der Produktion und der Qualität der Erzeugnisse sowie für die soziale Entwicklung notwendig sind, selbständig darüber zu verfügen und weitgehend den Kredit zu nutzen. Es ist sehr wichtig, eine enge Abhängigkeit zwischen den Arbeitsergebnissen der Kollektive und der Entlohnung herzustellen. Hier muß eine direkte Beziehung bestehen.

. . .

Was sind die weiteren Schritte ...?

28. August 1985

Frage: Seit Sie Generalsekretär geworden sind, haben Sie mehrere Schritte zur Verbesserung der sowjetischen Wirtschaft unternommen. Könnten Sie uns nicht über weitere Schritte informieren, die Sie unternehmen wollen? Welches sind Ihrer Ansicht nach die Hauptprobleme der sowjetischen Wirtschaft? Welche Veränderungen in der Weltwirtschaft können der Sowjetunion zum Nutzen gereichen?

Antwort: Ich beginne mit der Geschichte. Es gibt Probleme, deren Entstehen keineswegs von uns abhing. Die Sowjetmacht übernahm von dem alten Regime ein schweres Erbe – eine rückständige Wirtschaft, starke Überbleibsel des Feudalismus und Millionen Analphabeten.

Fügen Sie zwei verheerende Kriege hinzu, die einen bedeutenden Teil des Landes überzogen und dabei vieles von dem, was durch die Arbeit des Volkes geschaffen worden war, in Schutt und Asche legten und zerstörten. Es gab nichtwiedergutzumachende Verluste: 20 Millionen Tote in den Jahren des Vaterländischen Krieges, Millionen Verwundete und Krüppel. Seither sind 40 Jahre vergangen, doch unser Volk hat die bitteren Seiten des Erlebten und die Schwere der erlittenen Verluste nicht vergessen. Um die Wunden in den Herzen der Menschen und auf dem Antlitz der Erde zu heilen, brauchte das sowjetische Volk Frieden und nichts als Frieden.

Im Westen hat man nicht nur einmal geschrieben, die UdSSR werde 50 bis 100 Jahre brauchen, um das durch die Invasion des Faschismus Zerstörte wiederherzustellen. Die sowjetischen Menschen haben schier Unmögliches geleistet, indem sie in denkbar kürzester Zeit die Volkswirtschaft wiederherstellten. Doch Tatsache bleibt Tatsache – die Kriege und die Perioden des Wiederaufbaus haben uns von der nachrevolutionären Zeit fast zwei Jahrzehnte, wenn nicht mehr geraubt.

Unter diesen komplizierten Bedingungen vermochten wir es, das Potential unseres Systems nutzend, die Sowjetunion in eine gewaltige Wirtschaftsmacht zu verwandeln. Darin zeigten sich die Kraft und die überaus großen Möglichkeiten des Sozialismus.

Zugleich gibt es auch Schwierigkeiten anderer Art, die mit unseren Mängeln und Unzulänglichkeiten zusammenhängen. Darüber sprechen wir offen. Wir arbeiten nicht immer gut, haben noch nicht gelernt, so zu wirtschaften, wie das die moderne Ökonomie erfordert und unsere enormen Möglichkeiten gestatten: Rohstoffressourcen und qualifizierte Arbeitskräfte, eine hochentwickelte Wissenschaft, insbesondere die Grundlagenforschung, die Unterstützung und, wie wir jetzt sehen, die Bereitschaft und der Wunsch der Menschen, besser, mit höherer Qualität und effektiver zu arbeiten.

Die Notwendigkeit einer entschiedenen Verbesserung der Sachlage wird gebieterisch von der Zeit diktiert. Hieraus ist die Konzeption der Beschleunigung der sozialökonomischen Entwicklung entstanden. Für uns ist es heute die wichtigste, die vorrangigste Aufgabe. Nach allseitiger Erörterung wurden die Wege zu ihrer Lösung festgelegt. Wir beabsichtigen, die Verwendung von Investitionen zu verbessern und der Entwicklung solcher überaus wichtigen Zweige wie Maschinenbau, elektrotechnische und elektronische Industrie, Energiewirtschaft, Transport und anderen Vorrang zu geben. Im Mittelpunkt der Aufmerksamkeit bleiben auch die Zweige des Agrar-Industrie-Komplexes, insbesondere die Verarbeitung und Lagerung landwirtschaftlicher Erzeugnisse. Wir werden also alles Notwendige tun, um den Bedarf an qualitativ hochwertigen Lebensmitteln besser zu decken.

Die Verbesserung der Arbeit der Volkswirtschaft erfordert die weitere Festigung der Zentralisierung in den strategischen Richtungen der Wirtschaft – eine straffere Unterordnung der Zweige, Regionen und einzelner Struktureinheiten der Wirtschaft unter die Interessen der ökonomischen Entwicklung. Aber wir gehen gleichzeitig auch den Weg der Festigung der demokratischen Grundlagen in der Leitungstätigkeit, der Erweiterung der Selbständigkeit der Vereinigungen, Betriebe, Kollektivwirtschaften und Staatsgüter, der Entwicklung der Selbstverwaltung an der Basis, der Förderung der Initiative und des Unternehmergeistes – natürlich im Interesse der Gesellschaft und nicht zu ihrem Schaden.

Kurzum: Wir suchen nach den rationellsten Methoden des Wirtschaftens. Großangelegte ökonomische Experimente werden durchgeführt, deren Sinn darin besteht, einen wirksameren Wirtschaftsmechanismus zu schaffen, der das Tempo des wissenschaftlich-technischen Fortschritts entschieden beschleunigen und die Nutzung sämtlicher Ressourcen verbessern kann. Wir streben danach, daß für die Lösung dieser Aufgabe alle Hebel des materiellen und moralischen Anreizes, solche Instrumente wie Gewinn, Preisbildung, Kredit und wirtschaftliche Rechnungsführung wirken. Das ist das Wesen unserer Arbeit zur radikalen Verbesserung des gesamten Systems der Leitung und Planung.

Zugleich schalten wir auch andere Reserven zur Beschleunigung der ökonomischen Entwicklung ein. Ich meine die Festigung der Disziplin und Ordnung, die Erhöhung der Anforderungen an alle – vom Arbeiter bis zum Minister –, den Kampf gegen Verantwortungslosigkeit und Bürokratie, die Erziehung zur Arbeitsethik, die Festigung der sozialen Gerechtigkeit im ganzen Leben der Gesellschaft.

Wir haben also ausreichend ökonomische Probleme und Aufgaben, und in welchem Land gibt es sie wohl nicht? Wir sehen unsere Probleme und sind von den Potenzen unserer Gesellschaftsordnung, unseres Landes überzeugt. In letzter Zeit habe ich mich in verschiedenen Gebieten aufgehalten, bin mit vielen Menschen, Arbeitern und Bauern, Ingenieuren und Wissenschaftlern zusammengekommen. Und was ist charakteristisch? Die Notwendigkeit eines Umschwunges, die Notwendigkeit einer entscheidenden Verbesserung der Arbeit wird vom Volk nicht nur unterstützt, sondern von ihm auch gefordert, sie wird zu einem wahren Gebot der Zeit...

Allein in diesem Jahr wurde beschlossen, die Arbeitslöhne für eine Reihe von Berufsgruppen der Beschäftigten im Gesundheitswesen und in der Wissenschaft sowie des ingenieur-technischen Personals anzuheben, die materielle Lage eines bedeutenden Teils der Rentner zu verbessern, jährlich kostenlos rund eine Million Grundstücke für die Entwicklung von Kleingärten bereitzustellen, das zu schaffen, was Sie ein »zweites Zuhause« nennen. Geplant sind auch zahlreiche andere Maßnahmen. Ihr Ausmaß wird natürlich von den Erfolgen der Wirtschaft abhängen. In letzter Zeit haben sich hier bedeutende positive Veränderungen vollzogen – das Tempo des Wachstums der Industrieproduktion und der Arbeitsproduktivität hat sich erhöht.

Sie fragen: Welche Veränderungen in der Weltwirtschaft der Sowjetunion zum Nutzen gereichen könnten? Vor allem die Einstellung des Wettrüstens, obwohl das eher Politik als Wirtschaft ist. Wir würden es vorziehen, jeden Rubel, der heute für die Verteidigung verwendet wird, für zivile friedliche Bedürfnisse auszugeben.

. . .

Was die Weltwirtschaft selbst angeht, so sind wir der Ansicht, daß die Sowjetunion, und ich denke auch den anderen Ländern, eine Stabilisierung der allgemeinen ökonomischen sowie währungs- und finanzpolitischen Situationen, eine gerechte Lösung des Problems zur Verschuldung und ein Vorankommen zu einer neuen Wirtschaftsordnung zum Nutzen gereichen würden. Und natürlich die Beseitigung der diskriminierenden Restriktion und aller anderen Hindernisse für die Entwicklung des Welthandels und die weitere Vertiefung der internationalen Arbeitsteilung, bei der wir und unsere Freunde und Verbündeten eine aktivere Rolle spielen sollten. Bei solchen Veränderungen würden alle Völker unserer Erde gewinnen. So würde beispielsweise die Anbahnung umfassender Handels- und Wirtschaftsbeziehungen zwischen der Sowjetunion und den USA helfen, in Ihrem Land Hunderttausende zusätzliche Arbeitsplätze zu schaffen.

Plan für 1986 ...

27. November 1985

Eine Besonderheit des Plans für 1986 ist seine Orientierung auf die Verwirklichung eines praktischen Übergangs zu intensiven Methoden der Wirtschaftsführung. Das wird vom Leben selbst diktiert, von der schwierigen Situation, die mit den Arbeitskräften und materiellen Ressourcen, mit dem Erschöpfen der hauptsächlich extensiven Faktoren des Wirtschaftswachstums verbunden sind. Im kommenden Jahr müssen wir erreichen, daß der Produktionszuwachs maximal durch die Einsparung von Ressourcen gesichert wird. Anders gesagt, die Wirtschaftlichkeit wird in der Tat zur wichtigsten Quelle der Absicherung des gesamten Produktionswachstums. Das belegen folgende Zahlen: Im nächsten Jahr sollen 97 Prozent des Zuwachses des Nationaleinkommens durch Steigerung der Arbeitsproduktivität erreicht werden, während sich der spezifische Einsatz metallischer Rohstoffe an der Erwirtschaftung des Nationaleinkommens um 2,7 Prozent und Energie um drei Prozent verringern werden.

Und schließlich bedeutet das den breiten Übergang zu den bereits bewährten neuen Methoden der Wirtschaftsführung.

Ab Januar 1986 wird die Industrie mehr als die Hälfte aller Erzeugnisse in Betrieben herstellen, die unter den neuen Bedingungen arbeiten.

Außenhandel als Außenpolitik ...

10. Dezember 1985

In unserem Warenaustausch nehmen die USA, die größte Handelsmacht der Welt, den 13. Platz ein, weit nach Finnland, Belgien oder Österreich. Und wir stehen im Warenaustausch der USA an 16. Stelle. Der amerikanische Import aus der UdSSR ist vom Volumen her etwa ebensogroß wie der aus der Republik Elfenbeinküste.

Ich sehe darin keinerlei wirtschaftliche Tragödie. Sowohl Sie können ohne uns auskommen, als auch wir ohne Sie. Dies um so mehr, als es heute in der Welt mehr als genug andere Handelspartner gibt.

Ist das aber auch politisch richtig? Ich sage mit aller Entschiedenheit: nein, und nochmals nein. In dieser gefährlichen Welt dürfen wir auf einen solchen stabilisierenden Faktor der Beziehungen wie den Handel, die ökonomischen und wissenschaftlich-technischen Kontakte einfach nicht verzichten. Dazu haben wir kein Recht. Wenn wir wirklich feste und stabile Beziehungen anstreben, die einen sicheren Frieden gewährleisten können, so müssen zu deren Fundament auch entwickelte Geschäftsbeziehungen gehören.

Unser Zeitalter ist ein Zeitalter, in dem jedes Land und jedes Volk, nicht nur ein großes, sondern auch das allerkleinste, in seiner Unabhängigkeit den höchsten Wert sieht und diesen mit aller Kraft verteidigt. Und dennoch haben wir es mit immer größerer gegenseitiger Abhängigkeit zwischen den Staaten zu tun. Das ist eine objektive Folge der Entwicklung der heutigen Weltwirtschaft und zugleich ein wichtiger Faktor der internationalen Stabilität. Wir müssen solche gegenseitige Abhängigkeit begrüßen. Sie kann zu einem mächtigen Stimulus für die Herstellung stabiler, normaler und, ich möchte sogar sagen, freundschaftlicher Beziehungen werden.

Werte Gäste! Wir sind uns der Kompliziertheit der vor uns stehenden Aufgaben voll bewußt. Ich weiß, daß sich unter Ihnen auch Chefs von Firmen befinden, die einen bedeutenden Platz im amerikanischen Rüstungsbusiness einnehmen. Ich will nicht verhehlen, daß dieses Rüstungsbusiness unserer Meinung nach einen gefährlichen Einfluß auf die Politik ausübt. Eigentlich denken nicht nur wir so: Der Begriff militärisch-industrieller Komplex stammt nicht von Marxisten, sondern von einem konservativen Republikaner, dem US-Präsidenten Dwight D. Eisenhower, der das amerikanische Volk vor der negativen Rolle warnte, die dieser Komplex spielen kann.

. . .

Die Entwicklung der Handels- und Wirtschaftsbeziehungen zwischen unseren Ländern betrachte ich auch deshalb als politisches Problem, weil die Haupthindernisse auf deren Weg politischen und nicht ökonomischen Charakters sind.

Das erste Hindernis besteht darin, daß das sogenannte Prinzip der Meistbegünstigung in Bezug auf die UdSSR nicht angewendet wird. Dieser Terminus ist bisweilen irreführend und schafft den Eindruck, als handele es sich um eine besondere Gunsterweisung der USA gegenüber denjenigen, denen diese Bedingungen gewährt werden. Doch die amerikanischen Geschäftsleute wissen gut, daß dies nicht der Fall ist. In Wirklichkeit ist das Prinzip der Meistbegünstigung nicht mehr als ein Fehlen der Diskriminierung, vor allem bezüglich der Zölle. Diese Klausel wird von den USA, wie mir gesagt wurde, rund 128 Ländern gewährt.

Der Sowjetunion wird die Meistbegünstigung verweigert. Und natürlich werden dadurch dem Export vieler unserer Waren in die USA Hindernisse in den Weg gelegt. Dies nimmt uns die Möglichkeit, Mittel zu bekommen, die wir für den Kauf amerikanischer Waren brauchen. Wir können doch nicht unbegrenzt Devisen, die wir, angenommen, in Westeuropa erwerben, in den USA ausgeben. Unsere Handelspartner werden dies nicht verstehen.

Das zweite Hindernis wird uns in den USA bei Krediten in den Weg gelegt. Ich brauche Ihnen als erfahrenen Geschäftsleuten nicht zu sagen, daß es ohne Kredite keinen ernsthaften Handel geben kann.

Das dritte Hindernis ist die sogenannte Exportkontrolle, das heißt das Ausfuhrverbot für sehr viele Waren unter dem Vorwand, daß dies der Rüstungsproduktion in der UdSSR helfen und damit der Sicherheit der USA schaden könnte.

Zu diesem Thema gibt es besonders viele Spekulationen.

Ich möchte vor allem folgendes sagen: Die Version, das Verteidigungspotential der UdSSR gründe sich beinahe vollständig auf im Westen gekaufte Technologien und könne sich ohne diese nicht entwickeln, ist kompletter Unsinn. Die Urheber dieser Version vergessen einfach, mit welchem Land sie es zu tun haben, sie vergessen oder wollen andere zwingen, es zu vergessen, daß die Sowjetunion ein Land mit leistungsfähiger Wissenschaft und moderner Technik, ein Land hervorragender Wissenschaftler und Ingenieure und hochqualifizierter Arbeiter ist.

Natürlich stützen wir uns wie jedes andere Land sowohl in der zivilen als auch in der Rüstungsproduktion außer auf eigene auch auf internationale Leistungen von Wissenschaft und Technik, auf internationale Produktionserfahrungen. Das bringt das Leben unausbleiblich mit sich. Ein Beispiel dafür liefern die USA selbst. Es ist kein Geheimnis, daß zum Beispiel nicht die amerikanische Wissenschaft und nicht amerikanische Wissenschaftler, sondern europäische, darunter russische, sowjetische Wissenschaftler, die entscheidende Rolle bei der Entwicklung von Kernwaffen und Raketen spielten.

. . .

Ein weiteres Hindernis für die Entwicklung unserer Handels- und Wirtschaftbeziehungen ist die in den USA üblich gewordene Politik der Boykotte, des Embargos, der »Strafmaßnahmen«, der Verletzung von Handelsverträgen. Die Ergebnisse kennen Sie selbst: Die Sowjetunion hat keinen besonderen Schaden erlitten. Dagegen haben der Ruf des amerikanischen Business als Geschäftspartner und somit seine Konkurrenzfähigkeit auf dem sowjetischen Markt ernsthaft gelitten. Unsere leitenden Wirtschaftskader haben das Vertrauen zu den amerikanischen Partnern verloren. Und so geben sie immer häufiger anderen den Vorzug.

So geschah es mit bedeutenden Aufträgen für Rohrlegemaschinen und Ausrüstungen für das Hüttenkombinat Nowolipezk und ein Aluminiumwerk in Sibirien. Über Käufe von Bohr- und Erkundungsanlagen für Erdöl und Erdgas will ich erst gar nicht reden. Hier ist der Anteil der USA an unseren Käufen auf weniger als ein halbes Prozent zurückgegangen. Dabei kennen Sie besser als ich die internationale wirtschaftliche Konjunktur und insbesondere die Tatsache, daß in absehbarer Zukunft eine Zuspitzung der Konkurrenz auf dem Weltmarkt zu erwarten ist.

Ich möchte zu Ihnen ganz offen sein: Solange diese Hindernisse nicht beseitigt sind, wird es keine normale, umfassende Entwicklung des sowjetisch-amerikanischen Handels und anderer Wirtschaftsbeziehungen geben. Wir bedauern das, aber wir werden die USA um nichts bitten.

Perspektiven bis zum Jahre 2000 …

4. Februar 1986

Frage: Was sind die wichtigsten Perspektiven der Entwicklung der sowjetischen Wirtschaft für die bevorstehenden zehn bis fünfzehn Jahre? Wie wird sich das auf den Wohlstand des Volkes auswirken?

Antwort: Die Perspektiven werden davon abhängen, wie gut wir die entstandenen Probleme meistern. Anders gesagt davon, wie gut und sachkundig wir arbeiten werden. Ich sage es ehrlich, diese Probleme sind nicht einfach. Es gibt bei uns objektive Schwierigkeiten (eine ungünstige demographische Situation, das uns aufgezwungene Wettrüsten sind davon die größten). Aber es gibt auch solche, die durch unsere eigene Schuld entstanden sind. Da ihre Lösung sich hingezogen hat, haben sie sich verschärft.

Heute müssen wir in kürzester Zeit sehr viel tun: die Planung, Leitung und die materielle Stimulierung radikal verbessern, den wissenschaftlich-technischen Fortschritt beschleunigen. Und auf dieser Basis die Effektivität und die qualitative Leistung der Wirtschaft zu erhöhen sowie die Qualität für Erzeugnisse zu verbessern. In den nächsten fünfzehn Jahren beabsichtigen wir, das Produktionspotential des Landes zu verdoppeln, den Zustand unserer Wirtschaft und den Charakter der Arbeit wesentlich zu verändern und die Lebensweise der Menschen umzugestalten.

Sie fragen, wie wird sich das auf den Wohlstand des Volkes auswirken? Ich antworte darauf: Im Grunde genommen tun wir das alles zum Wohle des Volkes. Ich denke dabei wiederum sowohl an die quantitative als auch an die qualitative Seite; das heißt, an Konsum und Dienstleistungen, an Zugang zu kulturellen Werten, an Umweltschutz, an die Gestaltung der Städte und Dörfer, an die Freizeit und vieles andere. Ich verheimliche nicht, daß es um viele dieser Gebiete nicht so bestellt ist, wie wir das gerne hätten. Das kommt auch daher, daß unsere schwierige Geschichte es lange Zeit nicht erlaubt hat, diesen Sphären des Lebens die gebührende Aufmerksamkeit zu schenken. Aber auch uns trifft Schuld: durch Trägheit und Unvermögen und auch einfach aus Verantwortungslosigkeit dieser oder jener leitenden Mitarbeiter, ganzer Verwaltungen und Organisationen.

Wenn Sie unsere Zeitungen lesen, so wissen Sie, wie scharf viele leitende Mitarbeiter, darunter sehr hochgestellte, dafür kritisiert werden. Jetzt haben wir mit Nachdruck die Verbesserung der Lage in Angriff genommen. Das wird natürlich nicht wenig Zeit und Mühe kosten. Doch ich bin überzeugt, daß wir in all diesen Angelegenheiten ernsthafte Fortschritte erzielen. Natürlich möchten wir alle das möglichst schnell erreichen.

Zu den dringenden Angelegenheiten gehört die Sättigung des Marktes mit Waren guter Qualität und in sehr reichhaltigem Angebot, und zwar mit verschiedenen Waren: mit neuen und traditionellen, teuren und billigen, für die Jugend und für ältere Menschen – mit einem Wort, für jeden Geschmack, für jedes Bedürfnis, selbstverständlich in vernünftigen Grenzen. Dieses Problem sehen wir als überaus wichtig an.

Frage: Gibt es noch Schlangen?

Antwort: Ja, besonders bei den Waren hoher Qualität, bei denen die Nachfrage nicht befriedigt wird.

Ich möchte dabei bemerken, daß uns nicht alle Wege zur Lösung dieses Problems offenstehen. Wenn bei Ihnen im Westen die Nachfrage nach einer Ware das Angebot übersteigt, wird der Preis erhöht. Wir tun das nicht, oder fast nicht, jedenfalls nicht bei den Massenbedarfsartikeln. Als Ergebnis entsteht ein Engpaß, was wiederum Schlangen hervorruft.

Ich sage das alles, um das Problem zu erläutern und nicht als Rechtfertigung der Mängel. Wir bestehen entschieden darauf, daß Mängel nicht gerechtfertigt werden dürfen, sondern beseitigt werden müssen. Eben deshalb haben wir jetzt eine ernsthafte Umgestaltung der Wirtschaft, aller ökonomischen Mechanismen in Angriff genommen.

Beschleunigung als strategischer Kurs ...

25. Februar 1986

Was verstehen wir unter einer Beschleunigung? In erster Linie geht es um die Temposteigerung beim Wirtschaftswachstum. Doch nicht nur darum. Ihr Wesen besteht in einer neuen Qualität des Wachstums: in der größtmöglichen Intensivierung der Produktion auf der Grundlage des wissenschaftlich-technischen Fortschritts, der strukturellen Umgestaltung der Wirtschaft, der Anwendung effektiver Formen der Leitung, der Arbeitsorganisation und -stimulierung.

Der Kurs auf die Beschleunigung beschränkt sich nicht auf Umgestaltung im Wirtschaftsbereich. Er sieht vor, daß eine aktive Sozialpolitik betrieben und das Prinzip der sozialistischen Gerechtigkeit konsequent durchgesetzt wird. Die Beschleunigungsstrategie setzt hier eine Vervollkommnung der gesellschaftlichen Verhältnisse, eine Erneuerung der Arbeitsformen und -methoden der politischen und ideologischen Institutionen, eine Vertiefung der sozialistischen Demokratie und eine entschlossene Überwindung von Trägheit, Stagnation und Konservatismus, das heißt all dessen voraus, was den gesellschaftlichen Fortschritt hemmt...

Hauptrichtungen der Wirtschaftspolitik ...

Genossen! Im Entwurf des Programms der KPdSU und in dem der Hauptrichtungen sind die wichtigsten Ziele der wirtschaftlichen und sozialen Entwicklung festgelegt. Bis Ende dieses Jahrhunderts soll das Nationaleinkommen nahezu verdoppelt werden, und dies bei einer Verdoppelung des Produktionspotentials und seiner qualitativen Umgestaltung. Die Arbeitsproduktivität wird auf das 2,3 bis 2,5fache steigen, die Energieintensität des Nationaleinkommens wird auf rund 70 Prozent und die Metallintensität nahezu auf die Hälfte zurückgehen. Das wird eine jähe Wende zur Intensivierung der Produktion, zur Erhöhung der Qualität und der Effektivität bedeuten.

Im weiteren wird vorgesehen, auf der Grundlage dieser Prozesse einen Übergang zur Wirtschaft mit höchster Organisation und Effektivität, mit allseitig entwickelten Produktivkräften, ausgereiften sozialistischen Produktionsverhältnissen und gut aufeinander eingespieltem Wirtschaftsmechanismus zu vollziehen. Dies wäre unsere strategische Linie.

Die wichtigsten Mittel zu ihrer Verwirklichung werden, wie dies auf der Beratung im ZK der KPdSU im Juni 1985 hervorgehoben wurde, der wissenschaftlich-technische Fortschritt und die grundlegende Neugestaltung der Produktivkräfte der Gesellschaft sein. Auf der früheren materiell-technischen Grundlage können keine einschneidenden Veränderungen erzielt werden. Einen Ausweg erblicken wir in der tiefgreifenden Modernisierung der Volkswirtschaft auf der Basis der neuesten wissenschaftlich-technischen

Erkenntnisse, der Spitzenleistungen in den führenden Richtungen des wissenschaftlich-technischen Fortschritts und der Umgestaltung des Wirtschaftsmechanismus und des Leitungssystems.

Die KPdSU verfügt über umfangreiche Erfahrungen bei der Verwirklichung von überaus großen wissenschaftlich-technischen und sozialökonomischen Umgestaltungen. Wie bedeutsam diese aber auch sein mögen, hält unsere Arbeit in der Vergangenheit, was ihre Dimensionen und ihre Kompliziertheit betrifft, keinen Vergleich damit stand, was im bevorstehenden Zeitraum zur Modernisierung der Volkswirtschaft getan werden muß.

Was ist dafür erforderlich?

Vor allem gilt es, die Struktur- und Investitionspolitik zu ändern. Das Wesen der Veränderungen besteht darin, daß der Schwerpunkt nunmehr nicht auf die quantitativen Kennziffern, sondern auf die Qualität und Effektivität, nicht auf die Zwischenergebnisse, sondern auf die Endresultate, nicht auf den Ausbau der Produktionsfonds, sondern auf ihre Erneuerung, nicht auf die Vergrößerung der Brenn- und Rohstoffressourcen, sondern auf ihre bessere Nutzung sowie auf eine beschleunigte Entwicklung der wissenschaftsintensiven Zweige, der Infrastruktur in der Produktion und im sozialen Bereich verlagert werden soll.

Ein großer Schritt in diese Richtung muß im laufenden Planjahrfünft getan werden. Es ist vorgesehen, Investitionen in Höhe von über 200 Milliarden Rubel, d. h. mehr als in den vorausgegangenen zehn Jahren, für die Modernisierung und technische Neuausrüstung der Produktion bereitzustellen. Das sind beachtliche Umfänge, nichtsdestoweniger müssen die Planungs- und Entwicklungsorgane weiterhin danach forschen, zusätzliche Möglichkeiten zu diesen Zwecken ausfindig zu machen.

Zu den strategischen Richtungen wurden großangelegte Komplexprogramme ausgearbeitet und ihre Verwirklichung in Angriff genommen. Dynamischer sollen sich die Zweige entwickeln, die den wissenschaftlich-technischen Fortschritt bestimmen und einen raschen ökonomischen Nutzeffekt wie auch die Lösung der unaufschiebbaren sozialen Probleme gewährleisten. Auf ihre beschleunigte Entwicklung werden beträchtliche Finanz-, Material-, Wissenschafts- und Arbeitskräfteressourcen konzentriert.

Es leuchtet ein, daß die Effektivität der Rekonstruktion und das Tempo des Wirtschaftswachstums in entscheidendem Maße vom *Maschinenbau* abhängen. Gerade darin nehmen die grundlegenden wissenschaftlich-technischen Ideen ihre materielle Gestalt an, werden neue Arbeitsmittel und Maschinensysteme geschaffen, die den Fortschritt in den anderen Volkswirtschaftszweigen bestimmen.

. . .

Was erwarten wir konkret von der Verwirklichung dieses Programms? Der Ausstoß an Maschinen und Ausrüstungen wird sich um mehr als 40 Prozent vergrößern, ihre Qualitätsparameter werden sich verbessern.

. . .

Es kommt darauf an, auch unsere *außenwirtschaftliche Tätigkeit* mit den neuen Aufgaben enger zu verknüpfen. Unser Herangehen an die gegenseitig vorteilhaften Wirtschaftsbeziehungen sollten großdimensional und der Zukunft zugewandt sein. Eine solche Politik haben die RGW-Länder ausgearbeitet. Sie setzt voraus, daß sich in den Wirtschaftsbeziehungen zwischen ihnen ein Übergang von den vorwiegend kommerziellen Verbindungen zu einer tieferen Spezialisierung und Kooperation der Produktion, vor allem im Maschinenbau, zur Gründung gemeinsamer Vereinigungen sowie Forschungs- und Produktionskomplexe vollzieht.

Bei uns zeichnen viele zentrale staatliche Einrichtungen und Organisationen für diesen oder jenen Bereich der Außenwirtschaftsbeziehungen verantwortlich, doch ist ihre Arbeit nicht in jedem Fall gut aufeinander eingespielt. Indem wir die Aufgabe einer aktiven Nutzung der außenwirtschaftlichen Tätigkeit zur Beschleunigung unserer Entwicklung formulieren, meinen wir, daß die strukturelle Umgestaltung unseres Außenhandelsumsatzes Schritt für Schritt vollzogen und dem Export wie dem Import höhere Effektivität verliehen werden muß.

Lösung des Lebensmittelproblems als erstrangige Aufgabe ...

Genossen! Die Aufgabe, die wir in kürzester Frist zu lösen haben, besteht in der vollständigen Versorgung unseres Landes mit Lebensmitteln. Darauf ist gegenwärtig die Agrarpolitik der Partei ausgerichtet, wie sie in den Beschlüssen der Plenartagung des ZK der KPdSU im Mai 1982 und im Lebensmittelprogramm der UdSSR formuliert worden ist. Nach ihrer Annahme wurde für die Entwicklung der materiell-technischen Basis der Landwirtschaft und der mit ihr verbundenen Wirtschaftszweige Beachtliches geleistet. Die Kolchosen und die Sowchosen, die zwischenwirtschaftlichen und die Verarbeitungsbetriebe sind ökonomisch erstarkt, die Ertragsfähigkeit des Feldbaus und die Leistungen der Viehwirtschaft haben sich erhöht.

Ein Vorankommen ist zu verzeichnen, doch geht die Überwindung der Rückstände in der Landwirtschaft nur langsam vor sich. Im Agrarbereich kommt es auf eine entscheidende Wende an, damit die Lebensmittelversorgung bereits im zwölften Planjahrfünft merklich verbessert werden kann. Es wird geplant, das Wachstumstempo der Agrarproduktion mehr als zu verdoppeln und eine bedeutende Zunahme im Pro-Kopf-Verbrauch von Fleisch, Milch, Obst und Gemüse zu sichern.

Können wir das durchsetzen? Wir können, ja wir müssen es. Zu diesem Zweck hat die Partei zusätzliche Maßnahmen ausgearbeitet, die auf Effektivitätssteigerung aller Zweige des Agrar-Industrie-Komplexes abzielen. Sie laufen im wesentlichen darauf hinaus, die sozialökonomische Situation auf dem Lande zu verändern und Bedingungen für eine im stärkeren Maße einschneidende Intensivierung und für eine garantierte Produktion von Erzeugnissen zu schaffen. Der Schwerpunkt wird auf die ökonomischen Methoden der Wirtschaftsführung, auf die Vergrößerung der Selbständigkeit und auf die Erhöhung der Verantwortung von Kolchosen und Sowchosen für die Resultate ihrer Tätigkeit gelegt.

Diese Linie befolgend, müssen wir die Effektivität bei der Inanspruchnahme des Produktionspotentials im Agrar-Industrie-Komplex erhöhen und die Kräfte und Mittel auf die wichtigsten Abschnitte konzentrieren, die den maximalen Nutzeffekt sichern. Es handelt sich in erster Linie um die Erhöhung der Bodenfruchtbarkeit und um die Schaffung von Bedingungen für ein stabiles Betreiben der Landwirtschaft. Der Schlüssel zum Erfolg liegt, wie die Erfahrungen der letzten Jahre lehren, in der umfassenden Anwendung von Intensivtechnologien. Sie ermöglichen einen enormen Nutzeffekt. Allein im vergangenen Jahr wurden durch ihre Meisterung ein Mehrertrag von 16 Millionen Tonnen Getreide sowie bedeutende Mengen an anderen Erzeugnissen eingebracht.

Die am nächsten gelegene Quelle für die Auffüllung der Lebensmittelbestände bietet sich mit der Verringerung der Verluste an Erzeugnissen von Feld und Farm bei Bergung, Transport, Lagerung und Verarbeitung. Hierin liegen bei uns beachtliche Reserven, und das Mehr an Konsumtionsressourcen kann sich auf 20 und bei einigen Erzeugnisarten sogar auf 30 Prozent belaufen. Auch betragen die Kosten für die Beseitigung der Verluste bloß die Hälfte, ja sogar nur ein Drittel von denen, die für die zusätzliche Produktion der gleichen Mengen an Erzeugnissen benötigt werden.

. . .

Im Agrarbereich muß der Übergang zu den neuen Methoden der Leitung und Wirtschaftsführung abgeschlossen werden. Die Bildung der einheitlichen Verwaltungsorgane des Agrar-Industrie-Komplexes im Zentrum und an der Basis, der Organe, die berufen sind, eine reale und wirksame Integration der Landwirtschaft und der mit ihr verbundenen Industriezweige zu gewährleisten, gestaltet sich zweifelsohne zu einem Schritt von grundsätzlicher Bedeutung.

Privatwirtschaftliche Lebensmittelproduktion …

Die Bildung einer solchen Organisationsstruktur wird durch einen wirksamen Wirtschaftsmechanismus untermauert. Die diesbezüglichen Vorschläge sind bereits vorbereitet. Sie laufen im wesentlichen darauf hinaus, den ökonomischen Methoden der Wirtschaftsführung einen weiten Spielraum zu bieten, die Selbständigkeit der Kolchosen und Sowchosen beträchtlich zu vergrößern sowie ihr Interesse und ihre Verantwortung für die Endresultate zu erhöhen. Im Grunde genommen handelt es sich um eine schöpferische Verwertung der Idee Lenins von der Lebensmittelsteuerung, auf die neuzeitlichen Verhältnisse angewandt. Es ist vorgesehen, für die Kolchosen und Sowchosen stabile Pläne für den Aufkauf von Erzeugnissen mit Aufschlüsselung auf die Jahre des Planjahrfünfts festzulegen, die nicht geändert werden sollen. Gleichzeitig wird ihnen die Möglichkeit gewährt, alles, was sie über den Plan hinaus erwirtschaften, und bei Kartoffeln, Obst und Gemüse auch einen beträchtlichen Teil der planmäßig produzierten Erzeugnisse, nach eigenem Ermessen zu verwenden. Die Agrarbetriebe können diese zusätzlich zum Plan an den Staat verkaufen, frisch bzw. verarbeitet auf dem Kolchosmarkt oder über den konsumgenossenschaftlichen Handel realisieren sowie zu anderen Zwecken verwenden, darunter auch für den Bedarf der individuellen Nebenwirtschaften. Der überplanmäßige Getreideverkauf an den Staat wird durch Bereitstellung zusätzlicher materieller Ressourcen, die sich einer erhöhten Nachfrage erfreuen, sowie durch andere Förderungsmaßnahmen stimuliert.

Den Republiken, Regionen und Gebieten sind im weiteren stabile Umfänge für die Lieferung der Erzeugnisse an die zentralisierten Fonds zuzuführen, während alles, was sie darüber hinaus produziert haben, zur örtlichen Versorgung belassen werden soll. Es wird geplant, einen Übergang zu vollkommeneren Planungsmethoden auf der Grundlage von progressiven Normativen zu vollziehen. Die Rolle der wirtschaftlichen Rechnungsführung verstärkt sich wesentlich. Die Erfahrungen der Vergangenheit lehren, daß die Mißachtung der Grundsätze der Kostendeckung, Verstöße gegen die materielle Interessiertheit und gegen die Verantwortung für die Arbeitsergebnisse die finanzielle und wirtschaftliche Lage der Kolchosen und Sowchosen verschlechtert und zu ihrer erheblichen Verschuldung geführt haben. Eine wirklich wirtschaftliche Rechnungsführung und die Abhängigkeit der Einnahmen der Betriebe von den Endresultaten müssen für alle Elemente des Agrar-Industrie-Komplexes und in erster Linie für die Kolchosen und Sowchosen zur Norm werden. Weitgehende Anwendung sollen der Werkvertrags- und das Akkordsystem auf der Ebene einer Brigade, einer Arbeitsgruppe bzw. einer Familie finden, wobei diesen Menschen für die vertraglich festgelegte Frist Produktionsmittel, einschließlich Grund und Boden, zugeteilt werden.

Große Möglichkeiten bieten sich, um Initiative und Unternehmungsgeist zu zeigen. Doch setzt das auch eine höhere Verantwortung für die Erfüllung der Auflagen des Lebensmittelprogramms, für die Ergebnisse der Finanz- und Wirtschaftstätigkeit der Kolchosen und Sowchosen, zwischenwirtschaftlichen Betrieben und Einrichtungen voraus. Es kommt darauf an, der Mißwirtschaft und der Schmarotzerideologie einen sicheren Riegel vorzuschieben und mit Berufungen auf die sogenannten objektiven Umstände Schluß zu machen, die für einen Teil der Kolchosen und Sowchosen zum Deckmantel ihres Unvermögens und mitunter auch ihrer Unlust, besser zu arbeiten, geworden sind. Nun steht es ihnen bevor, vorwiegend aus den eigenen Mitteln die Produktion zu entwickeln, den Gewinn und die Einnahmen zu erhöhen und die Arbeit zu stimulieren. Die Praxis der Kreditgewährung durch die Banken muß ernsthafter geändert werden, damit sie eine Niveausteigerung bei der Tätigkeit der Kolchosen und Sowchosen fördert.

Wie Sie sehen, Genossen, ändern sich die Bedingungen für das Wirtschaften auf dem Lande von Grund auf.

. . .

Große Aktualität erlangen die *Probleme des sozialistischen Eigentums* als Grundlage unserer Gesellschaftsordnung. Das sozialistische Eigentum ist überaus gehaltvoll, es umfaßt ein vielschichtiges System von Verhältnissen, die die Nutzung von Mitteln und Resultaten der Produktion, ihre Verteilung unter den Menschen, Kollektiven, Zweigen und Regionen unseres Landes regeln; es handelt sich um eine ganze Palette von ökonomischen Interessen. Dieser komplizierte Komplex von Verhältnissen macht eine bestimmte Verknüpfung und ständige Regulierung erforderlich, um so mehr, als er in Entwicklung begriffen ist. Ohne diese Veränderungen in theoretisher Hinsicht tiefschürfend ergründet zu haben, werden wir auch keine richtigen praktischen Lösungen finden und folglich auch keine Maßnahmen rechtzeitig erarbeiten können, die eine Einstellung zum sozialistischen Eigentum formen sollen, wie sie sich für die wirklichen Herren im Lande gebührt...

Und natürlich gilt es, jeglichen Versuchen, aus dem gesellschaftlichen Gemeingut nicht redlich erarbeitete Einnahmen zu erzielen, einen sicheren Riegel vorzuschieben. Gibt es doch bei uns noch »Mitnehmer«, die es für kein Verbrechen halten, in ihrem Betrieb alles mitgehen zu lassen, was einem gerade unter die Finger kommt, ebenso wie allerlei korrupte Elemente und Raffer, die es sich nicht nehmen lassen, ihr Amt zum eigenen Vorteil zu mißbrauchen. Gegenüber den einen wie den anderen gilt es, die ganze Kraft des Gesetzes und der Verurteilung durch die Öffentlichkeit anzuwenden...

Es ist an der Zeit, auch die Voreingenommenheit gegenüber den *Ware-Geld-Beziehungen* und deren Unterschätzung in der Praxis der auf dem Plan beruhenden Leitung der Wirtschaft zu überwinden. Das Negieren der Wichtigkeit ihrer aktiven Einwirkung auf die Erhöhung der Interessiertheit der Menschen und der Effektivität der Produktion schwächt die wirtschaftliche Rechnungsführung und ruft andere unerwünschte Folgeerscheinungen hervor. Und umgekehrt: Ein gesundes Funktionieren der Ware-Geld-Beziehungen auf sozialistischer Grundlage vermag eine solche Situation und solche Bedingungen für die Wirtschaftsführung zu schaffen, bei denen ihre Resultate von der Arbeitsqualität des Kollektivs, vom Können und von der Initiative der Leiter voll und ganz abhängen.

Somit, Genossen, sind wir verpflichtet, die Lage, wie sie sich herausgebildet hat, immer und immer wieder einzuschätzen und alles, was veraltet ist und sich überholt hat, entschlossen umzugestalten. Eine tiefe Erkenntnis dieser Aufgabe durch das Parteiaktiv, durch alle Kader, die Tatsache, daß sich die breiten Massen dessen bewußt sind, bildet eine unveräußerliche Bedingung für den Erfolg und den Ausgangspunkt im außerordentlich verantwortungsvollen Anliegen, einen neuen Wirtschaftsmechanismus und ein neues Leitungssystem zu schaffen.

Schlußwort auf dem XXVII. Parteitag ...

6. März 1986

Wir sind uns dessen bewußt, welch große Verantwortung gegenüber der Geschichte die KPdSU übernimmt, welch immense Last sie sich aufbürdet, indem sie die Strategie der *Beschleunigung* entwickelt. Doch wir sind überzeugt, daß gerade diese Strategie dringend erforderlich ist. Wir sind uns dessen sicher, daß sie realistisch ist. Gestützt auf die unerschöpflichen Möglichkeiten und Vorzüge des Sozialismus, auf das lebendige Schöpfertum des Volkes, werden wir imstande sein, alle unsere Vorhaben zu verwirklichen.

Die Beschleunigung der sozialökonomischen Entwicklung unseres Landes durchsetzen bedeutet, durch Vervollkommnung des ökonomischen Systems des Sozialismus dem Wachstum der Produktivkräfte, dem wissenschaftlich-technischen Fortschritt neuen starken Auftrieb zu verleihen und die enormen Reserven unserer Volkswirtschaft einzusetzen.

Die Beschleunigung durchsetzen bedeutet, durch enge Verknüpfung der Erhöhung des Wohlstandes der Werktätigen mit der Arbeitseffektivität, durch Verbindung der allseitigen Sorge um den Menschen mit einer konsequenten Verwirklichung der Prinzipien der sozialistischen Gerechtigkeit die Durchführung einer aktiven und wirkungsvollen Sozialpolitik zu gewährleisten.

Die Beschleunigung durchsetzen bedeutet, durch Vertiefung der Demokratie, durch unentwegte Entwicklung der sozialistischen Selbstverwaltung des Volkes, durch Ausbau der Publizität im Leben von Partei und Gesellschaft der Initiative und Aktivität eines jeden Werktätigen, eines jeden Kollektivs größeren Spielraum zu bieten.

Die Beschleunigung durchsetzen bedeutet, durch engere Verbindung der ideologischen und organisatorischen Arbeit mit den realen Problemen des Lebens, durch Überwindung von Phrasendrescherei und Schulmeisterei, durch Erhöhung der Verantwortung für die übertragenen Aufgaben diese Arbeit dem Menschen näherzubringen und auf die Überwindung von Schwierigkeiten, auf die praktische Lösung der vor uns stehenden Aufgaben zu richten.

»Radikale Wirtschaftsreformen« ...

31. März 1986

Die Wirtschaft hatte sich in beträchtlichem Maße auf extensiver Basis entwickelt, nämlich durch Einbeziehung immer neuer Ressourcen an Arbeitskräften und Material in die Produktion. Die volkswirtschaftliche Leitungsstruktur war jahrzehntelang unverändert geblieben, obwohl die Entwicklung der Produktivkräfte die Notwendigkeit diktiert hatte, die Produktionsverhältnisse umzugestalten. Daher die Verlangsamung des Wachstumstempos und die nicht energisch genug vorangetriebene Überführung neuester wissenschaftlich-technischer Erkenntnisse in die Wirtschaft.

...

Ein weiteres wichtiges Element der ökonomischen Strategie sind radikale Wirtschaftsreformen, eine Umgestaltung des Wirtschaftsmechanismus. Sie läuft darauf hinaus, die Vorzüge der zentralisierten Planung mit der Erweiterung der Selbständigkeit und Erhöhung der Verantwortung der Produktionsvereinigungen und Betriebe harmonisch zu verbinden. Die Zielsetzung liegt auf der Hand: Es gilt, unsere gesamte Produktion auf die gesellschaftlichen Erfordernisse abzustimmen und die Leitung auf die Erhöhung der Effektivität und Qualität zu orientieren. Mit einem Wort, es gilt zu erreichen, daß die gesamte Volkswirtschaft dynamisch, gleichsam im Selbstregelungsbetrieb funkioniert.

...

Doch an Mitteln, die erforderlich sind, um eine Beschleunigung der sozialen und ökonomischen Entwicklung des Landes zu sichern, fehlt es uns nicht. Wir orientieren uns vor allem auf die inneren Akkumulationen. Das ist der einzig sichere Weg. Denn wer sollte es besser wissen als wir, daß der Imperialismus solche unzivilisierten Methoden wie die verschiedenen Formen von Diskriminierung, Sanktionen, Wirtschaftsblockaden, Embargos, Handelsverbote usw. in die Praxis der internationalen Wirtschaftsbeziehungen von heute eingeführt hat.

Umsetzung der Parteibeschlüsse ...

18. April 1986

Die Partei begann mit der Festigung der Arbeits- und Produktionsdisziplin. Jetzt geht sie daran, weitgehende Reformen auszuarbeiten und durchzuführen, um eine neue, qualitativ höhere Stufe der sowjetischen Gesellschaft zu erreichen.

Die Parteitagsbeschlüsse sehen eine neue technische Rekonstruktion der Volkswirtschaft, eine weitgehende Veränderung der Struktur- und Investitionspolitik und die Verlagerung des Schwerpunktes auf die qualitativen Faktoren des wirtschaftlichen Wachstums vor. Wir haben Programme ausgearbeitet, die vorsehen, den gesamten Maschinenbaukomplex von Grund auf zu erneuern und in Bereichen wie der Rechentechnik, der Automatisierung der Produktion, beim Einsatz von Robotern, in der Biotechnologie und bei den neuen Werkstoffen führende Positionen zu erlangen.

Wir fordern unsere Wissenschaftler, Konstrukteure und Erfinder auf, sich nicht mehr auf den Durchschnitt zu orientieren, nicht mehr bereits Vorhandenes nachzuahmen, sondern sich auf die Entwicklung und Meisterung grundsätzlich neuer Lösungen zu konzentrieren, die Weltniveau aufweisen.

Breite Anwendung werden die bei uns entwickelten Rotorlinien und Rotorfließlinien finden, die eine Erhöhung der Arbeitsproduktivität bis auf das Zehnfache gewährleisten. Gegen Ende des Planjahrfünfts sollen etwa 2000 roboter-technische Komplexe und ebenso viele flexible automatisierte Systeme sowie Zehntausende moderne Bearbeitungszentren und Spitzentechnologien in Betrieb genommen werden. In den nächsten fünf Jahren sollen in 3000 Projektierungs- und Konstruktionsorganisationen Systeme der automatisierten Projektierung geschaffen werden, was im Maßstab der Volkswirtschaft eine Einsparung von über fünf Milliarden Rubel einbringen wird.

Viel erwarten wir von der Einführung der Technologie zur Produktion von Werkstoffen durch Hochtemperatur-Synthese mit Initialzündung, die in der Welt nicht ihres gleichen hat, sowie von Schlüsseltechnologien wie die Pulvermetallurgie, die Anwendung der Membran-, Laser- und Lichtleittechnik. Zur Beschleunigung dieses Prozesses wurden große zwischenzweigliche wissenschaftlich-technische Komplexe als grundsätzlich neue Form der Integration von Wissenschaft und Produktion gegründet.

Die entscheidende Frage der Beschleunigung der sozialökonomischen Entwicklung ist die Vervollkommnung der Leitung. Bereits seit mehreren Jahren arbeiten wir daran, die Formen und Methoden der Wirtschaftsleitung effektiver zu gestalten. In einzelnen Gebieten und Zweigen haben wir Experimente durchgeführt. Nunmehr wurde all das zu einer geschlossenen Konzeption zusammengefügt.

Worin besteht ihr Wesen? Vor allem darin, die Autorität der zentralen Organe bei der Lösung der Schlüsselfragen der wirtschaftlichen und sozialen Entwicklung anzuheben, über alles weitere aber an Ort und Stelle entscheiden zu lassen.

Die Industriebetriebe, Sowchosen und Kolchosen sind auf echte wirtschaftliche Rechnungsführung umzustellen und damit zu Selbständigkeit, Eigenverantwortung und sozialistischem Unternehmungsgeist anzuregen. In den Beschleunigungsprozeß sind die breitesten Massen, jedes Arbeitskollektiv, jeder einzelne einzubeziehen.

Die älteren Generationen erinnern sich an unsere Kampflosungen der 30er Jahre: »Die Technik entscheidet alles!« »Die Kader entscheiden alles!« Diese Losungen halfen, das Wesen der Aufgaben beim sozialistischen Aufbau jener Jahre klarer zu verstehen, und mobilisierten unser Kräfte. Gegenwärtig diktieren uns all unsere Erfahrungen eine umfassendere Formel, gewissermaßen eine Synthese der beiden alten: »Das lebendige Schöpfertum der Massen ist die entscheidende Triebkraft der Beschleunigung!«

Behinderungen der Umgestaltung ...

16. Juni 1986

Die Zeit seit dem Parteitag hat gezeigt, daß das Tempo unseres Fortkommens und der Meisterung der neuen Methoden der Wirtschaftsführung in nicht geringem Maße durch die Schwerfälligkeit und die ineffektive Arbeit des Verwaltungsapparates behindert wird. Sehr schleppend vollzieht sich der Prozeß der Umverteilung der Rechte und Pflichten zwischen den zentralen Wirtschaftsorganen und den Ministerien auf der einen und den Betrieben, Produktionsvereinigungen und Arbeitskollektiven auf der anderen Seite.

Auch bei funktionellen Veränderungen der Leitungsorgane sind manche Leiter bestrebt, sich auf jede erdenkliche Weise Kommandobefugnisse zu erhalten, obgleich der folgende einfache Gedanke für alle verständlich und offensichtlich sein müßte: Selbst der qualifizierteste Apparat eines Ministeriums oder zentralen Organs ist bei den heutigen Dimensionen der Wirtschaft nicht in der Lage, die erfolgreiche Lösung aller Fragen zu übernehmen, das schöpferische Denken der Arbeitskollektive zu ersetzen.

Vom blinden Glauben an die Allmacht des Apparats zeugt auch die Tatsache, daß im Zentrum auch jetzt noch Bitten eingehen, immer neue Leitungsorgane zu bilden und zusätzliche Planstellen zuzuteilen. Einige Republiken haben in dem ungerechtfertigten Streben, die in der zentralen Führung bestehende Leitungsstruktur zu kopieren, beim Ministerrat der UdSSR den Antrag gestellt, neue Ministerien und andere Staatsorgane zu bilden. Und das zu einer Zeit, da sie bereits 50 und mehr Ministerien, Ämter und andere zentrale Leitungsorgane zählen.

. . .

Eine weitere wichtige Schlußfolgerung. Das Schöpfertum der Massen ist nicht durch Direktiven, selbst durch die allerbesten, zu ersetzen. Die Umstellung setzt die allseitige Entwicklung der Initiative und Selbständigkeit der Arbeitskollektive und aller Kader voraus. Unter den gegenwärtigen Bedingungen ist es nicht zulässig, alle Fragen aus dem Zentrum zu lösen, ja es ist praktisch auch unmöglich. Diese Wahrheit müssen sich alle aneignen. Den Hauptteil der Verantwortung für die Lösung praktischer Fragen müssen die Arbeitskollektive der Betriebe und Vereinigungen tragen. Und die zentralen Leitungsorgane haben die direkte Pflicht, die erforderlichen wirtschaftlichen, rechtlichen und sozialen Bedingungen für eine erfolgreiche Tätigkeit zur Entwicklung des wissenschaftlichen Fortschritts zu schaffen.

. . .

Neue Zuwachsraten ...

Die beste Vorstellung von den Veränderungen in der Wirtschaft geben die im Plan festgelegten absoluten Zuwachsraten. Die wichtigsten von Ihnen sind um 50 Prozent höher als im vergangenen Planjahrfünft. Das Nationaleinkommen wächst z. B. um 124 Milliarden Rubel gegenüber 79 Milliarden Rubel im elften Planjahrfünft. Der Zuwachs der Industrieproduktion soll 200 Milliarden Rubel anstelle 133 Milliarden Rubel und die durchschnittliche Jahresbruttoproduktion der Landwirtschaft 29 Milliarden Rubel gegenüber zehn Milliarden Rubel betragen. Dabei ist es wichtig, hervorzuheben, daß von den ersten Jahren des Planjahrfünfts an eine Erhöhung des Tempos vorgesehen ist.

. . .

In den siebziger und achtziger Jahren büßten wir jedoch in bestimmtem Maße die frühere Dynamik ein. Die Wirtschaft konnte nicht rechtzeitig von der extensiven zur intensiven Entwicklung übergehen. Aus Trägheit erfolgte die Planung der Volkswirtschaft vom »erreichten Niveau« aus. Ressortinteressen verhinderten, daß Investitionen und Ressourcen in die aussichtsreichen Zweige flossen. »Tonnenideologie« verzerrte bei der Einschätzung der Wirtschaft die wirkliche Sachlage und gab falsche Signale über deren Zustand.

Die Struktur unserer Produktion blieb unverändert und entsprach nicht den Forderungen des wissenschaftlich-technischen Fortschritts. Die Sowjetunion fördert beträchtlich mehr Eisenerz als die USA und produziert Stahl bei erheblich geringerem Produktionsumfang des Maschinenbaus, gewinnt ebensoviel Nutzholz, produziert aber weniger Erzeugnisse daraus. Für jede weitere Wachstumseinheit beim Nationaleinkommen, in der Industrie- und Agrarproduktion benötigen wir unter den derzeitigen Bedingungen immer mehr Ressourcen.

Um die Lage zu verbessern, muß man die Ursachen des zugelassenen Rückstands klar sehen. Ihr Wesen liegt vor allem in ernsten Fehlkalkulationen in der Investitionspolitik. Der Zuwachs der Zuführungen in den Investitionskomplex wurde völlig ungerechtfertigt von Fünfjahrplan zu Fünfjahrplan reduziert. Infolgedessen haben sich solche grundlegenden Zweige des Maschinenbaus wie der Werkzeugmaschinenbau, der Gerätebau und die Rechentechnik sowie die Herstellung moderner Konstruktionswerkstoffe nicht in der erforderlichen Weise entwickelt. Hinzu kommt, daß der Investitionsbau ineffektiv betrieben wurde, daß sich die Bauzeiten verlängerten und die Bestände an nichtinstallierten Ausrüstungen vergrößerten.

Wir betrachten das schnelle Wachstum und die Akkumulation der Produktionsgrundfonds im Lande als große Errungenschaft, und das wohl zu Recht. Zugleich aber Genossen, dürfen wir auch nicht übersehen, daß bei ihrer Reproduktion über eine Reihe von Jahren hinweg negative Tendenzen anwuchsen. Die unbegründete Errichtung immer neuer Betriebe und die Mißachtung der Erfordernisse der vorhandenen Betriebe sind fest in die Praxis der Planungsorgane und vieler Ministerien eingegangen. Den Großteil der Maschinen und Ausrüstungen erhielten die neuen Objekte, und in den vorhandenen Betrieben und Fabriken wurden veraltete Technik praktisch nicht rechtzeitig ersetzt. Der Prozeß der Fondserneuerung verlief zu langsam, die Altersstruktur der Fonds verschlechterte sich.

Zu den negativen Folgen der extensiven Reproduktion der Grundfonds gehört die übermäßige Aufblähung des Reparaturbereichs. Allein in der Industrie beläuft sich der Reparaturaufwand für Ausrüstungen auf zehn Milliarden Rubel, wovon drei Milliarden auf die Reparatur von Technik entfallen, die über die Normativfristen hinaus genutzt wird.

Man muß auch sagen, daß ein solches Vorgehen die Zirkulation des Metallfonds des Landes verzögert. Anstatt veraltete Maschinen rechtzeitig einzuschmelzen, wird dieses Metall in einer wenig effektiven Anlage, die mehrfach einer kostenaufwendigen Reparatur unterzogen wird, gebunden. Um neue Technik herzustellen, muß man die Produktion von Eisen, Stahl und Walzgut steigern sowie die Förderung von Eisenerz, Kohle und anderen Bodenschätzen erhöhen.

»Künstlicher Arbeitskräftemangel« ...

Und schließlich führten die extensiven Formen der Vergrößerung der Produktionsgrundfonds zu einem künstlichen Arbeitskräftemangel. Manch einer klammert sich auch heute an diesen Rettungsring bei der Erklärung der Ursachen für ein niedriges Wachstumstempo, die Nichteinhaltung vertraglich festgelegter Lieferungen und die Nichterfüllung der Pläne. Natürlich ist uns die demographische Situation im Land bekannt. Aber es sei die Frage erlaubt: Wenn die Arbeitskräfte nicht ausreichen, warum werden dann immer neue Betriebe gebaut, und dazu noch auf der Grundlage veralteter Technik, und warum nicht selten Erzeugnisse von gestern produziert?

So sieht es aber aus. Gegenwärtig gibt es allein in der Industrie über 700000 unbesetzte Arbeitsplätze. Und dies praktisch bei einschichtiger Auslastung der Anlagen. Bei einem Schichtkoeffizienten von 1,7 übersteigt die Zahl der unbesetzten Arbeitsplätze in der Industrie vier Millionen. Für deren Schaffung wurden Dutzende Milliarden Rubel ausgegeben. Und so kommt es, daß in den bestehenden Betrieben alte Anlagen im Einsatz sind, während es in den neuen niemanden gibt, den man an die Maschinen stellen kann. Die Mittel sind ausgegeben, der erforderliche Rückfluß aber bleibt aus.

Genossen! Ich halte es heute auf dem Plenum für notwendig, besonders auf die Tatsache aufmerksam zu machen, daß sich die Unzulänglichkeiten in der Investitionspolitik auf die Entwicklung und das technische Niveau der Zweige des Maschinenbaus äußerst negativ auswirkten.

Der Anteil der Investitionen für den Maschinenbau am gesamten Investitionsumfang wurde ungerechtfertigt herabgesetzt. Planungsorgane und Ministerien haben dazu Hand angelegt. Das Prestige des Ingenieurberufs wurde untergraben, die weltbekannten sowjetischen Konstrukteurschulen verschwanden. Es entstand eine falsche Philosophie des Nachahmens und der Mittelmäßigkeit. Dadurch entspricht ein Teil unserer Erzeugnisse nicht dem gegenwärtigen Stand von Wissenschaft und Technik.

Woran liegt das, Genossen? Wo sind die Wurzeln der entstandenen Lage im Hinblick auf das technische Niveau unserer Maschinen zu suchen? Vor allen Dingen darin, daß uns im Grunde genommen bisher eine Systemanalyse der neuesten Errungenschaften der Welt fehlte. Bei der Entwicklung neuer Technik wurde praktisch das höchste Niveau von Qualität und Zuverlässigkeit nicht angestrebt. In letzter Zeit hat man allerdings damit begonnen, die Technik nach vergleichbaren Produkten einzuschätzen. Dabei werden jedoch als Muster nicht gerade die neuesten ausländischen Modelle zugrunde gelegt. Das ist ein trauriges Beispiel von vorsintflutlichem Denken und der Augenwischerei derjenigen, die für die Schaffung der notwendigen Technik verantwortlich sind. Wen betrügen eigentlich alle diese Leute? Es ist doch so, daß sie ihr eigenes Volk betrügen.

In gewissem Maße wurde die Orientierung auf ein mittleres, bisweilen auch niedriges technisches Niveau der Erzeugnisse durch die geltenden Standards legalisiert. Das System der Standards mobilisierte die Konstrukteure nicht zur Suche nach neuen Lösungen und setzte der Herstellung veralteter Techniken keine Schranken. Dabei wirkte sich offensichtlich auch der Umstand aus, daß sich in vielen Forschungsinstituten und Konstruktionsbüros so etwas wie ein Minderwertigkeitskomplex herausgebildet hatte. Niedrige schöpferische Leistungen wurden damit gerechtfertigt, daß man angeblich nicht besser arbeiten könne. Auch um die Stimulierung der Arbeit der Wissenschaftler, Konstrukteure und Ingenieure war es nicht zum besten bestellt.

Jahrelang ließ man es an der nötigen Aufmerksamkeit für die Entwicklung der Forschungs- und Experimentierbasis fehlen. Die hierfür notwendigen Investitionen und Ressourcen blieben aus. Das alles mußte sich natürlich auf das technische Niveau des Maschinenbaus und auf das Tempo des wissenschaftlich-technischen Fortschritts auswirken.

. . .

Den Übergang zum Zweischichtsystem halten wir gegenwärtig für eine wichtige Initiative. Man muß sagen, daß in vielen Ländern ein ähnliches Arbeitsregime seit langem die Norm ist. Die Betriebe, die sich an der Spitze des wissenschaftlich-technischen Fortschritts befinden, arbeiten dort auch im Zwei- und Dreischichtsystem. Darin kommt das Bestreben zum Ausdruck, moderne Anlagen maximal zu nutzen und diese schneller durch effektivere zu ersetzen. Die Werktätigen, die in Spät- und Nachtschicht arbeiten, erhalten einen zusätzlichen Anreiz. Unsere zentralen Organe müssen sich dieser Frage unverzüglich annehmen und Vorschläge zur Verbesserung der moralischen und materiellen Stimulierung von Werktätigen, die in Spät- und Nachtschichten arbeiten, unterbreiten. Wir hoffen auf eine aktive und konstruktive Beteiligung des Zentralrats der sowjetischen Gewerkschaften in dieser wichtigen staatlichen Angelegenheit.

Bei der Erörterung der Leningrader Initiative sagte jemand ganz am Anfang, es werde nicht so einfach sein, die Maschinenbaubetriebe auf die Zwei- oder Dreischichtarbeit umzustellen. Diese Aufgabe ist wirklich nicht einfach. Aber wir haben das Recht zu fragen: Warum können die Menschen in den Betrieben mit kontinuierlicher Produktion dreischichtig arbeiten, so in der Metallurgie, der Chemie, ferner in der Nahrungsgüter- oder Textilindustrie, wo übrigens vor allem Frauen tätig sind? Und warum wird in den Betrieben des Maschinenbaus und der Metallverarbeitung, wo die Arbeitsbedingungen um nichts schlechter sind, in der Regel einschichtig gearbeitet? . . .

Einschneidende Veränderungen gilt es auch bei der Nutzung der Materialressourcen zu erreichen. Unlängst wurde dazu ebenfalls ein Beschluß des ZK und des Ministerrates der UdSSR gefaßt, in dem anspruchsvolle Auflagen zur Einsparung von Roh- und Werkstoffen festgelegt wurden. Die Einsparung von Ressourcen ist die entscheidende Quelle zur Deckung des wachsenden Bedarfs an Materialien, Brennstoffen und Elektroenergie. Wir wollen dadurch im laufenden Planjahrfünft mehr als ein Viertel des Zuwachses des Nationaleinkommens erzielen.

Das ist eine wichtige Aufgabe, doch nicht alle leitenden Wirtschaftskader verstehen sie, da sie alten Vorstellungen verhaftet sind. Das Ministerium für Kraftfahrzeugindustrie, das Ministerium für Schwer- und Transportmaschinenbau, das Ministerium für Kohleindustrie, das Ministerium für Energiewirtschaft und Elektrifizierung sowie das Ministerium für Leichtindustrie erfüllen regelmäßig nicht die Auflagen für die Einsparung einer Reihe von Ressourcen. Eine nicht geringe Anzahl von Betrieben hat nach wie vor Direktverluste an wertvollsten Rohstoffen und Produkten aufzuweisen. Nutzlos werden jährlich 13 Milliarden Kubikmeter bei der Erdölgewinnung anfallendes Erdgas abgefackelt. Bei Eisenbahntransporten gehen Millionen Tonnen Kohle verloren. Groß sind die Verluste an landwirtschaftlichen Erzeugnissen, sie betragen insgesamt fast 20 Prozent. Und wieviel Elektroenergie, Wärme und Wasser werden verschwendet! Mit der Nutzung von Sekundärrohstoffen ist es noch immer schlecht bestellt.

Es muß offen gesagt werden: Wir sind an einem Punkt angelangt, an dem ein weiteres derartiges nachlässiges Wirtschaften nicht nur unzulässig, sondern bereits untragbar ist.

Ökonomische Methoden der Leitung …

Der XXVII. Parteitag hat, wie Sie wissen, die Aufgabe gestellt, die ökonomischen Methoden zur Leitung der Volkswirtschaft tatsächlich zu erschließen. In diesem Zusammenhang muß vor allem die Ausarbeitung progressiver Normen und Normative gewährleistet werden. Das Staatliche Plankomitee muß diese außerordentlich wichtige Arbeit leiten und dabei die Ministerien und anderen zentralen Staatsorgane, Wissenschaftler und Fachleute von Vereinigungen und Betrieben umfassend einbeziehen. Diese Arbeit darf nicht hinausgezögert werden. Ohne die Schaffung begründeter ökonomischer Normative können wir uns nicht vom Joch der Instruktionen aller Art befreien, die der Tätigkeit der Betriebe Fesseln anlegen, wird der

Übergang von administrativen zu ökonomischen Leitungsmethoden schwierig sein. Das bremst die Nutzung der Prinzipien der Eigenwirtschaftlichkeit und Selbstfinanzierung, die wir immer umfassender verbreiten wollen.

Schließlich muß man über die Schlüsselbedeutung der *Preisbildung* bei der Entwicklung ökonomischer Leitungsmethoden sprechen. Hier hat sich eine Menge ungelöster Probleme angestaut. Unter dem Vorwand der Modernisierung werden die Preise für Maschinen, Ausrüstungen und die veranschlagten Baukosten erhöht. Sortimentsveränderungen und »Brutto«-Hascherei führen häufig zu unbegründeten Preiserhöhungen auch bei Konsumgütern.

Leider verschließen die Staats- und Wirtschaftsorgane davor oftmals die Augen, und häufig sind sie selbst an einer Erhöhung des Produktionsumfangs durch das »Spiel« der Preise interessiert. Kontrollen haben ergeben, daß allein im vergangenen Jahr mehr als 100 Millionen Rubel der ungesetzlich von den Betrieben erzielten Erlöse wegen Verletzung der Preisbildungsordnung zugunsten des Staatshaushaltes eingezogen wurden.

Ich möchte warnen, Genossen: Dies ist eine äußerst gefährliche Tendenz. Die künstliche Erhöhung von Preisen heilt ökonomische Gebrechen nicht, sie demoralisiert nur die Arbeiter und bremst den technischen Fortschritt. Überhöhte Preise, die auf dem Aufwandsprinzip beruhen, verdecken Mängel in der Technologie und der Organisation der Produktion, führen zur Vernachlässigung der Suche nach ökonomischen Methoden der Wirtschaftsführung.

Die Erhöhung von Preisen ist nur bei einer wesentlichen Verbesserung der *Gebrauchseigenschaften der Waren*, bei höherer Effektivität der Erzeugnisse gerechtfertigt. Wir müssen Ordnung in die Preisbildung bringen. Das Staatliche Komitee für Preise muß in dieser Hinsicht eine deutlichere und prinzipiellere Linie verfolgen. Herangereift sind auch Fragen der Vervollkommnung des Kredit- und des gesamten Bankwesens. Beim Übergang zu neuen Methoden der Wirtschaftsführung müssen wir die Rolle der Bank als eines wichtigen ökonomischen Leitungsorgans erhöhen.

Ich möchte besonders ein Problem hervorheben, ohne dessen Lösung wir die Aufgabe der Einführung ressourcensparender Technologie und der Überwindung des kostenaufwendigen Charakters der Wirtschaft kaum bewältigt werden. Ich meine die berüchtigte *»Tonnenideologie«*. Die Auflagen für die Bruttokennziffern in verschiedener Form gehören zu den wichtigsten Daten bei der Einschätzung der Tätigkeit der Zweige, Regionen und Betriebe. Und da dies nun einmal so ist, werden, um das »Brutto« zu vergrößern, häufig kostspielige Werkstoffe verwendet, wird das Gewicht der Maschinen erhöht, werden die Tonnenkilometer in die Höhe getrieben, wird der innerbetriebliche Umsatz aufgebläht und dergleichen mehr. Wir kämpfen um Effektivität. Man sehe aber, in welcher wahrlich zwiespältigen Situation sich die Betriebsleiter befinden: Stellen sie ein billiges Erzeugnis her, wird ihnen ein Verweis erteilt, weil sie nicht genügend Erzeugnisse in Rubel liefern, haben sie eine Neuerung eingeführt und Mittel gespart, so bringen sie den Betrieb und manchmal auch den ganzen Zweig in eine unvorteilhafte Lage.

»Umgestaltung gleich Revolution« ...

31. Juli 1986

Heute geht es um Veränderungen von nicht geringeren Ausmaßen. Die derzeitige Umgestaltung umfaßt nicht nur die Wirtschaft, sondern auch alle anderen Seiten des gesellschaftlichen Lebens: die sozialen Beziehungen, das politische System, den geistig-ideologischen Bereich sowie Arbeitsstil und -methoden der Partei und all unserer Kader. Umgestaltung ist ein umfassendes Wort. Ich würde zwischen den Wörtern »Umgestaltung« und »Revoulution« ein Gleichheitszeichen setzen. Unsere Umgestaltungen und Reformen, die in den Beschlüssen des April-Plenums (1985) des Zentralkomitees der Partei und des XXVII. Parteitages der KPdSU vorgesehen sind, stellen eine wahre Revolution im ganzen System der gesellschaftlichen Beziehungen, in den Hirnen und Herzen der Menschen, in der Psychologie und im Verständnis der heutigen Zeit dar, vor allem die aus dem stürmischen wissenschaftlich-technischen Fortschritt erwachsenden Aufgaben.

In der KPdSU und im ganzen Land herrscht die einheitliche Auffassung: Die Antworten auf die Fragen, die das Leben stellt, müssen wir nicht außerhalb des Sozialismus, sondern innerhalb unseres Systems suchen, indem wir das Potential der Planwirtschaft, der sozialistischen Demokratie, der Kultur und des menschlichen Faktors erschließen und uns auf das rege Schaffen des Volkes stützen.

Das gefällt so manchem im Westen nicht. Dort wartet man auf etwas, was einer Abkehr vom Sozialismus gleich käme, darauf, daß wir vor dem Kapitalismus zu Kreuze kriechen und seine Methoden übernehmen.

. . .

Es darf aber auch nicht zugelassen werden, daß veraltete Dogmen uns die Augen verschließen, uns stören voranzuschreiten, schöpferisch die Theorie auszuarbeiten und sie in der Praxis, in der jetzigen konkreten historischen Etappe, die unsere Gesellschaft durchläuft, anzuwenden. Das können wir ebenfalls nicht zulassen.

Ich sage das auch deshalb, weil es bei uns natürlich noch Leute gibt, die sich das Wort »Umgestaltung« nur schwer zu eigen machen und es manchmal sogar nur mit Mühe aussprechen können. Oftmals sehen sie in diesem Erneuerungsprozeß nicht das, was er tatsächlich in sich birgt, sondern fast eine Erschütterung der Grundfesten, beinahe das Abgehen von unseren Prinzipien. Unser politischer Kurs ist darauf gerichtet, die potentiellen Möglichkeiten und Vorzüge der sozialistischen Gesellschaftsordnung restlos aufzudecken, alle Hindernisse, alle Barrieren für unser Voranschreiten zu beseitigen und den Faktoren des gesellschaftlichen Fortschritts Raum zu geben.

Und noch eins möchte ich sagen. Je weiter wir bei der Umgestaltung vorankommen, desto deutlicher wird sichtbar, wie kompliziert diese Aufgabe ist und wie gewaltig die Ausmaße und der Umfang der vor uns stehenden Arbeit sind. Es wird klarer, wie viele Vorstellungen über Wirtschaft und Leitung, über soziale Fragen, Staatlichkeit und Demokratie, Erziehung und Bildung sowie über moralische Ansprüche noch hinter den Anforderungen und Aufgaben des heutigen Tages und um so mehr hinter den Aufgaben der weiteren Entwicklung zurückbleiben.

Es gilt Schicht für Schicht die angehäuften Probleme in allen Sphären des gesellschaftlichen Lebens abzutragen und sich von Überlebtem zu trennen, indem man kühn schöpferische Lösungen sucht.

. . .

Ich lenke Ihre Aufmerksamkeit heute auf den wissenschaftlich-technischen Fortschritt, auf die Überleitung neuester Technologien und auf den neuen Wirtschaftsmechanismus. Sie bringen den größten ökonomischen Nutzen im Vergleich zu anderen Maßnahmen. Die Kosten für die Einführung neuer Technologie amortisieren sich in der Regel nach einem Jahr, höchstens nach anderthalb Jahren, für die bloße Erweiterung der Produktion auf der gleichen technischen Grundlage, mit der gleichen Technik, aber erst nach fünf bis sieben Jahren. Deshalb findet ein solcher Kampf an der technologischen Front in der ganzen Welt statt. Die Technologie beschleunigt das Entwicklungstempo jeder Gesellschaft stark, erhöht die Arbeitsproduktivität und bringt rasch enormen Nutzen.

Pläne der technischen Umrüstung ...

Die Ministerien, die anderen zentralen Organe und die Betriebe beenden jetzt die Arbeit zur Konkretisierung der Pläne für die technische Umrüstung im 12. Planjahrfünft. Wir haben alle Ministerien veranlaßt, technische Projekte der neuen und besonders der zu rekonstruierenden Betriebe zu überprüfen. Und alles, was nicht dem heutigen Niveau entspricht, darf nicht weiter realisiert werden. Denn stellen Sie sich vor, was es bedeutet, wenn wir jetzt überholte Projekte entwerfen und sie auch noch bauen: Wir schreiben damit für 15, 20, 25 Jahre den Rückstand fest. Und jeglicher Durchbruch bleibt aus. Wir müssen ein, zwei Jahre durchhalten, im Maschinenbau umfassende Maßnahmen – die geplante Umstellung auf neue Technik und neue Technologie – ergreifen, und dann die Projekte verwirklichen. Aber die Arbeit der Ministerien im Zentrum muß durch die Arbeit unserer Kader und Parteiorganisationen an der Basis gestärkt werden. Ausgehend von seiner engen Sicht auf die Probleme und seinem Verständnis nur des eigenen Betriebes, rechnet mancher auf halbherzige Entscheidungen. Mit diesem Irrtum, Genossen, muß Schluß gemacht werden.

Wenn wir zum Beispiel in der Leichtindustrie die Technik aufstellen, die wir heute produzieren (sie ist natürlich nicht durchweg schlecht, aber doch in großem Maße), dann werden die Produktivität und die Qualität der Konfektionsindustrie und der anderen Bereiche der Leichtindustrie um nur drei, vier, fünf bis zehn Prozent steigen. Wenn wir aber zur neuen Technik übergehen, für deren Produktion wir in unseren Betrieben gerade die Grundlage schaffen, so kann man in diesen Werken, in diesen Hallen bei gleicher Anzahl der Arbeitskollektive ein Wachstum von mindestens 30, 40 oder 50 Prozent erzielen. So sieht die Wahl des richtigen Wegs in der technischen Politik aus. Das müssen Sie berücksichtigen. Es muß grundlegend rekonstruiert werden. Wenn aber die einen oder anderen Projekte veraltet sind, so müssen sie überarbeitet oder ganz eingestellt werden.

. . .

Was die Arbeit der Betriebe unter den neuen Bedingungen anbelangt, wo wir einen neuen Wirtschaftsmechanismus einführen, zu den Prinzipien der wirtschaftlichen Rechnungsführung, der Eigenwirtschaftlichkeit und Eigenfinanzierung, zur umfassenden Einführung der vertragsgebundenen Arbeitsweise übergehen, so arbeiten unsere Betriebe im Grunde bereits jetzt unter neuen Arbeitsbedingungen. Der heute gültige Beschluß über den sozialistischen Betrieb ist schon weitgehend veraltet. Wir schließen gerade die Ausarbeitung eines neuen Gesetzes über den sozialistischen Betrieb (Vereinigung) ab. Es zielt darauf ab, den Kurs auf die Umgestaltung der Methoden der Wirtschaftführung juristisch zu verankern und die Arbeitskollektive vor kleinlichem Bevormunden und Administerieren zu schützen.

So werden die Voraussetzungen geschaffen, damit das grundlegende Kettenglied der Wirtschaft effektiv wirken kann, und zwar auf der Basis der vollständigen wirtschaftlichen Rechnungsführung und Eigenfinanzierung sowie der sozialistischen Selbstverwaltung einschließlich der Bildung von Betriebsräten analog der Bildung von Brigaderäten.

Warum nicht schon früher eine perestojka ...?

27. Januar 1987

Objektiv reifte in der Wirtschaft und auch auf anderen Gebieten die Notwendigkeit von Veränderungen heran, aber in der politischen und praktischen Tätigkeit der Partei und des Staates fand sie keine Realisierung.

Worin liegt die Ursache für diese komplizierte und widersprüchliche Situation?

Die Hauptursache – und das Politbüro hält es für notwendig, darüber in aller Offenheit auf dem Plenum zu sprechen – bestand darin, daß das ZK der KPdSU, die Führung des Landes vor allem aus subjektiven Gründen nicht rechtzeitig und in vollem Umfang die Notwendigkeit von Veränderungen und die Gefahr des Anwachsens von Krisenerscheinungen in der Gesellschaft einschätzen sowie eine klare Linie zu ihrer Überwindung, zu einer umfassenderen Nutzung der Möglichkeiten, die im sozialistischen System liegen, erarbeiten konnte.

Bei der Ausarbeitung der Politik und in der praktischen Tätigkeit überwogen konservative Haltungen, Trägheit, das Bestreben, alles vom Tisch zu wischen, was nicht in die gewohnten Schemata paßte, und die mangelnde Bereitschaft zur Lösung der herangereiften sozial-ökonomischen Fragen.

Für all das, Genossen, tragen die führenden Organe der Partei und des Staates die Verantwortung.

Der Grad des Erkennens der Lebensprobleme und Widersprüche, der gesellschaftlichen Tendenzen und Perspektiven hing in vielem vom Stand und der Entwicklung des theoretischen Denkens und von der vorhandenen Atmosphäre an der theoretischen Front ab.

. . .

Die theoretischen Vorstellungen vom Sozialismus blieben in vielerlei Hinsicht auf dem Niveau der 30er bis 40er Jahre, als die Gesellschaft gänzlich andere Aufgaben löste. Der sich entwickelnde Sozialismus, die Dialektik seiner Triebkräfte und Widersprüche sowie der reale Zustand der Gesellschaft wurden nicht zum Gegenstand tiefschürfender wissenschaftlicher Forschungen.

Die Ursachen für die Lage liegen weit zurück. Sie wurzeln noch in jener konkreten historischen Situation, in der aufgrund bekannter Umstände aus der Theorie und der Gesellschaftswissenschaft die lebendige Diskussion und schöpferisches Denken verschwanden und autoritäre Einschätzungen und Betrachtungen zu unantastbaren Wahrheiten wurden, die man nur noch kommentieren konnte.

Es kam zu einer Art Verabsolutierung der in der Praxis entstandenen Organisationsformen der Gesellschaft. Mehr noch, solche Vorstellungen vom Wesen der Sache wurden mit den ureigensten Merkmalen des Sozialismus gleichgesetzt, als unveränderlich betrachtet und als Dogmen verkündet, die für eine objektive Analyse keinen Raum lassen. Es hat sich eine starre Form sozialistischer Produktionsverhältnisse herausgebildet, und ihr dialektisches Zusammenwirken mit den Produktivkräften wurde unterschätzt. Die soziale Struktur der Gesellschaft wurde schematisch als frei von Widersprüchen, als frei von Dynamik in den vielfältigen Interessen ihrer verschiedenen Schichten und Gruppen dargestellt. Die Leninschen Thesen vom Sozialismus wurden vereinfacht aufgefaßt und nicht selten ihrer theoretischen Tiefen und Bedeutung beraubt.

Das betrifft auch solche Schlüsselprobleme wie gesellschaftliches Eigentum, Klassenbeziehungen und Beziehungen zwischen den Nationalitäten, Maß der Arbeit und des Verbrauches, Kooperation, Methoden des Wirtschaftens, Volksherrschaft und Selbstverwaltung sowie Kampf gegen bürokratische Entstellungen. Das betrifft ferner das revolutionäre, umgestaltende Wesen der sozialistischen Ideologie, die Prinzipien der Ausbildung und Erziehung sowie die Garantie einer gesunden Entwicklung von Partei und Gesellschaft. Oberflächliche Vorstellungen vom Kommunismus, Prophezeiungen und abstrakte Ansichten verschiedenster Art wurden in gewissem Umfange verbreitet. Dadurch wurden die historische Bedeutung des Sozialismus geschmälert und der Einfuß der sozialistischen Ideologie geschwächt.

Ein solches Verhältnis zur Theorie mußte sich negativ auswirken und hat sich tatsächlich auf die Gesellschaftswissenschaften und ihre Rolle in der Gesellschaft negativ ausgewirkt. Es ist doch Tatsache, Genossen, daß bei uns nicht selten allerlei Art scholastischen Theoretisierens gefördert wurden, das niemandes Interesse und Lebensprobleme berührte, während Versuche einer konstruktiven Analyse und des Aufwerfens neuer Ideen keine Unterstützung fanden.

Die Lage an der theoretischen Front hatte negativen Einfluß auf die Lösung praktischer Fragen. Im Verlauf von Jahrzehnten wurden in der Praxis der Wirtschaftsführung und der Verwaltung veraltete Methoden konserviert, einige effektive wirtschaftliche Formen dagegen ungerechtfertigt abgelehnt. Gleichzeitig verbreiteten sich in Produktion und Distribution Beziehungen, die nicht der realen Reife der Gesellschaft entsprachen und in einigen Fällen zu deren Natur in Widerspruch gerieten. Die Produktion und die Stimulierung der Arbeit waren im Grunde genommen auf die quantitative, extensive Entwicklung orientiert.

Über das sozialistische Eigentum gilt es gesondert zu sprechen. Die Kontrolle darüber, wer es verwaltet und wie es verwaltet wird, erfuhr eine ernsthafte Schwächung. Das sozialistische Eigentum wurde nicht selten von Ressortdenken und Lokalpatriotismus ausgehöhlt, es wurde scheinbar »herrenlos«, wurde kostenlos, es hatte keinen realen Besitzer und wurde in vielen Fällen zur Erzielung von nicht erarbeiteten Einnahmen benutzt.

Eine falsche Einstellung gab es hinsichtlich des Kollektiveigentums, das als etwas Zweitrangiges und Perspektivloses hingestellt wurde. All dies hatte ernsthafte Folgen in der Agrar- und Sozialpolitik, es bewirkte ein Administrieren gegenüber den Kolchosen und führte zur Abschaffung der Handwerksgenossenschaften. Unvermeidbar waren so auch irrige Ansichten über individuelle Nebenwirtschaft und Erwerbstätigkeit, was ebenso einen nicht geringen ökonomischen und gesellschaftlichen Schaden angerichtet hat.

Ernsthafte Deformierungen häuften sich in der Planung. Die Autorität des Plans als Hauptinstrument der Wirtschaftspolitik wurde untergraben durch subjektivistisches Herangehen. Unausgewogenheit, Instabilität und das Bemühen, alles und jedes bis hin zu Kleinigkeiten zu erfassen, sowie durch die Vielfalt der Entscheidungen auf Zweig- und Regionalebene, die am Plan vorbei und oftmals ohne Berücksichtigung der realen Möglichkeiten getroffen wurden. Mitunter mangelte es den Plänen an wissenschaftlicher Fundiertheit. Sie waren nicht auf die Bildung effektiver volkswirtschaftlicher Proportionen, auf die gebührende Entwicklung des sozialen Bereichs und auf die Lösung der vielen strategischen Aufgaben gerichtet.

Das führte dazu, daß die gewaltigen Vorzüge des sozialistischen Systems der Wirtschaftsführung und vor allem ihre Planmäßigkeit uneffektiv genutzt wurden. Unter diesen Bedingungen breitete sich Verantwortungslosigkeit aus, es wurden die verschiedensten bürokratischen Regeln und Instruktionen erfunden. Die lebendige Arbeit wurde durch Administrieren, hektische Betriebsamkeit und durch den Amtsschimmel ersetzt.

Die Vorurteile gegenüber der Rolle der Ware-Geld-Beziehungen und der Wirkung des Wertgesetzes, die oftmals auch als dem Sozialismus wesensfremd hingestellt wurden, führten zu willkürlichen Methoden in der Wirtschaft zur Unterschätzung der wirtschaftlichen Rechnungsführung, zu »Gleichmacherei« in der Entlohnung. Sie verursachten subjektivistisches Herangehen in der Preisbildung. Störungen der Geldzirkulation sowie Vernachlässigung der Regelung von Angebot und Nachfrage.

Besonders schwerwiegende Folgen hatten die Einschränkungen der Rechte der Betriebe und Vereinigungen in der wirtschaftlichen Rechnungsführung. Das untergrub die Grundlage der materiellen Stimulierung. Es verhinderte, daß hohe Endergebnisse erreicht wurden, und führte zu einem Absinken der Aktivität der Menschen in der Arbeit und im gesellschaftlichen Leben, zum Nachlassen von Disziplin und Ordnung.

Im Grunde entstand ein ganzes System zur Schwächung der ökonomischen Machtinstrumente. Es bildete sich eine Art Mechanismus heraus, der die sozial-ökonomische Entwicklung bremste und die progressiven Umwandlungen aufhielt, die es gestatten, die Vorzüge des Sozialismus aufzudecken und zu nutzen. Die Ursachen dieser Verlangsamung liegen in ernsten Funktionsmängeln der Einrichtungen der sozialistischen Demokratie, in veralteten, zuweilen auch realitätsfremden politischen und theoretischen Prinzipien sowie in einem konservativen Leitungsmechanismus.

. . .

Wir lösten erfolgreich die Fragen der Beschäftigung der Bevölkerung und sicherten die sozialen Garantien grundsätzlichen Charakters, konnten aber gleichzeitig die Möglichkeiten bei der Verbesserung der Wohnverhältnisse, der Versorgung mit Lebensmitteln, der Organisation des Transportwesens, der medizinischen Betreuung, der Bildung und bei der Lösung einer Reihe anderer vordringlicher Probleme nicht vollständig realisieren.

Es traten Verletzungen des wichtigsten Prinzips des Sozialismus – der Verteilung nach der Leistung – auf. Der Kampf gegen nicht aus der Arbeit stammende Einkünfte wurde nicht entschieden geführt. Die Politik der materiellen und moralischen Stimulierung einer hochproduktiven Arbeit war inkonsequent. Es wurden große Summen ungerechtfertigter Prämien, verschiedenartiger zusätzlicher Vergünstigungen ausgezahlt. Es wurden gefälschte Abrechnungen um des Gewinns willen zugelassen. Es kam eine

Schmarotzer-Ideologie auf, die Psychologie der »Gleichmacherei« begann sich im Bewußtsein festzusetzen. Und das traf jene Werktätigen, die besser arbeiten konnten und wollten, und erleichterte gleichzeitig denjenigen das Leben, die gern während der Arbeit eine ruhige Kugel schieben.

Die Verletzung des organischen Zusammenhangs zwischen dem Maß der Arbeit und dem Maß des Verbrauchs deformiert nicht nur das Verhältnis zur Arbeit, indem das Wachstum ihrer Produktivität gehemmt wird, sondern führt auch zu einer Entstellung des Prinzips der sozialen Gerechtigkeit. Das ist schon eine Frage von großer politischer Bedeutung.

Die in den letzten Jahren entstandenen Elemente der sozialen Korrosion wirkten sich negativ auf die geistige Atmosphäre in der Gesellschaft aus und haben in gewisser Weise unmerklich die hohen moralischen Werte ausgehöhlt, die unserem Volk stets eigen waren und auf die wir stolz sind: Überzeugtheit. Arbeitselan und sowjetischer Patriotismus.

Unvermeidliche Folgen sind sinkendes Interesse für gesellschaftliche Angelegenheiten, Erscheinungen der Gleichgültigkeit und des Skeptizismus sowie das Sinken der Rolle moralischer Arbeitsanreize. Es vergrößert sich die Schicht von Menschen, darunter auch Jugendliche, für die materieller Wohlstand und Bereicherung um jeden Preis das Lebensziel wurde. Ihre zynische Haltung nahm immer aggressivere Formen an, vergiftete das Bewußtsein der Menschen in ihrer Umgebung und schuf eine Welle des Konsumdenkens. Kennzeichnend für die sinkende soziale Moral waren Zunahme der Trunksucht, Verbreitung des Drogenmißbrauchs und Zunahme der Kriminalität.

Einen verhängnisvollen Einfluß auf die moralische Atmosphäre in der Gesellschaft hatten Erscheinungen der Nichtachtung der Gesetze, von Augenwischerei und Korruption sowie die Förderung von Katzbuckelei und Lobhudelei. Die wahre Sorge um die Menschen, und ihr soziales Befinden wurde nicht selten durch politisches Kokettieren ersetzt – durch die massenhafte Vergabe von Auszeichnungen, Titeln und Prämien. Es entstand eine Atmosphäre, in der alles entschuldigt wurde, es sanken die Anforderungen, die Disziplin und die Verantwortung.

Das neue Betriebsgesetz …

25. Februar 1987

Das Zentralkomitee der Partei mißt dem Gesetz über den staatlichen Betrieb (Vereinigung), dessen Entwurf dem gesamten Volk zur Diskussion vorgelegt wird, große Bedeutung bei. Dieser Gesetzesentwurf enthält im Grunde genommen eine neue Ideologie der Wirtschaftsleitung. Wir sind nicht der Meinung, daß dies eine Wahrheit in letzter Instanz, daß dies schon ein abgeschlossenes Dokument ist. Wenn wir so daran gegangen wären, wäre es nicht nötig gewesen, ihn dem ganzen Volk zur Diskussion vorzulegen. Wir sind der Meinung, daß dieses Dokument eine gute Grundlage bietet, um nach einer breiten Diskussion in unserer Gesellschaft aufmerksam alle Meinungen und Bemerkungen zu studieren und ein gutes Gesetz über den staatlichen Betrieb auszuarbeiten. Es soll die Bedingungen und Methoden des Wirtschaftens im Hauptglied der Ökonomik von Grund auf verändern, bei der Tätigkeit der Betriebe die Verbindung zwischen planmäßiger Grundlage und vollständiger wirtschaftlicher Rechnungsführung, Selbständigkeit und Verantwortlichkeit gesetzlich verankern, neue Formen der Selbstverwaltung legitimieren.

Wir müssen es selbst schaffen ...

13. Mai 1987

Mir kommt erneut eine einfache, aber sehr wichtige Frage in den Sinn: Weshalb versuchen wir so oft, selbst einfache Sachen im Ausland zu kaufen, wenn wir heute imstande sind, derart gewaltige, großangelegte und komplizierte Aufgaben zu lösen?

Alles, was ich hier gesehen habe, läßt mich zu der festen Überzeugung gelangen, daß es keinen Grund gibt, weshalb wir vor dem Ausland kniefällig werden sollten. Keinerlei Embargo und keinerlei Verbot, uns Technologien und Ausrüstungen zu verkaufen, die manche Kreise im Ausland unternehmen, werden die Entwicklung unseres Landes sowie die Verwirklichung der großen sozialökonomischen Pläne behindern, die mit der Umgestaltung und der Beschleunigung unserer wirtschaftlichen Entwicklung in Zusammenhang stehen.

Das überzeugt mich ein weiteres Mal von der Notwendigkeit, unsere Wissenschaft, die wissenschaftliche Intelligenz, Ingenieure und Konstrukteure auf jede Art und Weise zu unterstützen. Und anderseits müssen aber die Anforderungen erhöht werden, muß Schluß gemacht werden mit dieser Art »Minderwertigkeitskomplex«. Wir müssen wirklich jenes gewaltige Wissenschaftspotential entfalten, das wir in den 70er Jahren der Sowjetmacht geschaffen haben. Das steht in unseren Kräften, und das, Genossen, ist eine der wichtigsten Aufgaben der Umgestaltung.

Eine erste Bilanz ...

25. Juni 1987

Die neue Situation wirkte sich bis zu einem bestimmten Grad auch auf dic ökonomischen Betriebsergebnisse aus. Es nahmen die Zuwachsraten der Arbeitsproduktivität zu. In den letzten zwei Jahren erhöhten sie sich im Durchschnitt gegenüber den Jahresdurchschnittsziffern des elften Planjahrfünfts in der Industrie und im Bauwesen auf das 1,3fache, in der Landwirtschaft auf das Doppelte und bei der Eisenbahn auf das Dreifache. Im Durchschnitt machten in den Jahren 1985 und 1986 die Zuwachsrate der Industrieproduktion 4,4 Prozent und die der Landwirtschaft 3 Prozent aus. Eine positive Tendenz offenbarte sich in einem derart wichtigen und in eine schwierige Lage geratenen Zweig wie dem Investbau. Positive Veränderungen gehen auch – obwohl nicht ohne Schwierigkeiten und Kampf – in anderen Wirtschaftszweigen vor sich.

Es wurden zusätzliche Möglichkeiten für die Festigung der materiellen Basis des sozialen Bereichs ausfindig gemacht. Über das für den Fünfjahrplan Bestätigte hinaus werden für diese Zwecke fast 40 Milliarden Rubel bereitgestellt. In diesem Jahr sind die Zuwachsraten der Investitionen für die Entwicklung des sozialen Bereichs dreimal größer als in der Volkswirtschaft insgesamt.

. . .

Nehmen wir das *Verhalten zu der Umgestaltung*. Im allgemeinen begreifen alle, daß es unmöglich ist, weiterhin auf die alte Art zu arbeiten, daß Umgestaltung und gründliche Veränderungen eine objektive Notwendigkeit bilden. Sobald aber die Umgestaltung sich jäh den Taten zuwandte, alle Gesellschaftsschichten durchdrang, den konkreten Menschen erreichte, sahen wir, wie der Widerspruch zwischen augenblicklichen engstirnigen Interessen, ja sogar eigensüchtigen Beweggründen einzelner Personen und Gruppen und den Interessen der ganzen Gesellschaft, den langfristigen Interessen der Werktätigen an die Oberfläche kam.

Wir sehen sehr gut, wie schwierig die Umgestaltung in den Partei-, Sowjet- und Wirtschaftsorganen verläuft. Und spürt man etwa nicht, wie schmerzlich sie in einigen Zentralämtern empfunden wird? Von den Schwierigkeiten der Umgestaltung sprechen die Erfahrungen der Staatlichen Erzeugnisabnahme, des Kampfes gegen Trunksucht und Alkoholismus, der Bemühungen um Ordnung und Disziplin. Davon zeugen auch die ersten Schritte zur Einführung der Grundlagen der wirtschaftlichen Rechnungsführung und zur Durchsetzung solcher Entlohnungsprinzipien, bei denen der Lohn voll und ganz mit den Endergebnissen der Arbeit verbunden ist. Das alles, Genossen, sind reale Prozesse, lebendige Widersprüche. Wir müssen sie erkennen und ihnen Rechnung tragen.

Die Gesellschaft darf sich durch eigennützige Interessen und Handlungen nicht gängeln lassen. Man muß sie entschlossen bekämpfen. Und hier geht die Arbeiterklasse, gehen die Arbeitskollektive – besonders jener Betriebe, in denen die Staatliche Erzeugnisabnahme eingeführt wurde – mit gutem Beispiel voran. Bekanntlich ist das keine einfache Angelegenheit. Sie berührte die Interessen von Millionen. Dennoch hat die Arbeiterklasse eine klare Position bezogen: Die Staatliche Erzeugnisabnahme ist unentbehrlich, sie wird von der ganzen Gesellschaft, vom ganzen Volk, von jedermann benötigt.

. . .

Es muß auch über die Widersprüche in der Sphäre der Arbeit und der Verteilungsverhältnisse gesprochen werden, denen wir begegneten, als wir zur vollständigen wirtschaftlichen Rechnungsführung, zur Entlohnung nach dem Endergebnis, zum durchgängigen Brigadevertragssystem und Familienvertrag überzugehen begannen. Was kam hier heraus? Es kommt darauf an, daß das Hauptprinzip des Sozialismus »Jeder nach seinen Fähigkeiten – jedem nach seiner Leistung« in der Praxis nicht selten der simplifiziert aufgefaßten Gleichheit zum Opfer gebracht wurde. Diese Fragen werden heute aktiv erörtert – und nicht nur in ökonomischer, sondern auch in moralischer, ethischer Hinsicht.

Man sollte meinen, daß es klar ist, daß Gleichheit keine Gleichmacherei ist. Aber in der Praxis ergab sich des öfteren etwas anderes. Die Tendenz zur Gleichmacherei bahnte sich beharrlich den Weg. Sie brachte das Schmarotzertum hervor, wirkte sich negativ auf die Quantität und Qualität der Arbeit aus, setzte die Stimuli für die Steigerung ihrer Produktivität herab.

Man muß ein weiteres Mal unterstreichen, daß die wahre Gleichheit lediglich durch die Gesamtheit der politischen, ökonomischen, sozialen und juristischen Mittel gesichert werden kann, über die der Sozialismus verfügt.

Von aktiven Positionen aus wirkt der Ministerrat der UdSSR unter den Bedingungen der Umgestaltung. Zugleich muß auch er seine Tätigkeit bei der Wirtschaftsleitung, bei der Realisierung der Aufgaben der Sozialpolitik vervollkommnen und die Sorge für die Perspektiven der Entwicklung mit der Lösung der laufenden Aufgaben sichern. Schleppend erfolgt die Umgestaltung der zentralen Dienststellen, obwohl das Leben hierbei ein höheres Tempo gebietet.

. . .

Probleme des Maschinenbaus …

Wir haben zum Beispiel ein Programm zur Modernisierung des sowjetischen Maschinenbaus. Das ist eine große Sache. Hier wurde eine umfassende Arbeit aufgenommen, die auf solide Endergebnisse abzielt.

Doch es muß eindeutig gesagt werden: Uns beunruhigt die Lage im Werkzeugmaschinenbau, in den Ministerien für Schwer- und Transportmaschinenbau, für Elektrotechnische Industrie sowie des Maschinenbaus für die Leicht- und Lebensmittelindustrie und des Haushaltgerätebaus. Es ist noch weit bis zu einer Wende im Gerätebau, obwohl auch hier gewisse Anstrengungen unternommen werden.

Langsam werden Aufgaben der Modernisierung auch in anderen Maschinenbauministerien gelöst. Wir verstehen natürlich, daß die Maschinenbauer mit großen Komplikationen und Schwierigkeiten konfrontiert worden sind. Es geht um eine grundlegende Umgestaltung der Arbeit des gesamten Maschinenbaukomplexes.

Doch ist schwer zu begreifen, warum viele Minister, Parteikomitees und Dienststellen der Ministerien in einer solchen Situation so tun, als ob sie gewöhnliche Fragen zu lösen hätten. In der entstandenen Situation mangelt es offensichtlich an Aktivität und Sachlichkeit in der Arbeit des Büros für Maschinenbau (Gen. I. S. Silajew), des Staatlichen Plankomitees und des Staatlichen Komitees für Materiell-Technische Versorgung sowie einiger Abteilungen des ZK der KPdSU. Offenbar verdient der Stand der Dinge im Maschinenbaukomplex, im Politbüro und im Ministerrat der UdSSR erörtert zu werden.

. . .

Belebung der Landwirtschaft ...

Wir können von einer Belebung der Wirtschaftstätigkeit auf dem Lande sprechen. Sie wurde dank der Veränderung der ökonomischen Bedingungen und der Methoden der Wirtschaftsführung möglich, vor allem aber durch die Einführung der vollen wirtschaftlichen Rechnungsführung, des kollektiven und des familiengebundenen Leistungsvertrages.

Das Politbüro ist der Auffassung, daß in der derzeitigen Etappe alle objektiven Voraussetzungen für eine Art, ich möchte sagen, Sprung in der Steigerung der Produktion landwirtschaftlicher Erzeugnisse geschaffen worden sind. Möglichkeiten für eine grundlegende Wandlung gibt es in allen Kolchosen und Sowchosen.

. . .

Eine andere (Möglichkeit) besteht darin, daß denjenigen entschieden Einhalt geboten werden muß, die sich nach wie vor in die Arbeit der Kolchosen und Sowchosen einmischen, ohne dafür materielle Verantwortung zu tragen. Vor derartiger ungerechtfertigter Einmischung in die Tätigkeit der landwirtschaftlichen Betriebe baten die Leiter von Kolchosen und Sowchosen auf der jüngsten Beratung im ZK der KPdSU um Schutz. Unsere Pflicht ist es, den Werktätigen auf dem Lande dabei zu helfen, jene zur Ordnung zu rufen, die sich von den früheren Arbeitsmethoden nicht trennen können.

. . .

Ein Beispiel für die Unbeweglichkeit bei der Lösung des Lebensmittelproblems ist auch die Situation beim Transport, der Lagerung und der Verarbeitung landwirtschaftlicher Rohstoffe. Auf dem XXVII. Parteitag der KPdSU wurde unterstrichen, daß die Beseitigung der Verluste eine Erhöhung der Ressourcen für den Verbrauch um 20 bis 30 Prozent ermöglichen und bedeutende Mittel einsparen würde. Diese Arithmetik müßte einem Schüler der vierten Klasse verständlich sein.

. . .

Wir haben lange versucht, die Wirtschaft auf der Grundlage von Enthusiasmus und zeitweise mit Befehlen zu leiten. Aber wir haben die Hinweis Lenins vergessen, daß ein Anstieg der Produktion nur auf der Grundlage von persönlichem Interesse, von materieller Interessiertheit, mit Hilfe von Enthusiasmus gesichert werden kann.

...

Wir dürfen uns nicht abfinden, Genossen, mit dem Zurückbleiben im kommunalen und Dienstleistungsbereich, mit der unbefriedigenden Lage im Personenverkehr, im Verkehr, in Tourismus, Körperkultur und Sport. Kann es denn normal sein, wenn in einer Stadt oder in einem Dorf die Instandhaltung von Wohnraum, die Reparatur von Haushaltsgeräten, das Fertigen von Schuhen und Kleidung zu einem komplizierten Problem wird?

Nicht zufällig entstand in diesem Bereich eine gewisse »Schattenwirtschaft«. Denken Sie einmal über folgende Angaben nach: Die Organe der Zentralverwaltung für Statistik teilen mit, daß nach ihren Berechnungen die Bevölkerung zur Ausführung von Dienstleistungen jährlich etwa 1,5 Milliarden Rubel an Privatpersonen zahlt.

...

Zustand der Volkswirtschaft ...

Genossen! Heute, da die Frage der grundlegenden Umgestaltung der Leitung der Wirtschaft erörtert wird, muß man sich immer und immer wieder real vor Augen führen, in welchem Zustand sich unsere Volkswirtschaft an der Schwelle der 70er zu den 80er Jahren befand. Zu dieser Zeit war das Tempo des Wirtschaftswachstums auf ein Niveau zurückgefallen, das faktisch den Beginn wirtschaftlicher Stagnation bedeutete. Wir begannen deutlich, eine Postition nach der anderen zu verlieren, sowohl bei der Steigerung der Effektivität der Produktion als auch bei der Qualität der Erzeugnisse, bei der wissenschaftlich-technischen Entwicklung wuchs der Abstand zu den führenden Ländern immer mehr zu unseren Ungunsten.

Die Entwicklung der Wirtschaft nahm ungesunde Züge an. Wesentliche Veränderungen in der Strukturpolitik und bei den Investitionen wurden erforderlich, um der Entwicklung jener Zweige, die die Grundlage für den wissenschaftlich-technischen Fortschritt, den sparsamen Umgang mit den Ressourcen und die Einsparung lebendiger Arbeit bilden, größere Dynamik zu verleihen. Sie wurden jedoch nicht vorgenommen. Mehr noch, der Maschinenbau war in vernachlässigtem Zustand, sein Produktionsapparat veraltete und seine Erzeugnisse entsprachen immer weniger dem Weltniveau.

Das Bestreben, mit extensiven Methoden das Absinken des Wachstumstempos aufzuhalten, führte zu unangemessenen Aufwendungen für den Ausbau der Energie- und Brennstoffindustrie, zur forcierten Einbeziehung neuer Naturressourcen in den Produktionsprozeß und ihrem unrationellen Einsatz, zum übermäßigen Anwachsen des Bedarfs an zusätzlichen Arbeitskräften, zu empfindlichem Arbeitskräftemangel in der Volkswirtschaft und Absinken der Grundfondseffektivität.

Vor dem Hintergrund wirtschaftlicher Schwierigkeiten, des Absinkens der Zuwachsrate des Nationaleinkommens, nahm die finanzielle Anspannung in der Volkswirtschaft zu.

Nehmen wir den Staatshaushalt. Nach außen hin wirkte alles bestens. Die Ausgaben wurden durch die Einnahmen gedeckt. Wie aber wurde das erreicht? Nicht etwa durch eine Steigerung der Effektivität der Volkswirtschaft, sondern auf weder ökonomisch noch sozial vertretbare Weise. Unter anderem praktizierte man einen breitangelegten Verkauf von Erdöl und anderen Brennstoffen, Energieträgern und Rohstoffen auf dem Weltmarkt.

Eigenmittel von Betrieben und Einrichtungen wurden unbegründet für den Staatshaushalt eingezogen, was die Voraussetzungen für deren normale Wirtschaftstätigkeit untergrub.

Und die Steigerung der Produktion und des Absatzes von Wein und Spirituosen ist natürlich schon gar nicht zu rechtfertigen. Die Einnahmen aus der Umsatzsteuer vom Verkauf alkoholischer Getränke betrugen im 11. Planjahrfünft 169 Milliarden Rubel, während es im 8. Planjahrfünft 67 Milliarden Rubel waren.

Mit einem Wort, das Land ging in das 12. Planjahrfünft mit einer schweren finanziellen Bürde. Dem ist hinzuzufügen, daß bei der Nichterfüllung der Planauflagen der vergangenen drei Planjahrfünfte in bezug auf das Wachstum der Produktion und ihrer Effektivität die Ausgaben für die Löhne und Gehälter systematisch die Vorgaben überstiegen. Das bedeutet, daß ein bestimmter Teil des Geldes ohne jegliche Verbindung mit den Endergebnissen der Arbeit ausgegeben wurde.

Unter diesen Bedingungen ist es nicht gelungen, die Defizite in der Volkswirtschaft zu verringern, sondern im Gegenteil – die Situation auf diesem Gebiet ist komplizierter geworden. Im Grunde mangelte und mangelt es an allem – an Metall, Brennstoffen, Zement, Maschinen und Konsumgütern. Nimmt man den chronischen Arbeitskräftemangel noch hinzu, dann wird klar, daß sich eine Wirtschaft unter diesen Bedingungen nicht normal entwickeln kann. Die ökonomischen Stimuli für die Erhöhung von Qualität und Effektivität hören auf zu wirken. Es wird der Boden für Preissteigerungen und eine Reihe anderer negativer Prozesse bereitet.

Aber das Beunruhigendste ist, daß wir begannen, in der wissenschaftlich-technischen Entwicklung zurückzubleiben. Während die westlichen Länder eine breit angelegte strukturelle Umstellung ihrer Wirtschaft mit dem Schwerpunkt der Einsparung von Ressourcen, der Anwendung neuester Technologien und anderer Errungenschaften von Wissenschaft und Technik einleiteten, wurde bei uns der wissenschaftlich-technische Fortschritt gebremst. Und das nicht wegen mangelnden wissenschaftlichen Vorlaufs, sondern hauptsächlich, weil die Volkswirtschaft sich für Innovationen nicht aufgeschlossen zeigte. Selbst Devisenerlöse, die wir aus dem Export von Erdöl und anderen Rohstoffen erzielten, setzten wir hauptsächlich für die Lösung laufender Aufgaben, aber nicht zum Ziel der Modernisierung der Wirtschaft ein.

Wie bereits auf dem Januar-Plenum (1987) gesagt wurde, hat sich in der Wirtschaft eine solche Situation äußerst negativ auf das Lebensniveau der Bevölkerung, auf die Entwicklung des sozialen Bereichs ausgewirkt. So sieht die Realität aus, Genossen.

Das Politbüro hält es erneut für notwendig, dies in aller Offenheit zu sagen. Nicht zuletzt auch deshalb, weil ab und zu Stimmen laut werden, die fragen: Ist das alles so schlecht, muß man Einschätzungen zuspitzen, ist eine grundlegende Umgestaltung notwendig? Sollte man vielleicht von oben mehr Druck ausüben und noch irgendwelche Teilmaßnahmen durchführen? Ich glaube, wenn solche Stimmungen die Oberhand gewinnen würden und die derzeitige Politik auf dieser Grundlage ausgearbeitet werden würde, dann hätte das außerordentlich schwere Folgen für das Land, für das Volk.

Um unsere Wirtschaft aus dem Vorkrisenzustand herauszuführen, sind tiefgreifende, wahrhaft revolutionäre Umgestaltungen notwendig. Zu diesem Zweck haben wir eine neue ökonomische Strategie erarbeitet und sind zu deren Realisierung übergegangen. Wir nahmen Veränderungen in der Struktur- und Investitionspolitik vor, entwickelten umfassende Zielprogramme, legten die Hauptrichtungen des wissenschaftlich-technischen Fortschritts fest.

In den vergangenen zwei Jahren wurden erste Schritte zur Aneignung neuer Methoden der Wirtschaftsführung getan, die auf der Grundlage einer Analyse der Situation Ende der 70er und Anfang der 80er Jahre sowie einer Serie großer Wirtschaftsexperimente ausgearbeitet wurden.

Ich würde jedoch sagen, hierbei wurden keine grundlegenden, prinzipiellen Fortschritte erzielt. Der Bremsmechanismus ist noch nicht beseitigt und noch nicht durch einen Beschleunigungsmechanismus ersetzt worden. Nach wie vor muß sein Fehlen durch unökonomische Methoden und administrativen Druck kompensiert werden.

Heute ist für uns die Schaffung eines einheitlichen, effektiven und flexiblen Systems der Wirtschaftsführung eine erstrangige und unaufschiebbare Aufgabe geworden.

Diese Aufgabe ist, wie Sie verstehen, nicht einfach. Das bestehende Leitungssystem entstand nicht an einem Tag und besteht aus zahlreichen Schichten, die die Voraussetzungen und Besonderheiten verschiedener Zeiträume in der Geschichte unseres Landes mit all ihren Errungenschaften, Widersprüchen und Schwierigkeiten widerspiegeln.

Die Grundlagen des jetzigen Leitungssystems wurden bereits in den 30er Jahren gelegt. In jener schwierigen Zeit war es für unser Land, das in wirtschaftlicher Hinsicht bei weitem nicht das entwickeltste war und im Zweikampf gegen die kapitalistische Welt stand, notwendig, den technischen und wirtschaftlichen Rückstand schnell zu überwinden und ungeheure strukturelle Fortschritte in der Volkswirtschaft zu erzielen.

. . .

Umgestaltung der Leitung …

Der stürmische Verlauf der wissenschaftlich-technischen Revolution, die rapide zunehmende Komplexität in der Volkswirtschaft, die Notwendigkeit des Übergangs von extensiven zu intensiven Wirtschaftsmethoden, von Quantität zu Qualität, die wachsende Bedeutung der sozialen Bedingungen und die enorme Zunahme der Rolle des subjektiven Faktors – all das erforderte grundlegende Umwandlungen in der Leitung der Wirtschaft.

Die Umgestaltung der Leitung der Wirtschaft trat immer gebieterischer auf die Tagesordnung. Diese Frage wurde in wissenschaftlichen und gesellschaftlichen Kreisen diskutiert. Ich möchte hier den Artikel des Akademiemitglieds W. Nemtschinow in der Zeitschrift »Kommunist« von 1964 erwähnen. Schon damals schrieb er: »Aus einem vulgären Verständnis der Wechselbeziehungen zwischen großen und kleinen Wirtschaftssystemen kann nur ein solch verknöchertes mechanisches System erwachsen, in dem alle Parameter der Leitung im voraus vorgegeben und für jeden konkreten Augenblick und für jeden konkreten Punkt lückenlos vorgeschrieben sind. Ein solches von oben bis unten abgegrenztes Wirtschaftssystem wird den sozialen und technischen Fortschritt bremsen und unter dem Druck des realen Prozesses des Wirtschaftslebens früher oder später zerstört.« (»Kommunist«, 1964, Nr. 5, Seiten 76/77)

Im Verlauf der vergangenen Jahrzehnte wurden mehrmals auch praktische Versuche unternommen, das bestehende Leitungssystem zu verändern. Dies geschah in den 50er Jahren, in der zweiten Hälfte der 60er Jahre und Ende der 70er Jahre. Diese Versuche waren jedoch unvollständig und inkonsequent, sie brachten höchstens einen kurzzeitigen Nutzen und führten nicht zur nötigen Wende. Die stimulierende Wirkung des alten Wirtschaftsmechanismus wurde gleichzeitig immer schwächer und die bremsende immer stärker…

Mehr Sozialismus, mehr Demokratie …

In prinzipieller Hinsicht sind uns der Sinn und die Ausrichtung einer radikalen Leitungsreform klar. Sie lassen sich durch die Formel ausdrücken: mehr Sozialismus, mehr Demokratie.

Darin ist auch die Antwort auf die Frage enthalten: Bedeutet unsere Umgestaltung nicht ein Abgehen von den Grundlagen des Sozialismus oder jedenfalls eine gewisse Schwächung dieser Grundlage? Nein, das bedeutet sie nicht. Im Gegenteil – was wir bereits tun, planen und beabsichtigen, soll den Sozialismus stärken, soll alles beseitigen, was der Entwicklung des Sozialismus im Wege steht und seinen Fortschritt aufhält, es soll sein gewaltiges Potential im Interesse des Volkes erschließen, alle Vorzüge unserer Gesellschaftsordnung wirksam machen und ihr modernste Formen verleihen.

…

Was bedeutet es nun aber in der Praxis, den Werktätigen zum tatsächlichen und aktiven Herren über das gesellschaftliche Eigentum zu machen? Es bedeutet, den Kollektiven wie dem einzelnen umfangreiche Möglichkeiten bei der Verteilung des gesellschaftlichen Reichtums einzuräumen und ihre Verantwortung für die effektive Verwendung dieses Reichtums zu erhöhen. Es bedeutet, die Beteiligung breitester Massen an der Leitung der Wirtschaft auf allen Ebenen – von der Brigade bis zur Volkswirtschaft – tatsächlich zu gewährleisten. Es bedeutet, daß die Einkommen der Werktätigen davon abhängig gemacht werden müssen, was sie an ihrem Arbeitsplatz, in ihrem Betrieb leisten, letztendlich davon, wie es um die Dinge im ganzen Land bestellt ist – überhaupt von den Endergebnissen.

Die Demokratisierung der Wirtschaft ist untrennbar verbunden mit der aktiven Nutzung verschiedener Formen genossenschaftlicher Arbeit und individueller Tätigkeit neben dem staatlichen Eigentum.

Dazu haben wir bereits Beschlüsse gefaßt. Doch es muß gesagt werden, daß ihre praktische Durchsetzung unterschiedliche Reaktionen hervorrief. Dabei wird zum Teil nicht darüber gesprochen, wie man schneller und besser die Möglichkeiten nutzen kann, die sich eröffnen, sondern darüber, in welchem Maße diese Formen der Wirtschaftstätigkeit in der gegenwärtigen Etappe des Sozialismus gerechtfertigt sind.

Mancher sah in den Genossenschaften und in der individuellen Erwerbstätigkeit fast schon ein Wiederaufleben der privatwirtschaftlichen Praxis. Ich denke, Genossen, daß sowohl unsere eigenen Erfahrungen als auch die Erfahrungen anderer sozialistischer Länder für die Nützlichkeit und die Notwendigkeit einer geschickten Anwendung solcher Wirtschaftsformen innerhalb des Sozialismus sprechen. Sie tragen zu einer weitestgehenden Befriedigung der vordringlichen Bedürfnisse der Menschen bei, zur Verdrängung der »Schattenwirtschaft« und aller möglichen Formen des Mißbrauchs, das heißt zum realen Prozeß der Gesundung der sozialen und wirtschaftlichen Beziehungen.

. . .

Hauptbestimmungen der grundlegenden Umgestaltung …

Genossen! Ihnen liegt der vom Politbüro und der Regierung ausgearbeitete Entwurf der »Hauptbestimmungen der grundlegenden Umgestaltung der Wirtschaftsleitung« vor.

Die in diesem Dokument vorgeschlagene Konzeption zur Umgestaltung der Leitung hat zum Ziel, das ökonomische Wachstum von Zwischenergebnissen weg auf sozial bedeutsame Endergebnisse umzuorientieren. Auf die Befriedigung der gesellschaftlichen Bedürfnisse und die allseitige Entwicklung des Menschen. Sie zielt darauf ab, den wissenschaftlich-technischen Fortschritt zum wichtigsten Faktor des Wirtschaftswachstums zu machen und einen zuverlässig wirkenden aufwandsenkenden Mechanismus zu schaffen.

Um das alles zu erreichen muß man von vorrangig administrativen zu vorrangig ökonomischen Methoden der Leitung auf allen Ebenen, zu einer breiten Demokratisierung der Leitung und einer größtmöglichen Aktivierung des subjektiven Faktors übergehen. Ein solcher Übergang schließt ein:

erstens eine erheblich größere Selbständigkeit der Vereinigungen und Betriebe, ihre Umstellung auf volle wirtschaftliche Rechnungsführung und Eigenfinanzierung, die Erhöhung der Verantwortung für höchste Endergebnisse, die Erfüllung der Verpflichtungen gegenüber den Abnehmern, die Herstellung einer direkten Abhängigkeit der Einkommen des Kollektivs von der Effektivität seiner Arbeit, die breite Entwicklung des Kollektivvertrags in den Arbeitsbeziehungen;

zweitens die grundlegende Umgestaltung der zentralen Leitung der Wirtschaft. Die Erhöhung ihres qualitativen Niveaus. Die Konzentration auf die Hauptprozesse, die die Strategie, die Qualität, das Tempo und die Proportionen der Entwicklung der Volkswirtschaft insgesamt sowie ihre Ausgeglichenheit bestimmen, und gleichzeitig die entschiedene Befreiung der Zentrale von der Einmischung in die operative Tätigkeit der untergeordneten Wirtschaftseinheiten;

drittens die grundlegende Reform der Planung, der Preisbildung und des Finanz- und Kreditmechanismus, den Übergang zu einem Produktionsmittel-Großhandel und die Umgestaltung der Leitung des wissenschaftlich-technischen Fortschritts, der Außenwirtschaftsbeziehungen, der Arbeit und der sozialen Prozesse;

viertens die Schaffung neuer Organisationsstrukturen, die die Vertiefung der Spezialisierung und die Erhöhung der Zuverlässigkeit von Kooperationsbeziehungen gewährleisten, sowie die unmittelbare Einbeziehung der Wissenschaft in die Produktion und auf dieser Grundlage den Durchbruch zum Weltniveau in der Qualität;

fünftens den Übergang von einem übermäßig zentralisierten System auf der Basis von Befehlen der Leitung zu einem demokratischen, die Entwicklung der Selbstverwaltung. Die Schaffung eines Mechanismus zur Aktivierung des Potentials der menschllichen Persönlichkeit. Die exakte Abgrenzung der Funktionen sowie die grundlegende Veränderung von Stil und Methoden in der Tätigkeit der Partei-, Staats- und Wirtschaftsorgane.

Genossen! Wir beginnen die radikalen Veränderungen des Wirtschaftsmechanismus bei der Grundeinheit der Wirtschaft – dem Betrieb und der Vereinigung, wobei es in erster Linie darum geht, für den Betrieb das günstigste ökonomische Milieu zu schaffen, seine Rechte zu verankern und gleichzeitig seine Verantwortung zu erhöhen und auf dieser Grundlage tiefgreifende Veränderungen in der Tätigkeit aller übergeordneten Organe der Wirtschaftsleitung vorzunehmen.

Bei der Festlegung dieser Reihenfolge der Umgestaltung ließen wir uns davon leiten, daß gerade dort die wichtigsten ökonomischen Prozesse ablaufen, daß dort durch die Arbeit von Menschen die gesamten vom Volk benötigten Erzeugnisse geschaffen und Leistungen erbracht werden und sich das wissenschaftlich-technische Denken materialisiert.

Gerade im Arbeitskollektiv gestalten sich die ökonomischen und sozialen Beziehungen real, verflechten sich die Interessen der Menschen – die persönlichen, kollektiven und gesellschaftlichen. Im Grunde genommen wird das sozialpolitische Klima in unserer Gesellschaft in vielem durch die Situation bestimmt, die sich in den Arbeitskollektiven herausbildet.

Worin besteht der Hauptmangel des derzeit wirksamen Mechanismus des Wirtschaftens des Betriebes? Vor allem darin, daß die inneren Stimuli der eigenen Entwicklung zu schwach sind. In der Tat erhält der Betrieb über das System der Direktivkennziffern eine Auflage und Ressourcen. Praktisch alle Kosten werden gedeckt, und der Absatz der Produktion ist garantiert. Und was besonders wichtig ist: Die Einnahmen der Werktätigen hängen kaum von den Endergebnissen der Arbeit des Kollektivs – der Erfüllung der Vertragsverpflichtungen, der Qualität der Erzeugnisse und dem Gewinn – ab. Insgesamt sieht es folgendermaßen aus: Beim gegenwärtigen Mechanismus ist es für den Produzenten unvorteilhaft, billige Rohstoffe und preiswerte Produkte einzusetzen, die Qualität der Erzeugnisse zu erhöhen und die Erkenntnisse des wissenschaftlich-technischen Fortschritts anzuwenden.

Bei einem derartigen Wirtschaftsmechanismus wird die Grenze zwischen gut funktionierenden und zurückbleibenden Betrieben prakisch verwischt.
. . .

Neue Rechte für die Betriebe ...

Das wichtigste, was wir mit der Einführung des neuen Mechanismus erreichen müssen, ist, den Betrieben weitgehende Rechte zu geben und ihnen echte wirtschaftliche Selbständigkeit auf der Basis der vollen wirtschaftlichen Rechnungsführung zu sichern.

Es muß das in die Praxis umgesetzt werden, was bereits als notwendig erkannt wurde: Ausgehend von den realen gesellschaftlichen Erfordernissen stellt der Betrieb selbst den Plan für die Produktion und den Absatz der Erzeugnisse auf. Grundlage dafür darf nicht eine Vielzahl detaillierter Planaufgaben sein, die von den übergeordneten Organen angewiesen werden, sondern müssen direkte Aufträge von staatlichen Organisationen, Betrieben mit wirtschaftlicher Rechnungsführung und Handelsorganisationen für konkrete Erzeugnisse in der entsprechenden Menge und Güte sein.

Den Betrieben müssen solche Bedingungen geschaffen werden, daß sich zwischen ihnen ein ökonomischer Wettstreit um die bessere Befriedigung der Nachfrage der Konsumenten entfaltet. Die Interessen des Staates werden dabei durch ein System staatlicher Aufträge garantiert. Sie müssen Priorität und ökonomische Vorzugsbedingungen haben, die gegenseitige Verantwortlichkeit der Seiten vorsehen und in der Regel im Ausschreibungsverfahren vergeben werden.

Im Zusammenhang mit der Veränderung des Herangehens an die Planung erhebt sich die Frage nach Wesen und Bedeutung der Kontrollziffern. Sie sollen den Betrieben in ökonomischer Hinsicht Orientierungshilfe geben. Zu diesem Zweck müssen die Kontrollziffern den gesellschaftlichen Bedarf an den jeweiligen Erzeugnissen des Betriebes ein Mindestmaß an Effektivität und Aufgaben sozialen Charakters widerspiegeln, das heißt, den Betrieb gleichsam auf den erforderlichen Entwicklungsstand »bringen«. Die Kontrollziffern dürfen keinen Direktivcharakter tragen, sie dürfen das Arbeitskollektiv bei der Planaufstellung nicht einengen, sondern müssen ihm breiten Spielraum für die Wahl von Lösungen und Partnern beim Abschluß von Wirtschaftsverträgen lassen. Die Erfüllung der Aufträge und Verträge muß zum wichtigsten Kriterium bei der Leistungsbewertung des Betriebes und bei der materiellen Stimulierung des Kollektivs werden.

Eine prinzipiell wichtige Forderung ist die Umstellung der Betriebe und Vereinigungen auf Eigenerwirtschaftung und Eigenfinanzierung. Das bedeutet, daß mit den von ihnen erwirtschafteten Mitteln alle laufenden Aufwendungen, einschließlich der Lohnkosten, und Investitionen zur Erweiterung und Rekonstruktion der Produktion sowie für die soziale Entwicklung der Arbeitskollektive gedeckt werden müssen. Die Finanzierung aus dem Haushalt bleibt der Lösung besonders großer und wichtiger staatlicher Aufgaben vorbehalten. Zugleich werden den Betrieben umfassende Möglichkeiten für die verantwortungsbewußte Inanspruchnahme eines Bankkredits eingeräumt. Somit muß das Arbeitskollektiv die volle ökonomische Verantwortung für die Ergebnisse seiner Tätigkeit übernehmen.

Eine besonders wichtige Rolle in dem neuen Mechanismus der Wirtschaftsführung kommt stabilen, langfristigen Normativen zu. Das sind Abgaben an den Staatshaushalt für Produktionsfonds, Boden, Wasser und andere natürliche Ressourcen, Arbeitskräfte sowie Kreditzinsen. Das sind Normative für die Bildung der Lohnfonds sowie der Fonds für soziale und kulturelle Maßnahmen. Als besondere ökonomische Normative wirken die Erzeugnispreise sowie die Dienstleistungstarife. Durch die Normative wird mit ökonomischen Methoden die Verbindung der Interessen des ganzen Volkes gesichert.

Der neue Wirtschaftsmechanismus sieht die grundlegende Veränderung des Systems der materiell-technischen Versorgung der Betriebe vor, und zwar den Übergang von der zentralen materiell-technischen Versorgung zum Produktionsmittelgroßhandel. Den Betrieben muß die Möglichkeit gegeben werde, für das erwirtschaftete Geld alles zu erwerben, was für Produktion, Bau und Rekontruktion sowie für die Lösung sozialer Fragen erforderlich ist.

Der Übergang der Arbeitskollektive zur Selbstverwaltung, bei der sie alle Fragen der betrieblichen Produktionsorganisation bis hin zur Wahl der Leitungskader selbständig entscheiden, wird zu einem wirkungsvollen Stimulus für Initiativgeist und Eigenständigkeit.

Das sind nach unseren Vorstellungen die Hauptzüge des neuen Mechanismus der Wirtschaftsführung der Betriebe und Vereinigungen.

. . .

Schwächung des Planungssystems ...

Aufgeworfen wird auch folgende Frage: Werden nicht die Erweiterung der Selbständigkeit der Betriebe und der Verzicht auf ein umfassendes System von vorgegebenen Kennziffern zur Schwächung der Planwirtschaft und zur Verschlechterung der Ausgewogenheit der Volkswirtschaft führen?

Diese Befürchtungen sind unserer Meinung nach unbegründet. Denn anzunehmen, daß man im Rahmen einer derartig gewaltigen Wirtschaft wie der unseren alles in der Zentrale voraussehen kann, würde bedeuten, sich Illusionen hinzugeben. Die Arbeit des Staatlichen Plankomitees und der anderen Wirtschaftsinstitutionen zur Bilanzierung der Volkswirtschaft wird durch die ökonomischen Interessen und die wirtschaftliche Verantwortung der Betriebe sowie durch die Erhöhung der Rolle der Wirtschaftsverträge zwischen ihnen gefestigt. Unter diesen Voraussetzungen wird es realer, eine Bilanziertheit zu erreichen.

Die Hauptmerkmale des neuen Wirtschaftsmechanismus widerspiegeln sich im Gesetzentwurf über den staatlichen Betrieb (Vereinigung).

. . .

Im Prinzip haben wir den Übergang zu den neuen Wirtschaftsmethoden bereits begonnen. Ich meine, daß Betriebe und Vereinigungen einer Reihe von Zweigen von diesem Jahr an zu einer Arbeit unter den Bedingungen der vollen wirtschaftlichen Rechnungsführung und Eigenfinanzierung übergegangen sind. Fünf bis sechs Monate sind natürlich eine zu kurze Zeit, als daß sowohl die starken Seiten als auch die Mängel des neuen Wirtschaftsmechanismus vollständig zutage treten können. Und das um so mehr, da dieser Übergang auch mit einer bestimmten Spezifik vonstatten geht.

Auf die Tätigkeit dieser Betriebe üben äußere Faktoren und vor allem ihre Art »Inselstellung« einen großen Einfluß aus. Das betrifft sowohl die Beziehungen der Betriebe zu den Zulieferern und zu den Abnehmern, die nach den alten Prinzipien arbeiten, als auch die Leitung durch die Ministerien und zentralen Wirtschaftsorgane, die ebenfalls noch nach den alten Bestimmungen arbeiten.

Die Umstellung der Betriebe auf die Prinzipien der vollen wirtschaftlichen Rechnungsführung und Eigenfinanzierung hat unter Bedingungen begonnen, da der Fünfjahrplan bereits in Kraft getreten ist und viele Normative ihm angepaßt werden müssen. Dennoch, Genossen, darf uns das bei der Einführung neuer Prinzipien der Wirtschaftsführung nicht aufhalten.

. . .

Neues Planungssystem ...?

Zuallererst zur *volkswirtschaftlichen Planung*. Wie sieht unter den neuen Bedingungen die »Philosophie« des gesamtstaatlichen Plans aus? Er muß die Hauptprioritäten und -ziele der sozialen und ökonomischen Entwicklung des Landes, die Richtungen der Struktur- und Investitionspolitik sowie des wissenschaftlich-technischen Fortschritts, die Aufgaben der Akkumulation von Wissenschafts-, Bildungs- und kulturellem Potential wie auch der Gewährleistung der Verteidigungsfähigkeit festlegen.

Unter den neuen Bedingungen muß die Rolle der Planvorgaben erhöht werden, insbesondere der Konzeption zur sozialökonomischen Entwicklung des Landes für eine Perspektive von 15 Jahren. Dieser Teil soll alle bedeutenden Programme umfassen, diese ausbilanzieren und die Wege zur Erfüllung der strategischen Ziele bestimmen. Der Fünfjahrplan muß zur tatsächlichen Hauptform der gesamtstaatlichen Planung werden, der auf die einzelnen Jahre des Planjahrfünfts aufgeschlüsselt ist.

Um die planmäßigen Proportionen und die Bilanziertheit der Wirtschaft zu sichern, ist vorgesehen, den Ministerien und anderen zentralen Staatsorganen sowie den Unionsrepubliken Ausgangsdaten für die Planung zu geben. Was die Betriebe anbelangt, so werden ökonomische Normative und Stimuli zum Haupthebel der Einflußnahme auf sie. Ihre Aufgabe ist es, für die Tätigkeit der Vereinigungen und Betriebe solche Bedingungen zu schaffen, daß es für sie vorteilhaft ist, orientiert an den Kontrollziffern, nach Wegen zu einer möglichst effektiven Befriedigung der gesellschaftlichen Bedürfnisse zu suchen.

An dieser Stelle muß auf eine Frage eingegangen werden, die viele bewegt. Es werden Befürchtungen dahingehend geäußert, daß es bei Verzicht auf die direkte Direktivfestlegung von Volumenkennziffern für die Vereinigungen und Betriebe unter den Bedingungen der vollen wirtschaftlichen Rechnungsführung zu einem zeitweiligen Absinken des Produktionszuwachses in einzelnen Zweigen und Regionen, ja sogar im Lande insgesamt, kommen kann.

Was kann man zu dieser Frage sagen, Genossen? Wenn es um höhere Wachstumsziffern, erzielt durch Heraufschrauben des Bruttovolumens, durch Doppelerfassung, ohne reale Vergrößerung der Endergebnisse geht, so gewinnt die Gesellschaft dadurch nicht nur nichts, sondern erleidet sogar Verluste.

Wir rechnen damit, daß der Übergang zur wirtschaftlichen Rechnungsführung, die neuen Methoden der Wirtschaftsleitung sowie die umfangreiche Einführung des kollektiven Leistungsvertrages und anderer fortschrittlicher Formen der Arbeitsorganisation und -stimulierung es ermöglichen werden, die Arbeitsaktivität des Volkes zu steigern, die bislang nicht genutzten Ressourcen einzubeziehen, die Effektivität zu erhöhen und somit höhere Zuwachsraten des wirklichen Wachstums bei hoher Erzeugnisqualität zu erreichen.

Gerade eine solche Umgestaltung ist folgerichtig und außerdem absolut notwendig, um eine neue Qualität des Wirtschaftswachstums zu gewährleisten. Wenn sie sich auch auf die uneffektiv arbeitenden Betriebe nachteilig auswirken wird, so wird diese Umgestaltung ohne Zweifel eine positive Rolle für die Volkswirtschaft des Landes im Ganzen und für die Perspektiven ihrer Entwicklung spielen, die nach den Endergebnissen, nach dem Grad der Befriedigung der gesellschaftlichen Bedürfnisse bewertet werden.

Ein überaus wichtiger Bestandteil der Umgestaltung der Wirtschaftsleitung ist die *radikale Preisreform*. Ohne diese ist ein vollständiger Übergang zum neuen Mechanismus nicht möglich.

Der Preis muß eine wichtige stimulierende Rolle bei der Verbesserung der Nutzung von Ressourcen, der Kostensenkung, der Steigerung der Erzeugnisqualität, der Beschleunigung des wissenschaftlich-technischen Fortschritts sowie bei der Rationalisierung des gesamten Verteilungs- und Konsumtionssystems spielen. Hierbei müssen neue, der heutigen Entwicklungsetappe entsprechende wirtschaftspolitische Methoden zum Einsatz kommen.

Lange Zeit orientierte sich das Preissystem an den niedrigen Preisen für die natürlichen Ressourcen. Die heutigen Preise für Kohle, Erdöl, Erdgas und Elektroenergie können die Eigenfinanzierung des Brennstoff-Energie-Komplexes nicht gewährleisten. Sie erzeugen weiterhin die Illusion, die Naturreichtümer seien billig und unerschöpflich. Sie orientieren auf die weitere Steigerung ihrer Produktion, ihres Verbrauchs und ihres Exports.

Das ökonomisch nicht gerechtfertigte Herangehen an die Preisbildung führte zum Entstehen und schnellen Wachstum der Stützungen für Produktion und Absatz der verschiedensten Erzeugnisse und Leistungen. Der Gesamtumfang der Stützungen aus dem Staatshaushalt übersteigt heute 73 Milliarden Rubel im Jahr. Zum anderen wird bei vielen Erzeugnissen ein unbegründet hohes Rentabilitätsniveau ausgewiesen, das die Effektivität der Produktion absolut nicht widerspiegelt. Und auch das ist ein Ergebnis falscher Relationen bei der Preisbildung.

Derjenige, dessen Erzeugnispreise unbegründet niedrig sind, hat keinen Anreiz zur Steigerung der Produktion. Wer indessen durch überhöhte Preise überplanmäßigen Gewinn erzielt, hat keinen Anreiz zur Senkung der Kosten und Erhöhung der Effektivität. Eine solche Situation macht normale Wirtschaftsbeziehungen in einer Volkswirtschaft schlicht unmöglich.

Deshalb stehen wir vor der Notwendigkeit, das Preissystem nicht nur partiell zu vervollkommnen, sondern eine radikale Preisreform, eine komplexe Umgestaltung unserer gesamten »Preiswirtschaft« – der Industrieabgabe-, der Aufkauf- und und Einzelhandelspreise sowie die Tarife – durchzuführen.

Es geht nicht nur um das Niveau der Preise, sondern auch um den Modus ihrer Festlegung. Für die wichtigsten Erzeugnisse müssen die Preise natürlich zentral festgesetzt werden, zugleich mit der Ausarbeitung des Staatsplans und als dessen Teil. Gleichzeitig ist es aber bei dem neuen Mechanismus sinnvoll, den Bereich der Vereinbarungspreise auszudehnen, was zur Erweiterung der Rechte und der wirtschaftlichen Selbständigkeit der Betriebe beitragen wird.

Die Industriepreisreform soll die Situation in der Volkswirtschaft verbessern, günstigere Bedingungen für den Kampf um Effektivität der Produktion, um Einsparungen von Ressourcen und Erzeugnisqualität schaffen. Was die Einzelhandelspreise angeht, so darf ihre Veränderung keine Verschlechterung des Lebensniveaus der Werktätigen bewirken, sondern muß im Gegenteil zu dessen Verbesserung für bestimmte Kategorien von Werktätigen, zur umfassenderen Durchsetzung der sozialen Gerechtigkeit führen.

Eines muß klar sein – angesichts der Bedeutung und Kompliziertheit der Preisreform muß sie sehr verantwortungsbewußt vorbereitet werden. Innerhalb kurzer Zeit ist ein gewaltiges Arbeitspensum zu bewältigen, und dazu müssen die nötigen Kräfte herangezogen werden. Wir müssen bedenken, daß es ohne eine Lösung dieser Frage nicht möglich ist, den Fünfjahrplan auf neue Art und Weise aufzustellen und zum einheitlichen System der Wirtschaftsleitung überzugehen.

Auf Grund ihrer politischen und sozialen Bedeutung muß die Preisreform zum Gegenstand einer breiten Volksaussprache werden.

Mit der Preisreform ist *die Umgestaltung des Systems der materiell-technischen Versorgung der Volkswirtschaft* eng verbunden. Ihre Hauptrichtung ist der entschiedene Übergang zum Großhandel mit Produktionsmitteln sowohl durch Direktbeziehungen zwischen den Lieferanten und den Verbrauchern als auch durch Großhandelsbetriebe auf der Basis der wirtschaftlichen Rechnungsführung. Für die Staatsorgane blieben in diesem Fall letztendlich die Funktionen der Leitung des Großhandels und die Kontrolle darüber.

Die Frage des Übergangs zum Großhandel mit Produktionsmitteln ist nicht neu, aber erst in letzter Zeit gelang es hier, die ersten realen Schritte zu tun. Wir müssen diese Arbeit beschleunigen und erweitern, um sie in den nächsten Jahren zu beenden.

Viele gewichtige Ursachen diktieren nachdrücklich die Notwendigkeit des Großhandels mit Produktionsmitteln und vor allem den Übergang der Betriebe und Vereinigungen zur wirtschaftlichen Rechnungsführung. Ich möchte noch eine weitere Ursache nennen – die Notwendigkeit, die Vorräte an Waren und anderen materiellen Gütern zu normalisieren. Diese Bestände haben in den Hauptzweigen der Produktionssphäre 300 Milliarden Rubel überschritten. In ihnen werden große Mengen des nationalen Reichtums eingefroren.

Diese Situation erklärt sich in vielem durch die Schwerfälligkeit und unzureichende Wendigkeit bei der materiell-technischen Versorgung, ihre Störanfälligkeit, die bei den Betrieben das Bestreben hervorruft, die Ressourcen immer mehr aufzustocken...

Auf der Beratung im ZK der KPdSU tauchte auch folgende Frage auf: Kann man einen Großhandel bei Knappheit an Ressourcen einführen? Dieses Argument wird stets ins Feld geführt, wenn der Termin für den Übergang zum Großhandel erörtert wird. Die Teilnehmer der Beratung sagten überzeugend, daß das System der Kontingentierung, der Versorgung, an sich schon das Defizit hervorruft, das wurde durch konkrete Beispiele bestätigt. Entscheidende Bedeutung wird hier der Übergang der Betriebe zur vollen wirtschaftlichen Rechnungsführung haben. Je rascher wir zu direkten Beziehungen zum Großhandel übergehen, desto schneller werden wir uns deshalb sowohl vom Defizit als auch von Überplanbeständen an materiellen Werten befreien können.

Und das sind keine wirklichkeitsfremden Überlegungen. Hier ein konkreter Fakt. Jetzt, also ganz am Anfang der Umstellung der Kolchosen und Sowchosen auf die neuen Prinzipien der wirtschaftlichen Rechnungsführung, gehen ihre Bestellungen für landwirtschaftliche Technik und andere Ressourcen beträchtlich zurück. So wurden zum Beispiel für das nächste Jahr rund 30 Prozent weniger Mähdrescher bestellt. Rückläufig sind die Aufträge für einzelne Typen von Traktoren und andere landwirtschaftliche Technik, vor allem für veraltete und wenig produktive. So sieht die reale Situation aus. Das heutige Defizit kann also schon morgen in eine Überproduktion umschlagen.

Veraltetes Finanzsystem ...

Große Aufgaben gilt es *im Bereich der Finanzen, des Kredits und der Geldzirkulation* zu lösen. Ohne dies kann kein neuer Wirtschaftsmechanismus geschaffen werden. Hauptmangel auf diesem Gebiet ist heute die Loslösung des Finanz- und Kreditverkehrs sowie der Geldmittel von der Bewegung materieller Werte und die Übersättigung der Volkswirtschaft mit Zahlungsmitteln. Der jetzige Rubel wird nicht in vollem Maße seiner Rolle als aktives Mittel der finanziellen Kontrolle über die Wirtschaft gerecht.

Das Finanzsystem des Landes ist offensichtlich veraltet. Es stimuliert nicht die Steigerung der Effektivität der Wirtschaftsführung und verfolgt häufig momentane fiskalische Ziele. Auch der Kredit hat in beträchtlichem Maße an Bedeutung eingebüßt. Die Grenzen zwischen ihm und der unentgeltlichen Finanzierung sind verschwommen.

Daraus wird ersichtlich, daß wir ohne eine radikale Finanz- und Kreditreform nicht auskommen werden. Diese soll die Beziehungen zwischen dem Haushalt und den Betrieben auf eine normative Grundlage stellen, alle Möglichkeiten für die Erzielung von Gewinn vor der endgültigen Realisierung der Erzeugnisse ausschließen sowie zur allseitigen finanziellen Gesundung der Volkswirtschaft beitragen.

Genossen! In der heutigen Welt kann sich kein einziger Staat in ökonomischer Hinsicht von den anderen Staaten isoliert betrachten. Auch unser Land bildet in dieser Hinsicht keine Ausnahme. Die sowjetische Wirtschaft ist ein Teil der Weltwirtschaft. Die internationalen Handels-, Währungs- und Finanzbeziehungen zwischen den Ländern sowie die neuesten wissenschaftlich-technischen Errungenschaften wirken sich zwangsläufig in dieser oder jener Form auch auf unsere Wirtschaft aus.

Die beschlossenen Maßnahmen zur Vervollkommnung der Leitung der Außenwirtschaftsbeziehungen zielen insbesondere auf eine breitere Teilnahme der UdSSR an der internationalen Arbeitsteilung, was für die Entwicklung der sowjetischen Volkswirtschaft eine immer größere Rolle spielt.

Andererseits würden von der erfolgreichen Verwirklichung der Pläne zur Umgestaltung in unserem Lande und von der Modernisierung unserer Wirtschaft nicht nur wir und unsere Verbündeten, sondern auch all diejenigen profitieren, die an der Zusammenarbeit mit unserem Land unter den neuen, viel günstigeren Bedingungen interessiert sind.

Die Umgestaltung der sowjetischen Wirtschaft wird also in Anbetracht des bedeutenden Anteils der Sowjetunion an der Weltwirtschaft zur Entfaltung breiter internationaler Zusammenarbeit und auf diese Weise zur Gesundung der internationalen Wirtschaftsbeziehungen beitragen.

Außenwirtschaftsbeziehungen …

Unlängst wurden wichtige und weitreichende Beschlüsse auf dem Gebiet der Außenwirtschaftspolitik und des Mechanismus ihrer Verwirklichung gefaßt. Die Umgestaltung der Wirtschaftsleitung eröffnet breiten Spielraum für die Steigerung der Effektivität unserer *Außenwirtschaftsbeziehungen* und, was besonders wichtig ist, für eine Verstärkung der Wirkung des Außenmarktes auf die Arbeit der Zweige und Betriebe, auf die Qualität ihrer Erzeugnisse und auf den wissenschaftlich-technischen Fortschritt.

Prinzipielle Bedeutung besitzt in diesem Zusammenhang die Erhöhung der Wirksamkeit der Zusammenarbeit mit den sozialistischen Ländern. Die Umgestaltung des Wirtschaftsmechanismus soll günstige ökonomische und organisatorisch-rechtliche Bedingungen für eine tiefgreifende Integration unserer Volkswirtschaft der Bruderländer schaffen.

Breite Möglichkeiten dafür eröffnet das den Betrieben gewährte Recht, direkte Kooperationsbeziehungen mit Partnern aus den sozialistischen Ländern aufzunehmen. Wie die Erörterung dieser Frage kürzlich im Politbüro gezeigt hat, wird von diesen Beziehungen in der Praxis bisher äußerst unzureichend Gebrauch gemacht.

Ein Grund dafür ist wohl das Fehlen der wirtschaftlichen Interessiertheit der Arbeitskollektive. Es ist ganz offensichtlich, daß der Erfolg der Umgestaltung bei uns in hohem Maße auch die Erhöhung der Effektivität der wirtschaftlichen und wissenschaftlich-technischen Zusammenarbeit mit den Bruderländern vorausbestimmt. Das Politbüro, das Sekretariat des ZK und der Ministerrat müssen die Entwicklung des wirtschaftlichen Zusammenwirkens mit den Bruderländern ständig im Auge haben.

Wir müssen aufmerksam und gründlich die Erfahrungen der Freunde studieren und uns das zu eigen machen, was sich für die Volkswirtschaft der UdSSR nutzen läßt.

Genossen, alles in allem steht uns eine wichtige und großangelegte Umgestaltung der Tätigkeit der zentralen Leitung der Volkswirtschaft bevor. Diese Aufgabe bildet zusammen mit der Umstellung der Betriebe auf die wirtschaftliche Rechnungsführung ein einheitliches Ganzes: die radikale Reform der Wirtschaftsleitung...

Genossen! Sie verstehen natürlich, daß man bei der Veränderung des Wirtschaftsmechanismus und dem Übergang zu neuen Methoden der Wirtschaftsleitung nicht umhin kann, sich gründlich mit der Vervollkommnung der Organisationsstrukturen zu befassen.

Betriebe als wirtschaftliche Grundeinheit ...

Was könnte in diesem Zusammenhang zur *grundlegenden Wirtschaftseinheit* gesagt werden? Die heutigen Betriebe und Vereinigungen waren bei ihrer Gründung gezwungen, eigene Betriebsabteilungen für die Vorfertigung und den Betriebsmittelbau, Gießereien, Instandhaltungsabteilungen und andere Produktionsstätten zu schaffen, ohne auf die wachsenden Selbstkosten, den primitiven Charakter der Produktion sowie auf die niedrige Arbeitsproduktivität Rücksicht zu nehmen. Auch innerhalb der Zweige entwickelte sich die Naturalwirtschaft. So entstanden unrationelle Verbindungen, und es wurde gesellschaftliche Arbeit vergeudet.

Trotz all unserer Anstrengungen kam die Schaffung von Produktions- und besonders von Forschungs-Produktionsvereinigungen zum Stillstand. Sie stieß auf Ressortbarrieren und territoriale Grenzen sowie auf das Bestreben höhergestellter Organe, in die Vereinigungen nur Betriebe ihres Ministeriums oder sogar nur ihrer Hauptverwaltung einzubeziehen.

Welche Betriebe und Vereinigungen brauchen wir? Hierauf gibt es anscheinend keine eindeutige Antwort. Bei der Lösung einer solch wichtigen Frage darf nicht nach Schablone vorgegangen werden, und trotzdem ist es notwendig, einige Grundideen zu erwähnen. Vor allem muß die Zusammensetzung der rationellen Spezialisierung und Kooperation Rechnung tragen sowie die Bedingungen für die Anwendung fortgeschrittenster Technik und Technologie schaffen. Wichtig ist, in einer Organisation alle Glieder der Produktion zusammenzufassen – von der angewandten Forschung bis zur Serienproduktion und zum Service. Dabei ist natürlich zu berücksichtigen, daß man eine solche Organisation auch leiten kann. Schließlich sollte vermieden werden, daß eine solche Vereinigung bei der Produktion von Erzeugnissen eine Monopolstellung einnimmt.

Mit der Umstellung der Betriebe und Vereinigungen auf volle wirtschaftliche Rechnungsführung und Eigenfinanzierung sollten sie zugleich das Recht erhalten, gemeinsame Produktionsbereiche und Vereinigungen auf anteiliger Grundlage bis zur völligen Fusionierung zu bilden, falls dies durch ökonomische Zweckmäßigkeit diktiert wird. Wir sind davon überzeugt, daß die Betriebe unter den neuen Bedingungen an der Bildung verschiedenster freiwilliger Vereinigungen zur Schaffung neuer Technik, gemeinsam nutzbarer Rechenzentren, sozialer und Umwelschutzobjekte, Transportbetriebe bis hin zur Schaffung von Ausbildungseinrichtungen für Fach- und Leitungskader interessiert sein werden.

Aber auch die Leitungsorgane dürfen sich hier nicht passiv und noch weniger konservativ verhalten. Die Tore für vielfältige Integrationsprozesse müssen weit aufgestoßen werden.

Der zentralen Leitung könnten künftig unmittelbar anstatt der jetzigen 37000 in den Staatsplan einbezogenen Industriebetriebe einige tausend große Zweigvereinigungen, zweigübergreifende und Zweigterritorialvereinigungen unterstehen, die in der Lage sind, aus eigenen Kräften einen ganzen Zyklus zu realisieren: »wissenschaftliche Forschungen – Investitionen – Produktion – Absatz – Service«. Daneben könnte es unter der Leitung der Republiks- und örtlichen Organe Zehntausende mittlerer und kleiner Betriebe geben, darunter genossenschaftliche, die auf die Belieferung großer Vereinigungen und auf den örtlichen Markt orientiert sind.

Nicht weniger wichtig ist die Frage der organisatorischen Umgestaltung der *Zweigleitung*.

Worin soll sie bestehen? In der klaren Abgrenzung dessen, wofür das Ministerium und wofür die Vereinigung und der Betrieb verantwortlich sind. Die Ministerien müssen zu wirklichen wissenschaftlich-technischen und Planungs- und Wirtschaftsstäben der Zweige werden und vor dem Land die Verantwortung für die Deckung des Bedarfs der Volkswirtschaft an den vom entsprechenden Zweig hergestellten Erzeugnissen tragen sowie dafür, daß die Technologie der Produktion, die Qualität und das technische Niveau der Erzeugnisse Weltniveau erreichen. Ferner müssen sie sich mit der Entwicklung und Vervollkommnung der Struktur des Zweiges, der Vertiefung der Spezialisierung und Kooperation befassen und ökonomische Normative, Hebel und Stimuli für die unterstellten Betriebe schaffen.

Ihnen stehen wissenschaftlich-technische Leiteinrichtungen zur Verfügung, zentralisierte Fonds von Mitteln, mit deren Hilfe erforderlichenfalls neue Betriebe geschaffen und die Anstrengungen der Arbeitskollektive zur bedeutenden Rekonstruktion und Erweiterung der Produktion unterstützt werden können. Die überwiegende Mehrheit der Zweigministerien wird sich real in die Außenwirtschaftstätigkeit einschalten können. Eine verantwortungsvolle Aufgabe der Ministerien ist die Aus- und Weiterbildung sowie die Umschulung von Kadern. Hierbei nimmt ihre Rolle unermeßlich zu.

Um Versuche des Apparates der Ministerien zu unterbinden, die Betriebe administrativ zu bevormunden, müssen sie von den Funktionen operativer Wirtschaftsleitung entbunden werden, indem man die entsprechenden Struktureinheiten auflöst, die Zahl der Beschäftigten im Apparat der Ministerien und der ihnen zuarbeitenden Einrichtungen reduziert. Bei den neuen Funktionen brauchen die Ministerien keine aufgeblähten Strukturen und großen Stäbe. Im Verlauf der Realisierung der vorgeschlagenen Maßnahmen kann sich auch die Frage der Vereinigung verschiedener Ministerien ergeben.

Neue Leitungsorgane ...

Bekanntlich ist bei uns mit der Formierung eines *Systems der Leitung der volkswirtschaftlichen Komplexe und Gruppen von miteinander verbundenen Zweigen* begonnen worden. Als ständige Organe des Ministerrats der UdSSR wurden das Staatliche Agrar-Industrie-Komitee, das Staatliche Baukomitee, das Büro für Maschinenbau und das Büro für den Brennstoff- und Energiekomplex, die Außenwirtschaftskommission und das Büro für Soziale Entwicklung geschaffen und nahmen ihre Tätigkeit auf.

Dieses System ist im Werden begriffen. Noch ist die optimale Verteilung der Funktionen zwischen den Leitungsorganen der Komplexe einerseits sowie dem Staatlichen Plankomitee der UdSSR und den Ministerien andererseits nicht gefunden worden.

Wir sollten konsequent Kurs auf die Umbildung der ständigen Regierungsorgane in lebensfähige Organisationen steuern, die für die Entwicklung ihrer Komplexe und für die Lösung der zwischenzweiglichen Probleme verantwortlich sind. Aus Erfahrung wissen wir, daß gerade an den Berührungspunkten der Zweige große volkswirtschaftliche Probleme entstehen. Gerade dort gibt es immer die meisten Unstimmigkeiten, wodurch uns große Verluste entstehen. Aber gerade dort gibt es auch große Reserven zur Verbesserung der Arbeit.

Die Stärkung der ständigen Regierungsorgane wird es erlauben, als Bindeglied zwischen den Ministerien und den anderen zentralen Staatsorganen zu wirken und die Leitung wirksamer und erfolgreicher zu machen.

Die neuen Bedingungen stellen höhere Anforderungen an die Qualität der Arbeit *zentraler Wirtschaftsorgane:* des Staatlichen Plankomitees, des Ministeriums der Finanzen, des Staatlichen Komitees für Preise, des Staatlichen Komitees für Materialversorgung, des Staatlichen Komitees für Wissenschaft und Technik, des Staatlichen Komitees für Arbeit und Sozialfragen und anderer. Der Übergang zur vollständigen wirtschaftlichen Rechnungsführung, die grundlegenden Veränderungen in der Tätigkeit der Ministerien sowie die Entwicklung des Systems der Leitung volkswirtschaftlicher Komplexe verändern nachhaltig die Funktion dieser Organe.

Was das Staatliche Plankomitee der UdSSR anbelangt, so muß das Schwergewicht seiner Tätigkeit auf die Bestimmung der Entwicklungsperspektiven, auf die Realisierung prinzipieller ökonomischer und sozialer Aufgaben sowie auf die Gewährleistung der Bilanzierung in der Volkswirtschaft insgesamt verlagert werden. Im Zusammenhang damit muß die Struktur des Staatlichen Plankomitees als höchstes Organ des Landes zur wissenschaftlichen Leitung der Wirtschaft grundlegend umgestaltet werden. Es ist wichtig, daß seine koordinierenden Bereiche, seine soziale Ausrichtung sowie seine wissenschaftlich-technischen und Territorialorgane entscheidend gefestigt werden. Natürlich muß dies alles mit den Funktionen der ständigen Organe des Ministerrates der UdSSR eng verbunden werden.

Offenbar ist die Frage der Verstärkung der koordinierenden Rolle des Staatlichen Plankomitees der UdSSR gegenüber der Arbeit der anderen zentralen Wirtschaftsorgane herangereift.

Wir sprachen bereits darüber, daß das neue System nur dann effektiv sein wird, wenn es die zahlreichen Interessen unserer Gesellschaft, einschließlich der Interessen nicht nur der Betriebe und Zweige, sondern auch der Unionsrepubliken, Regionen und Gebiete, Städte und Stadtbezirke oder, wie man sagt, die *territorialen Interessen* zu vereinen und untereinander abzustimmen vermag.

Es muß berücksichtigt werden, daß großer Schaden entstehen kann, wenn wir in die Arbeit zur Verwirklichung der radikalen Reform nicht die Möglichkeiten und die Initiative auf örtlicher Ebene einbeziehen.

Es ist angebracht zu erwähnen, Genossen, daß viele Ideen, auf deren Grundlage wir wichtige Experimente durchgeführt und die jetzige Leitungskonzeption erarbeitet haben, auf örtlicher Ebene entstanden sind und dank der initiativreichen Arbeit der örtlichen Organe den Weg ins Leben fanden.

. . .

Die territorialen Organe können viel tun für das Entstehen von zweigübergreifenden Produktionen, für die bessere Nutzung von speziellen Ausrüstungen und von Sekundärrohstoffen sowie für die Entwicklung der Produktionsinfrastrukturen. Hier eröffnet sich für sie ein breites Betätigungsfeld.

Wichtigster Gegenstand der territorialen Leitung – vor allem von Seiten der Sowjets – ist natürlich der soziale Bereich. Dazu zwei Bemerkungen. Die erste betrifft den Schutz der sozialen Interessen in den großen Städten. In diesen Städten darf der Bau von Produktionsobjekten auf Kosten der sozialen Entwicklung nicht weiter eskalieren, Genossen.

Warum sollten wir nicht ein System durchdenken und einführen, das den Ministerien oder anderen Staatsorganen den Bau von Produktionsobjekten nur dann gestattet, wenn sie den territorialen Organen gleichzeitig Mittel für die Entwicklung des sozialen Bereichs entsprechend begründeten Normativen zur Verfügung stellen. Man sollte meinen, daß eine solche Methode dazu beitragen würde, Ordnung in die Entwicklung der Städte zu bringen.

Die zweite betrifft die Rolle der territorialen Organe bei der Organisation der genossenschaftlichen und individuellen Erwerbstätigkeit. Auf staatlicher Ebene liegen jetzt dazu praktisch alle notwendigen Entscheidungen vor. Viele Werktätige möchten sich zu Genossenschaften zusammenschließen, um diese oder jene Aufgaben zur Befriedigung der Bedürfnisse der Menschen zu lösen.

Viele möchten individueller Erwerbstätigkeit nachgehen. Es scheint alles für die Entfaltung dieses wichtigen Prozesses vorhanden zu sein. Doch schreitet er nur langsam und unter großen Schwierigkeiten voran. Die Gründe dafür sind immer die gleichen – Initiativlosigkeit der örtlichen Organe, Vernachlässigung dieser Fragen, zuweilen auch die Ablehnung, sich mit ihnen zu befassen, sowie alle möglichen bürokratischen Hürden. Dabei ist es doch eine unmittelbare Aufgabe der örtlichen Organe, für die sie voll verantwortlich sind...

Im Mittelpunkt steht der Mensch ...

Genossen! Im Mittelpunkt unserer ökonomischen Politik und der Wirtschaftspraxis steht der Mensch mit seinen realen Interessen und Motiven.

Wir müssen uns darüber im klaren sein, daß die Zeit, da sich Leitung auf Befehle, Verbote und Appelle reduzieren ließ, der Vergangenheit angehört. Jetzt ist bereits allen klar, daß sich mit solchen Methoden nicht mehr arbeiten läßt. Sie sind einfach uneffektiv. Die Forderung der Zeit lautet: ein starkes System von Motiven und Stimuli zu schaffen, das alle Werktätigen veranlaßt, ihre Fähigkeiten voll zu entfalten, mit guten Ergebnissen zu arbeiten und die Produktionsressourcen mit höchster Effektivität zu nutzen.

Hier ist alles von höchster Wichtigkeit, die Arbeitsorganisation und die Formen der Stimulierung, das System der Beschäftigung, die Situation auf dem Verbrauchermarkt, der Zustand der sozialen und kulturellen Leistungen. Jeder der genannten Bereiche muß unter dem Aspekt der Aktivierung des Faktors Mensch betrachtet werden.

Besonders scharf steht die Notwendigkeit eines qualitativ neuen Herangehens an die Arbeitsorganisation. Unsere Praxis ist in der Regel die von gestern oder sogar von vorgestern. Wir brauchen eine solche Arbeitsorganisation, die den heutigen Anforderungen des wissenschaftlich-technischen Fortschritts entspricht, die besten Erfahrungen der Sowjetunion und der Welt übernimmt und, was besonders wichtig ist, den neuen Bedingungen der Wirtschaftsführung und den Prinzipien der Selbstverwaltung entspricht.

Jetzt, nach der Serie bekannter Experimente, ist uns allen klar, daß dem neuen Wirtschaftsmechanismus am besten der kollektive Leistungsvertrag und andere effektive Formen der Arbeitsorganisation und -stimulierung entsprechen. Nur auf ihrer Grundlage kann die wirtschaftliche Rechnungsführung voll realisiert und in jedem Kollektiv, an jedem Arbeitsplatz eingeführt werden.

Die Entlohnung und Stimulierung der Arbeit muß ein neues System erhalten. Jetzt wird auf der Grundlage des Gesetzes über den Betrieb dessen Recht garantiert, Tarifsätze und Gehälter zu erhöhen und Zuschläge festzulegen. Die Möglichkeiten der effektiven Stimulierung werden enorm erweitert. Hierbei ist besonders wichtig, daß der reine Lohn eines Mitarbeiters in enge Abhängigkeit von seinem persönlichen Arbeitsbeitrag zum Endergebnis gestellt und nicht durch irgendwelche Limits begrenzt wird. Es gibt nur ein Kriterium für gerechte Entlohnung: Wurde der Lohn erarbeitet oder nicht?

Die Intensivierung der gesellschaftlichen Produktion und die Schaffung des entsprechenden Wirtschaftsmechanismus veranlassen uns, auf neue Art und Weise auch auf die Probleme der effektiven Beschäftigung in unserer Gesellschaft zu blicken.

In den vorangegangenen Etappen hat unter den Bedingungen der vorrangig extensiven Entwicklung der Produktion die Anzahl der Arbeitsplätze rasch zugenommen. Das Hauptproblem bestand damals darin, neue Arbeitskräfte zu suchen. Jetzt verändert sich die Situation grundlegend. Unter den Bedingungen der Beschleunigung des wissenschaftlich-technischen Fortschritts nimmt das Ausmaß der Freisetzung von Arbeitskräften beträchtlich zu. Dazu wird auch der neue Wirtschaftsmechanismus anregen. Gleichzeitig erhöht sich der Bedarf an Arbeitskräften für die Bereiche Dienstleistungen, Kultur, Bildung, Gesundheitswesen und Erholung.

Eine solche Umgruppierung der Arbeitskräfte erfordert höchste Aufmerksamkeit und sorgfältig durchdachte organisatorische Maßnahmen. Wir sind verpflichtet, die sozialen Garantien für die Beschäftigung der Werktätigen und das verfassungsmäßige Recht auf Arbeit zu gewährleisten. Das sozialistische System verfügt über solche Möglichkeiten.

In der neuen Situation sind die Rechte und die Verantwortung der staatlichen Organe auf Arbeit und soziale Fragen zu erweitern.

Ich sagte bereits, daß sich in den vergangenen Jahren eine große Kluft zwischen den Geldeinkünften und der kaufkräftigen Nachfrage der Bevölkerung einerseits und ihrer materiellen Deckung andererseits gebildet hatte. Von 1971 bis 1985 stieg die im Umlauf befindliche Geldmenge auf das 3,1fache bei einer Erhöhung der Konsumgüterproduktion auf das Doppelte. Bei der Reform der Wirtschaftsführung müssen wir den Kurs auf die Anpassung der Produktion von Konsumgütern an die Bedürfnisse der Bevölkerung konsequent und beharrlich fortsetzen. Arbeit für das Warenlager ist nicht nur verschwenderisch, sondern sogar absurd, von welcher Seite man es auch betrachtet. Es ist besser, eine solche Produktion einzustellen. Mir scheint, diese Frage verdient die größte Aufmerksamkeit.

Es geht jedoch nicht nur darum, daß die kaufkräftige Nachfrage der Bevölkerung durch eine Warendecke zu sichern ist. Wie es scheint, muß man auch über eine vollständigere Heranziehung von Mitteln der Bevölkerung zur Lösung einer Reihe anderer Aufgaben nachdenken. Viele Menschen wollen sich mit Hilfe des genossenschaftlichen und individuellen Wohnungsbaus aus persönlichen Mitteln eine Wohnung beschaffen. Eine reale Vorwärtsentwicklung gab es hier jedoch nicht. Im Gegenteil hat sich der prozentuale Anteil des genossenschaftlichen Wohnungsbaus bis vor kurzem sichtlich verringert. Das ist natürlich nicht richtig.

Auf der Basis von Anleihen können beträchtliche Mittel der Bevölkerung zur Schaffung von Erholungs- und Touristikeinrichtungen, für den Bau von Sportanlagen im Wohngebiet, die gegen Entgelt benutzt werden dürfen, herangezogen werden. Unter bestimmten Umständen könnte die Bevölkerung auch Mittel in die Genossenschaften investieren, die heute im Dienstleistungsbereich und in anderen Zweigen entstehen.

In diesem Zusammenhang kommen wir zu einer weiteren Frage. Um die Deformierung der Nachfrage zu überwinden, gilt es, die Entwicklung des gesamten Bereichs der Dienstleistungen gegen Entgelt drastisch, um das Zwei- bis Dreifache zu beschleunigen, dort zusätzliche Stimuli einzuführen und mehr Ressourcen zur Verfügung zu stellen. Berechnungen zeigen, daß wir, wenn wir diesen Weg gehen, einen alljährlichen Zuwachs an Dienstleistungen um 15 bis 20 Prozent erzielen...

Wege der Umsetzung der Reform ...

Genossen! Die radikale Reform des Systems der Wirtschaftsleitung ist kein einmaliger Akt, sondern ein Prozeß, für dessen Abschluß eine gewisse Zeit benötigt wird. Indes darf dabei auch keine Zeit versäumt werden. Das kann sich als die größte Gefahr erweisen. Zuviel Zeit ist bereits verlorengegangen. Wir müssen das 13. Planjahrfünft unbedingt mit dem neuen Wirtschaftsmechanismus beginnen, auch wenn seine Vervollkommnung im darauffolgenden Planjahrfünft noch weiter andauern wird.

Das Politbüro hält es für unzulässig, daß mangelnde und unzuverlässige organisatorische Absicherung, zögerndes und unabgestimmtes Handeln – wie das in der Vergangenheit der Fall war – zu einer Verschleppung und unvollständigen Verwirklichung der Reform führen.

In diesem Zusammenhang wird vorgeschlagen, daß das Plenum »Die Hauptbestimmungen der grundlegenden Umgestaltung der Wirtschaftsleitung« billigt, die sowohl prinzipielle als auch konkrete Festlegungen hinsichtlich der Schaffung eines neuen Systems der Leitung enthalten und zu einer Art Parteidirektive für die ganze weitere Arbeit auf diesem Gebiet werden sollen.

Welcher organisatorische Gedanke liegt der vorgeschlagenen Umgestaltung der Leitung der Wirtschaft zugrunde?

Ihr Ausgangspunkt wird die Annahme des Gesetzes der UdSSR über den staatlichen Betrieb (Vereinigung) durch den Obersten Sowjet der UdSSR sein. Es wird vorgeschlagen, bis zum Ende des Jahres ein ganzes »Paket« konkreter Beschlüsse zu den bedeutenden Fragen der Umgestaltung der Leitung zu verabschieden, um die zentralisierte Leitung mit dem Gesetz über den Betrieb in Einklang zu bringen.

Vom nächsten Jahr an, ab 1988, werden nach den neuen Prinzipien Betriebe und Vereinigungen arbeiten, die rund zwei Drittel der gesamten Industrieproduktion erzeugen, darunter der gesamte Maschinenbau, das Hüttenwesen sowie der größte Teil der Betriebe der Brennstoff- und Energiezweige, der chemischen, Forst-, Leicht-, Nahrungsgüter- und Fischindustrie und alle Verkehrsträger. 1989 soll die Umstellung auf die neuen Bedingungen der Wirtschaftsführung abgeschlossen sein.

Parallel wird bis Ende des Planjahrfünfts die Umgestaltung der wichtigsten Funktionen der Leitung der Wirtschaft verwirklicht: der Planung und der Preisbildung, der Finanzen und des Kredits sowie der materiell-technischen Versorgung. Es werden stabile ökonomische Normative mit langfristiger Wirkung für das 13. Planjahrfünft ausgearbeitet.

Der neue Fünfjahrplan ist auf andere Art, auf der Grundlage des einzuführenden Systems der Leitung der Wirtschaft auszuarbeiten. Vor allem ist den Betrieben große Selbständigkeit beim Abschluß von Verträgen auf der Grundlage ökonomischer Normative sowie der Aufträge der Verbraucher zu gewährleisten. Die gesamte Arbeit ist so zu organisieren, daß die Annahme des Fünfjahrplans vor Beginn des Planjahrfünfts gesichert wird.

Genossen! Die organisatorische Seite der geplanten Umgestaltungen muß ein umfassendes Programm der gesetzgeberischen Tätigkeit, der Gestaltung des Rechtsmechanismus für die Wirtschaftsreform einschließen.

Das Herangehen ist einfach: Unklarheiten hinsichtlich der Gesetzlichkeit oder Ungesetzlichkeit von Handlungen im Bereich der Wirtschaftsführung müssen völlig ausgeschlossen werden. Das allgemeine Rechtsprinzip »Es ist alles erlaubt, was das Gesetz nicht verbietet« ist breiter anzuwenden.

Offensichtlich sollte man nach der Annahme des Gesetzes über den Betrieb alle Normativakte außer Kraft setzen, die diesem widersprechen, sowie die ressortgebundene Aufstellung von Normen streng juristisch regeln.

Es muß ferner ein System geschaffen werden, durch das Gesetze und Beschlüsse der Regierung schnell in die Arbeitskollektive gelangen. Die Menschen müssen die Gesetze, die ihr Leben und ihre Arbeit regeln, kennen.

In diesem Zusammenhang nehmen die Aufgaben der Staatsanwaltschaft in der Aufsicht über die Einhaltung der Gesetze durch alle Organisationen und Funktionäre beträchtlich zu. Bei der Regelung des Wirtschaftslebens muß die Rolle des Staatlichen Vertragsgerichts stark erhöht werden.

Besonders hervorgehoben sei die Notwendigkeit maximaler Offenheit des gesamten Prozesses der Ausarbeitung und Verabschiedung von Beschlüssen zu Fragen des sozialen und wirtschaftlichen Lebens sowie einer regelmäßigen und offenen Berichterstattung von Vertretern der Leitungsorgane. Veröffentlichungen von Entwürfen und Beschlüssen sowie umfassende Informationen über eingegangene Vorschläge zu den diskutierten Fragen müssen zur Regel werden. Dem ist ein neues Gesetz über die Erörterung wichtiger Fragen des staatlichen Lebens durch das ganze Volk gewidmet, dessen Entwurf auf der bevorstehenden Tagung des Obersten Sowjets der UdSSR unterbreitet wird.

Eine sehr umfangreiche und aktuelle Frage ist die grundlegende Umgestaltung unserer Statistik. Hierbei ist eine grundlegende Wende hin zu den Qualitätskennziffern, eine breitere Information zu Fragen der regionalen und sozialen Entwicklung sowie die Durchführung verschiedener Stichprobenuntersuchungen notwendig.

Ohne das ist keine ernsthafte sozial-ökonomische Analyse und folglich auch kein kompetentes Herangehen an die Probleme möglich. Es gilt, auch die Grenzen der Veröffentlichung von ökonomischem und sozialem statistischem Material zu erweitern.

Genossen! Heute ist es besonders notwendig, den Parteieinfluß in allen Richtungen unserer Arbeit zu verstärken, die Steuerung der gesellschaftlichen Prozesse zu verbessern und neue schöpferische Arbeitsmethoden zu entwickeln. Die allerwichtigste Aufgabe für uns – vom ZK bis zur Parteigrundorganisation – bei der Umstellung der Wirtschaft auf ein neues System der Leitung besteht darin, ein normales Funktionieren der Volkswirtschaft zu gewährleisten. Das ist deshalb von besonderer Bedeutung, weil wir in der Übergangsperiode gleichzeitig eine Reihe großer und komplizierter Aufgaben unserer ökonomischen Entwicklung lösen, eine strukturelle Umgestaltung unserer Volkswirtschaft durchführen, Maßnahmen zur Beschleunigung des wissenschaftlich-technischen Fortschritts einleiten sowie eine radikale Reform der Leitung und die Vertiefung ihrer demokratischen Grundlagen verwirklichen müssen.

Man darf dabei nicht außer acht lassen, daß innerhalb einer bestimmten Zeitspanne, die für die komplexe Lösung dieser Aufgaben erforderlich ist, gleichzeitig neue wie auch alte Methoden der Leitung wirken werden...

Die Hauptaufgabe der Reform ist es, unserem Wirtschaftswachstum neue Stimuli und Impulse zu verleihen und ein starkes materielles Fundament für den beschleunigten sozialen und geistigen Fortschritt der sowjetischen Gesellschaft zu errichten.

Die sich im Lande vollziehende Umgestaltung ist eine direkte Fortsetzung der Sache des Oktober, ist die konsequente Verwirklichung der Ideale, die auf dem Banner unserer Revolution stehen, deren 70. Jahrestag wir in diesem Jahr begehen werden.

Die Umgestaltung ist die Antwort auf die historische Herausforderung der Zeit. Unsere Partei, unser Volk sind in der Lage, sie so zu beantworten, wie sie sie durch die Verwirklichung der größten sozialen Revolution, den Aufbau des Sozialismus und den welthistorischen Sieg im Großen Vaterländischen Krieg beantworteten. So war das stets, wenn uns Aufgaben historischer Entscheidung gestellt wurden. So wird es auch jetzt sein.

Wolfgang Schlott

Demokratisierung der sowjetischen Kultur im Geiste einer größeren Offenheit

Noch vor der Wahl zum Generalsekretär der KPdSU zeichnet M. S. Gorbatschow im Dezember 1984 die ersten Umrisse der künftigen sowjetischen Kulturpolitik. Auf einer Unionskonferenz seiner Partei nimmt er als Mitglied des Politbüros zu ideologischen Fragen Stellung, indem er in groben Zügen sein Modell einer sozialistischen Demokratie entwickelt: umfassende, rechtzeitige und ehrliche Information, die Achtung vor dem Verstand der Menschen und ihrer Gefühle und Öffentlichkeit als Norm des gesamten gesellschaftlichen Lebens sollten die Grundvoraussetzungen für die Arbeit der Partei- und Staatsorgane bilden.[1] Ein Anspruch, der in vieler Hinsicht noch nicht erfüllt sei, weil Formalismus und kanzlei-bürokratisches Herangehen an die großen gesellschaftlichen Probleme die Entwicklung einer *offensiven* Ideologie des realen Sozialismus behinderten. Unter Verweis auf die Ideologie der Monopolbourgeoisie, die einen psychologischen Krieg gegen die Souveränität anderer Länder führe, appelliert er deshalb an die Massenmedien seines Landes, bei der Verwirklichung des sozialökonomischen Fortschritts und der Verbesserung der kommunistischen Erziehung konstruktivere Beiträge zu leisten. Diese Aufforderung richtet Gorbatschow vor allem an die sowjetischen Wissenschaftler und Kulturschaffenden, die sich bei der Durchsetzung sozialistischer Normen und Werte ausdrücklich experimenteller Methoden bedienen sollen. Was hier jedoch im Umfeld ideologisierter sozialistischer Pflichtübungen zunächst nicht ins Blickfeld der Kommentatoren fällt, hebt Gorbatschow am Schluß seiner Ausführungen explizit hervor, als er von der Erwartung spricht, die sowjetische Bürger an ihre Künstler und Kulturschaffenden haben: Neue geistige Werte schaffen, in dem Bedeutendes, Ehrliches und Wahrheitsgetreues zum Ausdruck kommt.

Allerdings sind solche allgemeinen Aufrufe zur Verwirklichung einer neuen politischen Kultur noch zumeist von negativ besetzten Begriffen geprägt. Doch schon auf dem April-Plenum seiner Partei kommt es zu einer deutlichen Akzentverschiebung.[2] Gorbatschow würdigt zunächst die Wandlungen, die im sozialen Leben der UdSSR im Laufe der vergangenen siebzig Jahre stattgefunden hätten, wobei er besonders den »weitreichenden Zutritt zu der geistigen Kultur, Achtung der Würde und der Rechte der Persönlichkeit« hervorhebt. Diese Wesenszüge bedingten die sozialistische Lebensweise. Eine Behauptung, die die geistige und politische Situation der sowjetischen Gesellschaft in einem verklärten Licht erscheinen läßt und vor allem in kultureller Hinsicht sicherlich den Einspruch führender Vertreter der geistigen Intelligenz der UdSSR hervorrufen würde.[3]

In derselben Rede widmet der Generalsekretär seine Aufmerksamkeit auch den Aufgaben des kommunistischen Staates bei der Reformierung der Alltagskultur und des Bildungswesens. Eine zufriedenstellende Versorgung der Bevölkerung mit Gütern des alltäglichen Bedarfs müsse das Wohl der kulturellen Beziehungen von zivilierten Menschen bestimmen, denn »die Werktätigen wollen ihre Einkommen in größerem Maße für die Verbesserung der Wohnverhältnisse sowie die Verbesserung kultureller und übriger Lebensbedingungen, für Erholung, Touristik und andere Ziele ausgeben.«[4] Und im Hinblick auf den zweiten Bereich, der materiellen Grundausstattung der Schulen und Hochschulen wie auch dem Niveau der didaktischen und fachlichen Vermittlung von Wissen fordert er eine substantielle Reform im Bildungswesen, das jahrzehntelang unter zu geringen Investitionen, zu geringer Entlohnung des Lehrpersonals und den ideologisch überfrachteten Lehrinhalten gelitten hat.[5]

Eine überaus bedeutsame Rolle bei der Umgestaltung der sowjetischen Gesellschaft schreibt Gorbatschow den Massenmedien zu. Sie sollen jene reformerischen Ideen in alle Winkel des Riesenreiches tragen, die bisher lediglich in Großstädten zu einer wesentlichen Klimaveränderung geführt haben. Es geht dabei um die Entstehung einer öffentlichen Meinung, die sich auf dem Wege der allmählichen Auflösung von Denkkonstrukten mit monologischem Charakter hin zu vielfältigen Formen von Kritik an den verfestigten Verhältnissen und zu einer *neuen* Form von Selbstkritik entfalten kann. Entscheidende Impulse soll dabei die künstlerische Intelligenz liefern, deren »große Autorität und Anerkennung«[6] in der Bevölkerung anscheinend notwendig ist, um im Vorfeld der anlaufenden Wirtschaftsreformen Vertrauen und Optimismus unter den noch zögernden werktätigen Massen zu schaffen.[7]

Diese Funktionszuweisung für die schöpferische Intelligenz kommt in einer bisher noch nicht autorisierten Rede Gorbatschows vor einer Reihe von ausgewählten Schriftstellern am 19. Juni 1986 zum Ausdruck.[8]

Sie zeichnet mit dramatischer Bekenntnishaftigkeit jene Schwierigkeiten auf, die die sowjetischen Reformer in den nächsten Jahren überwinden müssen. Dazu gehören unter anderem eine radikale Veränderung von Alltagssitten (Alkoholsucht), die Aufhebung der Doppelmoral zugunsten einer demokratisierten Öffentlichkeit und die Überwindung der strukturellen Widerstände in den Verwaltungen und der Partei.

Daß für Gorbatschow die künstlerische Intelligenz eine Vorreiterposition bei der Durchführung seiner Reformpolitik besitzen soll, zeichnet sich bereits in seinem politischen Bericht auf dem XXVII. Parteitag der KPdSU ab.[9] Künstlerische Entdeckungen und Lebenswahrheit erwarte die Gesellschaft von ihren Schriftstellern, nicht aber schwülstige Vielschreiberei, sozialthematische Kleinkrämerei, Konjunkturrittertum und engstirnigen Praktizismus. Diese gegen die literarische und künstlerische Ausschuß-Produktion der Breshnew-Ära gerichtete Aussage erweitert er auch im Hinblick auf die Literaturkritik, für die es an der Zeit wäre, »Duldsamkeit und Unterwürfigkeit, die auf die gesunde Moral zersetzend wirken, abzulegen.«[10]

Die Aufforderung zur Emanzipation gegenüber dem bisher von der Partei vorgegebenem normativen Verständnis von Literatur untermauert Gorbatschow mit dem Hinweis darauf, daß »nicht Resolutionen und Sitzungen« das Ergebnis von künstlerischer Arbeit seien, »sondern talentvolle, orginelle und gesellschaftlich wertvolle Bücher, Filme, Stücke, Bilder und Musikwerke, die das geistige Leben des Volkes«[11] bereichern. Ein Appell, der sich an eine zu schaffende Öffentlichkeit richtet, die sowohl künstlerische Werke kritisch annehmen und bewerten als auch in ihnen ein Mittel der neuen Kulturpolitik erkennen soll. Interessant ist in diesem Zusammenhang der Hinweis darauf, daß Ideologie einen schöpferischen Charakter annehmen müsse, was in Wirklichkeit eine Veränderung des teleologischen Charakters der marxistisch-leninistischen Philosophie bedeutet.

Ein wesentlicher Vorwurf Gorbatschows gegenüber dem Wissenschaftsapparat zielt deshalb auf die Lehrinhalte und Forschungsstrategien der Philosophie, Ökonomie und Gesellschaft, die sich »in einer gewissen Distanz zu den Erfordernissen des Lebens befänden und die von solchen Merkmalen wie Scholastik, Buchstabengelehrsamkeit und Dogmatismus geprägt seien.«[12] Die Veränderung solcher Inhalte müsse jedoch gekoppelt sein mit dem Transport von Ideen, die die sozialpolitischen Erfahrungen reflektieren. Eine Aufgabe, die von der KPdSU nur dann gelöst werden könne, wenn Aufrufe und Forderungen von konkreten politischen, ökonomischen und sozialen Schritten begleitet würden.

Die bisherige ideologisch-propagandistische Arbeit der Staatspartei hat in den meisten gesellschaftlichen Bereichen zur Entpolitisierung der Bürger geführt, eine Situation, die vor allem aufgrund der konkreten Erfahrung mit dem Monopolanspruch der KPdSU und der fatalistischen Einsicht in die chronische Unterversorgung mit Gütern des alltäglichen Bedarfs entstanden ist. Ihre Erscheinungsformen sind u. a. Gleichgültigkeit gegenüber den Zielen der Staatsideologie, Verlagerung von schöpferischen, physischen Energien und Interessen in private Handlungsräume sowie die Distanz zwischen Entscheidungsträgern und Massen.

Gorbatschow legt in der Tat den Finger auf die schwelenden Wunden seiner Gesellschaft, wenn er von einer Trübung des Blickes spricht angesichts des gewaltigen propagandistischen Aufwands bei der Aufklärung der Bevölkerung, die in keinem Verhältnis zu dem tatsächlichen Bewußtseinszustand der Bürger steht. Ein grundlegender Wandel in den Erziehungsprogrammen müsse erfolgen, damit nach der erfolgreichen ideologischen Aktivierung der Massen der Einfluß der bürgerlichen Propaganda zurückgedrängt werden könne.

Diese Forderung nach der Dynamisierung des politisch-ideologischen Handelns der Sowjetbürger war bereits im »Programm der KPdSU«[13] verankert. Die dort auftretenden Beschwörungsappelle (Erziehung zu hohem politischen Bewußtsein, Verteidigung der geistigen Werte der sozialistischen Gesellschaft) sind an sich keine innovativen Forderungen, da sie in den seit Jahrzehnten vertrauten Kanon ideologischer und ethisch-moralischer Postulate (Durchsetzung der kommunistischen Moral, Verstärkung der patriotischen und internationalen Erziehung u. a.) eingebettet sind. Auffällig ist in diesem Zusammenhang lediglich die Benennung einer Reihe von gesellschaftsschädlichen Erscheinungsformen (Diebstahl, Bestechung, Spekulation, Trunksucht, Privateigentümermentalität, Lobhudelei u. a.), die sich in allen Schichten der Bevölkerung ausbreiten[14] und natürlich im Widerspruch zu dem gewünschten Idealbild einer kommunistischen Gesellschaft stehen.

Bedeutungstragend – im Sinne der Offenlegung solcher Krankheitsphänomene – ist allerdings ein weiterer Aspekt des Programmes: nämlich der Charakter der sowjetischen Massenmedien, in denen das beklagte »leere Geschwätz, der Formalismus und die Primitivität«[15] in der Zwischenzeit einer größeren Ehrlichkeit und Objektivität gewichen ist. Sicherlich erwarten die Gestalter des Parteiprogramms auch aus den Bereichen Volksbildung, Wissenschaft, Massenkultur, Literatur und Kunst wesentliche Impulse, wobei die zuletzt genannten Bereiche eine doppelte Funktion erfüllen sollen. Die Kunst des sozialistischen Realismus bleibt die äußere Normorientierung, wenn auch ein »weiter Raum für wirklich freies Schöpfertum, ..., für die Weiterentwicklung mannigfaltiger realistischer Formen, Stile und Genres« vorhanden sein wird.[16] Einige der erwähnten künstlerischen und literarischen Stile sind seit dem Sommer 1986 vor allem in großstädtischen Kulturhäusern stärker in Erscheinung getreten. Trotzdem konnte bisher das ganze Spektrum der in der UdSSR vorhandenen multinationalen Kulturen noch nicht im Rampenlicht *konkurrierender* Öffentlichkeit erscheinen. Ein sicherlich hoher demokratischer Anspruch, der in der Sowjetunion auch nach einem günstigen Verlauf der gesellschaftlichen Reformen erst zu Beginn der neunziger Jahre realisiert sein dürfte.

Seit dem Herbst 1986 deutet sich in Reden und Interviews des Generalsekretärs der KPdSU eine Funktionserweiterung von Literatur und Kultur an, die die unbehinderte Entfaltung von Formen und Stilen sanktioniert. Außerdem werden ethisch-moralische und soziopsychologische Aufgabenbereiche von Kunst und Kulturpolitik benannt. So beispielsweise in Gorbatschows Antwort auf die Frage der Veranstalter des VI. Internationalen Schriftstellertreffens in Sofia nach der Zukunft der Menschheit im thermonuklearen Zeitalter. Dort verweist er ausdrücklich auf die Rolle der Literatur, die es verhindern müsse, daß Kriegspsychosen, Rassismus, Kult der Gewalt und Menschenhaß in die kulturelle Sphäre der Menschheit eindringen.[17]

Auch die angestrebte Demokratisierung der Kultur ist ein Teilaspekt auf dem Plenum des ZK der KPdSU im Februar 1987. Sie habe nach Ansicht Gorbatschows in der Zwischenzeit erste Erfolge aufzuweisen, die sich in neuen Organisationsformen einiger sowjetischer Künstlerverbände abbildeten. Sie sollten unter anderem die Voraussetzung für eine ästhetisch-innovative und risikofreudige Kunstproduktion schaffen. Auf diese Weise könnte die »Ideologie und Psychologie der Stagnation« überwunden werden, die in den vergangenen Jahrzehnten viele mittelmäßige Schöpfungen hervorgebracht habe.[18] Die scharfe Kritik des Generalsekretärs richtet sich in diesem Zusammenhang gegen die bisherige Tätigkeit der Künstlerverbände, denen es in der Vergangenheit nicht gelungen sei, Talente zu fördern, auf vehemente Kritik einzelner Künstler und Journalisten zu reagieren und die bürokratische Verknöcherung in ihren Verbandsreihen aufzuweichen.

In einer Rede vor Leitern der Massenmedien erhofft er sich eine stärkere geistige und politische Motivation der Bevölkerung durch Kunstwerke. Dabei beruft er sich auf seine Erfahrungen beim Besuch einer »Bolschewiki«-Inszenierung im Moskauer »Sowremennik«-Theater und faßt die spontane Reaktion der Zuschauer in dem Satz zusammen, daß die Literatur die Gesellschaft auf die Veränderungen vorbereitet und das gesellschaftliche Gewissen wachgerüttelt habe.[19]

Stärker noch als der Bereich der künstlerischen Kultur bewegt Gorbatschow die zukünftige Rolle der Massenkultur in seiner Reformpolitik. Der Anlaß dafür sind im Frühjahr 1987 zwei Kongresse. Im März und April – in einer Phase drohender Stagnation des Reformwerkes – spricht er vor Gewerkschaftern und Komsomolzen über die Sanierung von Partei und Gesellschaft. Die Gewerkschafter ruft er zu einer entscheidenden Verbesserung der Arbeitsethik auf, da ohne sie die Beschleunigung der ökonomischen Prozesse ausbleibe. Zugleich gesteht er ein, daß die Alltagskultur der Werktätigen besonders darunter leide, daß fehlende oder zu kleine Wohnungen, nicht ausreichende medizinische Betreuung und mangelhafte Infrastrukturen u. a. zu Arbeitsbummelei, Arbeitsplatzfluktuation und zu Alkoholsucht führen würden.[20]

Noch deutlichere Worte fallen auf dem XX. Komsomolkongreß, wo er den sowjetischen Jugendfunktionären vorwirft, daß ihre Arbeit mit den 14- bis 30jährigen Bürgern von Kultur- und Bildungsaufgaben und der ideologisch-moralischen Gestaltung der Persönlichkeit losgerissen sei, weil bürokratischer Formalismus ihr Handeln bestimme. Gleichzeitig fordert er eine vielschichtige kulturelle Infrastruktur, die sich parallel zu einer hochtechnologischen Produktion entfalten müsse.[21]

Die Voraussetzungen für den Aufbau einer solchen Infrastruktur werden auf der Grundlage des weiterhin wirksamen zentralistischen Weisungsprinzips für die Massenkulturschaffenden in den Presse- und Rundfunkhäusern bzw. in den Kino- und Fernsehanstalten geschaffen. Diese Position verdeutlichte der für Kultur zuständige Sekretär des ZK und Mitglied des Politbüros E. K. Ligatschow bei seinem Besuch in der Redaktion der sowjetischen Zeitschrift »Sowjetische Kultur«. »Die Partei«, so betonte er unter deutlicher Anspielung auf Kulturredakteure, Wissenschaftler und Journalisten, die in letzter Zeit immer weniger die Begriffe ‚sozialistischer Realismus' und ‚positiver Held' benutzen würden, »hat bewußt die Demokratisierung des künstlerischen Schaffens wie auch des ganzen Lebens avisiert. Demokratisierung ist der wichtigste Hebel der Umgestaltung, der Bewegung nach vorn. Aber welche Modelle auch immer, welche Neuerungen uns vorgeschlagen werden (das betrifft sowohl unsere »Neuerer« als auch die ausländischen Gutachter), wir werden nicht von den Prinzipien der Klassenzugehörigkeit, der Realitätsgebundenheit der Kunst, der kommunistischen Orientierung der Kultur und der geistigen Sphäre, der Erziehung zu allseitig gebildeten Menschen abweichen.«[22]

Kurz danach trifft sich M. Gorbatschow mit den Leitern der Massenmedien und den Chefredakteuren großer Kulturzeitschriften, nicht um zu überprüfen, ob die ideologische »Standfestigkeit« der reformbewußten Kräfte ausreicht, eine sozialistische Kultur zu schaffen, sondern eher um sich zu vergewissern, wie die künstlerische Intelligenz, zusammen mit der Partei, die Umgestaltung der Gesellschaft vorantreibt. Diese pragmatische Haltung, die sich von der ideologischen Altwächter-Funktion Ligatschows insofern unterscheidet, als sie an ideologische Grundpositionen der Leninschen Kulturpolitik erinnert und ganz bewußt die Experimentierfreudigkeit der Künstler und den kulturell-ethischen Aufarbeitungsprozeß der stalinistischen Repressionspolitik fördert, drückt sich in Gorbatschows Redebeiträgen während der Diskussion aus. Er äußert sich nur dann, wenn es um wesentliche und brennende kulturelle und soziale Probleme geht. (Nationale Identität, Umweltschutz, Verbesserung der Wohnverhältnisse, Umgestaltung des Moskauer Zentrums).[23]

Die Schwierigkeit, eine im Fluß befindliche Kulturpolitik der Reformgruppe um M. Gorbatschow in einem Zeitraum von etwa 2½ Jahren zu beschreiben, bezieht sich sowohl auf deren Eingangsvoraussetzungen als auch auf eine Zukunft, in der die Gegenwart ihre Wegmarkierungen setzt. Gorbatschows politische Vision einer demokratischen Sowjetkultur ist aus einer Reihe von ideologischen Korrekturen an der Theorie des Wissenschaftlichen Kommunismus, pragmatischen Überlegungen und aus der Praxis der Veränderungen im Kultursektor der Sowjetgesellschaft in der 2. Hälfte der 80er Jahre entstanden.

Wesentliche Denkanstöße für die ideologische Umgestaltung kamen aus den theoretischen Arbeiten von Prof. Butenko. Er führte in einem Aufsatz der »Zeitschrift für Philosophie« im Februar 1984 das Fortbestehen negativer Erscheinungen im Sozialismus unter anderem auf dessen *antagonistische*

Widersprüche zurück. Mit dieser These wird er zum Sprecher einer Denkschule, die die Ursachen für die bisherigen Fehlanalysen offen benennt:

»Die Anhänger der anderen Position . . . sehen die grundlegende Ursache der negativen Erscheinungen (der Krisenvorgänge, Kollisionen und Konflikte in der sozialistischen Welt) in einer stümperhaften Lösung von Widersprüchen, die für den Sozialismus selbst bezeichnend sind. Diese Theoretiker leugnen zwar nicht den Einfluß eines ‚Restantagonismus' in der sozialistischen Gesellschaft sowie von ‚Überbleibseln der Vergangenheit' und von ‚Muttermalen des Kapitalismus' verschiedener Art; sie sind der Ansicht, daß es falsch wäre, die grundlegende Ursache der Krisen und anderen negativen Erscheinungen, die man in den Ländern des Sozialismus antrifft, auf die vorgenannten Sachverhalte zurückzuführen.«[24]

Butenko verweist in demselben Aufsatz auf die Potentialität antagonistischer Widersprüche im Sozialismus, die auftreten können »zwischen Kollektivismus und Individualismus, zwischen Internationalismus und Nationalismus, zwischen wissenschaftlicher und religiöser Weltanschauung, zwischen sozialistischer Gesellschaft und antisozialistischen Elementen«[25] und »zwischen der Entwicklung der Produktivkräfte und der realen Gesamtheit der Produktionsverhältnisse, zwischen gesellschaftlichem und persönlichem Bedarf und Verbrauch, zwischen Zentralismus und Demokratie«.[26] Die Ursachen hierfür seien auch in der Inkompetenz der Parteiführung und einem Theoriedefizit zu suchen.[27]

Butenkos Konzept enthielt auch Vorschläge für die Verbesserung der ideologischen Rahmenbedingungen für die sowjetische Wirtschaft, in der ohne die Motivierung der Beschäftigten (gemeinsam mit der Modernisierung und Rationalisierung der Wirtschaftsstrukturen) keine Reformen durchgeführt werden könnten. Voraussetzungen hierfür waren Eingriffe in die repressiven Kommunikationsstrukturen, die in der glasnost-Kampagne zum Ausdruck kommen. Solche »von oben« auf die unterschiedlichen gesellschaftlichen Bereiche einwirkenden Initiativen und Langzeit-Strategien erhalten im Kultursektor immer dann eine wesentliche Unterstützung, wenn der Wille zum radikalen Umbruch in den Organisationsstrukturen (wie in einigen Künstlerverbänden) und der persönliche Einsatz von Künstlern und Kulturfunktionären zu strukturbildenden Neuerungen geführt haben. Natürlich wird der heftige Streit um den Grad der Offenheit und ihrer kulturimmanenten Rolle bei der Stabilisierung des sowjetischen Systems weitergehen, selbst wenn die immer deutlichere Konturen aufweisende Wirtschafts- und Innenpolitik in den nächsten Jahren auf größere Hindernisse trifft. Ein unumkehrbarer Prozeß also? Offenbar, denn nach dem Selbstverständnis des sowjetischen Reformers geht es nicht nur darum, mit der geistigen Energie der Wissenschaftler und Kulturproduzenten ein neues politisches Denken in der UdSSR zu fördern, sondern auch alle Anstrengungen zu unternehmen, um die drohende Zerstörung der menschlichen Zivilisation zu verhindern.[28]

Anmerkungen

1. Gorbatschow, M. S., Lebendiges Schaffen des Volkes, APN-Verlag Moskau 1985, S. 49.
2. Gorbatschow, M. S., Über die Einberufung des Ordentlichen XXVII. Parteitages der KPdSU und die mit seiner Vorbereitung und Durchführung zusammenhängenden Fragen, in: Sowjetunion heute (Beilage), Nr. 6 1985.
3. Kaverin, V., Vzgljad v lico (Die Meinung ins Gesicht sagen), in: Literaturnaja gazeta, Nr. 25 1986, S. 12. »Das Unheilvollste, was ich heute in der Kultur vorfinde, sind Oberflächlichkeit und Entfremdung.«
4. Vgl. Anm. 2, S. IV
5. Vgl. Anweiler, O., Die sowjetische Schul- und Berufsbildungsreform von 1984, in: Osteuropa, Nr. 11/12 1984, S. 839 – 860.
6. Vgl. Anm. 2, S. VII.
7. Vgl. Schlott, W., Der kalkulierte Witterungsumschwung. Gorbatschows Kulturpolitik als Reformimpuls, in: Osteuropa-Info (Hamburg), Nr. 68 1986, S. 67 – 81. Medvedev, R., Das zweite, widersprüchliche Tauwetter. Das sowjetische Kulturleben im Sommer 1986. In: ebenda, S. 82 – 89.
8. Deutsche Fassung unter »Nur durch Kritik und Selbstkritik können wir uns kontrollieren«, in: Frankfurter Rundschau, 18. September 1986, S. 17.
9. Gorbatschow, M. S., Politischer Bericht an das ZK der KPdSU an den XXVII. Parteitag der KPdSU, in: Sowjetunion heute, Sonderheft März 1986.
10. Ebenda, S. 40.
11. Ebenda, S. 40.
12. Ebenda, S. 38.
13. »Programm der Kommunistischen Partei der Sowjetunion«. (Neufassung), in: Sowjetunion heute, Sonderheft Dezember 1985.
14. Vgl. dazu u. a. Knabe, B., Der Kampf gegen die Trunksucht in der UdSSR. (Berichte des BIOst, Köln), Nr. 37 1985.
15. »Programm . . .«, a. a. O., S. 20.
16. Ebenda, S. 22.
17. »Antwort Michail Gorbatschows auf eine Frage der Veranstalter des VI. Internationalen Schriftstellertreffens in Sofia«, in: Sowjetunion heute (Beilage), Nr. 11 1986, S. XIX.
18. Gorbatschow, M. S., Über die Umgestaltung und die Kaderpolitik der Partei. Referat des Generalsekretärs des ZK der KPdSU, Michail Gorbatschow, auf dem Plenum des ZK der KPdSU am 27. Januar 1987, in: Sowjetunion heute (Beilage), Nr. 3 1987, S. 1 – 23.
19. Gorbatschow, M. S., Überzeugung – eine Stütze der Umgestaltung, in: Sowjetunion heute (Beilage), Nr. 3 1987, S. IX – XIII.
20. Gorbatschow, M. S., Die Umgestaltung ist das ureigenste Anliegen des Volkes. Rede auf dem XVII. Kongreß der Gewerkschaften der UdSSR. 25. Februar 1987. Moskau 1987 APN-Verlag. S. 5 – 10; 14ff.
21. Gorbatschow, M. S., Die Jugend als schöpferische Kraft der revolutionären Erneuerung, in: Sowjetunion heute (Beilage), Nr. 5, 1987, S. IX – XVII, S. XIV.
22. Vgl. »Razdvigat' ramki dejatel'nosti, ochvatyvat vse učastki kul'turnogo stroitel' stva. Vystuplenie E. K. Ligačeva« (Die Handlungsrahmen erweitern, alle Bereiche des kulturellen Lebens erfassen. Rede von E. G. Ligatschow), in: Sovetskaja kul'tura, Juli 1987, S. 2.
23. Vgl. Gorbačev, M. S., Praktičeskimi delami uglubjat perestrojku (Durch praktische Taten die Umgestaltung vertiefen), in: Izvestija, 16. Juli 1987, S. 2.
24. Butenko, A. P., Noch einmal über die Widersprüche des Sozialismus (russ.), in: Fragen der Philosophie, Nr. 2 (1984), S. 127 (zit. n. Dahm, H., Die Ideologie als Chiffre der Politik. Das sozialökonomische und das geistig-kulturelle Krisenbewußtsein in der UdSSR und seine politische Verfälschung. Berichte des BIOst (Köln), Nr. 25 1985, S. 3f.).
25. Ebenda, S. 128f.
26. Ebenda, S. 126.

27. Vgl. dazu Oiserman, T. I., Strategija uskorenija: filosofskie i sociologičeskie problemy (Strategien der Beschleunigung (Philosophische und soziologische Probleme), in: Voprosy filosofii, Nr. 11 1986.

28. Vgl. Gorbačev, M. S., Vremja trebuet novogo myšlenija. Beseda M. S. Gorbačeva s gruppoj dejatelej mirovoj kul'tury (Die Zeit erfordert ein neues Denken. Gespräch M. S. Gorbatschows mit Vertretern der Weltkultur), in: Kommunist, Nr. 16 1986, S. 12. Vgl. dazu die ausführliche Studie von Lukin, Ju. A., Demokratizacija kul'tury (XXVII s-ezd KPSS) (Demokratisierung der Kultur XXVII. Parteitag der KPdSU über die Kulturpolitik der Partei), in: Voprosy Literatury, Nr. 2 1987, S. 3 – 32.

Neues Denken in Kunst, Kultur und Jugend

M. S. Gorbatschow:

»Wir brauchen eine große Offenheit ...«

10. Dezember 1984

Im Einklang mit der Weisung des Juni-Plenums, daß die gesamte theoretisch-ideologische und die politisch-erzieherische Arbeit der Vervollkommnung des entwickelten Sozialismus unterzuordnen ist, erhöhte das ZK der KPdSU die Forderungen an die Parteikomitees bezüglich der Situation an der ideologischen Front, es ergriff Maßnahmen zur Verbesserung der Tätigkeit der Massenmedien, zur Verstärkung der kommunistischen Erziehung der Jugend, der patriotischen und der atheistischen Arbeit unter den Werktätigen sowie die Lösung einer Reihe anderer aktueller Probleme. Die ideologische Tätigkeit der Parteiorganisationen und -einrichtungen wird konkreter, sie verknüpft sich immer enger mit der Realisierung sozialökonomischer Aufgaben. Verbesserungen sind in der Heranbildung und Erziehung der Kader, in den Formen und Methoden wie auch im Stil der ideologischen Arbeit zu verzeichnen.

Kurzum, positive Wandlungen machen sich bemerkbar, doch muß noch viel geleistet werden, damit die ideologische Arbeit den höchsten Kriterien gerecht wird, damit sie sich durch die Tiefe des theoretisch-ideologischen Inhalts auszeichnet, damit sie den Menschen stets nahe und verständlich und folglich auch in größerem Maße wirksam ist.

Unser Zeitgenosse ist ein Mensch mit einer gewachsenen Kultur und einem höheren Bildungsstand, mit einem breiten Spektrum geistiger Interessen, der viel gesehen und viel erlebt hat. Die heutigen Generationen blicken auf die Oktoberrevolution, die Industrialisierung und Kollektivierung, den Vaterländischen Krieg, die alles andere als einfachen Nachkriegsjahrzehnte zurück. Ein Mensch, der in der Gesellschaft mit einer derart gewaltigen sozialen Erfahrung lebt und arbeitet, akzeptiert keine simplifizierten Antworten auf seine Fragen, er erkennt feinfühlig alles Falsche, das aus der Unfähigkeit oder aus der Furcht resultiert, die reale Widersprüchlichkeit der gesellschaftlichen Entwicklung, die Quellen jener Probleme offenzulegen, die ihn heute beschäftigen und bewegen. Wir dürfen mit ihm nur in der Sprache der Wahrheit sprechen, die keine verschwommenen Formulierungen, keine Andeutungen, keine Geheimplätze und keine abgedroschenen Phrasen verträgt. Wir müssen mit ihm ernst sprechen und es dabei in gleichem Maße meiden, uns an Erfolgen zu ergötzen und Versäumnisse zu übertünchen oder aber die Mängel genüßlich herauszukehren...

Ein unabdingbarer Aspekt der sozialistischen Demokratie, eine Norm des gesamten gesellschaftlichen Lebens ist die Publizität.* Breite, rechtzeitige und ehrliche Information zeugt vom Vertrauen zu den Menschen, von der Achtung gegenüber ihrem Verstand und ihren Gefühlen, gegenüber ihrer Fähigkeit, sich über diese oder jene Ereignisse ein eigenes Urteil zu bilden. Sie fördert die Aktivität der Werktätigen. Publizität in der Arbeit der Partei- und der staatlichen Organe ist ein wirksames Mittel des Kampfes gegen bürokratische Auswüchse, sie verpflichtet dazu, an die Fassung der Beschlüsse und die Kontrolle über deren Erfüllung, an die Korrigierung der Mängel und Versäumnisse mit größerer Gründlichkeit heranzugehen. Davon hängen aber doch in hohem Maße die Überzeugungskraft der Propaganda, die Wirksamkeit der Erziehung, die Sicherung der Einheit von Wort und Tat.

...

Die Politik des Imperialismus ist nicht zu trennen von seiner Ideologie. Diese Einheit ist bedingt durch die Interessen der dahinter stehenden Klasse. Die ideologische Aktivität der Monopolbourgeoisie ist in den letzten Jahren stark gewachsen. Der Gegner hat eine gewaltige Propagandamaschinerie für die ideologische Konfrontation geschaffen, er benutzt raffinierte technische Mittel, Diversions- und psychologische Methoden. In bezug auf seine Intensität, seinen Inhalt und seine Methoden stellt der vom Imperialismus entfesselte »psychologische Krieg« eine besondere Abart von Agressionen dar, die die Souveränität anderer Länder verletzt.

Die Ideologen des Kapitalismus, die sich für die Verfechter des Humanismus und der Menschenrechte ausgeben, versuchen der sozialistischen Welt Normen und Standards einer uns fremden Lebensweise aufzuzwingen und die erhabenen humanistischen Ideale zu untergraben, ohne die selbst das Leben und die Tätigkeit des Menschen ihren Sinn verlieren. Sie möchten die Sitten und Geschmacksgewohnheiten verbreiten, die in der bürgerlichen Gesellschaft herrschen, das Bewußtsein der Menschen auflockern, es für kleinbürgerliche Ideen und kleinkarierte nichtige Verlockungen, für Individualismus, für spießbürgerliche Besitzgier, für ideologische und kulturelle Wahllosigkeit anfällig machen.

Unter diesen Bedingungen sind mehr denn je parteiliche Prinzipienfestigkeit, konsequentes klassenmäßiges Herangehen an die Bewertung der Ereignisse und Erscheinungen, politische Wachsamkeit und Unversönlichkeit gegenüber den uns fremden Ansichten, ein schöpferischer offensiver Charakter der ideologischen Arbeit, Sachlichkeit, Kühnheit und Beharrlichkeit erforderlich. Es ist notwendig, unsere Wissenschaftler und Spezialisten, unsere Kulturschaffenden aktiver zur Informations- und Propagandaarbeit

* russ. glasnost. Im späteren deutschen Sprachgebrauch mit »Öffentlichkeit« bzw. »Offenheit« übersetzt.

heranzuziehen, die kein Suchen und Experimentieren scheuen und entschlossen jene Formen beseitigen, die sich überlebt haben.

Der offensive Charakter unserer Ideologie bedeutet nicht nur eine Bloßstellung der bürgerlichen ideologischen Mythen und Klischees. Es geht hierbei vor allem um die Durchsetzung unserer Ideale, der sozialistischen Normen des gesellschaftlichen Lebens, der wahren Freiheit und Demokratie, um die Propagierung unseres historischen Weges. Wir wissen alle, daß sich das neue Leben nicht von selbst einstellt. Dafür muß man beharrlich, selbstlos kämpfen, ohne vor Schwierigkeiten zu resignieren und vor zeitweiligen Mißerfolgen zurückzuweichen...

Neue Politik gegenüber der Jugend ...

Heute treten neue Generationen der sowjetischen Menschen, die im Sozialismus zur Welt kamen, in das aktive Leben. Es sind die Menschen, für die die historischen Errungenschaften unserer Gesellschaftsordnung ebenso natürlich und unentbehrlich sind wie die Luft, die wir atmen. Die sowjetische Jugend wächst heran und erhält ihre Erziehung unter immer besseren materiellen Bedingungen, in der Atmosphäre des seit vier Jahrzehnten währenden Friedens. Sie ist gewohnt, unsere Wirklichkeit nicht mehr mit der Vergangenheit zu vergleichen, sondern mit den höchsten Kriterien des Sozialismus. Darin besteht nun einer der wichtigsten Aspekte der gegenwärtigen ideologischen Situation, den wir unmöglich unbeachtet lassen dürfen. Es ist unser gemeinsames Anliegen, die Jugend so großzuziehen, daß sie zur Arbeit und zur Verteidigung bereit ist, ihr beharrlich modernes militärisches Können beizubringen, sie im Geiste der Liebe zu unseren Streitkräften, der Treue zu der militärischen Pflicht zu erziehen.

Der offensive Charakter unserer Ideologie bedeutet aktivste Propagierung der Friedenspolitik der KPdSU und des Sowjetstaates sowie der Länder der sozialistischen Gemeinschaft. Angesichts einer ernsthaften Zuspitzung der internationalen Spannungen tun das Zentralkomitee der Partei, die Sowjetregierung gemeinsam mit den sozialistischen Bruderländern alles, um den Frieden zu erhalten und zu festigen, um die Gefahr eines Kernwaffenkrieges abzuwenden. Darin sieht der Sozialismus seine Pflicht gegenüber der Weltzivilisation...

Der offensive Charakter unserer Ideologie – das ist schließlich parteiliche Prinzipientreue und operativer Charakter der Information. Wir müssen rechtzeitig und sachlich auf jene Fragen eine Antwort geben, die von der internationalen Entwicklung, vom Verlauf des Kampfes und vom Wettbewerb der beiden entgegengesetzten Systeme gestellt werden, rechtzeitig diese oder jene Korrekturen an unseren Vorstellungen und unserer Praxis vornehmen, wenn das Leben dies verlangt. Es ist nicht zulässig, daß der Gegner zu aktuellen Fragen der modernen Entwicklung in der Welt, darunter auch bei uns, früher als wir Stellung nimmt, seine eigene Auslegung und

Einschätzung gibt und Rezepte für deren »Lösung« anbietet. Das kommt aber, dies muß man schon zugeben, noch vor.

Unter Berücksichtigung der Schärfe und Kompliziertheit des gegenwärtigen ideologischen Kampfes stellte das Juni-Plenum die Aufgabe, die Gegenpropaganda sowohl innerhalb des Landes als auch gegenüber dem ausländischen Auditorium zu verbessern. Die Parteikomitees, die Massenmedien müssen den Inhalt dieser Arbeit auch weiterhin vertiefen und darauf hinwirken, daß ihre Effektivität zunimmt.

Der ideologische Kampf ist eine besondere Front. Die Arbeit hier erfordert tiefe Überzeugungen, spezielles Wissen und berufliches Können, die Fähigkeit, sich über die neuen Erscheinungen der Wirklichkeit rasch Klarheit zu verschaffen und auf die Dynamik des modernen Lebens lebhaft zu reagieren...

Kampf der »elanvollen Untätigkeit« ...

Ein Erzfeind des lebendigen Gedankens und der lebendigen Arbeit war und bleibt der Formalismus, der viele Gesichter hat. Dessen Wesen sind die Inkompetenz, Gleichgültigkeit, Ersetzung eines parteilich-politischen Vorgehens durch ein formal-bürokratisches, da es nicht darauf ankommt, wie man etwas macht, sondern auf eine schönere Optik. Daher rühren »elanvolle« Untätigkeit, unwiderstehlicher Drang nach Sitzungsgetue und die Vorliebe für alle möglichen Kampagnen.

Manche Parteiorganisationen sind scheinbar aktiv, aber diese Aktivität ist ebenso wie die Neueinführungen, die da vorgeschlagen werden, ausschließlich von Effekthascherei geprägt. Da veranstaltet beispielsweise ein Stadt- oder ein Rayonparteikomitee einmal im Monat einen »Tag der Grundorganisationen« und sucht auch noch zu beweisen, daß dies erforderlich sei, um das Niveau der Leitung der unteren Ebenen der Partei zu erhöhen. Da verwandelt sich eben das, was ständig getan werden muß, was praktisch den Kern der gesamten tagtäglichen Tätigkeit eines Parteikomitees ausmacht, in eine Kampagne. Einer wahren Sachlichkeit wird hier Schaumschlägerei, das Streben nach äußerem Effekt entgegengesetzt. So mancher hat es sogar verstanden, den Kampf gegen Phrasendrescherei und für Sachlichkeit auf wohlklingende Phrasen zu reduzieren. Es gibt bei uns noch genug Leute, die allzugern von einer Tribüne aus pathetische Versicherungen verkünden, doch bei weitem nicht so gewandt sind, wenn es um Taten geht.

Fertige Rezepte für den Kampf gegen den Formalismus, die sich für alle Lebenssituationen eignen, existieren selbstverständlich nicht. Die Partei folgte aber stets dem unerschütterlichen bolschewistischen Grundsatz, die Menschen nach ihren Leistungen und nicht nach ihren Worten, die Arbeit nach den Resultaten und nicht nach den »Maßnahmen« zu beurteilen. An diesem durch das Leben geprüften Prinzip werden wir auch künftighin festhalten.

Den Erfolg jedes Vorhabens bestimmten vor allem die Kader. Die überwiegende Mehrheit unserer Kader erfüllt ehrlich ihre Partei-, ihre Dienst- und ihre Berufspflicht, genießt verdiente Achtung und Autorität bei den Werktätigen dank der Aufopferungsbereitschaft in der Arbeit, der persönlichen Bescheidenheit, der Gerechtigkeit und dem aufmerksamen Verhalten den Mitmenschen gegenüber. Solche Werktätigen begreifen gut, daß die Formung des Menschen, seines ideologischen und sittlichen Antlitzes von Kindesbeinen an, in der Schule, im Werk, im Kolchos, mit den Zuständen in diesem oder jenem Betrieb, in dieser oder jener Institution beginnt. Sie verhalten sich auch selbst im Einklang mit den Parteinormen und den sowjetischen Gesetzen. Das alles schafft denn auch eine würdige moralisch- politische Atmosphäre, die Erfolge in der Arbeit und Erziehung sichert.

Leider wird man noch mit Fakten anderer Art konfrontiert. Es kommen weiterhin Beschwerden von Werktätigen über eine formal-bürokratische Haltung zu ihren Bedürfnissen und Wünschen, über ein arrogantes Auftreten einiger Leiter und Amtspersonen, über Vetternwirtschaft und Protektionismus. Einen großen Schaden fügt das Fehlen von Selbstkritik und Bescheidenheit bei so manchen Leitern, die Duldung der Lobhulderei von Liebedienern zu. Wir wissen, wie hoch der Preis dieser Erscheinung ist. Vor kurzem verwarnte das Zentralkomitee einige Leiter des Gebiets Kalinin, weil sie die parteiliche Bescheidenheit vergessen hatten und der Prinzipienlosigkeit Vorschub leisteten. Gegen solche Erscheinungen werden wir kompromißlos vorgehen.

»... Unsere Strenge und Prinzipienfestigkeit«, unterstrich K. U. Tschernenko beim Treffen mit Moskauer Hüttenwerkern, »werden nie nachlassen – heute nicht, morgen nicht und auch nicht in Zukunft.«

Neue Rolle der Massenmedien ...

In allen Angelegenheiten, die wir heute besprechen, spielen die Massenmedien eine große Rolle. Die Partei weiß die Arbeit der Journalisten, die tiefgründige Kenntnisse, schöpferische Kräftespannung, Prinzipienfestigkeit und mitunter auch Mut erfordert, hoch zu schätzen. Presse, Fernsehen und Rundfunk sind der Spiegel unseres Lebens, unserer Arbeit, unserer Errungenschaften und Mängel, eine bewegte Chronik des sozialistischen Aufbaus. Zugleich sind die Massenmedien eine wirksame Waffe gegen Konservatismus, Gleichgültigkeit und Stagnation. Man könnte viele konstruktive und wirksame Stellungnahmen von Presse, Fernsehen und Rundfunk zu aktuellen Fragen der Wirtschaft, Erziehung und Kultur nennen.

Die zunehmende Bedeutung der Massenmedien stellt an diese auch höhere Anforderungen. Indes aber leiden noch viele Veröffentlichungen und Sendungen an Einförmigkeit, Profillosigkeit und Oberflächlichkeit. Aktualität des Inhalts, tiefes Eindringen in das Wesen der Fragen werden mitunter durch pathetische Phrasen ersetzt. Richtige Publizistik – das sind keine schwülstigen Worte, kein Auftürmen von Komplimenten oder Anschuldigungen, sondern Tiefgründigkeit und Stichhaltigkeit, analytische und überzeugungskräftige Behandlung dieses oder jenes Themas. Die Partei rechnet damit, daß die Massenmedien zur Beschleunigung des sozialökonomischen Fortschritts, zur Verbesserung der kommunistischen Erziehung, die ein Anliegen unseres ganzen Volkes sind, einen noch gewichtigeren Beitrag leisten werden. Es kommt darauf an, ihre Möglichkeiten so vollständig und effektiv wie möglich zu nutzen...

Die sowjetischen Menschen erwarten von den Literaten, von den Fernseh-, Film- und Theaterschaffenden markante, eindrucksvolle Werke, die die Geschichte und das Leben des sowjetischen Volkes, das selbstlose Schaffen der Arbeiter und Bauern, die schöpferische Rastlosigkeit der Ingenieure und Wissenschaftler, all jener tiefgreifend widerspiegeln, die neue Wege des wissenschaftlich-technischen Fortschritts bahnen und die wirtschaftliche Stärke unseres Landes festigen. Unsere Intelligenz kann sicher sein, daß alles Bedeutsame, Ehrliche, Wahrheitsgetreue, das durch ihr Talent geschaffen wird, bei der Patei Unterstützung findet und in den Herzen von Millionen eine dankbare Resonanz auslösen wird.

. . .

Gestatten Sie mir zum Schluß, Zeilen aus der ursprünglichen Variante des Artikels »Die nächsten Aufgaben der Sowjetmacht« anzuführen.

In dem von uns nun so weit liegenden Jahr 1918 diktierte Lenin: »... gerade zur Erfüllung unserer revolutionären Aufgaben, gerade damit diese Aufgaben keine Utopie und kein frommer Wunsch bleiben, sondern tatsächlich zur Realität werden, damit sie sofort verwirklicht werden ... gerade um dieses Zieles willen müssen wir jetzt die praktische Arbeit zu unserer ersten, aktuellen und wichtigsten Aufgabe machen. Es kommt jetzt gerade darauf an, von allen Seiten an die praktische Errichtung jenes Gebäudes heranzugehen, dessen Plan wir bereits längst entworfen haben, für das wir den Boden energisch genung erkämpft und gründlich genug gesichert haben, für das wir in genügender Menge Material zusammengetragen haben und das wir jetzt mit einem Gerüst umgeben, um, die Arbeitsbluse angetan und ohne Angst, unsere Bluse mit allen möglichen Hilfsmaterialen zu beschmutzen, in strenger Befolgung der Anweisungen ... an diesem Gebäude zu bauen, zu bauen und abermals zu bauen.«

Das, was von Lenin gesagt wurde, als wir erst darangingen, das Gebäude des Sozialismus zu errichten, erhält heute einen noch größeren Sinn. Als umsichtige Wirte werden wir beharrlich und energisch fortfahren, das Gebäude der neuen Gesellschaft zu bauen und zu vervollkommnen. Ohne frische Winde zu fürchten, öffnet die Partei kühn und entschlossen die Türen und Fenster dieses Gebäudes sperrangelweit für alles Unkonventionelle, Fortschrittliche, Lebensbejahende.

Das Unterpfand des Gelingens aller unserer Vorhaben ist das lebendige Schaffen des Volkes.

Notwendigkeit von Änderungen im Kulturbereich ...

23. April 1985

Gründliche Wandlungen sind im sozialen Leben vor sich gegangen. Zum erstenmal in der Geschichte ist der arbeitende Mensch zum Herren des Landes, zum Gestalter des eigenen Schicksals geworden. Das garantierte Recht auf Arbeit und deren Entlohnung, die Sorge der Gesellschaft um den Menschen von der Geburt bis zum hohen Alter, weitreichender Zutritt zu der geistigen Kultur, Achtung der Würde und der Rechte der Persönlichkeit, unablässige Erweiterung des Mitwirkens der Werktätigen an der Leitung – das alles sind unvergängliche Werte, unabdingbare Wesenszüge der sozialistischen Lebensweise. Darin liegt der wichtigste Quell der politischen Stabilität, des sozialen Optimismus und der Zuversicht in die Zukunft.

Auf all das sind die sowjetischen Menschen mit Recht stolz. Aber das Leben und seine Dynamik diktieren uns die Notwendigkeit weiterer Änderungen und Umgestaltungen, der Erreichung eines qualitativ neuen Zustands der Gesellschaft, und zwar in der umfassendsten Bedeutung dieses Wortes. Dazu gehören in erster Linie die wissenschaftlich-technische Erneuerung der Produktion und die Erreichung des höchsten Weltniveaus der Arbeitsproduktivität. Das ist ferner die Vervollkommnung der gesellschaftlichen Beziehungen und in erster Linie der ökonomischen Verhältnisse. Das sind tiefgreifende Wandlungen im Bereich der Arbeit, der materiellen und geistigen Lebensbedingungen der Menschen. Das sind die Aktivierung des gesamten Systems der politischen und gesellschaftlichen Institute, Vertiefung der sozialistischen Demokratie und Selbstverwaltung des Volkes.

. . .

Wir können nicht umhin, den Wandlungen Rechnung zu tragen, die sich in der Struktur der kaufkräftigen Nachfrage vollziehen. Die Werktätigen wollen ihre Einkommen in größerem Maße für die Verbesserung der Wohnverhältnisse sowie die Verbesserung kultureller und übriger Lebensbedingungen, für Erholung, Touristik und andere Ziele ausgeben. Diese Anforderungen und Bedürfnisse müssen vollständiger befriedigt werden. Das ist auch für den Staat von Vorteil. Jedoch werden die Möglichkeiten hier schlecht realisiert. Nehmen wir beispielsweise eine solche konkrete Frage wie die Entwicklung von Kleingärtnergemeinschaften. Das ist eine ziemlich nützliche Sache, und es wird großes Interesse an ihr bekundet. Jedoch fand sie vorläufig keine gebührende Entwicklung. Der Bedarf nach Kleingärten und Gartenhäusern, Baustoffen und Gerät wird bei weitem nicht völlig gedeckt. Das Politbüro erörterte diese Frage ziemlich ausführlich und gab den Auftrag, entsprechende Maßnahmen zu treffen, um den Bedürfnissen der Menschen maximal gerecht zu werden und nicht stichhaltige Hindernisse zu beseitigen.

Immer größere Bedeutung im Leben der Gesellschaft und jedes Menschen, folglich auch in der Sozialpolitik der Partei erlangen solche Bereiche wie Gesundheitswesen und Volksbildung. Bei ihrer Entwicklung haben wir viel erreicht und diese lebenswichtigen Güter allen Bürgern in gleichem Maße zugänglich gemacht. Jedoch stellen sich heute auch hier neue Aufgaben ein.

Einer vom Standpunkt der heutigen Anforderungen wesentlichen Verbesserung bedürfen die materiell-technische Basis des Gesundheitswesens, die Qualität der medizinischen Betreuung, die Versorgung der Bevölkerung mit Arzneimitteln. Von der Notwendigkeit, ernsthafte Maßnahmen auf diesem Gebiet zu ergreifen, war vor kurzem im Politbüro die Rede. Sie müssen in den Plänen für die zwölfte Fünfjahrplanperiode vorgesehen werden.

Wir haben mit der Schulreform begonnen, deren Bedeutung für die Zukunft des Landes nicht hoch genug einzuschätzen ist. Jetzt ist es erforderlich, an die gestellten Aufgaben nicht formal, sondern substantiell heranzugehen und die Qualität des Unterrichts und der Erziehung der heranwachsenden Generationen, ihre Vorbereitung auf die gesellschaftlich nützliche Arbeit kardinal zu verbessern.

. . .

Im Zentralkomitee wurden wiederholt die Aufgaben der politischen Erziehungsarbeit, der ideologischen Arbeit der Partei erörtert. Die Aufmerksamkeit gegenüber diesem Bereich ist verständlich, es gibt auch einen Fortschritt. Ich glaube aber, daß bei weitem noch nicht alles getan wurde, um die ideologische Arbeit aufs engste mit dem Leben zu verbinden. Es stören immer noch Formalismus und Schulmeisterei. Verluste gibt es oft durch leeres Geschwätz, durch das Unvermögen, mit den Menschen in der Sprache der Wahrheit zu sprechen. Und mitunter ergibt es sich, daß der Mensch das eine hört, im Leben aber etwas anderes sieht. Das ist eine ernste Frage, und zwar nicht nur eine erzieherische, sondern auch eine politische.

. . .

Neue Rolle der Künstler ...

Besonders eingegangen werden muß auf die Tätigkeit der *Massenmedien*, angefangen von den Betriebs- und Rayonsmassenmedien bis zu den zentralen. Die Presse, das Fernsehen und der Rundfunk sind wirksame Mittel für die Organisierung und Erziehung der Massen sowie die Herausbildung der öffentlichen Meinung. In letzter Zeit vollziehen sich positive Veränderungen in deren Arbeit. Das Leben aber stellt noch höhere Anforderungen.

Die Massenmedien sind dazu berufen, die Ereignisse und Erscheinungen tiefgehend zu analysieren, ernste Probleme aufzuwerfen und Wege zu deren Lösung vorzuschlagen, durch ihren Inhaltsreichtum, Aktionsfähigkeit und informative Reichhaltigkeit zu überzeugen. Das kluge Wort der Partei an die Menschen regt das Denken an, entwickelt die Initiative der Menschen, erzieht zur Unduldsamkeit gegenüber Mängeln. Die Wirksamkeit der Presse, des Fernsehens und des Rundfunks nimmt wesentlich zu, wenn die

Parteikomitees ihnen aktive Hilfe und Unterstützung erweisen. Es ist nur notwendig, daß diese Hilfe und Unterstützung immer rechtzeitig und mit Nachdruck erwiesen wird. Und selbstverständlich müssen jegliche Versuche der Unterdrückung oder der Ignorierung einer begründeten Kritik eine prinzipielle parteiliche Bewertung erfahren.

Bei der Bereicherung des geistigen Lebens der Gesellschaft mit neuen Werten sowie bei der ideologischen und moralischen Erziehung des sowjetischen Menschen kommt der Literatur und Kunst eine große Rolle zu. Die künstlerische Intelligenz – die Schriftsteller, Dichter, Komponisten, Maler sowie Theater- und Filmschaffenden – besitzen eine große Autorität und Anerkennung. Hieraus aber resultiert auch ihre gewaltige Verantwortung vor der Gesellschaft. Das Beste, was von der sowjetischen Literatur und Kunst geschaffen worden ist, war stets untrennbar verbunden mit den wichtigsten Zielstellungen und Sorgen der Partei und des Volkes. Es steht zweifellos fest, daß die neuen Aufgaben, die heute gelöst werden, im künstlerischen Schaffen, das die Wahrheit des sozialistischen Lebens bestätigt, ihren würdigen Widerhall finden werden.

Die Aufgaben der ideologischen Arbeit ...
(aus dem Parteiprogramm)

Dezember 1985

Die Partei wird alles Notwendige tun, um die umgestaltende Kraft der marxistisch-leninistischen Ideologie in vollem Maße für die Beschleunigung der sozialökonomischen Entwicklung des Landes zu nutzen, eine zielstrebige Arbeit zur politisch-ideologischen, zur Arbeits- und zur moralischen Erziehung der sowjetischen Menschen zu leisten, *harmonisch entwickelte, gesellschaftlich aktive Persönlichkeiten herauszubilden, die in sich geistigen Reichtum, moralische Sauberkeit und physische Vollkommenheit vereinen.*

Als wichtigste Aufgabe der ideologischen Arbeit betrachtet die KPdSU die Erziehung der Werktätigen zu hoher Ideentreue und Ergebenheit gegenüber dem Kommunismus, im Geiste des sowjetischen Patriotismus und des proletarischen, sozialistischen Internationalismus, zu einer bewußten Einstellung zur Arbeit und zum gesellschaftlichen Eigentum, ihre zunehmende Heranführung an die Schätze der geistigen Kultur sowie die Ausmerzung von Gewohnheiten, die der sozialistischen Lebensweise widersprechen.

Die Partei geht davon aus, daß die Erziehung der Menschen nicht getrennt werden kann von seiner praktischen Teilnahme an der schöpferischen Arbeit zum Wohle des Volkes, am gesellschaftlichen Leben, an der Lösung der Aufgaben des sozialökonomischen und kulturellen Aufbaus. Die Loslösung von der Wirklichkeit, von ihren realen Problemen verurteilt die ideologische Erziehungsarbeit zu abstrakter Aufklärung zu gegenstandsloser Buchstabengelehrtheit, führt an den herangereiften Aufgaben des kommunistischen Aufbaus vorbei. Die ideologische Tätigkeit muß sich durch einen tiefen ideologisch-theoretischen Inhalt und umfassenden Informationsgehalt auszeichnen, sie muß vollständig und genau die Realität des inneren und internationalen Lebens, die gewachsenen geistigen Ansprüche der Werktätigen berücksichtigen, sie muß den Menschen nahe, wahr und verständlich sein...

Die Partei stellt folgende Aufgaben:

Herausbildung der wissenschaftlichen Weltanschauung. Der Sozialismus hat die Vorherrschaft der wissenschaftlichen Weltanschauung im geistigen Leben der sozialistischen Gesellschaft gewährleistet, deren Grundlage der Marxismus-Leninismus als ein in sich geschlossenes System philosophischer, ökonomischer und gesellschaftspolitischer Auffassung ist. Die Partei hält es für eine ihrer wichtigsten Pflichten, die marxistisch-leninistische Theorie auf der Grundlage der Erforschung und der Verallgemeinerung der neuen Erscheinungen im Leben der sowjetischen Gesellschaft, der Berücksichtigung der Erfahrungen der anderen Länder der sozialistischen Gemeinschaft, der internationalen kommunistischen und Arbeiterbewegung, der nationalen Befreiungs- und demokratischen Bewegung, der Analyse der Errungenschaften der Natur- und Gesellschaftswissenschaften schöpferisch weiterzuentwickeln. Die KPdSU wird ständig dafür Sorge tragen, daß sich alle sowjetischen Menschen die marxistisch-leninistische Lehre tiefgründig aneignen, ihre politische Kultur erhöhen und bewußt an der Ausarbeitung und aktiven Verwirklichung der Politik der Partei teilnehmen.

Erziehung zur Arbeit. In den Mittelpunkt der Erziehungsarbeit stellt die Partei, bei jedem sowjetischen Menschen eine hohe Achtung vor gewissenhafter Arbeit zum Allgemeinwohl, gleich ob geistiger oder körperlicher Arbeit, und seine Bereitschaft dazu auszuprägen. Die Arbeit ist die Hauptquelle des materiellen und geistigen Reichtums der Gesellschaft, das Hauptkriterium für das soziale Prestige des Menschen, ist seine heilige Pflicht und das Fundament der kommunistischen Erziehung der Persönlichkeit. Die Partei wird auch künftig für die maximale Erhöhung des Ansehens ehrlicher, hochproduktiver Arbeit, für die Entwicklung von Initiative und Schöpfertum in der Arbeit, für die Festigung von Elementen der kommunistischen Einstellung zur Arbeit Sorge tragen.

Durchsetzung der kommunistischen Moral. Unter den Bedingungen des allmählichen Voranschreitens zum Kommunismus entfaltet sich immer mehr das schöpferische Potential der kommunistischen Moral der menschlichsten, gerechtesten und edelsten Moral, die auf der Treue zu den Zielen des revolutionären Kampfes, zu den Idealen des Kommunismus beruht. Unsere Moral hat sowohl die einfachen, allgemeinmenschlichen sittlichen Werte in sich aufgenommen, als auch die Verhaltensnormen der Menschen und die Beziehungen zwischen ihnen, die von den Volksmassen in jahrhundertelangem Kampf gegen Ausbeutung, für Freiheit und soziale Gleichheit, für Glück und Frieden hervorgebracht wurden.

Die kommunistische Moral, für deren Durchsetzung die KPdSU eintritt, ist:

– *eine kollektivistische Moral.* »Einer für alle, alle für einen«, das ist ihr grundlegendes Prinzip. Sie ist unvereinbar mit Egoismus, Selbstliebe und Eigennutz, sie verbindet harmonisch die Interessen des gesamten Volkes, die kollektiven und die persönlichen Interessen;

– *eine humanistische Moral.* Sie ehrt den arbeitenden Menschen, ist durchdrungen von Hochachtung für ihn, duldet keine Anschläge auf seine Würde. Sie verwirklicht wahrhaft menschliche Beziehungen zwischen den Menschen, Beziehungen der kameradschaftlichen Zusammenarbeit und gegenseitige Hilfe, des Wohlwollens, der Ehrlichkeit, Schlichtheit und Bescheidenheit im persönlichen und gesellschaftlichen Leben;

– *eine aktive, tätige Moral.* Sie regt den Menschen zu neuen Arbeitstaten und schöpferischen Leistungen an, zur engagierten Teilnahme am Leben des Kollektivs und des ganzen Landes, zur aktiven Zurückweisung all dessen, was der sozialistischen Lebensweise widerspricht, zum beharrlichen Kampf für die kommunistischen Ideale.

Patriotische und internationalistische Erziehung. Die Partei wird auch künftig unermüdlich daran arbeiten, daß der sowjetische Mensch die Liebe zur Heimat des Oktober, zu dem Land, in dem er geboren wurde und aufwuchs, den Stolz auf die historischen Leistungen des ersten sozialistischen Staates der Welt mit dem großen proletarischen, sozialistischen Internationalismus verbinden, mit dem Gefühl der Klassensolidarität gegenüber den Werktätigen der Bruderländer, gegenüber allen, die gegen den Imperialismus, für sozialen Fortschritt und Frieden kämpfen.

. . .

Atheistische Erziehung. Die Partei tritt für die strikte Einhaltung der verfassungsmäßigen Garantien der Gewissensfreiheit ein, verurteilt aber Versuche, die Religion zum Schaden der Interessen der Gesellschaft und der Persönlichkeit zu mißbrauchen. Der richtige Weg zur Überwindung religiöser Vorurteile besteht in der Erhöhung der Leistungsbereitschaft und der gesellschaftlichen Aktivität der Menschen, in ihrer Aufklärung, in der Schaffung und weitgehenden Verbreitung neuer sowjetischer Bräuche.

Ein wichtiger Bestandteil der Arbeit zur kommunistischen Erziehung ist der *Kampf gegen Erscheinungen fremder Ideologie und Moral, gegen alle negativen Erscheinungen,* die verbunden sind sowohl mit Überresten der Vergangenheit im Bewußtsein und Verhalten der Menschen als auch mit Mängeln der praktischen Arbeit auf verschiedenen Gebieten des gesellschaftlichen Lebens und mit Verzögerungen bei der Lösung herangereifter Probleme. Die Partei mißt der konsequenten und beharrlichen Ausmerzung von Verstößen gegen die Arbeitsdisziplin, von Diebstahl und Bestechung, Spekulation und Müßiggang, Trunksucht und Rowdytum, Privateigentümermentalität und Raffgier, Kriecherei und Lobhudelei erstrangige Bedeutung bei. Dazu ist es notwendig, sowohl die Autorität der öffentlichen Meinung als auch die Kraft des Gesetzes umfassend zu nutzen. Überaus große erzieherische Bedeutung hat das gute Beispiel im gesellschaftlichen und persönlichen Leben, bei der Erfüllung der staatsbürgerlichen Pflicht.

Kampf gegen die bürgerliche Ideologie. Der äußerst scharfe Kampf zwischen den beiden Weltanschauungen in der internationalen Arena widerspiegelt die Gegensätzlichkeit der beiden Weltsysteme, des Sozialismus und des Kapitalismus. Die KPdSU sieht ihre Aufgabe darin, den Völkern die Wahrheit über den realen Sozialismus, über die Innen- und Außenpolitik der Sowjetunion zu vermitteln, aktiv die sowjetische Lebensweise zu propagieren, offensiv und gut begründet den volksfeindlichen und unmenschlichen Charakter des Imperialismus, sein Ausbeuterwesen aufzuzeigen. Sie wird die sowjetischen Menschen zu einem hohen politischen Bewußtsein erziehen, sie befähigen, von klaren Klassenpositionen die gesellschaftlichen Erscheinungen einzuschätzen, die Ideale und geistigen Werte der sozialistischen Gesellschaft zu verteidigen.

Im Leben der Gesellschaft verstärkt sich die Rolle der *Massenmedien* und der Propaganda. Die KPdSU wird danach streben, daß sie das innere und internationale Leben, die ökonomischen und sozialen Erscheinungen tiefgründig analysieren, daß sie aktiv alles Neue, Fortschrittliche unterstützen, aktuelle, die Menschen bewegende Probleme aufgreifen und Wege zu ihrer Lösung aufzeigen. Presse, Fernsehen und Rundfunk sind berufen, die Menschen durch politische Klarheit und Zielstrebigkeit, durch tiefen Inhalt, Aktualität, Informationsdichte, Einprägsamkeit und Verständlichkeit ihrer Beiträge zu überzeugen. Die Partei wird auch künftig der Presse, allen Massenmedien und der Propaganda aktive Unterstützung und Hilfe erweisen.

Besonderes Augenmerk wird der Entwicklung des Fernsehens, der größtmöglichen Erweiterung des Radio- und Fernsehempfanges durch die Bevölkerung, der Verbesserung des Inhalts, der Erhöhung des ideologischen und künstlerischen Niveaus und der Anziehungskraft der Sendungen geschenkt.

In der massenpolitischen und propagandistischen Arbeit ist es notwendig, entschieden Erscheinungen von leerem Geschwätz, Formalismus und Primitivität auszumerzen. Alle Formen und Mittel dieser Arbeit müssen helfen, die schöpferische Energie der Massen zur Erfüllung der vor dem Lande stehenden Aufgaben zu mobilisieren, wobei eine weitgehende Publizität der Arbeit der Partei- und Staatsorgane und der gesellschaftlichen Organisationen, Direktheit und Offenheit im Umgang mit den Menschen, eine richtige Herausbildung der öffentlichen Meinung und die Stärkung ihres Einflusses auf die praktischen Angelegenheiten zu gewährleisten sind. Die KPdSU wird ständig für die Festigung der materiellen Basis der ideologischen Arbeit Sorge tragen.

. . .

Die KPdSU wird unter Berücksichtigung der Erfordernisse der beschleunigten sozialökonomischen Entwicklung der Perspektiven des kommunistischen Aufbaus und der aus dem wissenschaftlich-technischen Fortschritt re-

sultierenden Anforderungen die Vervollkommnung des Systems der Volksbildung fortsetzen. Die sich im Lande vollziehende Reform der allgemeinbildenden und der Berufsschule basiert auf der schöpferischen Entwicklung der Leninschen Prinzipien der einheitlichen, auf der Erziehung durch Arbeit beruhenden polytechnischen Schule und soll das Bildungs- und Erziehungsniveau der Jugend noch weiter erhöhen; sie soll deren Vorbereitung auf ein selbständiges Arbeitsleben verbessern und den allmählichen Übergang zur allgemeinen Berufsbildung vollziehen. Die Schule ist berufen, den Schülern Liebe zur Heimat. Achtung gegenüber den Älteren, den Eltern und Lehrern anzuerziehen, sie im Geiste hoher Verantwortung für die Qualität des Lernens und der Arbeit, für ihr Verhalten zu erziehen und die Schülerselbstverwaltung zu entwickeln. Im Rahmen der Verwirklichung der vorgesehenen Maßnahmen wird es zu einer weiteren Entwicklung und Annäherung und in der Perspektive zu einer Verschmelzung der Berufs- und der allmeinbildenen Schule kommen.

. . .

Eine ständig wachsende Rolle bei der Entwicklung der Produktivkräfte und der Vervollkommnung der gesellschaftlichen Verhältnisse, bei der Schaffung prinzipiell neuer Arten von Technik und Technologie, bei der Steigerung der Arbeitsproduktivität, bei der Erschließung des Inneren der Erde, der Ozeane und des Weltraums, beim Schutz und bei der Verbesserung der Umwelt spielt die Wissenschaft.

Die Politik der Partei im Bereich der Wissenschaft bezweckt die Schaffung günstiger Bedingungen für einen dynamischen Fortschritt aller Wissensgebiete, die Konzentration der Kader sowie der materiellen und finanziellen Ressourcen auf die aussichtsreichsten Richtungen, die die Erreichung der vorgesehenen wirtschaftlichen und sozialen Ziele und die geistige Entwicklung der Gesellschaft beschleunigen und eine zuverlässige Landesverteidigung gewährleisten sollen. Die prinzipielle und bewährte Grundlage der naturwissenschaftlichen und sozialen Erkenntnis war und bleibt die dialektisch-materialistische Methode. Sie muß auch weiterhin schöpferisch entwickelt und in der Forschungsarbeit geschickt angewandt werden.

Vor der sowjetischen Wissenschaft steht die Aufgabe, führende Positionen in den Hauptrichtungen des wissenschaftlich-technischen Fortschritts einzunehmen, effektive und rechtzeitige Lösungen der perspektivischen und laufenden Probleme der Produktion und der sozialökonomischen Entwicklung zu finden. Es ist wichtig, einen Vorlauf in der Grundlagenforschung zu sichern und eine schnellstmögliche Umsetzung der wissenschaftlichen Ideen in der Volkswirtschaft und auf anderen Gebieten der menschlichen Tätigkeit zu erreichen. Die wirtschaftsorganisatorischen Formen der Integration von Wissenschaft und Produktion, der Leitung des wissenschaftlich-technischen Fortschritts müssen ständig vervollkommnet, aktuelle angewandte Forschungs- und Entwicklungsarbeiten müssen in breiterem Umfang durchgeführt und höhere Ergebnisse erreicht werden. Es ist notwendig, das Zusammenwirken des in den Akademien, Hochschulen und Industriezweigen vorhandenen Wissenschaftspotentials konsequent zu festigen.

Die Aufmerksamkeit der Gesellschaftswissenschaftler muß auf das Studium und die allseitige Analyse der Erfahrungen der weltweiten Entwicklung, der Schaffung der neuen Gesellschaft in der UdSSR und in den anderen sozialistischen Ländern, der Dialektik von Produktivkräften und Produktionsverhältnissen, der materiellen und der geistigen Sphäre unter den Bedingungen des Sozialismus, der Gesetzmäßigkeiten der Herausbildung der kommunistischen Gesellschaftsformation, der Wege und Mittel des allmählichen Vormarschs zu ihrer höheren Phase konzentriert werden. Die wissenschaftliche Analyse der objektiven Widersprüche der sozialistischen Gesellschaft, die Erarbeitung begründeter Empfehlungen für ihre Lösung sowie zuverlässiger ökonomischer und sozialer Prognosen sind unaufschiebbare Aufgaben der Gesellschaftswissenschaften in der gegenwärtigen Entwicklungsetappe.

. . .

Die Partei unterstützt mutiges Suchen, den Wettstreit von Ideen und Richtungen in der Wissenschaft, fruchtbare Diskussionen und Erörterungen. Schädlich für die Wissenschaft sind sowohl scholastische Betrachtungen als auch das passive Registrieren von Tatsachen, bei dem man kühne theoretische Verallgemeinerungen meidet, sind Konjunkturrittertum ebenso wie das Loslösen von der Wirklichkeit. Der komplizierte und komplexe Charakter der gegenwärtigen Probleme erfordert eine vertiefte Integration der Gesellschaftswissenschaften, der Natur- und technischen Wissenschaften. Solche Formen der Organisation der Wissenschaft, die die interdisziplinäre Erforschung aktueller Probleme, die notwendige Mobilität der wissenschaftlichen Kader, eine flexible Struktur der wissenschaftlichen Einrichtungen, der Forschungen und Entwicklungen sichern, müssen breiter entwickelt werden, ihre Rolle bei der Ausarbeitung und Verwirklichung der Pläne der wirtschaftlichen und sozialen Entwicklung muß verstärkt werden. Eine unerläßliche Voraussetzung für den Fortschritt der Wissenschaft ist der ständige Zustrom frischer Kräfte, darunter aus der Produktionssphäre, ist die geschickte Nutzung der schöpferischen Möglichkeiten der Wissenschaft, die Stimulierung ihrer Arbeit in Abhängigkeit vom realen Beitrag zu Bewältigung theoretischer und angewandter Probleme...

Die KPdSU mißt der immer vollständigeren und gründlicheren Aneignung der Schätze der geistigen und materiellen Kultur durch die werktätigen Massen, ihrer aktiven Heranführung an das künstlerische Schöpfertum große Bedeutung bei. Die Partei läßt sich konsequent bei den Leninschen Prinzipien des kulturellen Aufbaus leiten und wird dafür sorgen, daß die ästhetische Erziehung der Werktätigen und der heranwachsenden Generation an den besten Werken der Kunst unseres Landes und der Welt erfolgt. Das ästhetische Element wird die Arbeit geistig noch mehr bereichern, den Menschen auf ein höheres Niveau bringen und sein Leben verschönern.

Die Sphäre der Kultur hat die wachsenden Ansprüche der verschiedenen Kategorien der Bevölkerung zu befriedigen, die notwendigen Bedingungen für das volkskünstlerische Schaffen zu sichern, die Begabungen zu entwikkeln, die sozialistische Lebensweise zu bereichern, gesunde Bedürfnisse und hohen ästhetischen Geschmack zu bilden. Eine unerläßliche Bedingung für die erfolgreiche Lösung dieser Aufgabe sieht die Partei in der ständigen Vervollkommnung des Inhalts und der Methoden der Kultur- und Bildungsarbeit, in der Stärkung ihrer materiellen Basis, im intensiven kulturellen Aufbau auf dem Dorfe und in den Gebieten, die neu erschlossen werden.

Die Partei wird auf jede Weise zur Erhöhung der Rolle von Literatur und Kunst beitragen. Literatur und Kunst sollen den Interessen des Volkes und der Sache des Kommunismus dienen, eine Quelle von Freude und Begeisterung für Millionen Menschen sein, ihren Willen, ihre Gefühle und Gedanken ausdrücken, aktiv bei ihrer geistigen Bereicherung und sittlichen Erziehung helfen.

Die Hauptlinie bei der Entwicklung von Literatur und Kunst besteht darin, ihre Verbundenheit mit dem Leben des Volkes zu festigen, die sozialistische Wirklichkeit wahrheitsgetreu und auf hohem künstlerischen Niveau widerzuspiegeln, das Neue und Fortschrittliche begeisternd und einprägsam darzustellen, sowie alles leidenschaftliche zu entlarven, was den Vormarsch der Gesellschaft behindert.

Die Kunst des sozialistischen Realismus beruht auf den Prinzipien der Volksverbundenheit und Parteilichkeit. Sie vereint kühnes Neuerertum bei der wahrheitsgetreuen künstlerischen Darstellung des Lebens mit der Nutzung und Entwicklung aller fortschrittlichen Traditionen der Kultur unseres Landes und der Weltkultur. Den Literatur- und Kunstschaffenden bietet sich weiter Raum für wirklich freies Schöpfertum, für eine Erhöhung ihrer Meisterschaft, für die Weiterentwicklung mannigfaltiger realistischer Formen, Stile und Genres.

Mit der Erhöhung des kulturellen Niveaus des Volkes verstärkt sich der Einfluß der Kunst auf das Leben der Gesellschaft, auf ihr moralisch-psychologisches Klima. Dies erhöht die Verantwortung der Kulturschaffenden für die geistige Zielrichtung des Schöpfertums, für die künstlerische Wirkung ihrer Werke.

Die Haltung der KPdSU zum Talent und zum künstlerischen Suchen ist von Behutsamkeit und Achtung geprägt. Gestützt auf die Künstlerverbände, auf die öffentliche Meinung und auf die marxistisch-leninistische Kunstkritik, hat sie gleichzeitig stets gegen Erscheinungen von Ideenlosigkeit und weltanschaulicher Indifferenz, gegen ästhetische Verarmung und Handwerkelei gekämpft und wird dies auch in Zukunft tun.

Die sowjetische Kultur trägt zum gegenseitigen Verstehen und zur Annäherung der Völker bei, nimmt aktiv am Kampf gegen Imperialismus, Reaktion und Krieg teil. Indem die sowjetische Kultur den Ideenreichtum und die Vielfalt des geistigen Lebens der sozialistischen Gesellschaft, deren Humanismus verkörpert, bereichert sie die Weltkultur, entwickelt sie sich immer mehr zu einem einflußreichen Faktor des geistigen Fortschritts der Menschheit, zu einem Prototyp der zukünftigen Kultur des Kommunismus.

Quelle: Programm der Kommunistischen Partei der Sowjetunion (Neufassung) in: Sowjetunion heute (Sondernummer), Dezember 1985.

Perestrojka in der Wissenschaft ...

25. Februar 1986

Die KPdSU geht in ihrer gesamten Tätigkeit davon aus, daß die Treue zur marxistisch-leninistischen Lehre in ihrer schöpferischen Weiterentwicklung auf der Grundlage der gesammelten Erfahrungen besteht. Im Brennpunkt des theoretischen Forschens der Partei steht zur Zeit ein vielfältiger Komplex von Problemen, die sich aus dem heutigen, durch eine Wende geprägten Charakter der Entwicklung unserer Gesellschaft und der Welt insgesamt ergeben. Die vielschichtigen Aufgaben zur Beschleunigung und deren wechselseitig zusammenhängende politische, ökonomische, wissenschaftlich-technische, soziale, geistig-kulturelle und psychologische Aspekte bedürfen einer weiteren tiefschürfenden und allumfassenden Analyse. Wir haben ein dringendes Bedürfnis nach ernsthaften philosophischen Verallgemeinerungen, fundierten wirtschaftlichen und sozialen Prognosen und tiefgehenden historischen Forschungen.

Man kann sich der Tatsache nicht verschließen, daß sich unsere philosophische und ökonomische Front wie die Gesellschaftswissenschaften überhaupt, ich würde sagen, in einer gewissen Distanz zu den Erfordernissen des Lebens befinden. Zudem bekunden unsere Planungs- und Wirtschaftsorgane und andere zentrale staatliche Institutionen nicht das gebührende Interesse an einer Realisierung zweckdienlicher Vorschläge von Gesellschaftswissenschaften.

Die Entwicklung stellt die Gesellschaftswissenschaften vor die Aufgabe, sich auf breiter Basis den konkreten Erfordernissen der Praxis zuzuwenden, und verlangt, daß die Gesellschaftswissenschaftler sofort auf die sich im Leben vollziehenden Veränderungen reagieren, die neuen Erscheinungen im Blickfeld behalten und Schlußfolgerungen ziehen, an denen sich die Praxis orientieren kann. Von Bestand sind nur jene Forschungsrichtungen, die sich von der Praxis ableiten und, bereichert mit tiefgehenden Verallgemeinerungen und verwertbaren Empfehlungen, zu ihr zurückkehren. Scholastik, Buchstabengelehrsamkeit und Dogmatismus waren stets Fesseln für eine wirkliche Erweiterung des Wissens. Sie führen zu einer Stagnation des Denkens, schirmen wie eine undurchdringliche Mauer die Wissenschaft gegen das Leben ab und hemmen deren Entwicklung. Nicht durch Deklarationen und Vorschriften gelangt man zur Wahrheit: Sie wird in wissenschaftlichen

Diskussionen und im Meinungsstreit geboren und in Aktion erprobt. Das Zentralkomitee tritt für diesen Entwicklungsweg unserer Gesellschaftswissenschaften ein, weil er es ermöglicht, zu gewichtigen theoretischen und praktischen Ergebnissen zu kommen.

Die Atmosphäre des Schöpfertums, die von der Partei in allen Lebensbereichen durchgesetzt wird, ist für die Gesellschaftswissenschaften besonders gedeihlich. Wir hoffen, daß unsere Ökonomen und Philosophen, Juristen und Soziologen, Historiker und Literaturforscher diese Atmosphäre aktiv dazu nutzen werden, kühn und initiativreich neue Probleme anzugehen und sie in schöpferischer Weise theoretisch herauszuarbeiten.

Doch Ideen allein, so attraktiv sie auch sein mögen, prägen von sich aus noch keine in sich geschlossene und aktive Weltanschauung aus, wenn sie sich nicht mit der sozialpolitischen Erfahrung der Massen paaren. Aus den Wechselbeziehungen zwischen fortschrittlichen Ideen und der Praxis des Aufbaus einer neuen Gesellschaft schöpft die sozialistische Ideologie Energie und Ausstrahlungskraft.

Hauptrichtungen ...

Die Hauptrichtungen für die ideologische Tätigkeit der Partei sind in der Neufassung des Programms der KPdSU festgelegt. Sie wurden auf Plenartagungen des ZK der KPdSU und auf der wissenschaftlich-praktischen Unionskonferenz erörtert, die im Dezember 1984 stattfand. Ich möchte nur auf einige von ihnen eingehen.

Das Wesentlichste, worauf heute die ganze Einwirkungskraft der Partei konzentriert werden muß, besteht darin, zu erreichen, daß jeder die Gewichtigkeit des gegenwärtigen Augenblicks als eines Wendepunktes begreift. Alle unsere Pläne bleiben in der Luft hängen, wenn sie die Menschen gleichgültig lassen und wenn wir es nicht verstehen werden, die Leistungsbereitschaft und die gesellschaftliche Aktivität der Massen, deren Energie und Initiative zu wecken. Die Gesellschaft auf die neuen Aufgaben umzuorientieren und das schöpferische Potential des Volkes und jedes Arbeitskollektivs für deren Lösung einzusetzen – das ist die allererste Voraussetzung für die Beschleunigung der sozialökonomischen Entwicklung des Landes.

Unbestritten ist die Tatsache, daß ein kluges und wahres Wort eine gewaltige Einwirkungskraft besitzt. Doch seine Wirksamkeit verhundertfacht sich, wenn es mit politischen, ökonomischen und sozialen Schritten einhergeht. Nur so ist es möglich, vom lästigen Schulmeistern abzukommen und den Appellen und Lösungen Leben einzuhauchen.

Wenn sich das Wort vom Boden der Tatsachen löst, werden dadurch die ideologischen Bemühungen stark abgewertet. Wir können noch so viele Vorschläge über Aufmerksamkeit gegenüber den Menschen halten, Hartherzigkeit und Bürokratismus brandmarken, sie bleiben Schall und Rauch, wenn der Mensch in Dienststellen, auf der Straße und in Geschäften mit

Grobheit konfrontiert wird. Wir können noch so viele Gespräche über die Kultur des Verhaltens führen, sie werden nichts nutzen, wenn sie nicht durch den praktischen Kampf für eine hohe Kultur der Produktion, des Zusammenlebens und der zwischenmenschlichen Beziehungen untermauert werden. Wir können noch so viele Artikel über die soziale Gerechtigkeit, Ordnung und Disziplin schreiben, sie werden nichts fruchten, wenn sie nicht mit aktiven Bemühungen des Arbeitskollektivs und einer konsequenten Anwendung des Gesetzes einherschreiten.

Die Menschen müssen die große Wahrheitstreue unserer Ideologie und die Prinzipienfestigkeit der Politik ständig vor Augen haben und spüren. Die Arbeit und die Verteilung der Güter gilt es so zu organisieren, die Gesetze und Prinzipien des sozialistischen Gemeinwesens so peinlich genau einzuhalten, daß jeder sowjetische Mensch fest an unsere Ideale und Werte glaubt. Die Wohnverhältnisse, die Lebensmittelversorgung, die Qualität der Konsumgüter, das Niveau des Gesundheitswesen – all das wirkt sich aufs unmittelbarste auf das Bewußtsein und die Stimmungen von Menschen aus. Von eben diesem Standpunkt aus müssen wir an den gesamten Komplex von Fragen herangehen, die mit der erzieherischen Tätigkeit der Organisation von Partei, Staat und Gesellschaft zusammenhängen.

Im Kampf um die Beschleunigung der sozialökonomischen Entwicklung werden außerordentlich günstige gesellschaftliche Bedingungen für eine effektivere Gestaltung der ideologischen Arbeit geschaffen. Doch man darf nicht darauf rechnen, daß dadurch die ideologisch-politische Erziehung, die Erziehung zur Arbeit und durch die Arbeit und die moralische Erziehung einfacher werden. Man muß sich stets vor Augen halten, daß die Lage von heute, so günstig sie auch ist, mit ihren Widersprüchen und Schwierigkeiten behaftet ist. Die Einschätzungen dürfen in keiner Weise herabgemildert werden.

Die Entwicklung des gesellschaftlichen Bewußtseins ist immer ein komplizierter Prozeß, doch der eigene Charakter der gegenwärtigen Etappe hat vielen herangereiften Problemen besondere Schärfe verliehen. Erstens prägen allein schon die Dimensionen der Aufgabe zur Beschleunigung die gesellschaftliche Atmosphäre, deren Charakter und Besonderheiten. Es hat sich gezeigt, daß noch nicht alle bereit sind, das, was vor sich geht, zu begreifen und zu akzeptieren. Zweitens ist, das sei besonders hervorgehoben, die Verlangsamung der sozialökonomischen Entwicklung auf ernste Fehler nicht nur im Bereich der Wirtschaftsleitung, sondern auch in der ideologischen Arbeit zurückzuführen.

Daß es an Worten, und zwar richtigen Worten, zu diesem Thema mangelte, kann nicht gerade behauptet werden. In der Praxis aber wurden an die Stelle einer gezielten Erziehungsarbeit nicht selten künstlich aufgezogene Kampagnen gesetzt, die die Propaganda dem Leben entfremdeten, was sich negativ auf die gesellschaftliche Atmosphäre auswirkte. Nicht selten wurde die Schärfe der Lebenswidersprüche ignoriert, und es mangelte an Realismus bei der Einschätzung der wirklichen Sachlage in der Wirtschaft, auf sozialem Gebiet, aber auch in anderen Bereichen. Belastungen der Vergangenheit bleiben nicht ohne Folgen. Sie wirken sich aus, indem sie im Bewußtsein von Menschen, in deren Handlungs- und Verhaltensweise zutage treten. Der Lebensstil läßt sich nicht über Nacht ändern, die Geistesträgheit aber ist noch schwieriger zu überwinden. Hierzu bedarf es energischer Anstrengungen.

Eine Politik bringt die gewünschten Ergebnisse, wenn sie sich auf eine genaue Berücksichtigung der Interessen der Klassen, der sozialen Gruppen und des Individuums gründet. Wenn das auf die Leitung der Gesellschaft zutrifft, so gilt dies in ideologischer und erzieherischer Hinsicht erst recht. Die Gesellschaft – das sind konkrete Menschen, die konkrete Interessen, ihre Freuden und ihre Dramen, ihre eigenen Auffassungen vom Leben, von dessen wirklichen und vermeintlichen Werten haben.

»Zahlenfetischismus« ...

In diesem Zusammenhang möchte ich auf die individuelle Arbeit als wichtigste Erziehungsform eingehen. Man kann nicht behaupten, daß diese vernachlässigt wird, doch auch im ideologischen Bereich bildet der übliche »Zahlenfetischismus« ein ernstes Hindernis. Die Zahlen sind zwar beeindruckend: Zehntausende und Hunderttausende von Propagandisten, Agitatoren, Politinformatoren, Zirkeln und Seminaren, Millionenauflagen von Zeitungen und Zeitschriften, Millionen Zuhörer bei Vorträgen. Das alles ist schön und gut. Geht aber nicht in dem Wust von Zahlen und »Erfassungs«-Daten der lebendige Mensch unter? Trübt uns die ideologische Statistik nicht den Blick – einerseits für aufopferungsvoll arbeitende Menschen, die eine höhere gesellschaftliche Anerkennung verdienen, und andererseits für Träger der antisozialistischen Moral? Deshalb ist im Bereich der Erziehung maximale Konkretheit so wichtig.

Eine wesentliche Besonderheit der ideologischen Arbeit besteht auch darin, daß sie in einer Atmosphäre scharfer Auseinandersetzungen zwischen der sozialistischen und der bürgerlichen Ideologie erfolgt. Die bürgerliche Ideologie ist die Ideologie des Dienstes für Kapital und Monopolprofite, des Abenteuertums und der sozialen Revanche, die Ideologie einer Gesellschaft ohne Zukunft. Ihre Zielsetzungen liegen auf der Hand: den Kapitalismus in jeder Weise zu verherrlichen, seine angeborene Menschenfeindlichkeit und Ungerechtigkeit zu verschleiern, anderen die eigenen Standards für Leben und Kultur aufzudrängen: den Sozialismus mit allen Mitteln zu verunglimpfen und den Sinn solcher Werte wie Demokratie, Freiheit, Gleichheit und sozialer Fortschritt zu entstellen.

Der vom Imperialismus entfesselte »psychologische Krieg« kann nicht anders qualifiziert werden denn als eine besondere Form von Aggression und Medienimperialismus, die Souveränität, Geschichte und Kultur der Völker mit Füßen treten. Dazu gehört auch die direkte politisch-psychologische Kriegsvorbereitung, die selbstverständlich weder mit der tatsächlichen Gegenüberstellung von Anschauungen noch mit dem freien Ideenaustausch, worüber man sich im Westen pharisäerhaft ausläßt, etwas gemein hat. Anders kann die Verfahrensweise nicht gewertet werden, bei der Menschen in der Weise erzogen werden, jede dem Imperialismus nicht passende Gesellschaft durch das Fadenkreuz einer Visiervorrichtung zu betrachten.

Freilich besteht kein Anlaß dazu, den Einfluß der bürgerlichen Propaganda zu überschätzen. Die sowjetischen Menschen sind über den wahren Wert von Propheten und Prophezeiungen verschiedener Art gut genug unterrichtet und sind sich auch über die wahren Ziele der subversiven Aktivitäten der herrschenden monopolistischen Kräfte sehr wohl im klaren. Doch wir dürfen nicht vergessen, daß der »psychologische Krieg« ein Kampf um die Hirne von Menschen, um deren Weltanschauung, deren Richtwerte im Leben, im sozialen und geistigen Bereich ist. Wir haben es mit einem versierten Klassengegner zu tun, dessen politische Erfahrung mannigfaltig sind und Jahrhunderte zurückreichen. Er hat eine gigantische Maschinerie für massierte Propaganda geschaffen, die mit moderner Technik ausgestattet ist und über einen gewaltigen Apparat geschulter Sozialismus-Hasser verfügt.

Der Raffiniertheit und Prinzipienlosigkeit der bürgerlichen Propagandisten müssen wir ein hohes berufliches Können unserer ideologischen Fachkräfte, die Moral der sozialistischen Gesellschaft, deren Kultur, die Offenheit, den kühnen und schöpferischen Charakter unserer Propaganda entgegensetzen. Offensiv vorgehen muß man sowohl bei der Entlarvung ideologischer Diversionen als auch bei der wahrheitsgetreuen Berichterstattung über die realen Leistungen des Sozialismus und über die sozialistische Lebensweise.

Wir haben eine Welt ohne Unterdrückung und Ausbeutung, eine Gesellschaft der sozialen Geschlossenheit und sozialen Sicherheit errichtet. Wir, die Patrioten unserer Heimat, werden sie auch künftig unter Einsatz aller Kräfte bewahren, die Reichtümer des Vaterlandes mehren, dessen wirtschaftliche und moralische Kraft stärken. Die tiefen Quellen des sowjetischen Patriotismus liegen in der Gesellschaftsordnung, in unserer humanistischen Ideologie. Echter Patriotismus entspringt einer tätigen staatsbürgerlichen Haltung. Der Sozialismus ist eine Gesellschaft von hoher Moral. Man kann sich nicht als ideologisch gediegen betrachten, ohne ehrlich, gewissenhaft, anständig und streng gegen sich selbst zu sein. Unsere Erziehung wird um so fruchtbringender sein, je energischer sich die Ideale, Prinzipien und Werte der neuen Gesellschaft durchsetzen. Der Kampf um Lauterkeit im Leben ist das wirksame Verfahren, die Effektivität der ideologisch-erzieherischen Arbeit und deren soziale Ergiebigkeit zu erhöhen sowie eine Garantie gegen das Auftreten ungesunder Erscheinungen zu schaffen.

Kurzum, Genossen, welchen Bereich der ideologischen Arbeit wir auch immer betrachten, überall muß man vom Leben ausgehen. Einfach unzulässig ist eine Stagnation in einer so vitalen, dynamischen und vielschichtigen Angelegenheit wie der Information, der Propaganda, dem künstlerischen und volkskünstlerischen Schaffen, der Arbeit von Klubs und Theatern, Bibliotheken und Museen – der gesamten Sphäre der politisch-ideologischen Erziehung, der Erziehung zur Arbeit und durch die Arbeit der moralischen und atheistischen Erziehung.

In unserer Zeit voller Dynamik und Wandlungen nimmt die Rolle der Massenmedien wesentlich zu. Die seit dem April-Plenum des ZK vergangene Zeit wurde für die gesamte Parteijournalistik zu einer ernsten Bewährungsprobe. Die Redaktionskollektive nahmen komplizierte und in vieler Hinsicht neue Themen kühn in Angriff. Zeitungen und Zeitschriften sowie Fernsehprogramme wurden erfüllt vom pulsierenden Leben mit all seinen Errungenschaften und Widersprüchen, zu verzeichnen ist ein höheres Maß an Analyse und staatsbürgerlichem Engagement, an Schärfe bei der Problemstellung und an konkreter Kritik von Mängeln und Versäumnissen. Eine Vielzahl konstruktiver Vorschläge sind zu aktuellen ökonomischen, sozialen und ideologischen Fragen unterbreitet worden.

Die Wirksamkeit der Massenmedien gewinnt heute noch mehr an Bedeutung. Das Zentralkomitee sieht in ihnen ein Instrument des Schaffens und einen Vermittler des Standpunkts der gesamten Partei, der mit Ressort- und Lokalegoismus unvereinbar ist. Und alles, was prinzipiellen Überlegungen und dem Anliegen entspringt, die Sachlage zu verbessern, wird auch künftig von der Partei unterstützt werden. Die Arbeit der Massenmedien ist um so fruchtbarer, je mehr sie geistig durchdrungen und aktuell ist und je weniger ihr die Jagd nach Ausgefallenem und Sensationsmache anhaftet.

Eine rasche Entwicklung erfahren bei uns Fernsehen und Rundfunk, die auf den modernsten technischen Stand gebracht werden. Sie sind als massenwirkende Medien für Informationen, Propaganda und Förderung unserer moralischen Werte und unserer Kultur zu einem festen Bestandteil des Lebens geworden. In diesem Bereich zeichnen sich deutlich Wandlungen zum Besseren ab: Die Fernseh- und Rundfunksendungen sind abwechselungsreicher und anregender geworden, erkennbar ist das Bemühen, Klischees abzubauen und die Interessenvielfalt der Zuschauer und Zuhörer umfassender zu berücksichtigen.

»Trägheit« der Massenmedien …

Kann aber eingeschätzt werden, daß unsere Nachrichten- und Propagandamedien ihre Möglichkeit voll ausschöpfen? Derzeit noch nicht. Noch wird nicht wenig an Seichtheit geboten, noch ist die Trägheit nicht überwunden, noch ist die Taubheit gegen das Neue nicht auskuriert worden. Das Publikum klagt über die unzureichende Aktualität in der ereignisbezogenen Berichterstattung und über die oberflächliche Darstellung des Kampfes für das

Progressive, das in der Praxis wirksam wird. Zu Recht beanstandet wird das niedrige Niveau von Literaturwerken, Fernsehprogrammen und Filmen, die nicht nur der ideologisch und ästhetisch klaren Stellungnahme, sondern auch des elementaren Geschmacks entbehren. Einer wesentlichen Verbesserung bedürfen Filmverleih, Verlags- und Zeitschriftenwesen. Die Leitung des Ministeriums für Kultur, des Staatlichen Komitees für Fernsehen und Rundfunk, des Staatlichen Komitees für Filmwesen, des Staatlichen Komitees für Verlagswesen und Buchhandel der UdSSR und der Nachrichtenagenturen müssen aus den zahlreichen kritischen Hinweisen der Öffentlichkeit energisch Konsequenzen ziehen. Die Mängel sind allgemeiner Natur, die Verantwortung aber ist konkret, und dessen müssen die ideologischen Kader stets eingedenk sein.

Ihre Hauptaufgabe in der Kulturpolitik sieht die Partei darin, breitesten Raum für die Ermittlung von Talenten zu geben, das Leben der Menschen geistig reicher und mannigfaltiger zu machen. Bei dem Bemühen um radikale Veränderung zum Besseren auch auf diesem Gebiet kommt es darauf an, die gesamte kulturell-erzieherische Arbeit so zu gestalten, daß sie die geistigen Bedürfnisse der Menschen immer besser befriedigt und ihren Interessen entgegenkommt.

Die moralische Gesundheit der Gesellschaft und das geistige Klima, in dem Menschen leben, werden in nicht geringem Maße durch den Stand der Literatur und Kunst bestimmt. Unsere Literatur, in der sich die Geburt einer neuen Welt dokumentiert, war zugleich an deren Werdegang maßgeblich beteiligt, indem sie den Menschen dieser Welt als Patrioten seiner Heimat und echten Internationalen ausprägte. Dadurch bestimmte sie richtig ihren Platz und ihre Rolle in dem Aufbauwerk des ganzen Volkes. Dies ist aber auch das Kriterium, das Volk und Partei bei der Bewertung der Arbeit des Schriftstellers, des Künstlers und das auch die Literatur selbst, die sowjetische Kunst für ihre eigenen Aufgaben geltend machen.

Wir brauchen keine »schwülstige Vielschreiberei« …

Wenn es sich für die Gesellschaft als erforderlich erweist, die jeweilige Zeitspanne, insbesondere an einem Wendepunkt, künstlerisch auszuwerten, bringt diese immer Menschen hervor, denen das ein inneres Bedürfnis ist. In einer solchen Zeit leben wir. Weder die Partei noch das Volk brauchen schwülstige Vielschreiberei oder sozialthematische Kleinkrämerei, Konjunkturrittertum oder engstirnigen Praktizismus. Die Gesellschaft erwartet vom Schriftsteller künstlerische Entdeckungen und Lebenswahrheit, die schon immer einer echten Kunst zugrunde lag.

Allerdings ist die Wahrheit kein abstrakter, sondern ein durchaus konkreter Begriff. Sie liegt in den Leistungen des Volkes und den Widersprüchen der gesellschaftlichen Entwicklung, in Heldentum und Arbeitsalltag, in Siegen und Mißerfolgen, das heißt im Leben selbst, in all seiner Vielfalt, Dramatik und Größe. Nur eine ideologisch engagierte, künstlerisch hochwertige und volksverbundene Literatur ist dazu geeignet, ehrliche und mutige Menschen zu erziehen, die Aufgaben ihrer Zeit zu übernehmen vermögen.

Ein natürliches Lebensprinzip unserer Gesellschaft sind Kritik und Selbstkritik. Wenn sie fehlen, gibt es keine Entwicklung. Für die Literatur und Kunstkritik ist es an der Zeit, Duldsamkeit und Unterwürfigkeit, die auf die gesunde Moral zersetzend wirken, abzulegen – eingedenk dessen, daß Kritik eine öffentliche Angelegenheit ist, nicht aber eine Dienstleistungseinrichtung, die Ehrgeiz und Ambitionen von Autoren befriedigen soll.

Unsere Künstlerverbände können auf reiche Traditionen zurückblicken und spielen eine bedeutende Rolle in der Kunst, aber auch in der gesamten Gesellschaft. Dennoch tun auch in diesem Bereich Änderungen not. Nicht Resolutionen und Sitzungen sind ausschlaggebend für die Bewertung des Hauptergebnisses ihrer Arbeit, sondern tatenvolle, originelle und gesellschaftlich wertvolle Bücher, Filme, Stücke und Musikwerke, die dazu angetan sind, das geistige Leben des Volkes zu bereichern. Überaus beachtenswert sind in diesem Zusammenhang Anregungen der Öffentlichkeit zur Erhöhung der Anforderungen an die Werke, die für hohe Preise vorgeschlagen werden.

Die Leitung der geistigen und kulturellen Entwicklung ist keine einfache Angelegenheit. Sie erfordert Taktgefühl. Einsicht in die Natur des künstlerischen Schaffens und unbedingt Liebe zur Literatur und Kunst sowie Achtung vor dem Talent. Vieles hängt hierbei von der Fähigkeit ab, die Kulturpolitik der Partei zu propagieren und in die Tat umzusetzen, von der Gerechtigkeit der Einschätzungen und von einer wohlmeinenden Haltung, wo es um Kreativität und schöpferisches Suchen des Schriftstellers, des Komponisten und des Künstlers geht.

Zukunft der Literatur ...

27. Oktober 1986

Frage: Wie sehen Sie die Zukunft unseres Planeten, der Menschheit und Zivilisation?

Antwort: Die Frage, um deren Beantwortung Sie mich gebeten haben, ist wohl die Hauptfrage unserer Zeit. Ihre eigentliche Stellung zeugt von Optimismus. Wir sind auch gewiß, daß es eine Zukunft geben wird.

. . .

Sehr ernste Bedeutung mißt die Sowjetunion Fragen der allseitigen Entwicklung des Menschen und der Gewährleistung seiner Rechte bei. Wir tun alles, damit das Leben unserer Menschen geistig reicher, erfüllter und gehaltvoller wird.

Die Menschen stellen sich mitunter die Frage: Was kann die Literatur in unserem thermonuklearen Zeitalter tun? Was kann die Kunst? Meines

Erachtens sehr viel. Und es kommt vor allem darauf an, zur Schaffung einer solchen moralischen Atmosphäre beizutragen, in der das Wettrüsten und die Schürung von Kriegspsychose als ein Verbrechen gegen das Recht der Menschen auf Leben gelten.

Die Erhaltung der unvergänglichen Werte der Vergangenheit durch gemeinsame Bemühungen, der Schutz der Kultur vor Verarmung unter dem Druck des Kommerzes und des Kultes von Gewalt und Eindringen von zersetzenden Ideen des Rassismus und Menschenhasses, die Entwicklung des allseitigen kulturellen Austausches und der Kontakte, die Durchsetzung von Ideen des Friedens und der Freundschaft mit Mitteln der Kunst – verdienen denn diese Fragen nicht angespannteste Aufmerksamkeit? Ein Schriftsteller, der mit einem ehrlichen, aufrichtigen und menschenfreundlichen Wort gewappnet ist, kann viel machen.

Heute ist eine Zeit kühner und verantwortungsvoller Handlungen im Interesse der ganzen Welt. Das betrifft alle Völker, alle Kontinente.

Demokratie und Selbstverwaltung …

27. Januar 1987

Genossen! Heute verstehen wir die ganze Tragweite des Leninschen Gedankens vom lebendigen inneren Zusammenhang zwischen Sozialismus und Demokratie besser als je zuvor. Die gesamten historischen Erfahrungen unseres Landes haben überzeugend bewiesen, daß die sozialistische Gesellschaftsordnung die politischen und sozialökonomischen Rechte der Bürger und ihre persönliche Freiheit tatsächlich garantiert, die Überlegenheit der sowjetischen Demokratie offenbart und jedem Menschen den Glauben an die Zukunft gegeben hat.

Aber unter den Bedingungen der Umgestaltung, in der sich die Aufgabe der Aktivierung des subjektiven Faktors so akut stellt, müssen wir erneut auf die Leninsche Fragestellung nach dem Maximum des Demokratismus in der sozialistischen Gesellschaftsordnung zurückkommen, in der sich der Mensch als Herr und Schöpfer fühlt.

Lenin sagte: »Wir müssen mit dem Leben Schritt halten, wir müssen der schöpferischen Kraft der Volksmassen volle Freiheit gewähren.« (W. I. Lenin, Werke, Bd. 26, S. 252).

Ja, eine Demokratie, die auf der Macht des arbeitenden Menschen beruht, das ist die Form der Realisierung seiner umfassenden politischen und staatsbürgerlichen Rechte, seine Interessiertheit an Umgestaltungen und seiner praktischen Beteiligung an deren Verwirklichung.

Im gesellschaftlichen Bewußtsein setzt sich immer mehr der einfache und klare Gedanke durch, daß ein Mensch nur dann in seinem Haus Ordnung schaffen kann, wenn er sich dort als Hausherr fühlt. Diese Wahrheit gilt nicht nur für das tägliche Leben, sondern auch für den gesellschaftspolitischen Bereich. Sie muß strikt in die Tat umgesetzt werden, ich unterstreiche – in die Tat. Sonst erweist sich der Faktor Mensch als wirkungslos.

Nur bei konsequenter Entwicklung der demokratischen Formen, die dem Sozialismus eigen sind, und bei Erweiterung der Selbstverwaltung sind bei uns Fortschritte in der Produktion, in der Wissenschaft und Technik, in der Literatur, der Kultur und Kunst, in allen Sphären des gesellschaftlichen Lebens möglich. Nur ein solcher Weg gewährleistet eine bewußte Disziplin. Nur durch Demokratie und Dank der Demokratie ist die Umgestaltung selbst möglich. Nur so erhalten die gewaltige schöpferische Kraft des Sozialismus, die freie Arbeit und ein freier Geist in einem freien Land Raum.

Kein Umbruch im politischen System …

Deshalb ist die weitere Demokratisierung der sowjetischen Gesellschaft eine unaufschiebbare Aufgabe. Darin gerade besteht das Wesen des Kurses des Aprilplenums (1985) und des XXVII. Parteitages der KPdSU auf die Vertiefung der sozialistischen Selbstverwaltung des Volkes. Es geht selbstverständlich nicht um einen Umbruch in unserem politischen System. Wir müssen mit maximaler Effizienz alle seine Möglichkeiten nutzen und der Arbeit der Partei, der Sowjets, der Staatsorgane, der gesellschaftlichen Organisationen und der Arbeitskollektive einen tiefen demokratischen Inhalt verleihen und allen Zellen des gesellschaftlichen Organismus ein neues Leben einflößen.

Dieser Prozeß findet im Lande bereits statt. Lebendiger wird das Leben der Parteiorganisation. Kritik und Selbstkritik werden erweitert. Die Massenmedien sind aktiver geworden. Die sowjetischen Menschen spüren deutlich den günstigen Einfluß der Publizität, die zur Norm des gesellschaftlichen Lebens wird.

In einer Atmosphäre der Prinzipienfestigkeit und der Kritik fanden die Kongresse der Künstlerverbände statt. Es werden neue gesellschaftliche Organisationen gegründet. Ihre Gründung gab die Organisation der Kriegs- und Arbeitsveteranen bekannt. Es wurde ein sowjetischer Kulturfonds gebildet. Im Gange ist die Arbeit zur Bildung von Frauenräten. In all dem zeigt sich die wachsende Beteiligung der Werktätigen an gesellschaftlichen Angelegenheiten und an der Leitung des Landes.

. . .

Die ernsten Mängel in der politisch-ideologischen Erziehungsarbeit wurden in vielen Fällen durch Parademaßnahmen und -kampagnen sowie durch das Feiern zahlreicher Jubiläen sowohl im Zentrum als auch an der Basis verdeckt. Die Welt der alltäglichen Realitäten und die Welt des zur Schau gestellten Wohlergehens klafften immer mehr auseinander.

Die Ideologie und Psychologie der Stagnation spiegelten sich auch im Bereich von Kultur, Literatur und Kunst wieder. Es sanken die Kriterien bei der Einschätzung des künstlerischen Schaffens. Das führte dazu, daß neben

Werken, in denen ernste soziale und sittliche Probleme aufgeworfen wurden und sich reale Kollisionen des Lebens widerspiegelten, auch viele mittelmäßige, verschwommene Schöpfungen erschienen, die weder dem Verstand noch den Gefühlen etwas gaben. Es verstärkte sich das Eindringen von Stereotypen aus der bürgerlichen Massenkultur in die sowjetische Gesellschaft, die Abgeschmackheit, primitiven Geschmack und Geistlosigkeit aufzwangen.

In diesem Zusammenhang muß die Verantwortung unserer ideologischen Institutionen, der Redakteure der künstlerischen Zeitschriften und Leiter der Künstlerverbände, der Literaturkritiker, der Literaten und der Kunstschaffenden selbst für die künstlerisch-ideologische Richtung des schöpferischen Prozesses, für die moralische Gesundheit des Volkes unterstrichen werden.

In der Tätigkeit der Künstlerverbände mangelte es an Prinzipienfestigkeit, hohen Anforderungen und echter Sorge um die Entwicklung und Unterstützung von Talenten. Besonders wichtige, den Zustand der Kultur betreffende Fragen wurden von den Leitungen der Verbände oft nicht gebührend beachtet. Gleichzeitig blühten Bürokratismus und Formalismus auf, reagierte man auf Kritik äußerst intolerant. In einigen Fällen begannen maßlose Ambitionen über realistische Bewertungen und Selbsteinschätzungen die Oberhand zu gewinnen.

Das wurde auch dadurch verstärkt, daß der parteiliche Standpunkt zum künstlerischen Schaffen nicht selten durch eine unbegründete behördliche Einmischung in zutiefst schöpferische Prozesse sowie durch geschmacksbedingte Sympathien und Antipathien und daß die Methoden ideologischer Beeinflussung und Anleitung durch administrative Entscheidungen ersetzt wurden.

Mehr Vertrauen in die Jugend ...

14. Februar 1987*

Wir müssen der Jugend mehr Vertrauen entgegenbringen. Werke und Fabriken, die kompliziertesten Abschnitte, neue Richtungen in Wissenschaft und Technik, noch unbewohnte Gebiete – dies alles macht sie sich zu eigen, packt sie an. Auch in geistiger Hinsicht ist unsere Jugend reif.

Vor kurzem sah ich das Stück »Bolschewiki« im »Sowremennik«-Theater. Im Zuschauerraum waren 70 Prozent Jugendliche. Auf der Bühne lief eine ziemlich ernste Diskussion. Im Saal war es ganz ruhig, alle hörten zu. Als das Stück zu Ende ging, sangen die Darsteller die »Internationale«. Der ganze Saal sang stehend mit ihnen die Hymne des Proletariats.

* Dieser Text enthält neben Originalpassagen von M.S. Gorbatschow auch Kommentare von »Pravda«-Redakteuren, die den Verlauf des Treffens und der Diskussion wiedergeben.

Die Gesellschaft reagiert immer mit gesteigerter Sensibilität auf publizistisches Pathos der Kunst, auf ethische Wertungen. Jeder Fehlgriff, jede tendenziöse Auswahl von Fakten ist besonders spürbar. Mit anderen Worten, jede Unwahrheit weckt eine schmerzhafte Reaktion, berührt das soziale Befinden des Menschen. Das wird immer so sein.

Die Literatur hat die Gesellschaft auf die Veränderungen vorbereitet und das gesellschaftliche Gewissen wachgerüttelt. Einige Publizisten haben sich kühn für Ideen eingesetzt, die heute die Kraft von Partei- und Staatsbeschlüssen in Wirtschaft, Kultur und Bildung haben.

Es scheint, daß jetzt, wo sich die Bedingungen verändert haben, ein Aufschwung der Publizistik verzeichnet werden müßte. Es sind wirklich einzelne Erfolge zu verzeichnen. Doch oft beeilen sich die Schriftsteller, an Stelle eines neuen Wortes das zu Ende zu sagen, was sie früher nicht gesagt haben.

Der XXVII. Parteitag richtete das Augenmerk aller Bereiche der Intelligenz auf die Frage der Wahrheit künstlerischer Widerspiegelung. In der Zeit der Veränderung brauchen wir wie nie zuvor eine objektive, allseitige Sicht der Realität. Die Wahrheit muß vollkommen sein. Dann wird sie über die Eigenschaft Konstruktivität verfügen.

In dem heutigen Gespräch habe ich einige Fragen möglicherweise zugespitzt, jedoch nur mit dem einen Ziel: um die Koordinaten unserer Bewegung zu überprüfen, um abgestimmt vorzugehen.

Das ZK ist sich sicher, daß die Journalisten, unsere gesamte Parteipresse gemeinsam mit der Partei und dem Volk unablässig und unermüdlich die Sache der Umgestaltung voranbringen werden.

. . .

In den Reden der Leiter der Massenmedien wurde die einmütige Unterstützung für die Beschlüsse des Januar-Plenums des ZK der KPdSU zum Ausdruck gebracht. Es wurde hervorgehoben, daß die Partei das Land in eine qualitativ neue, ihrem Wesen nach revolutionäre Entwicklungsetappe unserer Gesellschaft führt.

. . .

Es ist die Pflicht der Mitarbeiter der Presse und der sowjetischen Kulturschaffenden, betonten die Redner, der Partei bei der revolutionären Umgestaltung aller Lebensbereiche der sowjetischen Gesellschaft aktiv zur Seite zu stehen. Die Journalisten, Publizisten und Schriftsteller müssen das Wesen der Umgestaltung nicht nur tiefgründig und allseitig darlegen, sondern sich auch selbst umstellen und die Arbeit ihrer Arbeitskollektive umgestalten.

Von den Journalisten, von der ganzen Publizistik wird verlangt, daß sie Sachverstand besitzen und tief in das Leben eindringen. In der Gesellschaft vollziehen sich komplizierte Prozesse, und über sie gilt es mit aller Leidenschaftlichkeit, mit tiefem Interesse, mit Professionalität und Sachkenntnis zu schreiben.

Das Hauptanliegen der Journalisten ist heute, den Menschen zu helfen, die Ideen der Umgestaltung besser zu begreifen und sie sich anzueignen, die Massen zum allgemeinen Kampf für die erfolgreiche Verwirklichung der Pläne der Partei zu mobilisieren. Gestützt auf die Lehren der Wahrheit, gilt es, die Kritik zu entwickeln, den Kampf gegen Bürokratismus und Konservatismus zu verstärken und sich zugleich strikt an unser strategisches Prinzip zu halten, das verlangt, daß die sozialistischen Ideale, die sozialistischen moralischen Werte, das sozialistische Bewußtsein aktiv und geschickt verteidigt werden. Das ist jenes Fundament in der Arbeit mit den Menschen, ohne das die Ziele der Erneuerung nicht erreicht werden können.

Viele Redner stellten fest, daß die Umgestaltung eine Realität geworden ist, wenn auch eine widersprüchliche, komplizierte Realität. Unter diesen Umständen müssen die Journalisten die Umgestaltung als das zeigen, was sie ist, nicht so, wie sie aus dem Fenster des einen oder anderen Arbeitszimmers gesehen wird.

Mit Bedauern wurde festgestellt, daß der Journalist auch heute noch mitunter nur mit Mühe an Informationen herankommt. Die Mitarbeiter, die die gewünschten Informationen besitzen, laufen vor dem Pressevertreter buchstäblich davon. In einigen zentralen Staatsorganen gibt es noch alle möglichen Verbote in dieser Hinsicht. Achtung der Partei- und Staatsorgane gegenüber den Journalisten muß zur Norm werden, so können viele Fehler verhindert werden.

Die Teilnehmer des Treffens sagten, daß unter den Bedingungen einer breiten Demokratie und Offenheit von den Mitarbeitern der Presse, der Literatur und der Kunst auch parteiliche Kühnheit und parteiliche Verantwortung für das geistige und künstlerische Niveau der Veröffentlichungen verlangt wird.

Kritisiert wurde die Einstellung der Publizisten und Literaturschaffenden, die eine Beobachterrolle spielen und über Mängel und Probleme mit gewisser Entfremdung schreiben. Hervorgehoben wurden Veröffentlichungen, deren Verfasser komplizierte Realitäten scharf und kritisch untersuchen, hierbei aber staatsbürgerliches Interesse an der Ausmerzung gesellschaftlicher Probleme zeigen und in ihrer Suche kreativ sind. Wichtig ist eine aktive Haltung des Autors. Mit seiner ganzen Stimmung muß er bei der Kritik von Mängeln einen Schuß Positives, einen Schuß Bewegung und Leben einbringen.

Es wurde hervorgehoben, daß sich heute im Lande eine wahre Volksfront herausbildet, die mit ganzer Seele an die Umgestaltung geht. Die Partei vereint die Menschen für große Ideen. So war es an den Wendepunkten unserer sozialistischen Geschichte, so ist es auch heute. Darin liegt die Kontinuität unserer Geschichte.

Allseitig muß die Entwicklung der Persönlichkeit im Verlaufe der Umgestaltung – vor allem des arbeitenden Menschen, der Persönlichkeit des Arbeiters, die heute unter neuen Bedingungen reift – unterstützt werden. Das

Leben der Menschen, die das Land umgestalten, ist sehr inhaltsreich. Darüber muß prägnant und ausführlich berichtet werden.

Es wurde auf die Notwendigkeit aufmerksam gemacht, die sich im Lande vollziehenden Prozesse tiefgreifend theoretisch zu erfassen und die Besonderheiten der gesellschaftlichen Entwicklung zu analysieren. Der Bedarf der Gesellschaft an theoretischen Artikeln steigt. Notwendig ist eine hohe Kultur in diesen Beiträgen. Dies macht es erforderlich, auf eine neue Art zu denken und zu schreiben, damit die Theorie wirklich dem Wachstum des gesellschaftlichen Bewußtseins und der politischen Kultur der Menschen dienen kann. Das bereits vorhandene geistige Potential muß maximal zum Einsatz kommen.

»Revolution der Erwartungen« …

25. Februar 1987

Die unverbrüchliche Verbindung der Arbeit und der staatsbürgerlichen Sorge um das allgemeine Wohl, die alle Generationen der sowjetischen Menschen zementiert, unser Patriotismus, der Stolz auf unsere Arbeit, der Arbeitselan, das heilige Gefühl, an der großen Sache der Oktoberrevolution mitbeteiligt zu sein, sind die größten Errungenschaften unserer Gesellschaftsordnung, ohne die sie einfach undenkbar ist.

Eben der arbeitende Mensch und vor allem die Arbeiterklasse mit ihrer Treue zu den revolutionären Traditionen ist die Haupttriebkraft der heutigen Wandlungen. Arbeitsliebe war immer der größte sittliche Wert unseres Volkes, und berufliches Können wurde stets zu den wichtigsten positiven Eigenschaften des Menschen gerechnet.

. . .

Nur kommt es darauf an, daß die Anzahl derjenigen, die für eine Erneuerung der Gesellschaft, für die Umgestaltung kämpfen, und zwar nicht durch Worte und Zusicherungen, sondern durch eine vom Neuerertum geprägte, gewissenhafte Arbeit, von Tag zu Tag größer wird.

Wir alle wollen natürlich, daß so bald wie möglich Verbesserungen eintreten. Die hohen Ziele, die von der Partei formuliert wurden, die zunehmenden Wandlungen in der Wirtschaft, in der sozialen und der politischen Sphäre haben etwas bewirkt, das man als »Revolution der Erwartungen« bezeichnen kann. Viele zeigen Ungeduld, sie wollen einen raschen sozialen und materiellen Effekt. Ich urteile darüber auch aufgrund der Eindrücke von Begegnungen, die ich kürzlich mit den Werktätigen Lettlands und Estlands hatte.

Wir wollen aufrichtig sein, Genossen. Man kann eine Beschleunigung und eine Erhöhung der Qualität unseres ganzen Lebens nur auf einem Weg erzielen – durch effektive, hochproduktive Arbeit. Keinerlei Mechanismen der Verteilung und Umverteilung schaffen etwas an und für sich.

Gewiß, wir müssen vieles im System der Leitung der Volkswirtschaft, in der sozialen, politischen und ideologischen Sphäre vervollkommnen. Eine solche Arbeit wird, wie Sie wissen, geleistet und wird auch fortdauern. Es gilt aber, sich der Arbeitsethik insgesamt gründlich anzunehmen.

Auf dem Januar-Plenum des Zentralkomitees wurde ohne Umschweife auf die Verantwortung der Partei und ihrer leitenden Organe für die Situation im Lande hingewiesen. Das ist aber wohl nur die eine Seite der Angelegenheit, wenn auch eine sehr wichtige. Es gibt auch eine andere Seite.

Es ist für niemanden ein Geheimnis, daß vielen Schluderarbeit, nichterarbeitete Löhne, unverdiente Prämien, eine Atmosphäre fehlender gegenseitiger Anforderungen, der Kontroll- und der Verantwortungslosigkeit durchaus paßte und so manchem auch heute noch paßt.

Es muß klar sein: Damit sich unsere berechtigten materiellen und sozialen Erwartungen erfüllen, sind Zeit und Anstrengungen, sind praktische Handlungen erforderlich.

Die Umgestaltung bedeutet, daß jeder an seinem Arbeitsplatz mehr leisten muß: jeder Arbeiter, Kolchosbauer, Angestellter, Ingenieur, Wissenschaftler, Lehrer, Minister, Parteifunktionär. Das ist jedoch bei weitem nicht überall und nicht immer der Fall.

. . .

Wir wollen heute die Situation in der Gesellschaft von Grund auf verändern, denn wir können uns nicht damit abfinden, wie wir früher lebten, wie wir arbeiteten. Uns wird aber nichts gelingen, wenn wir es nicht schaffen, die Kräfte der Trägheit, des Abbremsens bis zu Ende zu brechen, die dadurch gefährlich sind, daß sie das Land erneut in einen Zustand der Stagnation und Lethargie hereinzerren können, der mit einer Verknöcherung der Gesellschaft und mit sozialer Korrosion droht. Hier möchte ich nochmals auf den Sinn und Zweck des Januar-Plenums eingehen.

Wir haben die Erfahrung des April-Plenums von 1985 gemacht. Das war selbstverständlich keine zufällige Erscheinung. Das Plenum brachte zum Ausdruck, worüber in der Gesellschaft nachgedacht wurde, was sich in ihr akkumulliert hatte. Es unterzog die Situation in der Gesellschaft einer kritischen Analyse und sprach sich für die Ausarbeitung einer Konzeption der Beschleunigung aus.

Als wir die Reaktion der Partei und des Volkes auf die Ideen des April-Plenums sahen, überzeugten wir uns, den richtigen Weg eingeschlagen zu haben.

Nach dem April-Plenum, im Juni, führten wir eine große Beratung zu Fragen des wissenschaftlich-technischen Fortschritts durch. Auf ihrer Grundlage erarbeiteten wir wichtige Programme für die Entwicklung des Maschinenbaus sowie einer Reihe anderer Zweige der Volkswirtschaft und merkten Maßnahmen zur Vervollkommnung des Wirtschaftsmechanismus vor, darunter auch zur Leitung von Gruppen zusammenhängender Wirtschaftszweige.

Das alles wurde zum Ausgangspunkt, um auf der Basis des April-Plenums die Konzeption des XXVII. Parteitags zu formulieren. Sie ist Ihnen, Genossen, bekannt.

Nach dem Parteitag stellte sich die Aufgabe, die strategische Linie zur Beschleunigung der sozialökonomischen Entwicklung des Landes in praktische Leistungen umzusetzen. Früher wurden, wie Sie wissen, auch viele gute Beschlüsse gefaßt, doch sie blieben oft unerfüllt.

Das Zentralkomitee der KPdSU begriff, daß eine Beschleunigung ausbleibt, wenn wir nicht daran gehen, das gesellschaftliche Leben umzugestalten, wenn wir nicht die gesamte Atmosphäre in Partei und Gesellschaft sanieren. Da stellte sich eben die Frage der Vorbereitung eines solchen ZK-Plenums, das die Theorie der Umgestaltung ausarbeiten und die Aufgaben der Kaderpolitik in der neuen Etappe bestimmen würde. Das war das Hauptanliegen des Januar-Plenums.

Seine Vorbereitung erwies sich als eine schwierige Sache. Es genügt zu sagen, daß wir das Plenum dreimal verschoben, denn wir konnten es nicht einberufen, ohne Klarheit in allen Fragen zu haben. Es galt, die Analyse der Situation, die dem April vorangegangen war, zu vertiefen, daraus Lehren zu ziehen und vor allem vorzuschlagen, was zu tun ist, damit die Umgestaltung energisch vorankommt und nicht ins Stocken gerät. Würden wir uns auf diesem Plenum auf eine Feststellung der Mängel und Schwierigkeiten beschränkt und keine konkreten Richtungen der Umgestaltung vorgeschlagen haben, hätte ein solches Plenum wenig genützt. Wir waren verpflichtet, eine Antwort auf die wichtigste Frage zu geben, die alle bewegt: Wie man die Umgestaltung unumkehrbar machen kann, wie es sich sichern läßt, daß sich die Fehler nicht wiederholen. Das Politbüro des ZK gelangte zu der eindeutigen Schlußfolgerung, die Umgestaltung werde sich festfahren, wenn sich das Volk als Hauptfigur nicht gründlich in sie einschaltet, und zwar sowohl in der Sphäre der Wirtschaft als auch in der sozialen Sphäre, in der Sphäre der Politik, in der geistigen Sphäre und in der Sphäre der Leitung. Um die Umgestaltung unumkehrbar zu machen, um eine Wiederholung dessen nicht zuzulassen, was es in der Vergangenheit gegeben hatte, muß alles wiederum unter die Kontrolle des Volkes gestellt werden. Für die Lösung dieser Aufgaben gibt es nur einen Weg – eine breite Demokratisierung der sowjetischen Gesellschaft.

»Entweder Demokratisierung oder soziale Trägheit ...«

Demokratie ist kein Gegenstück von Ordnung. Das ist vielmehr eine Ordnung höheren Ranges, die nicht auf sturem Gehorsam, nicht auf blindem Diensteifer, sondern auf gleichberechtigter, von Eigeninitiative geprägter Teilnahme der Mitglieder der Gesellschaft an allen Angelegenheiten beruht.

Demokratie ist kein Gegenstück von Disziplin. Das ist vielmehr eine bewußte Disziplin und Organisiertheit der arbeitenden Menschen, ihre Grundlage ist das Gefühl, wirklicher Herr in seinem Lande zu sein, ist der Kollektivismus und die Solidarität der Interessen und der Anstrengungen aller Bürger.

Demokratie ist kein Gegenstück von Verantwortung, kein Fehlen von Kontrolle und jeglicher Schranken. Das ist vielmehr eine Selbstkontrolle der Gesellschaft, die auf das Vertrauen in die staatsbürgerliche Reife der sowjetischen Menschen sowie darauf beruht, daß sie ihre gesellschaftliche Pflicht begreifen. Das ist die Einheit der Rechte und Pflichten.

Die Vertiefung der Demokratie ist natürlich keine einfache Sache. Man soll sich nicht davor fürchten, daß hier nicht sofort alles reibungslos laufen, daß man, wenn nicht gerade auf Schluchten, so doch auf Schlaglöcher stoßen wird. Wir haben doch eine reife Gesellschaft, eine starke Partei. Die sozialistische Gesellschaftsordnung fußt auf dem gediegenen Fundament der Unterstützung des Volkes, sie schöpft ihre Kräfte gerade aus dem demokratischen Charakter unseres Lebens. Je mehr Demokratie wir haben werden, desto schneller werden wir auf dem Weg der Umgestaltung, der sozialistischen Erneuerung vorankommen, desto mehr Ordnung und Disziplin wird es in unserem sozialistischen Heim geben.

Also lautet die Frage heute wie folgt: Entweder Demokratisierung oder soziale Trägheit und Konservatismus. Eine dritte Möglichkeit existiert hier nicht, Genossen.

Ich sagte vor kurzem schon einmal, daß wir Demokratie nicht nötig haben, um uns etwa vor jemandem schön zu machen, um Demokratie zu spielen. Wir brauchen die Demokratie, um vieles in unserem Leben umzugestalten, um dem Schaffen der Menschen, neuen Ideen und Initiativen breiten Spielraum zu sichern.

Rolle der Gewerkschaften ...

Genossen! Die Umgestaltung eröffnet den sowjetischen Gewerkschaften neue Perspektiven und stellt ihnen neue Aufgaben.

Welches sind in diesem Zusammenhang die vorrangigen Aufgaben der Gewerkschaften? Soweit ich verstehe, ist gerade diese Frage die zentrale in Ihrer Diskussion und im Bericht von Stepan Schalajew.

Gestatten Sie auch mir, einige Erwägungen zu äußern.

Diese Aufgaben und die Wege zu ihrer Lösung liegen in zwei zusammenhängenden Sphären. Die eine ist die Stellung der Gewerkschaften in der Gesellschaft insgesamt, ihre verfassungsmäßigen Rechte und Pflichten, die Beziehungen zur Partei, zum Staat und seinen Organisationen – den Ministerien und anderen zentralen Staatsorganen, zu anderen gesellschaftlichen Organisationen. Die andere ist die Tätigkeit der Gewerkschaften unmittelbar in den Arbeitskollektiven, ihre tagtäglichen und mannigfaltigen Verbindungen zu den Massen, zu konkreten, lebendigen Menschen.

Das Wichtigste sind hierbei die Ziele, denen eine solche Arbeit untergeordnet ist, ihr Endeffekt, der Nutzen für die Menschen und die Gesellschaft.

Das Arbeitsgebiet der Gewerkschaften ist das Leben des Menschen mit all seinen Freuden und Sorgen. Also müssen die Gewerkschaften auch bei der Lösung von Fragen des Lebens – Arbeit, Gesundheit, Alltag, Erholung der Menschen – aktiv, offensiv, mit Sachkenntnis handeln.

Nehmen Sie z. B. eines unserer brennendsten Probleme – das Wohnungsproblem. Es ist bekannt, daß die Partei eine der wichtigsten sozialen Aufgaben in Angriff genommen hat – in den nächsten drei Planjahrfünften praktisch jede Familie mit einer eigenen Wohnung oder einem Eigenheim zu versorgen. Wir verstärken unsere Anstrengungen in allen Richtungen – in der staatlichen und in der der Arbeitskollektive. 1986 wurden 5,2 Millionen Quadratmeter mehr Wohnraum gebaut als ein Jahr vorher. Und dieser Zuwachs ist noch nicht die Höchstgrenze. Es werden Jugendwohnkomplexe gebaut, der Wohnungsbau erweitert sich mit eigenen Kapazitäten der Betriebe. Der Staat ist bereit, den Werktätigen, die sich entschlossen haben, von ihrem eigenen Geld ein Haus zu bauen, Privilegien zuzugestehen.

Wie Sie wissen, war ich im letzten Sommer im Fernen Osten und konnte mich persönlich davon überzeugen, wie hart dort die Wohnungfrage steht. In anderen Regionen des Landes ist das Wohnungsproblem nicht weniger akut. Das hat auch meine Reise ins Baltikum noch einmal gezeigt.

Das wichtigste sind dabei noch nicht einmal die finanziellen Mittel, sondern die Kapazitäten der Bauorganisationen, die Versorgung der Bauindustrie mit den nötigen materiellen Ressourcen. Vieles müssen hier die örtlichen Organe tun. Das wird auch in einer Reihe von Republiken, Gebieten, Städten und Rayons bereits getan.

. . .

Die Gewerkschaften müssen in den Mittelpunkt der Aufmerksamkeit den konkreten Menschen stellen und sich beharrlicher um das wertvollste Kapital kümmern – um die Gesundheit der Menschen, die Effektivität der medizinischen Betreuung, den Arbeitsschutz, die Sicherheitstechnik.

Auch beim Kampf gegen die Trunksucht darf man nicht nachlassen. Dieser Kampf hat schon zu vielen positiven Veränderungen geführt, und vor allem betrifft das die Gesundheit der Menschen, die Ordnung in unserer Gesellschaft. Aber Probleme gibt es hier noch viele.

Immer noch werden bei uns von Jahr zu Jahr »gewissenhaft« die Arbeitszeitverluste durch vorübergehende Arbeitsunfähigkeit fixiert. Allein in der Industrie liegen sie 10mal höher als die Verluste durch Arbeitsbummelei, Stillstand, Fernbleiben von der Arbeit mit Erlaubnis der Administration.

Jetzt sind wichtige Beschlüsse zu diesen Fragen vorbereitet worden. Die Gewerkschaften müssen ihren Beitrag zu dieser großen staatlichen Angelegenheit leisten. Jetzt wurde ein ganzer Komplex von Verordnungen zur weiteren Verbesserung des Gesundheitswesens im Land vorbereitet.

Und noch eins. Wir haben bereits viel über den Formalismus beim sozialistischen Wettbewerb gesprochen, aber geändert hat sich fast gar nichts. Dabei brauchen wir den Wettbewerb heute vor allem darum, um das Schöpfertum der Werktätigen, die Initiative, der Wettstreit des Denkens, des Talents, der Kunst des Organisierens, der Übernahme fortschrittlicher Erfahrungen zu entwickeln.

Perestrojka und die Jugend ...

16. April 1987

Die neuen Aufgaben erfordern natürlich, daß bei uns ein neues System der Erziehung zur Arbeit aufgebaut wird. Wir haben uns im Zentralkomitee der Partei und in der Regierung unter Mitwirkung von Wissenschaftlern und zuständigen Ressortleitern gründlich mit dieser Arbeit beschäftigt. Es wurden bedeutende Beschlüsse gefaßt: Über die Reform der allgemeinbildenden und der Berufsschule, über die Entwicklung der Hoch- und Fachschulbildung in Hinblick auf die neuen Forderungen, die das Leben stellt. Ich würde sogar so sagen: Hier, in dieser Richtung, wird die Hauptaufgabe gelöst, werden Voraussetzungen für unsere beschleunigte Vorwärtsbewegung, für den Erfolg der Umgestaltung geschaffen. Ist doch die wichtigste handelnde Person der Umgestaltung das Volk, der Mensch. Für die Umgestaltung braucht man einen klugen Menschen, der dem Sozialismus treu ergeben, kompetent und fachlich ausgebildet ist.

Da wird man die Anstrengung vieler vereinigen und koordinieren müssen. Was die Arbeit des Komsomol in Schulen, Berufs-, Fach- und Hochschulen anbelangt, so nehmen wir Eure Selbstkritik zur Kenntnis. Das spricht von der Verantwortung des Komsomol für die Lösung einer äußerst wichtigen, gesamtstaatlichen Aufgabe. Leider hören wir recht wenig Selbstkritik von den Leitern staatlicher Dienststellen, die für die Lösung dieser wichtigen Aufgabe verantwortlich sind.

Wir wollen uns nicht durch das Gerede von der Reform der allgemeinbildenden und der Berufsschule einschläfern lassen. Offen gesagt, tritt heute die Reform vorerst auf der Stelle. Das bedeutet, daß auch die Arbeit des Volksbildungsministeriums der UdSSR und aller seiner Organe auf der Stelle tritt.

Und wie verhalten sich dabei die Partei- und Sowjetorgane? Wo bleiben ihr Einfluß und ihr Ansehen? Das muß heute ebenfalls gesagt werden. Wir sind der Meinung, daß die Parteiorganisationen und die Kollektive des Ministeriums für Volksbildung, des Systems der Berufsausbildung, unserer Hochschulen, aber auch der Branchenministerien sich entschlossen umstellen müssen. Das, wie sie sich umstellen, wird – und zwar sehr stark – die

Umgestaltung im Lande beeinflussen. Deshalb werden wir da keine Stagnation, keine praktische Unbeholfenheit dulden, wie das in der pädagogischen Wissenschaft vorkam, wo man manchmal jahrzehntelang klare, von der Praxis längst gelöste Fragen klärte.

In den Ministerien, die für die Kaderausbildung im Lande, für die Volksbildung verantwortlich sind, ist ein gewaltiges Forschungspotential konzentriert, sind viele sachverständige Leute beschäftigt. Und wir rechnen damit, daß sie in ihrer Arbeit aus dem, was heute gesagt wird, Schlüsse ziehen werden.

Der Komsomol kann und muß aber seinerseits in diesem Feldzug nach Kenntnissen die Führung übernehmen.

Ihr sollt nicht die Pflichten der Ministerien oder anderen zentralen Dienststellen übernehmen. Ihr sollt einfach niemand in Ruhe lassen, und das könnt Ihr. Um so mehr, da sich Euch in dieser Hinsicht nach Annahme der Kongreßbeschlüsse über Abänderungen am Komsomol-Statut neue Möglichkeiten bieten werden. Es wird ein weiteres Wirkungsfeld für die Bekundung und Entwicklung der Selbständigkeit und der Initiative sowohl des Schul- als auch des Hochschulkomsomol offen stehen.

Die größe Aufmerksamkeit erfordert der komplizierte Komplex der Probleme der sozialen Entwicklung der Jugend. Wir haben uns, Genossen, die auf dem Kongreß zu diesen Problemen gemachten scharfen, besorgniserregenden Erklärungen sehr zu Herzen genommen, besonders, wo es um Gewährleistung der Arbeits- und Lebensbedingungen für junge Teilnehmer an Bauvorhaben und Einwohner neuer Städte, um die Verbesserung der Lage in Wohnheimen usw. ging. Einige Fragen, von denen hier im Referat und in den Diskussionsbeiträgen die Rede war, haben wir bereits angepackt, und sie werden von uns praktisch gelöst. Andere Fragen sind für uns neu, und wir wollen uns darüber Gedanken machen.

Wir haben in der Führung des ZK und der Regierung vereinbart: Alles, was auf dem Kongreß gesagt wird und für die ganze Sowjetunion von Bedeutung ist, soll das ZK des Komsomol zusammenfassen und dem ZK der KPdSU und dem Ministerrat der UdSSR vorlegen. Wir wollen uns bemühen, alles aufmerksam zu prüfen.

Wir begreifen, daß von der Lösung dieser Fragen das soziale Befinden, der soziale Tonus der Jugend abhängen. Das sind Wohnungsprobleme, die Schaffung der notwendigen Bedingungen für junge Familien und die Möglichkeit, seine Fähigkeiten unter Beweis zu stellen. Kurz und gut, alles, womit die Jugend den Begriff soziale Gerechtigkeit als solchen verknüpft.

Die Arbeit mit der Jugend darf nicht von der ganzen Palette der Kultur- und Bildungsaufgaben, von der ideologisch-moralischen Gestaltung der Persönlichkeit losgerissen werden. Wir dürfen keine Diskrepanz zwischen der Steigerung des materiellen Niveaus und der geistigen Reife des Menschen zulassen. Heute wird klar erkannt: Zahlreiche Schwierigkeiten der Umgestaltung und der Erneuerung der Gesellschaft sind durch Mängel an

Kultur im weitesten Sinne dieses Wortes verursacht. Eine forschungsintensive, hochtechnologische Produktion kann ohne die entsprechende kulturelle Infrastruktur und ebenso wenig ohne das weitere Wachstum der Kultur der Arbeit und der ganzen Lebensweise weder bestehen noch sich weiter entwickeln. Jegliche Diskrepanz zwischen diesen Bereichen kann soziale Kämpfe auslösen.

Die historische Berufung des Sozialismus besteht darin, den Menschen zu erhöhen, Voraussetzungen für die allseitige Entfaltung seiner Fähigkeiten zu schaffen. Wir sind für die konsequente Durchsetzung eines Systems von Maßnahmen auf der Ebene der Partei, der Staats- und Wirtschaftsorgane sowie der gesellschaftlichen Organisationen, in deren Ergebnis jeder junge Mensch seine Mitbeteiligung an allen Vorhaben und Sorgen des Landes deutlich empfindet.

In diesem Zusammenhang scheint uns der auf dem Kongreß geäußerte Gedanke, man sollte ein Jugendgesetz entwerfen und verabschieden, Hand und Fuß zu haben. Laßt uns die Frage überlegen. Das Jugendgesetz soll offensichtlich die Garantien der Rechte junger Leute auf allen Gebieten des gesellschaftlichen Lebens des Landes noch mehr verstärken. Sogar wenn man in diesem Gesetz nur das, was schon heute in Kraft ist, die vorhandenen Rechte und Pflichten der Jugend, zusammenfaßt, wird es schon an und für sich gewaltige Bedeutung haben. Aber zweifellos wäre es möglich, in den Wortlaut des Gesetzes auch Neues hineinzubringen unter Berücksichtigung dessen, wovon die Kongreßdelegierten sprachen und was das Leben diktiert.

Ich möchte vor dem Komsomolkongreß erklären: Das ZK der KPdSU und die Regierung werden unbeirrbar den Kurs des XXVII. Parteitags auf strikte Einhaltung des Prinzips der sozialen Gerechtigkeit verfolgen. Die sozialistische Lebensweise darf nur eine Rangordnung kennen: die Rangordnung der persönlichen Qualitäten, die sich aus Fähigkeiten, Kenntnissen, Erfahrungen und Charakterstärke und dem Streben nach hohen gesellschaftlichen Idealen ergeben. So müssen die Gradmesser sein.

Es ist die Sache des Komsomol, über die soziale Sicherheit der Jugend zu wachen. Ich meine, Euer Verband wird richtig handeln, wenn er einen denkbar weitreichenden und offenen Wettbewerb der Jugend entfaltet. Ich möchte Euch dazu auffordern, daß der Komsomol überall – im Studium, in der Arbeit, im künstlerischen und wissenschaftlich-technischen Schaffen, bei der Freizeitgestaltung – zur Seele des Wettbewerbs wird. Es geht dabei allerdings, Genossen, um den Wettbewerb in einer neuen Auffassung, wo die Talente der Jugend entdeckt, wo Voraussetzungen für die Realisierung der Qualitäten und Fähigkeiten des Menschen geschaffen werden. Mehr noch: In diesem Wettbewerb müssen auch Prüfungen um das Recht auf Beförderung und die Übernahme führender Posten aufgenommen werden.

Das ZK der KPdSU sieht die Aufgabe der Parteiorganisationen auch darin, daß sie überall dagegen auftreten, daß von der Jugend immer nur gefordert wird, daß sie eine sorgsame Einstellung zur Arbeit und zum Leben der jungen Generation unseres Landes gewährleisten. Gestern wurde hier richtig gesagt, daß sich zahlreiche Funktionäre in schwierigen Situationen an die Jugend erinnern, sie bei der Lösung sozialer Fragen aber häufig vergessen. Wir verurteilen ein solches Vorgehen. Im Rahmen der aktiven Sozialpolitik müssen wir die Lebensweise der sowjetischen Jugend entschlossen zum Besseren wenden, noch interessanter und inhaltsreicher gestalten.

Jugend und Komsomol-Verband ...

Genossen! Auf Eurem Kongreß erfolgt eine sehr wichtige und lebhafte Diskussion über die Rolle und die Stellung des Leninschen Komsomol und der jetzigen Entwicklungsetappe der Gesellschaft und im System unserer Demokratie. Es wird darüber hinaus diskutiert, wie wir den Komsomol heute und morgen sehen wollen. Diese Frage ist von gewaltiger prinzipieller Bedeutung, und zwar nicht nur für die Jugend, sondern auch für unsere Gesellschaft. Das Leben hat uns spüren lassen, und zwar mit allem Nachdruck, daß viele Komsomolkomitees in die Gefangenschaft bürokratischer Arbeitsmethoden geraten sind. Anstelle lebendiger Arbeit wurden übermäßig viele Sitzungen durchgeführt und ein Papierkrieg organisiert. Anstelle des offenen und breiten Umganges mit der Jugend fanden pompöse Maßnahmen, lautstarke Berichterstattungen und erdachte Aufgebote statt. Im Komsomol entstanden sehr viele Organisationen, von denen man sagen kann, daß dies Organisationen unvollendeter Initiativen geblieben sind. Das ist eine gefährliche und schädliche Krankheit, die überwunden werden muß. Wenn wir die Arbeit des Komsomolaktivs durchdenken, entsteht mitunter der Eindruck, daß die Jugend auf der einen Straßenseite geht, die Komsomolfunktionäre aber auf der anderen und außerdem auch noch in die entgegengesetzte Richtung.

Ich bin der Meinung, daß dies in starkem Maße mit der allgemeinen Lage im Lande, mit der Atmosphäre in der Gesellschaft zusammenhängt. Wir sollten da nicht der Jugend allein die Schuld in die Schuhe schieben.

Aber wißt Ihr, auch im Komsomol tauchte eine »Elite« auf, was von der Jugend sehr schmerzhaft aufgenommen wird. Ist es etwa zufällig, daß an den Hochschulen derjenige, der in das Komsomolaktiv gewählt wurde, den Unterricht sofort frei besuchen darf. Das ruft bei allen Studenten Verwunderung hervor. Funktionäre müssen in der Arbeit mit gutem Beispiel vorangehen. Was aber bedeutet Arbeit in der Studentenzeit? Das ist die Aneignung von Wissen. Wenn die Zeit der Prüfungen und Testate kommt, gehen in den Dekanaten und sogar Rektoraten Listen dieser »freien Besucher« mit der Bitte ein, dies ohne Prüfungen zu testieren, das seien ja Funktionäre. Das ist eine schmähliche Erscheinung im Komsomol. Was sind das für Privilegien? Das Komsomolaktiv hat nur das eine Privileg, durch sein ganzes Verhalten das moralische Recht zu beweisen, an der Spitze der studentischen Jugend zu stehen, oder des Schulkomsomol, wenn es um die Schule geht. Mit derartigen Erscheinungen, die die gesunde Atmosphäre im Komsomol vergiften, muß man entschieden Schluß machen.

Schuld des Komsomol …

Ich möchte jedoch noch einmal betonen, daß dies nicht nur die Schuld des Komsomol ist. Das ist der Preis für jene Erscheinungen, die für die Gesellschaft in den vergangenen Jahrzehnten charakteristisch waren, für die Unterlassung bei der Erziehung der Jugend, für den Formalismus in der Führung des Komsomol durch die Partei. Aber auch der Komsomol selbst ist nicht berechtigt, die Verantwortung für diesen Stand der Dinge von sich zu schieben. Meiner Meinung nach ist das auch eine richtige Fragestellung.

Uns gefällt es, daß der Komsomolkongreß die Fragen des inneren Lebens des Komsomol gerade von diesen Positionen aus diskutiert. Die Umgestaltung hat heutzutage unsere gesamte Gesellschaft in Bewegung gebracht. Es ist gut, daß sich die Jugend nicht damit abfinden will, womit sie sich, wie es schien, schon lange abgefunden hat. In dieser Unduldsamkeit sehen wir Kommunisten die Lebens- und Tätigkeitsnorm des Komsomol. Der Komsomol muß unduldsam gegenüber allen Erscheinungen sein, die den Werten und Idealen des Sozialismus widersprechen. Für uns im ZK sind jene Diskussionen und ist jene Suche nah und verständlich, die der Komsomol, unser nächster Gehilfe, unsere Reserve, durchführt. So muß die Jugend sein, die uns einmal ablöst: engagiert, kritisch denkend und anspruchsvoll.

Wie läßt sich dies erreichen? Welche Aufgaben in Eurer Tätigkeit sind in den Vordergrund zu rücken? Auch hier muß man Lenin zu Rate ziehen. Lenin zweifelte nie auch nur im geringsten daran, daß der Komsomol vor allem eine politische Organisation ist.

. . .

Jetzt beklagt man sich oft darüber, daß der Komsomol initiativlos sei, daß er nur wenig Selbständigkeit besitze. Vom Schulkomsomol bis zur Hochschule und zum Betrieb, wo das schon reife Menschen sind, sind doch aber die Komsomolzen im Prinzip der Selbständigkeit beraubt. Überall werden sie bevormundet: Das Komsomolkomitee einer Schule kann keinen Schritt ohne den Lehrkörper und den Direktor tun. Ein Rayon- oder Stadtkomitee des Komsomol kann keinen Schritt ohne die Rayon- bzw. Stadtleitung der Partei tun. Ist das etwa der Sinn einer Führung des Komsomol durch die Partei!

Wollen wir die Situation gemeinsam verändern. Das ZK der KPdSU wird Schlußfolgerungen aus dem jetzigen, dem XX. Komsomolkongreß ziehen. Wir werden im Geiste der Leninschen Traditionen gegenüber dem Komsomol, der politischen Vorhut der sowjetischen Jugend, handeln. Einigen wir uns also darauf, daß den Komsomol alles im Lande angeht.

Rückzug ins Private ...

Ein gewisser Teil der Jugend hat sich in einer winzigen Welt eingeschlossen, hat sich vom stürmischen Lauf des Lebens zurückgezogen oder versucht es zu tun. Das ist für einen jungen Menschen ein Fehler. Deshalb besteht heute dringender als je zuvor die gesellschaftliche Notwendigkeit, daß der Komsomol als aktive politische Organisation der Jugend wirkt.

Im Werk und auf der Viehfarm, in der Ober- und an der Hochschule, im Konstruktionsbüro und auf der Bühne – überall muß die unruhige Stimme des Komsomol zu hören sein, die zu Handlungen, zum schöpferischen Schaffen und zu neuartigem Vorangehen aufruft. Ich bin überzeugt, daß der Komsomol die Kraft und die Entschlossenheit aufbringt, das Überholte zu besiegen, daß das echte Leben der Jugend und die Interessen des Landes den Inhalt seiner Tätigkeit bilden werden. Auf uns aber, die Kommunisten, könnt Ihr Euch verlassen.

Genossen! Wir leben in einer komplizierten, widerspruchsvollen, aber gegenseitig abhängigen Welt, wie es auf dem XXVII. Parteitag gesagt wurde. Unsere Gesellschaft wandelt sich, unsere Vorstellungen vom Sozialismus bereichern sich, die geistigen Werte und die weltanschaulichen Positionen in der internationalen Arena werden verglichen. Der Komsomol muß nun der Jugend bei der Ausarbeitung klarer, exakter Ansichten über die Welt, über das Leben helfen, und zwar sowohl vermittels des Studiums als auch durch Diskussionen.

Übrigens mangelt es im Komsomol eigentlich an Diskussionen. Nur die Zeit vor dem Kongreß bereicherte sein Leben durch Diskussionen. Diskussionen sind im Komsomol aber die wichtigste Methode, politische Haltungen und Staatsbewußtsein auszuprägen.

Bei uns haben selbst Studenten keine Möglichkeit, in gesellschaftspolitischen Seminaren zu diskutieren. Wir quälen unsere Jugend mit Predigten. Man kann aber nur dann zum richtigen Streiter für die Sache Lenins, für den Sozialismus werden und rein menschlich wie auch politisch wachsen, wenn man sich am politischen Prozeß, an allen Angelegenheiten des Lebens und der Gesellschaft beteiligt. Ich stelle keineswegs in Abrede, daß Vorlesungen, daß Bildung eine erforderliche Etappe im Leben eines Menschen, besonders eines jungen Menschen, sind. Die Persönlichkeit wird aber letzten Endes nicht durch sie geprägt.

Auf die Leninsche Weise das Studium mit praktischen Taten verbindend, muß der Komsomol der Jugend dadurch richtige soziale Orientierungspunkte zeigen, sie befähigen, die Normen und Sitten der bürgerlichen Lebensweise kritisch zu betrachten, soziale Erscheinungen vom wissenschaftlichen, marxistisch-leninistischen Standpunkt aus aufzufassen und einzuschätzen.

Die Welt von heute ist eine sehr komplizierte Welt, besonders wenn man berücksichtigt, daß einige Kräfte in dieser Welt bestrebt sind, falsche Werte zu propagieren, den jungen Menschen (und zwar nicht nur in den sozialistischen Staaten, sondern auch im Westen) in die Irre zu führen, ihn vom aktiven politischen Kampf, von der Teilnahme an sozialen Prozessen abzubringen, ihn in die Welt des Spießbürgertums zu drängen und auf diese Weise politisch kaltzustellen. Wir Kommunisten, unsere sozialistische Gesellschaftsordnung sind jedoch an einer aktiven, politisch reifen Jugend interessiert, die an der Lösung aller Fragen der Gegenwart teilnimmt.

»Freie Meinungsäußerung« und Partei ...

18. Mai 1987

Frage: Die sowjetische Intelligenz hat bei aller offensichtlichen Streuung der Ansichten mit Bereitschaft auf die Erneuerung reagiert und unterstützt sie aktiv. Die Kongresse der Verbände der Filmschaffenden, der Schriftsteller und der Journalisten demonstrierten eine große Belebung und den Willen zu kämpfen. Dessen ungeachtet gibt es, wie uns scheint, noch viele Probleme auf dem Gebiet der freien Meinungsäußerung sowie im Verhältnis zwischen der führenden Rolle der Partei und den Kultur- und Kunstschaffenden.

Wie beurteilen Sie diesen Fragenkomplex?

Antwort: Ich bin mit den Diskussionen, die in unseren Künstlerverbänden stattfanden, vertraut und muß sagen, daß ich in ihnen nicht den Versuch sehe, die Intelligenz der Partei entgegenzustellen. Im Gegenteil, die Kulturschaffenden wie die gesamte Intelligenz unterstützen aktiv den Kurs der Partei auf Umgestaltung und Demokratisierung. Die Interessen der Intelligenz und die Entwicklungsziele der sowjetischen Gesellschaft stimmen überein. Künstler und Partei steuern ein Ziel an: die Erneuerung der Gesellschaft auf sozialistischer Grundlage.

Unter den Schriftstellern, Malern, Komponisten, im Theatermilieu und unter den Filmschaffenden gibt es heiße, manchmal scharfe Diskussionen. Die Menschen, darunter auch die Intelligenz, müssen sich an ein Leben und die Arbeit unter den Bedingungen einer breiter werdenden Demokratie gewöhnen. Die Probleme und Zusammenstöße von Ansichten müssen in einem demokratischen Prozeß von den Beteiligten selbst gelöst werden, unter denen die Kommunisten eine ihnen würdige Position beziehen müssen.

Die Umgestaltung ließ bei unserer Intelligenz ein gewaltiges Potential des Glaubens an den Sozialismus und die Bereitschaft zutage treten, für seine Ideen und Werte zu kämpfen und sie in ihren Werken zu mehren. Wir spüren, daß der Umgestaltungskurs der Partei wirklich unterstützt wird. Deswegen hegen wir keinerlei Zweifel, daß die sowjetische Intelligenz ihren Teil an der Umgestaltung des Landes übernimmt.

Intelligenz und Umgestaltung. . .

16. Juli 1987*

Im Anschluß an die Rede des Generalsekretärs der KPdSU, M. Gorbatschow, gab es eine Diskussion über aktuelle Fragen der Kulturpolitik.

Der Chefredakteur der Zeitung »Sowjetische Kultur«, A. A. Beljajew, hob die aktive Beteiligung der schöpferischen Intelligenz an der Umgestaltung und der Erneuerung des geistigen Lebens der Gesellschaft hervor. Das Wort eines populären Künstlers wird, sagte der Redner, wenn es von den Ideen der Partei erfüllt ist, von den Menschen intensiv und mit großem Vertrauen aufgenommen. Das fördert auch die Anerkennung der Presseorgane. Diese einflußreiche Kraft wirkt auch heute aktiv auf die Umgestaltung ein. Der Prozeß der Umgestaltung verläuft in der künstlerischen Intelligenz, sowohl auf der Grundlage der Briefe an unsere Redaktion wie auch nach den persönlichen Beobachtungen von Journalisten, wie überall dialektisch. Im Kampf der Widersprüche und des Aufeinanderprallens verschiedener Meinungen eignen sich die Künstler Offenheit und Demokratie an. Es zeigte sich, daß das nicht sehr einfach ist, und es erwies sich, daß die langerwarteten erfreulichen Veränderungen zuweilen mit schmerzhaften Verkrümmungen realisiert werden: da wird die Eigenliebe gekränkt, da stürzen Autoritäten, die nicht auf wirklichem Talent beruhen oder dem Druck der neuen Probleme nicht standhalten. Es passiert, daß in diesem Kampf die Wahrheit nicht immer und nicht sofort siegt. Es treten auch ärgerliche Verluste auf.

Die Kulturschaffenden äußern sich direkt darüber, daß sie das kluge Wort der Partei brauchen, den Rat und die Hilfe. Sie brauchen es, weil die gesunden Kräfte der Partei den Gruppenstreit überwinden wollen, sie wollen eine lebendige Sache gestalten und nicht ihre Zeit für fruchtlose, ambitionierte Streitigkeiten verschwenden.

Und noch etwas. Unter den Kritikern wird es heutzutage als unanständig betrachtet, kritische Anmerkungen zu irgendeinem jener Filme und Romane zu machen, die lange Zeit auf Eis gelegen haben oder in den Institutionen jetzt noch ans Tageslicht gekommen sind. Doch unter ihnen gibt es offensichtlich auch schwache Produkte. Das alles ist nicht zum Nutzen der Kunst.

Nicht weniger aufmerksam muß man auf die Probleme der zwischennationalen Beziehungen blicken. Meiner Ansicht nach erfordert dieses Problem eine offene, ehrliche, wenn auch rücksichtsvolle Analyse. In den Reden einiger Kunstschaffender, die für die Originalität und die Reinheit der nationalen Kulturen streiten, verschwindet das Verständnis für den internationalen Charakter der sowjetischen sozialistischen Kultur. Selbst die Repräsentanten der nationalen Kulturen fangen schon an, sich zu beunruhigen.

* Hier handelt es sich um einen mit Zitaten durchsetzten Redaktionsbeitrag der »Izvestija« (16. Juli 1987) über ein Treffen von M. S. Gorbatschow mit den Leitern von Massenmedien.

M. S. Gorbatschow:

Jedes Volk hat seine eigene Sprache, seine Geschichte. Es will seine Wurzeln begreifen. Widerspricht das etwa dem Sozialismus? Natürlich nicht, aber andererseits, wenn jemand sich verschließt, angibt und anfängt, dies für einen absoluten Wert zu halten, kann man damit nicht einverstanden sein. Wir sind ein Staat, der eine einzigartige freundlich gesonnene Völkerfamilie einschließt. So hat es Lenin verkündet!

. . .

»Umgestaltung«, betonte der Chefredakteur der Zeitschrift »Neue Welt« S. P. Salygin, »das ist eine ständige geistige Bereicherung der Gesellschaft. Wir dürfen nicht die ideologischen Wert der Vergangenheit vergessen. Heute läuft der Prozeß unter den Bedingungen der Demokratie ab. Doch jeder Fehler, den wir machen, ist gegen die Demokratie gerichtet.«

S. M. Gorbatschow:

Fehler erwartet man sowohl von euch als auch von uns...

Der 1. Sekretär der Leitung des sowjetischen Filmverbandes der UdSSR E. G. Klimow berührte eine Reihe von Problemen, die mit der Umgestaltung des sowjetischen Kinowesens in Verbindung stehen.

»In unserer praktischen Arbeit,« sagte der Redner, »finden wir die Bestätigung dessen, was sich nicht selten in den Dimensionen des ganzen Landes abspielt. Viele unserer Mitarbeiter können das irgendwie nicht begreifen: bei uns im Kino können wir nicht sofort auf das ideale Basismodell springen, was wir zusammen mit dem Goskino im Laufe von fünf bis sechs Monaten erarbeitet haben.

Unsere Gegner sagen: eine Umgestaltung im Kinowesen ist jetzt nicht möglich. Man muß warten, bis alles sich im Lande verändert hat, und dann werden wir uns auch der Umgestaltung anschließen, wir werden schon entsprechende Projekte zusammenstellen und so weiter. Allgemein gesprochen haben wir natürlich nicht das erreicht, war wir vorantreiben wollten, aber wir haben begriffen, daß wir das auch mit gezogenem Säbel beim ersten Angriff der Kavallerie nicht lösen können. Wir haben begriffen, daß das im allgemeinen kein solch schneller Prozess ist. Das ist nicht an einem Tag zu erledigen.«

M. S. Gorbatschow:

Es gibt Fragen, die man fristgerecht lösen muß. Aber es gibt auch Probleme, die nicht sofort aufzuwerfen sind. Wir alle stehen auf dem Boden der Tatsachen und kennen die finanzielle Lage, die Wirtschaft und das, was wir machen müssen. Das muß man alles berücksichtigen, damit es nicht aussieht, daß der, welcher sagt: »Vorwärts!« ein Patriot ist, und der, welcher denkt, wie das zu machen ist, schon kein Patriot mehr ist. Man muß alles ehrlich und objektiv betrachten. Man muß natürlich ein Programm haben sowohl zum Umweltschutz als auch zur Entwicklung der Kultur. Und bei alle dem muß man auch an den Wohnungsbau denken. An Wohnraum gibt es doch einen großen Bedarf. Ebenso wie bei den Krankenhäusern.

Es gibt viele Probleme, Genossen. Darum müssen wir Realisten sein, damit nicht das folgende eintritt: wir alle, die reden und schreiben, sind für das Volk, die Regierung aber, die keine Kraft hat, dies alles sofort zu lösen, ist gegen das Volk. Das dürfen wir nicht vergessen. Wir alle verstehen sehr gut die Bedeutung unserer geistigen Sphäre. In ihr ist ein gewaltiges Potential angesiedelt. Und durch die Festigung des Geistes und der staatsbürgerlichen Position, fördern wir den Menschen, schaffen wir die Bedingungen für die Entwicklung seiner Fähigkeiten . . .

Über die Hilfe der Jugend bei der Umgestaltung sprach der Chefredakteur der Zeitschrift »Jugend« A. D. Dementjew:»... Wir erhalten kolossal viele Leserbriefe. Diese Briefe bestätigen, daß die Jugend jetzt voller Aktivität ist und die Parteilinie sehr unterstützt, das unterstützt, was in unserem Leben vorgeht. Man sagt, daß es der Jugend einerseits leichter, andererseits schwerer fällt. Man muß sie nicht umgestalten, sondern in Stimmung bringen.

Ich meine, daß die Jugend unterschiedliche Einstellungen hat. Einen Teil muß man umgestalten, weil er einen bestimmten Lebensabschnitt mitbekommen hat, der in ihnen etwas Negatives hinterlassen hat, was man jetzt bekämpfen muß. Und es gibt einen Teil der Jugend, den man tatsächlich in Stimmung bringen muß.

In diesem Sinne verstehen wir sehr wohl, daß unsere ideologischen Feinde alles mögliche machen, damit sie unsere Jugend in negativer Hinsicht irgendwie beeinflussen können. Doch die Lebensumstände sind bei ihnen schwieriger geworden. Das, was wir von uns sagen, daß es nämlich bei uns jetzt die Meinungsfreiheit gibt, führte dazu, daß ihre ganze Propaganda, die gegen uns gerichtet ist, vollständig gescheitert ist.«

. . .

Weiterhin sprach ein Schriftsteller davon, daß die Moskauer Jugend den Arbat in ihre Herzen geschlossen hat. Aber abends sieht dort alles nur nach Dekoration aus. Alles ist zu. Die Jugend weiß nicht, wo sie herumsitzen soll.

M. S. Gorbatschow:

Ich teile auch die Ansicht, daß man das ganze Zentrum von Moskau, bis hin zum Gartenring und dem Kleinen Ring um so mehr, gänzlich von Geschäftshäusern befreit und statt dessen etwas schafft, wo die Menschen sich treffen, wo sie sprechen und sitzen können. Übrigens gibt es für Moskau ein solches Programm.

Klaus Segbers

Der neue Blick auf die Welt und auf die eigene Sicherheit

Zur Gliederung, Auswahl und Stellenwert der Dokumente

Im folgenden Abschnitt des Buches sind Textauszüge aus Reden, Interviews und Erklärungen des Generalsekretärs Gorbatschow zusammengestellt, die den äußeren Beziehungen und dem sich wandelnden Sicherheitsverständnis der UdSSR gelten. Dabei ließ sich der Bearbeiter von folgender Überlegung leiten: die Frage nach der analytischen Lernfähigkeit von Wissenschaft und Politik in der SU lenkt den Blick auf die Unterschiede der Interpretationen, die die gegenwärtige von früheren, traditionellen sowjetischen Äußerungen abheben.[1] Deshalb wurden hier besonders die »neuen Akzente« und die Mosaiksteine des »neuen Denkens« versammelt. Das gilt im Bereich der internationalen Beziehungen nicht nur für die Außenpolitik Moskaus, sondern auch für die Sicht auf die Welt jenseits unmittelbaren sowjetischen Interesses, etwa auf die Beziehungen der OECD-Staaten untereinander oder auf das Nord-Süd-Verhältnis. Auch für die Wechselbeziehungen innerhalb der »sozialistischen Gemeinschaft«, innerhalb des »sozialistischen Weltsystems« und für die Beziehungen mit einigen weiteren Staaten der »Dritten Welt« repräsentieren die Textauszüge teilweise neue Elemente.

Bei der Bedeutung der Außenbeziehungen für die UdSSR und dem Umfang der Äußerungen Michail S. Gorbatschows war es nicht möglich, alle Aspekte des außen- und sicherheitspolitischen Themenkomplexes aufzunehmen. So fehlen selbständige Passagen zu den internationalen Wirtschaftsbeziehungen, die heute ein entscheidender Bestandteil der internationalen Sicherheitspolitik sind.[2] Nicht aufgenommen wurden ferner die sowjetischen Detailpositionen zur Rüstungskontrolle und Abrüstung. Zwar stehen Fragen dazu häufig im Vordergrund öffentlichen Interesses, doch hätte eine annähernd angemessene Berücksichtigung dieses Bereichs den Band selbständig gefüllt.[3]

Die Wiedergabe der Texte erfolgt in zwei großen Blöcken. Während der zweite Teil – Sicherheitspolitik – nicht weiter unterteilt wurde, sind aus dem ersten (internationale Beziehungen) der besseren Übersichtlichkeit wegen zwei Bereiche ausgegliedert worden, die für sich stehen: die Darstellung der Beziehungen zur »sozialistischen Gemeinschaft« bzw. zum »sozialistischen Weltsystem« und die Sicht auf die Entwicklungsländer.

Bei der Zusammenstellung der Textauszüge wurde versucht, mit Aus-

nahme der erwähnten Ausklammerungen alle wesentlichen Aspekte zu erfassen, ohne die Zitate zu überladen. Gelegentlich auftretende Doppelungen und Redundanzen wurden in Kauf genommen, um allzu kleine Texthäppchen zu vermeiden, und um den Argumentationsgang möglichst wenig zu stören. Wenn dabei hier und dort Widersprüchlichkeiten durchscheinen oder Fragen auftauchen, mag gerade das zur weiteren Beschäftigung mit den Originaltexten oder mit westlichen Analysen anregen.
Es ist für diesen Themenbereich auf den Stellenwert der Gorbatschow-Äußerungen hinzuweisen. Zweifellos sind Einlassungen des Generalsekretärs der KPdSU keine privaten Meinungen, sondern sie stehen für die Mehrheitsposition oder für wichtige Strömungen innerhalb der sowjetischen Machtelite. Doch gilt das in Abstufungen. Unterschiede zwischen dem Rechenschaftsbericht vor dem Parteitag und dem Vor- oder Nachgespräch im Zusammenhang mit einem Interview oder einer Straßenunterhaltung sind durchaus erkennbar. Ebenso registrieren wir auch Akzentunterschiede zwischen außenpolitischen Erklärungen Gorbatschows und denen anderer Mitglieder des Politbüros, des ZK-Sekretariats oder der militärischen Führung.[4]

Doch ist es nicht erste Aufgabe dieses Kapitels, über das Denken Michail S. Gorbatschows zu spekulieren, sondern seine Äußerungen zu zahlreichen Fragen der gegenwärtigen sowjetischen Außen- und Sicherheitspolitik im Überblick kennenzulernen.

Ausgangspunkt: Die Krise der sowjetischen Weltpolitik

Parallel zu den Wirtschafts- und Sozialbeziehungen geriet auch die Außen- und Sicherheitspolitik der Sowjetunion Ende der siebziger Jahre in eine Krise. Die für die Sowjetunion aus politischen und wirtschaftlichen Gründen wichtige *Entspannungspolitik* wurde von einem *neuen Kalten Krieg* abgelöst. Die sowjetische Diplomatie verlor an Initiative und Spannkraft. Das Ansehen der zweiten Weltmacht sank. Die UdSSR, die ihren Weltstatus ohnehin vor allem ihrer militärischen Macht verdankte und die wirtschaftlich und kulturell ausstrahlungsschwach war,[5] sah sich der Möglichkeit einer Schwächung ihrer internationalen Position gegenüber, nachdem sie erst 1972 (SALT I) die nuklearstrategische Parität bescheinigt bekommen hatte.

Das Jahr 1979 markierte symbolisch die Wende von einer trotz aller Interessengegensätze im öffentlichen Bewußtsein stärker durch kooperative Elemente gekennzeichneten Beziehung zwischen den beiden Weltmächten zu einem wieder stark konfliktgeladenen Verhältnis.[6] Nach der Unterzeichnung des SALT II-Vertrags im Juni wurde rasch deutlich, daß er in den USA innenpolitisch kaum würde durchzusetzen sein. Die Reaktionen auf den Sieg der Sandinisten in Nicaragua im Juli, die publizistischen Scheingefechte um ein »sowjetische Kampfbrigade« auf Kuba, die Krise im Iran und die Besetzung der US-Botschaft in Teheran sowie der NATO-Doppelbeschluß über Mittelstreckenraketen in Europa zeigten an, daß die *Détente* Geschichte geworden war. Die sowjetische Militärintervention in Afghanistan schloß den Sargdeckel über der dahinscheidenden Entspannungspolitik mit einem lauten Knall. Die letzten Monate der Carter-Regierung nahmen politisch den Positionswechsel der USA vorweg, der 1980 mit der Wahl der Reagan-Regierung und dann mit ihrer Politik seine Bestätigung fand.

All diese Ereignisse verwiesen auf tieferliegende Veränderungen. Schon seit Beginn der siebziger Jahre gab es in der Dritten Welt eine neue Welle direkter (im Falle Portugals) und indirekter Dekolonialisierungen. Alte Konflikte (etwa im Nahen Osten und in Indochina) blieben ungelöst, neue kamen hinzu (am Persischen Golf). Die Rüstungsbewegungen der Nuklearmächte, aber auch mittlerer Staaten waren fest eingebunden in der Abschreckungsspirale, in nationalökonomischen oder partikularen Erwägungen oder und in konstruierten Strategieszenarien. Gegensätze innerhalb der westlichen Industriestaaten (OECD) verschärften sich. Die internationale Politik depolarisierte sich, die großen Blöcke wurden von innen her aufgelockert. Die USA suchten ab 1980 (Rüstungsprogramme, Kapitalimport) und verstärkt seit 1983 (SDI) ihre schwindende wirtschaftliche, technologische und militärische Hegemonieposition neu zu befestigen – gegenüber Westeuropa, Japan und gegenüber der UdSSR.

Die Sowjetunion war weit davon entfernt, die Probleme des Westens zu nutzen. Die innere Politik der zweiten Weltmacht stagnierte, nach außten trat sie vollmundig auf und auf der Stelle. Das lange Siechtum des KP-Generalsekretärs Breshnew, der im November 1982 starb, versinnbildlichte die Perspektivlosigkeit »realsozialistischer« Politik. Metaphern vom »tönernen Koloß«, vom stagnierenden, verknöcherten Riesenreich wurden zum Gemeingut, die »Krise der Systeme sowjetischen Typs« zum Untersuchungsgegenstand.[7]

Der Antritt einer neuen Generation der Machtelite und der Austausch vieler Facheliten waren zunächst Ausdruck der Systemkrise, und erst danach Beginn einer neuen Politik. Ab 1983 führte die Doppelkrise – innere Entwicklungsblockade und äußerer Einwirkungsverlust – zunehmend zu der Erkenntnis, daß jede Strategie zur Überwindung der Malaise gerade dem engen Zusammenhang zwischen wirtschaftlicher Leistungsfähigkeit und internationalem Einfluß Rechnung zu tragen habe: Nur eine wirtschaftlich dynamische Sowjetunion kann auf Dauer auch ihre internationale Stellung sichern. Das galt um so mehr, nachdem die USA ihre SDI-Programme verkündet hatte, deren Doppelgesicht als militärische *und* wirtschaftlich- technische Herausforderung in Moskau wohl erkannt wurde.[8]

Daher war es konsequent, daß die perestrojka nach innen von einem nowoe myschlenie, einem neuen Denken nach außen, ergänzt wurde. Beide entwickeln sich noch. Doch derzeit, im Sommer 1987, scheinen die Konturen einer gewandelten Außen- und Sicherheitspolitik deutlicher erkennbar als die neuen Strukturen der Wirtschafts- und Sozialbeziehungen. Dies mag, nur scheinbar paradox, damit zu tun haben, daß letztere für die Gesamtanlage des gigantischen Reformprojekts zunächst von größerer Bedeutung sind, während den Außenbeziehungen eher eine abschirmende und stabilisierende Funktion zugewiesen wird.

Die neuen Elemente sowjetischer Politik nach außen

Die teilweise neue, hier durch Gorbatschow repräsentierte sowjetische Sicht der *internationalen Beziehungen* zeichnet sich vor allem durch die folgenden Elemente aus:[9]

– An der Gegensätzlichkeit zweier »Weltsysteme« – des sozialistischen und des kapitalistischen – wird festgehalten. Gleichzeitig wird die Welt jedoch als ganze gesehen. Angesichts der heute drohenden Gefahren für die Zivilisation – Rüstung und Krieg, das Zurückbleiben der südlichen Hemisphäre, die Naturzerstörung, auch AIDS – müßten Menschheits- vor Klasseninteressen gestellt werden. Die Wahrnehmung allgemein und systemneutral drohender Gefahren führt zu dem Appell, ihnen auch zusammen zu begegnen (Mai 1987).

Da zugleich am »sozialistischen Weltsystem« festgehalten wird, ergibt sich eine gewisse Spannung zwischen zwei Denkfiguren, die auch dialektisch nicht ohne weiteres aufhebbar ist. Doch scheint die Tendenz zur Eingliederung in die eine, »zivilisierte« Welt im Aufwind, während das Bekenntnis zum antagonistischen Gegensystem allmählich eher deklamatorischen Charakter annimmt.

– Vermittelnde Bedeutung hat die Kategorie der »gegenseitigen Abhängigkeit«. Die wachsende, systemunabhängige weltweite Interdependenz erfordere ein »neues Denken«, das von den Realitäten der Jetztzeit ausgehe und das unabhängig von allen ideologischen, politischen und religiösen Unterschieden die Notwendigkeit der Kooperation anerkenne. Dieses »neue Denken« folgt kaum noch ideologischen Bahnen. Politische, ökonomische und allgemein menschliche Überlegungen und Interessen schieben sich in den Vordergrund. Es geht, so Gorbatschow, um eine »Humanisierung« der Politik (18.5.1987).

– Die Welt wird vom Generalsekretär als »kompliziert, vielfältig, dynamisch« (25. 2. 1986) wahrgenommen, in einem Zustand also, der sich einfachen Beschreibungen und Klassifizierungen entzieht. Tatsächlich sind Gorbatschows Darlegungen auch dort, wo er das Rüstungsstreben des amerikanischen Imperialismus kritisiert, differenzierter, als wir es lange von hohen sowjetischen Politikern gewohnt waren. Die sowjetische Führung hat zumindest mehrheitlich erkannt, daß die »Veränderungen in der gegenwärtigen weltweiten Entwicklung . . . dermaßen tiefgreifend und bedeutsam (sind), daß sie ein Umdenken, eine komplexe Analyse all ihrer Faktoren erfordern« (ebd.). Dies ist zunächst an die eigene Adresse gerichtet. Folge-

richtig wird auch auf den Anspruch des Besitzes der »letzten Wahrheit« verzichtet – eine schwere Erschütterung der traditionellen Interpretation des Marxismus-Leninismus.
– Die oft strittige Frage der Dominanz von innen- oder außengeleiteten Interessen der Politik wird nun explizit zugunsten eines Primats der perestrojka im Innern aufgehoben: »Wenn wir für uns schon große Pläne inneren Charakters aufstellen, an welchen äußeren Bedingungen müssen wir dann interessiert sein?«, so Gorbatschow. Dies ist natürlich weit mehr als eine analytische Frage. Die Vorrangigkeit der inneren Reformpolitik bedingt ein sowjetisches Interesse an entspannteren Außenbeziehungen und ist bedeutsam für die Diskussion über Authentizität oder Instrumentalität des »neuen Denkens«.
– Die Beziehungen der UdSSR zu den anderen Staaten sozialistischer Orientierung werden, im Nachvollzug tatsächlicher Entwicklungen, neu definiert. Die Periode der Herausbildung des Sozialismus als Weltsystem sei abgeschlossen, so Gorbatschow. Nun gehe es um ein »neues Niveau« der gegenseitigen Beziehungen. Darunter wird einerseits eine »konsequente Gleichberechtigung« verstanden: »Niemand hat das Recht, Anspruch auf eine Sonderstellung in der sozialistischen Welt zu erheben« (10. 4. 1987). Gleichzeitig werden insbesondere die europäischen Staaten der sozialistischen Gemeinschaft zu engerer und echter Kooperation im Wirtschafts- und Techno-Bereich aufgerufen. Die Beziehungen zur Volksrepublik China, mit der man sich neuerdings in einem Modernisierungswettbewerb befindet, sollen entkrampft und normalisiert werden.
– Die Probleme der Entwicklungsländer werden nicht mehr nur mit dem Verweis auf die Verantwortung der ehemaligen Kolonialmächte und der jetzigen Ausbeutungsstrukturen von der sowjetischen Agenda verwiesen. Zumindest für die Überwindung der Strukturprobleme (weltmarktbedingte Abhängigkeitsverhältnisse, nachteilige *terms of trade*, Verschuldungskrise) stellt sich nun auch die Sowjetunion in die Mitverantwortung. Allerdings steht diese Bereitschaft allgemein, d. h. auch gegenüber befreundeten Staaten und Klienten, ausdrücklich unter dem Vorbehalt der sowjetischen »Möglichkeiten«. Weitgehende und schwer überschaubare Ansprüche auf ökonomische und militärische Assistenz werden vorsorglich abgewiesen.

Im sowjetischen *Sicherheitsverständnis* lassen sich folgende neue Akzente erkennen:[10]
– Die oben schon erwähnte gegenseitige Abhängigkeit der nuklearen Weltmächte gerade angesichts wechselseitiger Vernichtungsdrohung wird anerkannt und als Zwang zur Sicherheitspartnerschaft interpretiert. Das Streben nach militärischer Überlegenheit, so Gorbatschow, bringe objektiv niemandem politischen Gewinn (Parteitagsrede am 25.2.1986). Diese und andere wichtige Einsichten erforderten den Bruch mit sehr alten Denk- und Handlungsweisen.

– Diese neue Sichtweise führt zu einer Entideologisierung, in einzelnen Tendenzen auch zu einer Depolitisierung des Ost-West Konflikts aus sowjetischer Sicht. In welcher ideologischen Verkleidung auch immer, bislang standen die System- und Interessenunterschiede der Weltmächte und ihrer Bündnisse im Vordergrund. Nun werden solche Gegenüberstellungen seltener vorgenommen. Zwar werden die USA weiterhin als »Lokomotive des Wettrüstens« identifiziert. Aber neuerdings rücken Appelle an die »gemeinsame Verantwortung« ins Blickfeld. Sicherheit, so der Generalsekretär auf dem XXVII. Parteitag im Februar 1986, werde es mit den USA nur gegenseitig und international nur allgemein geben (oder gar nicht, wenn man den Gedanken zu Ende führt). In diesen Zusammenhang gehört auch die in der Sowjetunion selbst noch umstrittene, aber von der politischen Führung weitgehend vertretene Vorrangstellung der Menschheits- gegenüber den Klasseninteressen.
– Gleichzeitig ist auch eine Repolitisierung der Sicherheitsdebatte zu beobachten. Die Gewährleistung von Sicherheit wird als politische, nicht als militärische Aufgabe verstanden. Aus diesem Argumentationsgang folgt die Begründung der Abrüstungsinitiativen. Ebenso soll Sicherheit vor gegnerischer Gewaltanwendung nicht mehr auf »Vergeltungsangst«, also auf Abschreckungsdenken beruhen (falls sie es denn tut), sondern auf anderen, politisch hergestellten Ausgleichs- und Sicherungsverfahren. Dies bedeutete nicht nur allgemein, sondern gerade für die Sowjetunion mit ihren besonderen historischen Erfahrungen und ihrer spezifischen Weltsicht eine gewaltige geistige Wende.
– Die militärische, jedenfalls nuklearstrategische Parität der UdSSR mit den USA gilt in Gorbatschows Einlassungen nach wie vor als wesentliche, als »historische« Errungenschaft. Doch wird zugleich darauf verwiesen, daß die Parität heute aufhören könne – oder schon aufgehört habe –, Sicherheit zu garantieren. Vielmehr werde die Welt bei jedem Versuch, Gleichgewicht auf stets höherem Niveau wiederherzustellen bzw. zu überwinden, immer unsicherer. Auch diese beiden Denkfiguren stehen bislang theoretisch durchaus konfliktträchtig nebeneinander: einerseits die Versicherung, »wir lassen nicht zu, daß die militärstrategische Parität gestört wird« – andererseits »hört (die Parität) auf, Faktor der militärstrategischen Zurückhaltung zu sein« (25.2.1986). Ob es sich bei diesen und anderen Unklarheiten um Formelkompromisse handelt, mit denen unterschiedliche Interessen bedient werden sollen, oder ob sie eine Entwicklung, einen Lernprozess anzeigen, in dessen Verlauf das Paritätspostulat zunehmend abgeschwächt wird, bleibt abzuwarten.[11]
– Die Abschreckung mit Nuklear- und anderen Massenvernichtungswaffen wird auch in der UdSSR zunehmend für fehlgeleitet und »unmoralisch« gehalten.[12] Wodurch aber soll sie abgelöst werden? Anders als in den USA wird darauf nicht mit einem gewaltigen SDI-Programm reagiert,[13] sondern mit Überlegungen über kollektive Sicherheitssysteme – ein sehr alter Hut

sowjetischer Diplomatie –, und mit einer neuen Debatte über eine »ausreichende« Rüstung, d. h. über eine möglicherweise asymmetrische und billigere, dennoch effektiv abhaltende Wehrkraft. Die noch nicht abgeschlossene Debatte über die rasumnaja dostatotschnost (30.3.1987; das vernünftige Ausreichende, engl. sufficiency) ist eine der gegenwärtig spannendsten in der UdSSR.[14] Hier wird es darauf ankommen, wie die »vernünftigen Erfordernisse und Bedürfnisse der Verteidigung« (25.2.1986) künftig definiert werden. Einzelne Schritte der praktischen Politik (einseitiges Nukleartest-Moratorium, quantitativ höherer Verzicht bei dem Abkommen über Mittelstreckenreaketen in Europa, offenbar auch asymmetrische Reaktion auf SDI) lassen es als möglich erscheinen, daß sich der vielleicht am schwersten bewegliche sowjetische Politikbereich nicht nur neuem Denken öffnet, sondern auch neue politische Verhaltensweisen ermöglicht.

– Auf der Ebene praktischer Sicherheitspolitik und Rüstungsbegrenzung hat die sowjetische Seite nicht nur außerordentlich weitgehende und dennoch nicht einfach als Propaganda zu wertende Initiativen ergriffen, sie hat auch einige wesentliche Positionen aufgegeben. Das betrifft z. B. die Haltung zur Überprüfung von Vereinbarungen vor Ort, in Testgebieten oder Fabriken. Auch die Nuklearpotentiale Frankreichs und Großbritanniens sind vorerst wieder aus sowjetischen Bilanzen für Europa herausgefallen. Auf der Stockholmer Konferenz für Vertrauensbildung und Abrüstung in Europa (KVAE) unterzeichnete die Sowjetunion einen Gewaltverzicht, der auch innerhalb der Bündnisse gelten soll. Mit teilweisen Truppenrückzügen aus der Mongolei und aus Afghanistan hat Moskau einen zwar eher symbolischen, aber dennoch beachtenswerten Schritt getan. Gleiches gilt für das eineinhalb Jahre durchgehaltene Moratorium für Nukleartests. Die Ankündigung Gorbatschows, sein Land sei gewillt, »auf ihren Status einer Kernwaffenmacht zu verzichten, alle anderen Rüstungen auf ein vernünftig hinreichendes Mindestmaß zu reduzieren« (16.2.1987), kann erst dann ernsthaft beurteilt werden, wenn die NATO-Staaten tatsächlich bereit wären, ebenfalls diesen Weg zu gehen.

– Auch die Frage der wechselseitigen Wahrnehmung der bestehenden Feindbilder wird heute aufgegriffen. Auch das ist eine wesentliche, relativ neue Entwicklung. Dem gegenseitigen Meinungsaustausch wird nun eine große Bedeutung zugemessen.[15]

Trotz all dieser Entwicklungen werden die Anfang des Jahrzehnts vorgesehenen Rüstungsprogramme bislang offenbar kaum verändert weiterverfolgt.[16] Das ist zunächst nicht verwunderlich, da kurzfristige Veränderungen bei den Beschaffungsprogrammen schwierig sind. Es bleibt abzuwarten, welche Rüstungs- und Technologieprogramme für den 13. Fünfjahrplan (ab 1990) beschlossen werden. Bislang ist weder klar, welche Teilstreitkräfte ihre Anliegen erfolgreicher werden vertreten können, noch welche Strategieschule (nuklear oder konventionell) und welche Rüstungstheoretiker (umfassende oder ausreichende Bewaffnung) sich stärker durchsetzen werden. Hier kommt dem Verlauf der Debatte über die dostatotschnost (die ausreichende Rüstung) erhebliche Bedeutung zu.

Offen bleibt auch, wie die NATO-Staaten politisch reagieren werden – eine entscheidende Variable zukünftiger sowjetischer Sicherheitspolitik. Bei den westlichen Regierungen und ihren wissenschaftlichen Beratern zeichnet sich bisher kaum ein »neues Denken« ab.

Weitreichende oder gar abschließende Bewertungen der neuen sowjetischen Außen- und Sicherheitspolitik sind vorerst nicht möglich. Als Zwischenresümee läßt sich sagen, daß auch in der Außen- und Sicherheitspolitik so bedeutsame wie teilweise widersprüchliche Entwicklungen begonnen haben. Politisch erkennbar und wirksam wurden sie ab 1983, verstärkt ab 1985. Es hat bisher viel mehr als Retuschen am bekannten Bild gegeben, aber keinen Systemwechsel. Ob das nowoe myschlenie sich voll durchsetzen wird, wie es dann im einzelnen aussehen wird, ob es sich in der Praxis der Waffenbeschaffung (und Weiterleitung) etwas wesentliches ändern wird, und auch auf welche Resonanz bei den NATO-Staaten die nun so bewegliche Sowjetunion trifft, ist derzeit noch offen. Auch in absehbarer Zukunft werden Gesellschaft und Führung der UdSSR den Systemwandel im Rahmen des Weltmachtstatus ihres Landes betreiben. Aber auch in diesen Grenzen scheint heute kaum eine Entwicklung mehr undenkbar.

Anmerkungen:

1. Vgl. dazu etwa die entsprechenden Passagen in den Rechenschaftsberichten des Generalsekretärs Breshnew vor dem XXIV., XXV. und XXVI. Parteitag oder die zweibändige Istorija vnešnej politiki SSSR, 1917 – 1980 (Geschichte der Außenpolitik der UdSSR), Moskau 1980, Fortschreibung Moskau 1985. Allgemein gilt, daß sich das »neue Denken« bislang noch kaum in autoritative Gesamtdarstellungen sowjetischer Politik oder gar in die Schulbücher fortgepflanzt hat und vorerst noch auf Medien und Fachzeitschriften beschränkt bleibt.
2. Siehe dazu jedoch den Beitrag von Hartmut Meyer in diesem Band.
3. Das sachliche Spektrum dieses Politikbereichs ist außerordentlich breit. Die sowjetischen Äußerungen auch und gerade des Generalsekretärs hierzu sind sehr umfänglich, und sie verändern sich materiell ständig. Für ein ausreichendes Verständnis hätte auf eine Darstellung früherer sowjetischer Standpunkte ebensowenig verzichtet werden können, wie auf die jewilige korrespondierenden NATO-Positionen. Aus all diesen Gründen wurde auf eine Berücksichtigung konkreter Verhandlungspositionen und -angebote hier verzichtet.
   Verwiesen sei jedoch auf folgende sowjetische Darstellungen: Michail Gorbatschow: Das Moratorium. Moskau 1986; Sowjetische Vorschläge, die eine Antwort verlangen, in: Sowjetunion heute, Nr. 11 und 12 1985; Erklärung Michail Gorbatschow zur Abrüstungsfrage vom 15. Januar 1986, in: Sowjetunion heute, Nr. 1 1986, S. V – V; sowie auf die Pressekonferenz des

Generalsekretärs und seine beiden Fernsehansprachen nach dem Treffen mit dem US-Präsidenten auf Reykjavik im Oktober 1986 (Sowjetunion heute, Nr. 11 1986). Vgl. ferner Jonathan Dean, Gorbachev's arms control moves, in: Bulletin of the atomic scientists, 43.5 (June 1987), S. 34–41, und für eine kritische Auseinandersetzung Lawrence Freedman, Arms Control. Paper for NATO-Workshop on National Security Issues After the XXVII. Party Congress of the USSR, Brussels 1986.

4. Man vergleiche etwa entsprechende Redepassagen des Ministerpräsidenten Ryshkow und des ZK-Sekretärs Jakowlew oder, zu anderen Fragen, des ZK-Sekretärs Dobrynin und der Generalstabsoffiziere Garejew, Lisitschew und Wolkogonow, und es fällt auf, daß sich der Generalsekretär »zwischen« verschiedenen Polen bewegt, aber auch, daß er jeweils einem näher ist als dem andern, solche Vergleichsverfahren zeigen, daß Gorbatschow in der Regel informierter, differenzierter rüstungsdistanzierter und »ziviler« denkt und redet, als die meisten seiner Vorgänger und als manche seiner Kollegen.
5. Vgl. Dieter Senghaas, Die Ostdimension in der gegenwärtigen Friedensproblematik, in: ders., Die Zukunft Europas, Frankfurt am Main 1986, S. 51–89, hier S. 52ff.
6. Die beste Gesamtübersicht über die Ost-West Beziehungen in den siebziger Jahren hat Raymond Garthoff vorgelegt: Detente and Confrontation. American – Soviet Relations From Nixon to Reagan. Washington, D. C. 1985; zum neuen Kalten Krieg siehe Fred Halliday, The Making of the Second Cold War. London 1983.
7. Zur sowjetischen Politik an der Wende zu den achtziger Jahren s. Robert F. Byrnes (ed.), After Brezhnev. Sources of Soviet Conduct in the 1980s. Bloomington 1983; Barbara Dietz (Hg.), Zukunftsperspektiven der Sowjetunion. Programm und Wirklichkeit. München 1984; Hans-Joachim Veen (Hg.), Wohin entwickelt sich die Sowjetunion? Zur außenpolitischen Relevanz innenpolitischer Entwicklungen. Melle 1984. Ein Forschungsprojekt mit dem angezeigten Titel entstand unter der Leitung von Ždenek Mlynaŕ in Wien.
8. Siehe dazu Klaus Segbers, Die Sowjetunion und SDI, in: Ulrich Albrecht, Peter Krasemann (Hg.), Leben im Schatten von SDI. Berlin 1987 (im Druck) und ders., Der sowjetische Systemwandel als Kontext weltraumbezogener Aktivitäten der USA und der UdSSR, in: Bernd W. Kubbig (Hg.), Die unendliche Rüstung. Die militärische Eroberung des Weltraums und ihre Folgen. Frankfurt am Main 1987 (in Vorbereitung).
9. Siehe zu diesem Komplex auch: A. F. Dobrynin, Otvetstvennost' za buduščee. Vstreča redaktorov kommunističeskoj i demokratičeskoj pečati (Verantwortung für die Zukunft. Treffen von Redakteuren der kommunistischen und demokratischen Presse), in: Pravda, 5. 5. 1987; V. Afanas'ev, O novom političeskom myšlenii (Über das neue politische Denken), in: Pravda, 5. 12. 1986; E. Primakov, Novaja filosofija vnešnej politiki (Neue Philosophie der Außenpolitik), in: Pravda, 10. 7. 1987; Charles Glickham, New Directions for Soviet Foreign Policy. Radio Liberty Research, Supplement 1986, 2 (6. 9. 1986); Ždenek, Mlynaŕ, Neue Ideen in der sowjetischen Außenpolitik, in: mediatus, Nr. 3 1987, S. 3–7; Christian Schmidt-Häuer, Neue Weltsicht aus dem Kreml? Die Sowjetführung will die globale Konfrontation durch regionale Kooperation entschärfen. In: Die Zeit, 1986, 37 (19. 9. 1986), S. 9; Franklyn Griffiths, »New thinking« in the Kremlin, in: Bulletin of the Atomic Scientists, 43.3 (April 1987), S. 20–24.
10. Gorbatschow selbst hat seine Auffassungen dazu bislang am gründlichsten in seiner Parteitagsrede 1986 und vor dem internationalen Forum »Für eine atomwaffenfreie Welt, für das Überleben der Menschheit« (Februar 1987) dargelegt. Aufschlußreich ist ferner die Sichtweise des ZK-Sekretärs und früheren Botschafters in Washington, Dobrynin (Za bezjadernyj mir, navstreči XXI veku/Für eine atomfreie Welt, dem 21. Jahrhundert entgegen, in: Kommunist, Nr. 9 1986, S. 18–31). Vgl. dazu Hans-Henning Schröder, Gorbatschow und die Generäle. In: Margarete Mommsen, H.-H. Schröder (Hg.): Gorbatschows Revolution von oben. Dynamik und Widerstände im Reformprozeß der UdSSR. Berlin 1987; Klaus Segbers, Die neue Beweglichkeit in der sowjetischen Außen- und Sicherheitspolitik, in: ebd.; Klaus Segbers, Dieter Senghaas: Die »neue Beweglichkeit« der sowjetischen Politik. In: dialog, Nr. 9 1987, 2, S. 23–29; Jutta Tiedtke, Neuorientierung oder Etikettenschwindel? Die sowjetische Sicherheitspolitik unter Gorbatschow. In: Osteuropa – Info, Nr. 68 (1986, 4), S. 49–62.

11.. Ein gutes Beispiel für eine widersprüchliche Argumentation mit beiden Axiomen findet sich bei P. Skorodenko, Voennyj paritet i princip razumnoj dostatočnosti (Militärische Parität und das Prinzip des vernünftigen Ausreichenden), in: Kommunist Vooružennych Sil, Nr. 10 1987, (Mai), S. 14–21.
12. Siehe dazu Aleksandr Bovin, Novoe myšlenie – trebovanie jadernogo veka (Neues Denken – Erfordernis des Nuklearzeitalters), in: Kommunist, Nr. 10 1986, S. 113–124.
13. Natürlich arbeitet die SU auch an BMD-Technologien. Aber sie hat keine gleichgerichteten, umfassenden Modernisierungsprogramme einer solchen Größenordnung.
14. Vgl. I. Malsenko, O razumnoj dostatočnosti i illuzijach prevoschodstva (Über das vernünftige Hinreichende und die Illusionen der Überlegenheit), in: Novoe Vremja, Nr. 24 1987, S. 18–20.
15. Dazu hat Fedor Burlackij einen interessanten Beitrag vorgelegt: Dva vzgljada na meždunarodnuju žurnalistiku (Zwei Ansichten zur außenpolitischen Berichterstattung), in: Sovetskaja kul'tura, 21. 5. 1987.
16. Siehe z. B. Soviet Military Power. Sixth Edition. Washington, D. C., 1987; World Armaments and Disarmament. SIPRI Yearbook 1987. Oxford, New York 1987.

Außen- und Sicherheitspolitik

M.S. Gorbatschow:

- Allgemeine Außenpolitik und Beziehungen zu kapitalistischen Ländern

Nur eine intensive, hochentwickelte Wirtschaft …

10. Dezember 1984

Der Kurs auf die Intensivierung wird durch objektive Bedingungen durch die gesamte Entwicklung des Landes diktiert. Für ihn gibt es keine Alternative. Nur eine intensive Wirtschaft, die sich auf modernster wissenschaftlich-technischen Grundlage entwickelt, kann als zuverlässige materielle Basis für die Erhöhung des Lebensstandards der Werktätigen, für die erfolgreiche Realisierung der sozialen Aufgaben der Gesellschaft dienen. Nur eine intensive, hochentwickelte Wirtschaft kann die Festigung der internationalen Positionen unseres Landes sichern und ihm gestalten, in das neue Jahrtausend als große und blühende Macht würdig zu treten.

Europa ist unser gemeinsames Heim …

18. Dezember 1984

Unser Land bestimmt in einer klaren, unzweideutigen Form seine Herangehensweise: die Spannungen zu überwinden, die Meinungsverschiedenheiten und Streitfragen nicht mit Gewalt und Drohungen, sondern durch Verhandlungen unter Berücksichtigung der legitimen Interessen des anderen zu lösen und keine Einmischung in die inneren Angelegenheiten zuzulassen. Ich würde so sagen: Für alle gilt es ständig zu lernen, ausgehend von den Realitäten der sich nach ihren Gesetzen stetig verändernden Welt von heute zusammenzuleben.

. . .

Wir sind uns alle darin einig, daß wir in einer verwundbaren und recht zerbrechlichen, aber gegenseitig verbundenen Welt leben – in einer Welt, in der es, ob man will oder nicht, notwendig ist, miteinander zu koexistieren. Was uns auch trennen mag – wir leben auf einem Planeten. Europa ist unser gemeinsames Heim; ein Heim – und kein »Kriegsschauplatz«.

UdSSR – USA ...

7. April 1985

Die Beziehungen zwischen der UdSSR und den USA sind ein äußerst wichtiger Faktor der internationalen Politik.

Wir sehen auf die Welt aber keineswegs nur durch das Prisma dieser Beziehungen. Wir verstehen, welches Gewicht die anderen Länder in internationalen Angelegenheiten haben, und berücksichtigen das bei der Beurteilung der gesamten Lage in der Welt.

Ob es jetzt Veränderungen in den sowjetisch-amerikanischen Beziehungen zum Besseren gibt? Eine einfache Antwort auf diese Frage gibt es nicht. Etwas gibt Grund für diese Hoffnung. Es gibt aber auch nicht wenig und sogar viel, was besorgniserregend ist.

In Genf haben die neuen sowjetisch-amerikanischen Verhandlungen über nukleare und Weltraumwaffen begonnen. Das ist eine positive Tatsache.

Gemeinsam mit den USA haben wir Gegenstand und Ziele der Verhandlungen, kurz gefaßt, so bestimmt: ein Wettrüsten im Weltraum nicht zu beginnen, es auf der Erde zu beenden und an eine radikale Reduzierung der nuklearen Rüstungen zu gehen, wobei unser Endziel in ihrer restlosen Liquidierung besteht.

23. April 1985

Die Sowjetunion erklärt immer wieder, daß sie unbeirrbar den Leninschen Kurs des Friedens und der friedlichen Koexistenz befolgen wird, der durch unsere Gesellschaftsordnung, unsere Moral und Weltanschauung bestimmt wird. Wir treten für ausgewogene, konkrete und, wenn Sie so wollen, für zivilisierte zwischenstaatliche Beziehungen ein, die auf der wahren Achtung der Normen des Völkerrechts beruhen. Eines aber muß völlig klar sein: Nur bei Verzicht des Imperialismus auf Versuche, den historischen Streit zwischen den beiden Gesellschaftssystemen mit militärischen Mitteln zu lösen, wird es gelingen, die internationalen Beziehungen in die Bahn normaler Zusammenarbeit zu lenken.

Erfahrungen aus der Entspannungspolitik ...

8. Mai 1985

Unserer Auffassung nach ist die Erfahrung der 70er Jahre hier wahrhaft unschätzbar. Gerade damals wurden gute politische, rechtliche und moralisch-psychologische Grundlagen der Zusammenarbeit von Staaten beider Systeme unter den neuen historischen Bedingungen, unter anderem bei solch heiklen Fragen wie der Sicherheit der Seiten geschaffen. Die Ergebnisse hätten aber noch bedeutender sein können, wenn der Westen eine verantwortungsbewußte Einstellung zu den Erfolgen der Entspannung bekundet hätte.

Wir treten fest dafür ein, den Entspannungsprozeß wieder zu beleben. Das bedeutet aber nicht einfach eine Rückkehr zu dem, was in den 70er Jahren erzielt worden ist. Es ist notwendig, etwas viel Größeres anzustreben. Von unserem Standpunkt aus stellt die Entspannung nicht das Endziel der Politik dar. Sie ist eine unerläßliche, jedoch nur eine Übergangsetappe von einer Welt mit Bergen von Waffen zu einem zuverlässigen und allumfassenden System der internationalen Sicherheit.

26. Juni 1985

Wir sind bereit, den Wettstreit mit dem Kapitalismus ausschließlich auf dem Boden friedlicher, schöpferischer Tätigkeit zu führen. Deshalb sind wir für die Entwicklung des politischen Dialogs und der Zusammenarbeit mit den kapitalistischen Ländern, für breite Entwicklung gegenseitig vorteilhafter Beziehungen in Handel, Wirtschaft, Wissenschaft, Technik und Kultur. Wir sind bereit, diese Beziehungen auf einer stabilen und langfristigen Basis zu gestalten. Aber es müssen ehrliche, wirklich gegenseitig vorteilhafte Beziehungen ohne jegliche Diskriminierung sein. Wenn man zum Beispiel versucht, den Handel für eine Einmischung in unsere inneren Angelegenheiten zu mißbrauchen, so ist das aussichtslos. Wir brauchen keinen solchen Handel, wir kommen ohne ihn aus.

Appell an die USA ...

28. August 1985

Unsere Länder können es sich einfach nicht erlauben, die Dinge bis zur Konfrontation zu treiben. Darin liegt das wirkliche Interesse sowohl des sowjetischen als auch des amerikanischen Volkes. Und das muß in der Sprache der realen Politik ausgedrückt werden. Notwendig ist, dem Wettrüsten Einhalt zu gebieten, sich mit der Abrüstung zu befassen und die sowjetisch-amerikanischen Beziehungen in normale Bahnen zu führen. Ehrlich gesagt, es ist an der Zeit, die Beziehungen zwischen den beiden großen Völkern ihrer historischen Rolle entsprechend zu gestalten. Denn von unseren Beziehungen hängt wirklich das Schicksal der Welt, das Schicksal der Weltzivilisation ab. Wir sind bereit, in diese Richtung zu wirken.

. . .

Was uns betrifft, so erklären wir die USA nicht zum »Reich des Bösen«. Wir wissen, was die Vereinigten Staaten, das amerikanische Volk sind, welche Rolle sie in der Welt spielen. Wir sind für eine neue, bessere Etappe in unseren Beziehungen. Aber wenn es zu der qualtitativ neuen Etappe des Rüstungswettlaufs kommt, von der ich spreche, so wird diese Aufgabe weitaus schwerer zu lösen sein – falls das überhaupt noch möglich sein wird. Deshalb appellieren wir an die USA, mit uns sowohl über die strategischen Kernwaffen als auch über die Mittelstreckenwaffen und über die Probleme des Weltraums ernsthaft zu verhandeln...

Abschließend möchte ich noch einen Gedanken äußern, den man als wichtigsten unseres ganzen Gesprächs betrachten kann. Zu recht wurde gesagt, daß die Außenpolitik eine Fortsetzung der Innenpolitik ist. Wenn dem so ist, so bitte ich Sie über folgendes nachzudenken: Wenn wir für uns schon große Pläne inneren Charakters aufstellen, an welchen äußeren Bedingungen müssen wir dann interessiert sein? Die Antwort überlasse ich Ihnen.

Zusammenarbeit mit allen Kräften ...

30. September 1985

Wie niemals zuvor ist jetzt der aktive politische Dialog notwendig, um das abzutragen, was sich in den vergangenen Jahren angehäuft hat. Wir sind unterschiedlich, das ist so, wir haben unterschiedliche politische Systeme, wir sind verschiedener Ansicht, was menschliche Werte anbelangt, doch wir haben auch viel Gemeinsames. Gemeinsam ist uns, so glaube ich, vor allem das Streben, wahrhaft in Frieden zu leben und Wege zu finden, um in den verschiedensten Bereichen zusammenzuwirken, zusammenzuarbeiten. Und das um so mehr, da wir heute alle angesichts der wachsenden Gefahr eines nuklearen Konflikts und angesichts des Wettrüstens zutiefst besorgt sind. Ein solcher Austausch, die Erörterung von Fragen ist für uns eine Notwendigkeit, wir brauchen das einfach.

. . .

In den Fragen, die heute die Völker der Welt bewegen, ich meine die Fragen von Krieg und Frieden, haben wir in den letzten Jahren aktiv mit den sozialdemokratischen Parteien zusammengearbeitet. Und sicherlich ist Ihnen aufgefallen, daß an meinen Treffen und Gesprächen, die während der vergangenen Monate stattgefunden haben, Gespräche mit Delegationen sozialistischer und sozialdemokratischer Parteien einen recht großen Anteil hatten.

Wir denken, daß unsere ideologischen Differenzen kein Hindernis sind, um bei der Lösung solcher existentieller Fragen wie Krieg und Frieden zusammenzuarbeiten. Und wir haben das unsererseits offen erklärt. Wir haben gute Beziehungen und nützliche Kontakte zu den Sozialdemokraten der Bundesrepublik, Schwedens und Finnlands, zu den sozialistischen Parteien Japans und Österreichs. Wir sind überhaupt offen für die Zusammenarbeit mit allen Kräften, die daran interessiert sind, die gefährlichen Tendenzen in der Entwicklung der internationalen Lage zu überwinden und die Welt auf den Weg der Zusammenarbeit, des Zusammenwirkens und des gegenseitigen Verständnisses zu führen.

. . .

Die sowjetische Führung hatte immer unsere Beziehungen zu den Ländern Westeuropas im Blickfeld ihrer Außenpolitik, ich würde sogar sagen, im Mittelpunkt der Aufmerksamkeit. Und das ist erklärlich. Wir leben mit Ihnen in diesem Europa. Ich denke, daß auch die westeuropäischen Länder nicht weniger daran interessiert sind, die Beziehungen zur Sowjetunion auszubauen, und daß die Sowjetunion in ihrer Außenpolitik einen nicht geringeren Platz einnimmt, als sie in der Außenpolitik der UdSSR. Wir haben bestimmte Traditionen. Wir haben eine Geschichte, aus der wir bestimmte Lehren ziehen, von der wir lernen. Jedenfalls mangelt es den Europäern an Weisheit nicht. Welche Seiten der Entwicklung der menschlichen Zivilisation wir auch berühren, der Beitrag der Europäer ist gewaltig. Wir wohnen in einem Haus, obwohl einige dieses Haus durch den einen Eingang und andere durch einen anderen Eingang betreten. Wir müssen in diesem Haus zusammenarbeiten und kommunizieren. Meiner Meinung nach ist es natürlich, daß die Sowjetunion einer solchen Zusammenarbeit große Bedeutung beimißt.

Gemeinsamkeiten im beiderseitigen Interesse ...

3. Oktober 1985

Es ist nicht schwer zu begreifen, daß die wichtigsten Voraussetzungen für die Erreichung dieser Ziele nicht nur ein gesicherter Frieden, sondern auch eine ruhige und normale internationale Lage ist. Diese Prioritäten sind es auch, die unsere Außenpolitik bestimmen, die Politik, in der wir natürlich bemüht sind, die Interessen und Bedürfnisse der anderen Völker, alle Realitäten der heutigen Epoche in vollem Umfang zu berücksichtigen.

Unsere Welt, eine vielgestaltige und widerspruchsvolle Welt, geht mit schnellen Schritten der Jahrhundert- und Jahrtausendwende entgegen. Sie weist überreichlich politisch, ökonomische und soziale Probleme auf. Schon seit langem ist es zu einer Realität geworden, daß auf unserem Planeten zwei Gesellschaftssysteme bestehen, die jeweils nach ihren eigenen Gesetzen leben und sich entwickeln.

Man muß aber auch die andere Realität sehen. Sie besteht darin, daß der wechselseitige Zusammenhang und die wechselseitige Abhängigkeit zwischen Ländern und Kontinenten immer enger werden. Dies ist eine unvermeidliche Bedingung der Entwicklung der Weltwirtschaft, des wissenschaftlich- technischen Fortschritts, der Beschleunigung des Informationsaustausches, der Bewegung von Menschen und Dingen auf der Erde und selbst im Weltraum – mit einem Wort, der gesamten Entwicklung der menschlichen Zivilisation.

Leider ist es so, daß bei weitem nicht immer Errungenschaften der Zivilisation den Menschen zum Vorteil gereichen. Allzu oft und allzu aktiv werden Leistungen von Wissenschaft und Technik auch für die Entwicklung von Mitteln zur Vernichtung des Menschen, für die Herstellung und Anhäufung immer schrecklicherer Waffenarten mißbraucht.

Angesichts dessen stellt sich die berühmte Hamletsche Frage »Sein oder Nichtsein?« nicht mehr für ein einzelnes Individuum, sondern für das Menschengeschlecht. Sie wächst sich zu einem globalen Problem aus. Und es kann auf sie nur eine Antwort geben: Die Menschheit und die Zivilisation müssen um jeden Preis überleben. Doch gewährleisten kann man das erst, wenn man gelernt hat, auf diesem kleinen Planeten zusammenzuleben und miteinander auszukommen, wenn man die nicht leichte Kunst gemeistert hat, den Interessen des jeweils anderen Rechnung zu tragen. Das ist es, was wir Politik der friedlichen Koexistenz nennen.

Wir sind stark genug, um jedem Anschlag auf die Sicherheit und auf das friedliche Schaffen unseres Volkes eine vernichtende Abfuhr zu erteilen. Doch wir sind der Auffassung, daß man die Richtigkeit seiner Ideologie und die Vorzüge der Ordnung, die jedes Volk nach seinem Willen gewählt hat, nicht mit der Macht der Waffen, sondern nur und ausschließlich mit der Macht des Beispiels beweisen muß. Das ist unsere unerschütterliche Überzeugung.

. . .

Ohne Vereinigung der Anstrengungen aller europäischen Länder wird es auch nicht gelingen, ein so akutes Problem richtig zu lösen, wie es die Erhaltung und Sanierung der Umwelt auf unserem Kontinent ist. In vielen seiner Gebiete beginnt die Erde, bildlich gesprochen, uns unter den Füßen zu brennen, vom Himmel fällt, wenn nicht Feuerregen, so doch saurer Regen. Und der Himmel selbst ist vor Rauch nicht zu sehen. Europäische Flüsse und Meere sind in einem traurigen Zustand. Wir alle haben wohl seinerzeit nicht weitsichtig genug gehandelt und solche Probleme entstehen lassen, die jetzt im nationalen Rahmen einfach nicht lösbar sind. Das ist wirklich ein Bereich, in dem alle die Gemeinsamkeit der Geschicke des Kontinents einsehen müssen.

Viel kann in jenem weiten Bereich, den man den »humanitären« nennt, getan werden. Erhaltung kultureller Werte der Vergangenheit durch gemeinsame Bemühungen, kultureller Austausch, der Europa, eine Wiege der geistigen Werte der Menschheit, gemeinsam bereichert – verdient das denn nicht die angespannteste Aufmerksamkeit? Wir bereiten uns mit Interesse auf ein außergewöhnliches Ereignis vor, auf das »Kulturforum«, das in wenigen Tagen in Budapest beginnt. Zu dieser Sphäre gehört auch die Erweiterung der Information über das Leben des anderen, die Entwicklung der Gefühle gegenseitiger Sympathie und Achtung. Von großer Bedeutung ist unter diesem Gesichtspunkt das gegenseitige Studium der Sprache des anderen. Perspektivreich ist ein umfassender Austausch von Schülern, Studenten und Dozenten. Sehr wichtig ist, daß die jungen Generationen eine richtige Vorstellung voneinander haben. Sie haben ein friedliches Europa aufzubauen. Von enormer Wichtigkeit ist die Aufgabe, die Bemühungen bei der Bekämpfung von Krankheiten, alter wie neuer, zu vereinen.

Größte Bedeutung mißt die Sowjetunion der Wahrung der Menschenrechte bei. Man muß dieses Problem nur von Heuchelei und Spekulationen, von Versuchen der Einmischung in die inneren Angelegenheiten anderer Länder frei machen. Im heutigen Europa sind solche Probleme wie die Lage der ausländischen Arbeiter, gemischte Ehen und Familienzusammenführung besonders akut. Wir sind dafür, daß man an diese Probleme im positiven und humanen Geist bei voller Achtung der souveränen Rechte aller Staaten herangeht.

Verehrte Damen und Herren,

meines Erachtens ist es in der gegenwärtigen Situation besonders wichtig, die ideologischen Differenzen nicht wie mittelalterliche Fanatiker auf die zwischenstaatlichen Beziehungen zu übertragen. Stabilität in diesen Beziehungen, ihre geringere Anfälligkeit gegen die politische Konjunktur wird auch die Stabilität in ganz Europa festigen.

Wir denken nicht, daß beispielsweise die Möglichkeit, in irgendeiner Form Kontakte zwischen dem Warschauer Vertrag und der nordatlantischen Allianz als Organisationen herzustellen, für ewig tabu ist. Ganz zu schweigen von der Überwindung der Spaltung Europas in einander gegenüberstehenden Gruppierungen in mehr oder weniger überschaubarer Zukunft. Bekanntlich schlagen wir und unsere Verbündeten eben das vor. Aber auch unter den Bedingungen der Existenz der beiden Blöcke kann man unserer Ansicht nach einen solchen Modus vivendi schaffen, der der gegenwärtigen Konfrontation die Schärfe nehmen würde.

Und heute ist es natürlich wichtiger denn je, einen intensiveren politischen Dialog zwischen Ost und West zu entwickeln und alle seine Formen zu nutzen, die sich schon gut eingespielt haben – regelmäßige Treffen auf verschiedenen Ebenen, natürlich einschließlich Treffen auf höchster Ebene, politische Konsultationen und breite Kontakte der wissenschaftlichen und kulturellen Öffentlichkeit.

. . .

Mit dem Vorschlag, die gute Nachbarschaft und Zusammenarbeit mit Westeuropa auszubauen, wollen wir keineswegs die Bedeutung eines möglichen Beitrags Kanadas zu diesen Angelegenheiten herabsetzen, das zur NATO gehört und zugleich die Helsinki-Akte unterzeichnet hat. Unsere Europa-Politik hat auch keine antiamerikanische Ausrichtung.

Da man viele Spekulationen zu diesem Thema hören muß, gestatten Sie mir, mich damit eingehender zu beschäftigen. Selbst die Fragestellung, wir wollten durch Verbesserung der Beziehungen zu Westeuropa einen Keil zwischen Westeuropa und die USA treiben, wollen Westeuropa und die USA entzweien, scheint absurd. Wir wollen erstens gute Beziehungen nicht nur zu Westeuropa, sondern auch zu den USA, wie übrigens auch zu China, Japan und anderen Ländern. Wir betreiben keine Metternichsche Politik des »Kräftegleichgewichts«, des Aufhetzens der einen Staaten gegen andere, des Zimmerns von Blöcken und Gegenblöcken und der Schaltung von »Achsen« und »Dreiecken«, sondern eine Politik der globalen Entspannung, der Festigung der weltweiten Sicherheit und der Entwicklung der allgemeinen internationalen Zusammenarbeit. Zweitens sind wir Realisten und verstehen, welch feste historische, politische und ökonomische Verbindungen zwischen Westeuropa und den USA bestehen.

Friedliche Koexistenz und volle Souveränität ...

21. November 1985

Wir stellen uns nicht nur die schwachen, sondern auch die starken Seiten der amerikanischen Gesellschaft und anderer entwickelter Länder vor. Wir kennen ihre Leistungen und ihr Potenial. Natürlich kennen wir besser unsere eigenen Möglichkeiten, darunter auch die nichtrealistischen Möglichkeiten. Mit einem Wort, wir sind für einen Wettbewerb mit den USA, einen aktiven Wettbewerb. Die Geschichte selbst, und nicht einfach theoretische Berechnungen und Erwägungen, bestätigte die Vitalität der Politik der friedlichen Koexistenz.

. . .

Die gegenwärtige Welt ist eine sehr vielgestaltige Gesamtheit von souveränen Ländern, Völkern mit ihren eigenen Interessen, ihren Bestrebungen, ihrer Politik, ihren Traditionen und Träumen. Viele von ihnen haben den Weg einer selbständigen Entwicklung erst betreten. Ihre ersten Schritte werden unter unglaublich schweren Bedingungen gemacht, die vom Kolonialismus, von der Abhängigkeit vom Ausland hinterlassen sind. Die einen von ihnen, die die politische Selbständigkeit erlangt haben, wollen sich auch eine wirtschaftliche Selbständigkeit sichern. Sie sehen, daß sie Ressourcen und Arbeitskräfte, d. h. gerade das haben, was in einem entsprechenden Arbeitsprozeß ihnen ein besseres Leben gewährleisten kann. Das sind ja riesengroße Kontinente. Der Wunsch eines jeden Volkes, sein Recht sowohl im politischen als auch im wirtschaftlichen und sozialen Bereich zu realisieren, ist ganz natürlich.

Manchem gefällt diese Politik, manchem auch nicht, jedoch widerspiegelt sie innere Prozesse eines jeden Landes, die Interessen dieses oder jenes Volkes, dem das souveräne Recht gerade gehört. Das ist das Recht auf Wahl – auf die Wahl eines Weges, eines Systems, von Methoden, von Formen, auf die Wahl von Freunden. Das ist das Recht jedes Volkes. Wenn man das nicht anerkennt, so weiß ich nicht, wie man dann die internationalen Beziehungen gestalten kann.

. . .

Wenn etwa 200 Staaten in der internationalen Arena wirken, so ist jeder von ihnen bestrebt, seine Interessen zu realisieren. In welchem Maße werden sie aber realisiert? Das hängt von der Berücksichtigung des Interesses der anderen auf der Grundlage der Zusammenarbeit ab. Die Ansicht zu vertreten, die gesamte Welt sei eine Domäne von irgend jemanden – ein solches Herangehen lehnen wir ab. Das haben wir immer gesagt – vor zehn Jahren, wir sagen das heute und werden das auch morgen sagen. Wir haben hierbei keine doppelzüngige Politik. Wir betreiben eine ehrliche, eine offene Politik. So handeln wir und werden auch weiter so handeln.

Spannungen, Konflikte in Regionen und sogar Kriege zwischen verschiedenen Staaten in diesem oder jenem Teil der Welt wurzeln sowohl in der Vergangenheit als auch in den heutigen sozialökonomischen Bedingungen dieser Länder und Regionen. Die Sache so darzustellen, alle diese Knoten von Gegensätzen seien durch die Rivalität zwischen Ost und West hervorgebracht worden, ist nicht nur falsch, sondern auch äußerst gefährlich. Das habe ich dem Präsidenten und der amerikanischen Delegation gesagt. Wenn zum Beispiel Mexiko, Brasilien und mehrere andere Staaten heute außerstande sind, weder Schulden noch Schuldzinsen zu bezahlen, dann kann man sich vorstellen, welche Prozesse in diesen Ländern ablaufen. Das kann die Situation anheizen, eine Explosion zur Folge haben. Und was dann? Dann wird man wieder von der »Hand Moskaus« sprechen! Man darf nicht derart verantwortungslos solche Urteile über solche Fragen vor der Welt verkünden!

. . .

Natürlich sind die Sowjetunion und die Vereinigten Staaten zwei starke Mächte mit globalen Interessen, mit ihren Verbündeten und Freunden. Sie haben ihre Prioritäten in der Außenpolitik. Jedoch erblickt die sowjetische Führung darin nicht eine Quelle der Konfrontation, sondern eher die Quelle einer erhöhten, besonderen Verantwortlichkeit der Sowjetunion und der Vereinigten Staaten von Amerika, ihrer führenden Repräsentanten für die Geschicke der Welt. So fassen wir die Sache auf. Natürlich können wir über die Lage in dieser oder jener Weltregion streiten. Unsere Einschätzungen werden unterschiedlich, oft entgegengesetzt sein, besonders dann, wenn es um diese oder jene Ereignisse, um die Ursache dieser oder jener Konflikte geht. Im Prinzip sind wir nicht gegen die Besprechung dieser oder jener regionalen Probleme im Sinne der Suche nach Wegen, um zu deren Regelung beizutragen. Wir haben darüber gesprochen und mit dem Präsidenten vereinbart, gemeinsame Anstrengungen fortzusetzen, was in der gemeinsamen Schlußerklärung seinen Niederschlag fand. Dabei unterstreichen wir aber immer wieder, und das will ich jetzt sagen – ohne jegliche Einmischung in die inneren Angelegenheiten der anderen Staaten.

. . .

Wir sind der Meinung, daß eine Verbesserung der sowjetisch-amerikanischen Beziehung durchaus möglich ist. Es haben sich viele Probleme angesammelt, ich würde sagen, ganze Haufen, die bereinigt werden müssen. Bei der sowjetischen Führung ist der politische Wille, diese Arbeit zu leisten, vorhanden. Sie muß jedoch gemeinsam mit der amerikanischen Seite durchgeführt werden. Wenn bei Geologen oder Bergleuten ein Bergsturz sich ereignet und sie in eine kritische Situation geraten, stoßen bekanntlich die Rettungsmannschaften, um die Menschen zu retten, aufeinander zu.

»Interessenssphären« ...

27. November 1985

Ich beginne mit den Problemen regionaler Konflikte. Beide Seiten brachten ihre Besorgnis über das Fortbestehen solcher »Brandherde« zum Ausdruck. Und das ist durchaus verständlich. Solche Konflikte sind eine gefährliche Sache, insbesondere wenn man die Gefahr ihrer Ausdehnung im Nuklearzeitalter denkt.

Trotzdem ist das Herangehen an die Ursachen und die Möglichkeiten der Beseitigung solcher Konflikte bei uns nicht einfach unterschiedlich, sondern man könnte sagen, direkt entgegengesetzt. Die USA, die in Kategorien der »Interessensphären« zu denken gewohnt sind, reduzieren diese Probleme auf die Konfrontation zwischen Ost und West. In unseren Tagen ist dies jedoch ein Anachronismus, ein Rückfall in Großmachtdenken, das den meisten Völkern das Recht abspricht, selbständig zu denken und zu entscheiden.

Die tieferen Quellen dieser Konflikte sind mannigfaltig – sie wurzeln zum Teil in der Geschichte, hauptsächlich aber in jenen sozialen und ökonomischen Bedingungen, in denen sich die befreiten Länder befinden. Es ist selbstverständlich kein Zufall, daß die USA, wenn sie auf das Problem regionaler Konflikte eingehen, die Greueltaten des Apartheitregimes in Südafrika, die Aggression dieses Landes gegen seine afrikanischen Nachbarn, die Kriegshandlungen amerikanischer Marionetten in Mittelamerika und in Südostasien, die Raubzüge Israels im Nahen Osten sowie vieles andere mit Schweigen übergehen. Washington versucht, rechtmäßige Regierungen von Staaten, die den Weg der nationalen Befreiung und des sozialen Fortschritts beschreiten, und Konterrevolution auf die gleiche Stufe zu stellen.

Es versteht sich von selbst, daß wir eine solche Auslegung nicht annehmen konnten. Dem Präsidenten wurde gesagt, daß wir für die Anerkennung des unabdingbaren Rechts eines jeden Volkes auf Freiheit und Unabhängigkeit, auf selbständige Wahl seines Weges sind, dafür, daß dieses Recht von niemandem mißachtet wird, daß es keine Versuche der Einmischung von außen gibt. daß die Freiheit und nicht die Tyrannei siegt. Wir waren und werden auf der Seite der Völker stehen, die ihre Unabhängigkeit verteidigen. Das ist unser prinzipieller Kurs.

Der Präsident hat die Frage Afghanistan berührt. In diesem Zusammenhang wurde nochmals bekräftigt, daß die Sowjetunion konsequent für eine politische Regelung der Lage um Afghanistan eintritt. Wir sind dafür, daß das mit uns befreundete und benachbarte Afghanistan ein unabhängiger, nichtpaktgebundener Staat ist, wir sind für eine Ordnung garantierter Nichteinmischung in die Angelegenheiten Afghanistans. Dadurch würde auch die Frage des Abzugs der sowjetischen Truppen aus diesem Land gelöst. Die Sowjetunion und die Regierung Afghanistans sind ganz und gar dafür.

. . .

Im besonderen muß etwas über Europa gesagt werden. Aktuell wie nie zuvor ist hier die Aufgabe, eine weitere Erhöhung des Niveaus der militärischen Konfrontation nicht zuzulassen. Das europäische Haus – das ist das Haus aller, in dem Geographie und Geschichte die Schicksale Dutzender Länder und Völker eng miteinander verknüpft haben.

Nur gemeinsam, die Normen der Vernunft bei den internationalen Beziehungen und der Zusammenarbeit befolgend, können die Europäer ihr Haus bewahren und es besser und sicherer machen.

. . .

Die sowjetische Führung mißt der asiatisch-pazifischen Region ernsthafte Bedeutung bei. In Asien hat die Sowjetunion den größten Teil ihrer Grenzen; hier haben wir auch treue Freunde und zuverlässige Verbündete – von der benachbarten Mongolei bis zum sozialistischen Vietnam.

Es ist außerordentlich wichtig zu erreichen, daß diese Region nicht zur Quelle von Spannungen, zur Sphäre militärischer Konfrontationen wird. Wir sind dafür, daß der politische Dialog zwischen allen Staaten hier im Interesse des Friedens, der guten Nachbarschaft sowie des gegenseitigen Vertrauens und der Zusammenarbeit an Breite gewinnt.

Wir begrüßen die Position der Volksrepublik China, die gegen eine Militarisierung des Weltraums auftritt und ihre Erklärung, nicht als erste Kernwaffe einzusetzen.

Wir sind für eine Verbesserung der Beziehungen zu Japan, und wir sind überzeugt, daß diese Möglichkeit real ist. Sie resultiert bereits aus der einfachen Tatsache, daß unsere Länder unmittelbare Nachbarn sind. Die Beseitigung der nuklearen Bedrohung ist eine Grundfrage, in der die Interessen der UdSSR und Japans zwangsläufig übereinstimmen müssen.

10. Dezember 1985

Ob wir einander gefallen oder nicht, wir müssen auf diesem Planeten zusammenleben. Und deshalb ist es unsere allerwichtigste Aufgabe – ich habe darüber sowohl in Genf als auch danach gesprochen – die Kunst zu beherrschen, miteinander zu leben. Da dies für eine lange Zeit gilt, muß gelernt werden, dies auf eine menschliche, zivilisierte Art und Weise zu tun.

. . .

Unser Zeitalter ist ein Zeitalter, in dem jedes Land und jedes Volk, nicht nur ein großes, sondern auch das allerkleinste, in seiner Unabhängigkeit den höchsten Wert sieht und diesen mit aller Kraft verteidigt. Und dennoch haben wir es mit immer größerer gegenseitiger Abhängigkeit zwischen den Staaten zu tun. Das ist eine objektive Folge der Entwicklung der heutigen Weltwirtschaft und zugleich ein wichtiger Faktor der internationalen Stabilität. Wir müssen solche gegenseitige Abhängigkeit begrüßen. Sie kann zu einem mächtigen Stimulus für die Herstellung stabiler, normaler und, ich möchte sogar sagen, freundschaftlicher Beziehungen werden.

Innere und äußere Wende ...

25. Februar 1986

Eine Situation, die eine Wende erfordert, ergab sich nicht nur in den inneren Angelegenheiten. Sie ist auch für die *äußeren* Angelegenheiten charakteristisch. Die Veränderungen in der gegenwärtigen weltweiten Entwicklung sind dermaßen tiefgreifend und bedeutend, daß sie ein Umdenken, eine komplexe Analyse all ihrer Faktoren erfordern. Die Situation der nuklearen Konfrontation verpflichtet zu neuem Herangehen, zu neuen Formen und Verfahren in den Beziehungen zwischen verschiedenen sozialen Systemen, Staaten und Regionen.

Das vom Imperialismus entfesselte Wettrüsten hat dazu geführt, daß das 20. Jahrhundert in der Weltpolitik im Zeichen der Frage zu Ende geht: Wird die Menschheit der nuklearen Gefahr entgehen können, oder wird die Konfrontationspolitik, die die Wahrscheinlichkeit eines nuklearen Konflikts erhöht, die Oberhand gewinnen? Die Welt des Kapitals hat die hegemonistische Ideologie und Politik nicht aufgegeben, ihre Machthaber geben sich noch der Hoffnung auf soziale Revanche hin, wiegen sich noch in der Illusion der Überlegenheit in der Stärke. Realistische Einschätzungen der heutigen Entwicklung brechen sich mit großer Mühe durch die Anhäufung von Vorurteilen und Voreingenommenheit im Denken der herrschenden Klasse Bahn.

Aber der historische Moment ist so kompliziert und zugespitzt, daß die Aufgabe immer akuter wird, die Kernwaffen zu ächten, sie und die anderen Massenvernichtungsmittel völlig zu beseitigen und die internationalen Beziehungen gesunden zu lassen.

. . .

Die Welt von heute ist kompliziert, vielfältig, dynamisch, von einander bekämpfenden Tendenzen durchsetzt und voller Widersprüche. Das ist eine Welt höchst komplizierter Alternativen, eine Welt von Sorgen und Hoffnungen. Noch nie war unser irdisches Heim solchen politischen und physischen Überbelastungen ausgesetzt. Noch nie erlegte der Mensch der Natur einen so hohen Tribut auf und sah sich dermaßen verwundbar angesichts der Gewalt, die er selbst heraufbeschworen hat.

. . .

Der Verlauf des sozialen Fortschritts ist eng mit den *antikolonialen* Revolutionen, der nationalen Befreiungsbewegung, der Wiedergeburt vieler Staaten und der Entstehung von Dutzenden neuer Staaten verbunden. Nach Erringung der politischen Unabhängigkeit führen sie einen harten Kampf für die Überwindung der Rückständigkeit, Armut, manchmal eines verzweifelten Elends, all der schlimmen Hinterlassenschaft der Sklavenvergangenheit. Früher rechtlose Objekte der imperialistischen Politik, haben sie den Weg des selbständigen historischen Schöpfertums eingeschlagen. Seinen Ausdruck findet der gesellschaftliche Fortschritt in der Entwicklung der *internationalen kommunistischen und Arbeiterbewegung*, in der Entfaltung der neuen demokratischen Massenbewegung der Gegenwart, darunter der Bewegung der Kernwaffengegner und der Antikriegsbewegung. Er äußert sich augenfällig auch in der Differenzierung der politischen Kräfte in der kapitalistischen Welt, einschließlich des Bollwerks des Imperialismus, der USA. Dort müssen sich die progressiven Tendenzen durch das System des monopolistischen Totalitarismus Bahn brechen, wobei sie dem ständigen Druck der organisierten Reaktion ausgesetzt sind, deren enorme Propangandamaschinerie ganze Ströme von benebelnden Falschmeldungen über die Menschen ausgießt.

. . .

Die erste, vom Standpunkt der Geschicke der Menschheit wichtigste Gruppe von Widersprüchen ist mit den *Beziehungen zwischen den Staaten beider Systeme, beider Formationen* verbunden.

Diese Widersprüche haben eine lange Vergangenheit. Seit dem Großen Oktober in Rußland, seit der sozialen und klassenmäßigen Spaltung der Welt sind prinzipielle Unterschiede sowohl in der Einschätzung des Geschehens als auch in den Ansichten über die soziale Perspektive der Welt zutage getreten.

Der Kapitalismus sah die Entstehung des Sozialismus als einen »Fehler« der Geschichte, der zu »korrigieren« sei. Und zwar um jeden Preis, mit beliebigen Mitteln zu korrigieren, ohne sich viel um Recht und Moral zu kümmern: durch bewaffnete Intervention, Wirtschaftsblockade, subversive Tätigkeit, Sanktionen und »Bestrafung«, durch den Verzicht auf jede wie auch immer geartete Zusammenarbeit. Aber nichts hat die Behauptung der neuen Gesellschaftsordnung und ihres historischen Rechts auf Leben verhindern können.

Daß die herrschenden Klassen der kapitalistischen Welt die Realitäten nur mit Mühe erkennen und daß immer wieder Versuche unternommen werden, die ganze Gruppe von Widersprüchen zwischen beiden Welten durch Gewalt zu lösen, ist selbstverständlich kein Zufall. Auch innere Triebfedern, das eigentliche sozialökonomische Wesen des Imperialismus drängen ihn dazu, den Wettbewerb beider Systeme in die Sprache der militärischen Konfrontation zu übertragen. Kraft seiner sozialen Natur bringt der Imperialismus ständig eine aggressive, abenteuerliche Politik hervor.

. . .

Die Politik der totalen Auseinandersetzung, der militärischen Konfrontation hat keine Zukunft. Die Flucht in die Vergangenheit ist keine Antwort auf die Herausforderung der Zukunft, eher schon eine Verzweiflungstat, aber dadurch wird eine solche Position nicht weniger gefährlich. Wann und inwieweit man sich in Washington darüber klar wird, müssen seine Taten zeigen. Wir unsererseits sind bereit, alles zu tun, was von uns abhängt, damit sich die internationale Situation radikal zum Besseren wendet. Dazu braucht der Sozialismus weder seine Prinzipien noch seine Ideale aufzugeben. Seit jeher setzt er sich für die friedliche Koexistenz von Staaten unterschiedlicher sozialer Systeme ein.

Anders als der Imperialismus, der versucht, den Gang der Geschichte mit Gewalt anzuhalten und das Vergangene zurückzuholen, hat der Sozialismus seine Zukunft aus eigenem Antrieb nie an die militärische Lösung internationaler Probleme geknüpft. Das bestätigte gleich die erste große Diskussion in unserer Partei nach dem Sieg des Großen Oktober. In ihrem Verlauf wurden bekanntlich die Ansichten der »linken Kommunisten« und Trotzkisten entschieden zurückgewiesen, die die Theorie eines »revolutionären Krieges« verfochten, welcher angeblich den Sozialismus in andere Länder tragen kann. Wie Lenin bereits 1918 hervorhob, wäre eine solche Position »ein völliger Bruch mit dem Marxismus, denn dieser hat stets das ›Anpeitschen‹ von Revolutionen abgelehnt, die sich in dem Maße entwickeln, wie die Klassengegensätze, die Revolutionen hervorrufen, immer größere Schärfe gewinnen«. (W. I. Lenin: Werke, Bd. 27, S. 56) Wir sind auch heute zutiefst überzeugt: Eine Revolution von außen anzupeitschen, erst recht mit militärischen Mitteln, ist sinnlos und unzulässig.

. . .

In dieser Situation läßt sich also die Zukunft der Beziehungen zwischen sozialistischen und kapitalistischen Ländern, der UdSSR und den USA nur sehr schwer prognostizieren. Entscheidend werden dabei das internationale Kräfteverhältnis, das Wachstum und die Aktivität des Friedenspotentials, seine Fähigkeit sein, der Gefahr des Nuklearkrieges wirksam entgegenzutreten. Nicht wenig wird auch vom Grad des realistischen Denkens der herrschenden Kreise des Westens bei der Einschätzung der Lage abhängen. Doch ist es schlimm, wenn Politiker manchmal nicht nur blinde Augen, sondern auch eine blinde Seele haben. Da ein Kernwaffenkrieg absolut unvertretbar ist, muß nicht die Konfrontation, sondern die friedliche Koexistenz der Systeme zu einem Gesetz der zwischenstaatlichen Beziehungen werden.

Die zweite Gruppe von Widersprüchen sind die *inneren Widersprüche der kapitalistischen Welt selbst*. Die vergangene Periode hat viele Bestätigungen für die Vertiefung der *allgemeinen Krise des Kapitalismus* geliefert. Der gegenwärtige Kapitalismus, dessen Ausbeuterwesen unverändert bleibt, unterscheidet sich in vieler Hinsicht von jenem Kapitalismus, der Anfang und sogar noch Mitte des 20. Jahrhunderts bestand. Unter dem Einfluß und vor dem Hintergrund der wissenschaftlich-technischen Revolution spitzt sich der Konflikt zwischen den gigantisch gewachsenen Produktivkräften und dem auf Privateigentum beruhenden Charakter der sozialen Verhältnisse noch mehr zu. Davon zeugen das Wachstum der Arbeitslosigkeit, die Verschärfung des gesamten Komplexes der sozialen Probleme, der alles durchdringende Militarismus als das geläufigste Mittel, die Wirtschaft anzukurbeln, die anwachsende Krise der politischen Institutionen, des Geisteslebens, der lastende Druck der Reaktion auf der ganzen Linie: in Innen- und Außenpolitik, Wirtschaft und Kultur, in der Verwendung von Erkenntnissen des menschlichen Geistes. Die herkömmlichen Formen des Konservatismus werden von autoritären Tendenzen abgelöst...

Es stimmt, daß auch die gegenwärtige Etappe der allgemeinen Krise keine absolute Stagnation des Kapitalismus mit sich bringt und Möglichkeiten des Wachstums seiner Wirtschaft, der Erschließung neuer wissenschaftlich-technischer Richtungen nicht ausschließt. Sie »läßt zu«, daß konkrete wirtschaftliche, militärische, politische und sonstige Positionen gehalten werden und daß an gewissen Abschnitten sogar die soziale Revanche, das Zurückholen der früher Verlorenen möglich sein könnte. Doch da der Kapitalismus über keine positiven Ziele und Orientierungspunkte verfügt, die die Interessen der werktätigen Massen zum Ausdruck bringen, ist er heute mit einer nie dagewesenen Verflechtung und wechselseitigen Verschärfung aller Gruppen seiner Widersprüche konfrontiert. Mit einer Menge sozialer und sonstiger Sackgassen, die er in all den Jahrhunderten seiner Entwicklung nicht gekannt hat.

. . .

Widersprüche zwischen imperialistischen Staaten ...

Die letzten Jahrzehnte unseres Jahrhunderts stehen im Zeichen eines neuen Aufflammens der *Widersprüche zwischen imperialistischen Staaten*, des Aufkommens neuer Formen und Richtungen. Weder die klassenmäßige Nähe noch das Interesse am Zusammenschluß der Kräfte, noch die militärische, wirtschaftliche oder politische Integration oder die wissenschaftlich-technische Revolution haben diese Gruppen von Widersprüchen des Kapitalismus aus der Welt geschafft. Die wissenschaftlich-technische Revolution hat die Internationalisierung der kapitalistischen Produktion zweifellos beschleunigt und sowohl die Angleichung des Entwicklungsniveaus als auch den sprunghaften Charakter der Entwicklung der kapitalistischen Länder verstärkt. Die infolge des wissenschaftlich-technischen Fortschritts noch härter gewordene Konkurrenz drückt die Zurückbleibenden immer grausamer nieder. Die beträchtliche Komplizierung der kapitalistischen Reproduktionsbedingungen, die vielfältigen Krisenerscheinungen, die Verhärtung der internationalen Konkurrenz haben der imperialistischen Rivalität eine besondere Schärfe und Beharrlichkeit verliehen. Den Hindergrund für den Handels- und Wirtschaftskampf auf dem Weltmarkt bilden der immer mehr gestützte jeweilige »einheimische« staatsmonopolitische Kapitalismus und die immer aggressivere und eigennützigere Rolle des bürgerlichen Staates.

Das *transnationale Monopolkapital* hat rasch an Stärke gewonnen. Es reißt ganze Produktionszweige oder -bereiche sowohl in einzelnen Ländern als auch im Maßstab der gesamten Weltwirtschaft an sich und monopolisiert sie. Anfang der 80er Jahre entfielen in der kapitalistischen Welt über ein Drittel der Industrieproduktion, mehr als die Hälfte des Außenhandels und rund 80 Prozent der Patente für neue Technik und Technologie auf die transnationalen Konzerne.

. . .

Ein neuer Knoten von Widersprüchen – *zwischen den transnationalen Konzernen und der nationalstaatlichen Form der politischen Organisation der Gesellschaft* – hat sich gebildet und wird immer fester zugezogen. Die transnationalen Konzerne untergraben die Souveränität sowohl der Entwicklungs- als auch der entwickelten kapitalistischen Länder. Wenn es für sie vorteilhaft ist, greifen sie gern zur staatmonopolistischen Regulierung, und sie stellen sich ihr erbittert entgegen, wenn sie im Handeln bürgerlicher Regierungen auch nur die geringste Gefahr für ihre Profite wittern. Hierbei agieren die amerikanischen transnationalen Supermonopole in der Regel energisch als Träger der staatlichen Hegemoniebestrebungen und imperialen Gelüste der herrschenden Kreise dieses Landes.

Die *Beziehungen zwischen den drei Hauptzentren des modernen Imperialismus* – den USA, Westeuropa und Japan – sind voll offener und verborgener Widersprüche. Die wirtschaftlich, finanzielle und technologische Überlegenheit über ihre nächsten Konkurrenten, die die USA bis Ende der 60er Jahre hatten, wurde auf eine harte Probe gestellt. Westeuropa und Japan gelang es, den amerikanischen Seniorpartner in gewisser Hinsicht zurückzudrängen. Sie fordern die Vereinigten Staaten auch in einem so tradionellen Bereich der amerikanischen Hegemonie wie der neuesten Technik heraus.

. . .

Die Auseinandersetzung zwischen den zentrifugalen und zentripetalen Tendenzen als Ergebnis der Veränderungen im Kräfteverhältnis wird im imperialistischen System zweifelsfrei weitergehen. Es ist kaum zu erwarten, daß der bestehende Komplex der wirtschaftlichen, militärpolitischen und anderen gemeinsamen Interessen der drei »Kraftzentren« unter den realen Verhältnissen der heutigen Welt durchbrochen werden könnte. Aber im Rahmen dieses Komplexes darf Washington wohl kaum hoffen, daß sich die Bündnispartner und Konkurrenten dem amerikanischen Diktat ohne Widerrede fügen, erst recht nicht zum eigenen Nachteil.

Eine Besonderheit der Widersprüche zwischem imperialistischen Staaten in der heutigen Periode ist auch, daß sie in den nächsten Jahrzehnten eine andere Konstellation bilden und daß neue kapitalistische »Kraftzentren« in Erscheinung treten könnten. Das wird unbedingt zu einer weiteren Zunahme der Masse der Widersprüche, zu deren noch engerer Verflechtung und Zuspitzung führen.

. . .

Zu gravierenden Schlüssen führt die Analyse einer weiteren Gruppe von Widersprüchen: von Widersprüchen globalen Ausmaßes, die die eigentlichen Existenzgrundlagen der Zivilisation betreffen. Die Rede ist vor allem von der Verschmutzung der Umwelt, der Luft und der Weltmeere, von der Erschöpfung der Naturreichtümer.

Die Probleme werden nicht nur durch Überbelastung der natürlichen Systeme infolge der wissenschaftlich-technischen Revolution und des wachsenden Ausmaßes der menschlichen Tätigkeit verschärft. Schon Engels sah voraus, daß die Nutzung der Natur dem blinden Spiel der Marktkräfte unterworfen sein wird. Immer deutlicher zeichnet sich das Bedürfnis nach effektiven internationalen Verfahren und Mechanismen ab, die eine rationelle Nutzung der Ressourcen unseres Planeten als gesamtmenschliches Gut sichern würden.

Allgemeinmenschliche, globale Probleme lassen sich nicht durch Anstrengungen eines einzelnen Staates oder einer Gruppe von Staaten lösen. Hier braucht man eine weltweite Zusammenarbeit, ein enges, konstruktives Zusammenwirken der Mehrheit der Länder. Eine Zusammenarbeit auf der Grundlage der vollen Gleichberechtigung und der Respektierung der Souveränität eines jeden Staates. Auf der Grundlage der gewissenhaften Einhaltung der übernommenen Verpflichtungen sowie der Völkerrechtsnormen. Das ist ein kategorisches Gebot der Zeit, in der wir leben...

Um historisch im Sattel zu bleiben, schreckt der Imperialismus vor keinem Mittel zurück. Doch eine solche Politik kostet die Welt viel zu viel. Die Völker sind genötigt, einen immer höheren Preis dafür zu zahlen, sowohl direkt als auch indirekt. Der Preis sind Millionen Menschenleben, vergeudete nationale Reichtümer, die Zweckentfremdung gigantischer Beträge und ihre Verwendung für das Wettrüsten, die zahlreichen und immer schwierigeren Probleme, die ungelöst bleiben. Und in der Perspektive werden sie möglicherweise den denkbar höchsten Preis zu zahlen haben.

In dieser keineswegs einfachen geschichtlichen Periode verlieren die herrschenden US-Kreise offensichtlich das realistische Orientierungsvermögen. Das aggressive Verhalten in der internationalen Arena, die zunehmende Militarisierung von Politik und Denken und die Mißachtung der Interessen der anderen führen unvermeidlich zur moralischen und politischen Isolierung des amerikanischen Imperialismus, zur Erweiterung der Kluft zwischen ihm und der ganzen übrigen Menschheit. Die Feinde des Friedens in diesem Land scheinen nicht zu wissen, daß, wenn die Kernwaffen einsatzbereit sind, Zeit und Raum ihre gewohnten Dimensionen für die Zivilisation einbüßen und die Menschheit zur Geisel eines Zufalls wird.

Werden die herrschenden Zentren des Kapitals in der Lage sein, das Geschehen nüchtern und konstruktiv zu beurteilen? Am leichtesten wäre zu sagen: Vielleicht ja, vielleicht auch nein.

Aber die Geschichte gibt uns kein Recht zu einer solchen Prognose. Wir können ein Nein auf die Frage Sein oder Nichtsein für die Menschen nicht akzeptieren. Wir sagen: Der soziale Fortschritt, das Fortbestehen der Zivilisation müssen und werden überdauern.

Das sagen wir nicht deshalb, weil den Kommunisten Optimismus eigen ist und weil wir an die Vernunft und den gesunden Menschenverstand glauben. Wir sind Realisten und uns durchaus darüber im klaren, daß sehr vieles beide Welten voneinander trennt, und zwar tief trennt. Doch sehen wir auch etwas anderes klar: Das Bedürfnis, die vordringlichsten allgemeinmenschlichen Aufgaben zu lösen, muß sie zum Zusammenwirken bewegen und bisher ungekannte Kräfte des Selbsterhaltungswillens der Menschheit wecken. Und darin liegt auch ein Impuls zu Entscheidungen, die den Realitäten der Zeit adäquat sind.

Der Gang der Geschichte, des sozialen Fortschritts erfordert immer nachdrücklicher, daß ein *konstruktives, dem Aufbauwerk dienendes Zusammenwirken von Staaten und Völkern auf unserem gesamten Planeten* in die Wege geleitet wird. Er erfordert das nicht nur, er schafft auch die politischen, sozialen und materiellen Voraussetzungen, die dafür notwendig sind.

Ein solches Zusammenwirken ist nötig, damit ein nukleares Inferno verhindert werden und die Zivilisation überleben kann. Es ist nötig, damit gemeinsam und im Interesse jedes einzelnen auch die anderen sich verschärfenden allgemeinmenschlichen Probleme gelöst werden. In der Verbindung des Wettbewerbs, des Wettstreits zwischen beiden Systemen und der erstarkenden Tendenz zur wechselseitigen Abhängigkeit der Staaten der Weltgemeinschaft kommt die reale Dialektik der gegenwärtigen Entwicklung zum Ausdruck. Gerade auf diese Weise – durch den Kampf der Gegensätze, mit Schwierigkeiten, gewissermaßen tastend – bildet sich eine widersprüchliche, aber *in vielen wechselseitigen Abhängigkeiten zusammengehörige, in hohem Maße ganzheitliche Welt* heraus.

. . .

Krisen und Konflikte begünstigen auch den internationalen Terrorismus. Nichterklärte Kriege, Export der Konterrevolution in jeder Form, politische Morde, Geiselnahmen, Flugzeugentführungen, Explosionen auf Straßen, Flughäfen und Bahnhöfen – das ist die scheußliche Fratze des Terrorismus, die seine Drahtzieher durch allerlei zynische Erdichtungen zu verschleiern suchen. Die UdSSR lehnt den Terrorismus grundsätzlich ab und ist bereit, tätig mit anderen Staaten zusammenzuarbeiten, um ihn auszumerzen. Die Sowjetunion wird entschieden ihre Staatsbürger gegen Gewaltakte verteidigen und alles tun, um ihr Leben, ihre Ehre und Würde zu schützen.

. . .

Umfassendes System der internationalen Sicherheit …

Wir leben in einer realen Welt und gestalten unsere internationale Politik unter Beachtung der konkreten Besonderheiten der heutigen internationalen Entwicklungsetappe. Die schöpferische Analyse dieser Entwicklung und das Vermögen, die Perspektive zu sehen, führen uns an eine sehr wichtige Schlußfolgerung heran. Heute ist es wichtiger denn je, die Wege einer engeren und produktiveren Zusammenarbeit mit Regierungen, Parteien, gesellschaftlichen Organisationen und Bewegungen zu finden, denen die Geschichte des Weltfriedens wirklich am Herzen liegen, mit allen Völkern, damit ein *allumfassendes System der internationalen Sicherheit geschaffen wird*.

Die prinzipiellen Grundlagen eines solchen Systems könnten wie folgt aussehen:

1. Auf militärischem Gebiet

– Verzicht der Kernwaffenmächte auf einen nuklearen oder konventionellen Krieg gegeneinander oder gegen dritte Staaten;
– Verhinderung eines Wettrüstens im Weltraum, Einstellung aller Tests mit Kernwaffen und deren völlig Liquidierung, Verbot und Vernichtung der chemischen Waffen, Verzicht auf die Entwicklung anderer Massenvernichtungsmittel;
– streng kontrollierte Senkung der Niveaus der Rüstungspotentiale der Staaten auf ein vernünftiges hinreichendes Maß;
– Auflösung der Militärgruppierungen und als Stufe dazu ein Verzicht auf ihre Erweiterung und auf die Bildung neuer Gruppierungen;
– proportionale und adäquate Kürzung des Militäretats.

2. Auf politischem Gebiet

– in der internationalen Praxis bedingungslos einzuhaltende Respektierung des Rechts jedes Volkes, über die Wege und Formen seiner Entwicklung souverän zu entscheiden;
– gerechte politische Beilegung internationaler Krisen und regionaler Konflikte;
– Ausarbeitung eines Komplexes von Maßnahmen zur Festigung des Vertrauens zwischen den Staaten, zur Schaffung wirksamer Garantien gegen einen Überfall auf sie von außen, Garantien für die Unantastbarkeit ihrer Grenzen;
– Verwendung wirksamer Methoden zur Unterbindung des internationalen Terrorismus, darunter Gewährleistung der Sicherheit bei der Benutzung internationaler Land-, Luft- und Seeverbindungswege.

3. Auf wirtschaftlichem Gebiet

– Beseitigung aller Formen von Diskriminierung in der internationalen Praxis; Verzicht auf die Politik von Wirtschaftsblockaden und -sanktionen, falls sie nicht unmittelbar durch Empfehlungen der Weltgemeinschaft vorgesehen sind;

– gemeinsame Suche nach Wegen zu einer gerechten Lösung des Verschuldungsproblems;
– Errichtung einer neuen Weltwirtschaftsordnung, die allen Staaten gleiche wirtschaftliche Sicherheit garantiert;
– Ausarbeitung von Prinzipien, nach denen ein Teil der Mittel, die durch den Abbau der Militäretats freigesetzt werden könnten, zum Wohl der Weltgemeinschaft, vor allem der Entwicklungsländer, verwendet wird;
– Zusammenlegung der Anstrengungen bei der Erforschung und friedlichen Nutzung des Weltraums, bei der Lösung globaler Probleme, von denen die Geschicke der Zivilisation abhängen.

4. Auf humanitärem Gebiet

– Zusammenarbeit bei der Verbreitung der Ideen des Friedens, der Abrüstung und der internationalen Sicherheit; Erhöhung des Niveaus der allgemeinen objektiven Informiertheit und der gegenseitigen Bekanntschaft der einen Völker mit den anderen und ihrem Leben; Festigung des Geistes des gegenseitigen Verstehens und Einvernehmens zwischen ihnen;
– Ausmerzung des Völkermords, der Apartheid, faschistischer Propaganda und jeder anderen rassenmäßigen, nationalen oder religiösen Ausschließlichkeit sowie der Diskriminierung der Menschen aus diesen Gründen;
– Ausbau der internationalen Zusammenarbeit bei der Wahrnehmung der politischen, sozialen und persönlichen Menschenrechte unter Respektierung der Gesetze jedes Landes;
– Lösung der Fragen der Zusammenführung von Familien und der Eheschließungen im humanen und positiven Geiste, Entwicklung von Kontakten zwischen Menschen und Organisationen;
– Festigung der Zusammenarbeit im Bereich der Kultur, Kunst, Wissenschaft, Bildung und Medizin und Suche nach neuen Formen für diese Zusammenarbeit.

UdSSR und Asien …

28. Juli 1986

Im 20. Jahrhundert zu neuem Leben erwacht, hat Asien den weltweiten Fortschritt um vielfältige und originelle Erfahrungen beim Kampf für Freiheit und Unabhängigkeit bereichert. Und das ist nicht nur Geschichte. Das ist ein lebendiges Erbe, das zu den wichtigen Grundlagen der heutigen politischen Realität in diesem Teil der Welt gehört.

Jedes Land hat seine eigene gesellschaftliche und politische Ordnung mit allen denkbaren Nuancen, hat seine Traditionen, Errungenschaften und Schwierigkeiten, seine Lebensweise und Glaubensbekenntnisse, seine eigenen Überzeugungen und Vorurteile und seine eigenen Auffassungen von geistigen und materiellen Werten. Jedes Land hat etwas, worauf es stolz sein und was es in der Schatzkammer der gesamtmenschlichen Zivilisation sein eigen nennen kann...

Die Sowjetunion ist auch ein asiatisches und ein pazifisches Land, dem die komplizierten Probleme dieser riesigen Region am Herzen liegen. Sie kommt mit ihnen in unmittelbare Berührung. Eben das bestimmt die ausgewogene und umfassende Haltung zu diesem gigantischen Erdteil, in dem so viele unterschiedliche Staaten und Völker konzentriert sind. Und unsere Position basiert darauf, daß wir die hiesigen Realitäten anerkennen und verstehen.

Internationale Abhängigkeiten ...

18. August 1986

Die Welt von heute ist kompliziert, vielgestaltig und voller Widersprüche. Zugleich wird sie objektiv gegenseitig immer abhängiger und geschlossener. Diese Besonderheit der menschlichen Gemeinschaft am Ende des 20. Jahrhunderts darf in der Außenpolitik nicht außer acht gelassen werden, wenn man sie realistisch betreibt. Sonst wird es keine normalen internationalen Beziehungen geben, sonst werden sie unweigerlich zu Fieber und letztendlich zu katastrophalen Konfrontationen führen.

Das pränukleare Denken hat seine Bedeutung im wesentlichen am 6. August 1945 verloren. Heute kann die eigene Sicherheit nicht gewährleistet werden, ohne die Sicherheit der anderen Staaten und Völker zu berücksichtigen.

Es kann keine wirkliche Sicherheit geben, wenn es keine gleiche und umfassende Sicherheit ist. Anders denken heißt, in einer Welt der Illusionen, in einer Welt des Selbstbetrugs zu leben.

Ein neues Denken, das die Welt von heute braucht, ist mit der Vorstellung unvereinbar, daß die Welt irgend jemandes Eigentum ist. Es ist unvereinbar mit Versuchen, andere als »Wohltäter« zu bevormunden, unvereinbar mit Belehrungen, wie sich jemand zu verhalten und welchen Weg er zu wählen hat – den sozialistischen, den kapitalistischen oder einen anderen.

Die Sowjetunion ist der Ansicht, daß jedes Volk, jedes Land das Recht hat, über sein Schicksal, seine Ressourcen zu entscheiden und seine soziale Entwicklung souverän zu bestimmen, die eigene Sicherheit zu verteidigen und an der Organisierung eines umfassenden Systems der internationalen Sicherheit mitzuwirken.

21. November 1986

Unser neues Denken, wie wir es verstehen, basiert auf den Realitäten dieses Jahrhunderts. Wir sind alle in einem Boot. Das nuklear-kosmische Zeitalter hat uns alle, und nicht nur irgendwelche einzelne Länder vor das Problem der Erhaltung, des Überlebens der Menschheit gestellt. Das ist unser gemeinsames Problem. Und deshalb wenden wir uns in unserer Außenpolitik an die ganze internationale Gemeinschaft. Das ist unsere gemeinsame Aufgabe – die menschliche Zivilisation vor der nuklearen Katastrophe zu retten.

Oder die ökologischen Probleme. Sie sind immer dringlicher geworden. Das sind auch Probleme, die nur auf der Grundlage einer Zusammenarbeit aller Länder gelöst werden können. Die Probleme der Armut, der Unterentwicklung, des Zurückbleibens, darunter ganzer Kontinente. Sie können nicht außer Betracht und ungelöst bleiben. Sie klopfen buchstäblich an Fenster und Türen der Weltpolitik.

Wir sind alle verschieden, jeder bekennt sich zu einer bestimmten Ideologie, erkennt dieses oder jenes politische System an, hält sich an diese oder jene religiösen Überzeugungen. Und das ist nun mal so. Und nichtsdestoweniger sind wir jetzt alle sehr voneinander abhängig. Das bedeutet, wir müssen anders denken. Wir müssen aktiv nach Zugängen zum Aufbau neuer internationaler Beziehungen suchen.

4. Februar 1987

Bei unseren außenpolitischen Vorschlägen beanspruchen wir nicht die endgültige Wahrheit, wir sind immer offen für konstruktive Ideen. Aber in unseren Vorschlägen trennen wir niemals die eigene Sicherheit von der Sicherheit anderer, wir bemühen uns, deren Interessen zu berücksichtigen. In Amerika jedoch – und das ist unwiderlegbar – gibt es Kräfte, denen Feindseligkeit zugute kommt, die mit der UdSSR ein »Feindbild« brauchen, und die mächtige Informationsmittel nutzen, um Haß gegenüber dem sowjetischen Volk zu säen. Das ist ein sehr ernstes Problem, an dem man nicht vorbeigehen kann...

Die sowjetisch-amerikanischen Beziehungen sind noch am Scheideweg, und man muß bei sich den Willen und die Kraft finden, um eine Wende herbeizuführen. Alternativen zur Koexistenz gibt es nicht. Es geht nicht darum, ob wir einander gefallen, oder nicht. Das ist jenseits der Grenzen der Politik. Amerika wird so sein, wie es den Amerikanern gefällt. Aber auch das sowjetische Volk wird seine Gesellschaft nicht nach Rezepten von außen aufbauen.

Vertrauen durch Zusammenarbeit ...

16. Februar 1987

Ja, die Frage steht genauso: Entweder die politische Denkweise kommt in Übereinstimmung mit den Forderungen der Zeit oder die Zivilisation und das Leben auf der Erde selbst können verschwinden.

In allen menschlichen Angelegenheiten und erst recht in der internationalen Politik darf man auch nicht für eine Minute den jetzt über alles dominierenden Widerspruch zwischen Krieg und Frieden, zwischen Existenz und Nichtsein der Menschheit vergessen. Es muß danach gestrebt werden, ihn rechtzeitig und zugunsten des Friedens zu lösen.

Dafür aber ist es notwendig, all das Beste, was durch die Geschichte erreicht wurde, aufzudecken, zu erhalten und einander zu vermitteln. Es muß nach einem neuen schöpferischen Herangehen an die verschleppten Probleme gesucht werden.

. . .

Die Umgestaltung ist die Einladung des Sozialismus zu einem friedlichen Wettbewerb mit einem beliebigen anderen sozialen System. Und wir werden mit unseren Taten beweisen, daß ein solcher Wettbewerb dem allgemeinen Fortschritt und dem Frieden in der ganzen Welt zum Nutzen gereicht. Damit aber ein solcher Wettbewerb stattfindet und sich in zivilisierten Formen entwickelt, die der Menschen des 21. Jahrhunderts würdig sind, ist eine neue Denkweise erforderlich, ist es notwendig, die Denkweise, die Vorstellungen und Dogmen zu überwinden, die von der unwiderruflich der Geschichte angehörenden Vergangenheit geerbt wurden. Das Problem der neuen Denkweise beschäftigt unsere Gesellschaft, die sowjetische Führung nicht erst seit gestern. Wir haben darüber viel nachgedacht. Wir haben uns selbst und andere kritisiert, haben uns schwere, Kopfzerbrechen verursachende Fragen gestellt, bevor wir die Realitäten in ihrer jetzigen Form sahen und zu der Überzeugung kamen, daß in der heutigen komplizierten und widersprüchlichen Welt, die sich an einem Scheideweg befindet, ein neues Herangehen und neue Methoden der Lösung der internationalen Probleme notwendig sind.

Wir sind zu Schlußfolgerungen gelangt, die uns gezwungen haben, bestimmte Dinge zu überprüfen, die früher als Axiome erschienen. Hat doch nach Hiroshima und Nagasaki der Weltkrieg aufgehört, die Fortsetzung der Politik mit anderen Mitteln zu sein. Im Feuer eines Kernwaffenkrieges werden die Urheber einer solchen Politik selbst untergehen.

. . .

Der nukleare Tornado wird sowohl Sozialisten als auch Kapitalisten, sowohl Gerechte als auch Sünder hinwegfegen. Ist diese Situation moralisch? Wir Kommunisten sind der Meinung, daß dies nicht der Fall ist.

Man kann sagen, daß wir die neue Denkweise, die dazu berufen ist, die Diskrepanz zwischen der politischen Praxis und den allgemeinmenschlichen moralisch-ethischen Normen zu beseitigen, unter Qualen hervorgebracht haben.

. . .

Es ist erforderlich, das Vertrauen durch die Erfahrung der Zusammenarbeit, durch das gegenseitige Kennenlernen und die Lösung gemeinsamer Fragen zu schaffen. Es ist im Prinzip falsch, die Frage folgendermaßen zu stellen, zuerst Vertrauen und erst dann alles andere: Abrüstung, Zusammenarbeit, gemeinsame Projekte. Durch gemeinsames Handeln zu Vertrauen, zu seiner Schaffung, Festigung und Entwicklung, das ist der vernünftigste Weg.

Ich wiederhole: jeder muß bei sich selbst beginnen. Nicht die Pose eines selbsternannten höchsten Richters gegenüber der ganzen Welt, sondern Achtung gegenüber den anderen in Verbindung mit einem objektiven, selbstkritischen Urteil über die eigene Gesellschaft, das fehlt heute den internationalen Beziehungen in starkem Maße...

Gestatten Sie mir jetzt, auf eine andere sehr bedeutsame Realität unserer Zeit einzugehen. Sie verlangt ebenfalls eine neue Denkweise. Damit meine ich die nie dagewesene Mannigfaltigkeit, zugleich aber den immer enger werdenden wechselseitigen Zusammenhang und die immer stärker ausgeprägte Unteilbarkeit der Welt. Sie wird nicht nur durch die Internationalisierung des Wirtschaftslebens sowie starke Massenmedien und Kommunikationsmittel vereinigt, sondern auch durch die gleiche Gefahr eines nuklearen Todes, einer ökologischen Katastrophe und eines globalen Ausbruchs der Widersprüche zwischen der Armut und dem Reichtum ihrer verschiedenen Teile.

Die Weltgemeinschaft bietet sich uns als eine große Anzahl von Staaten mit unähnlicher Geschichte, unähnlichen Traditionen, Bräuchen und Lebensformen. Jedes Land und jedes Volk haben ihre eigene Wahrheit, ihre eigenen nationalen Interessen und ihre eigenen Bestrebungen. Zugleich ist aber diese Welt voll tiefer Widersprüche, die eine Sturmflut in sich bergen. Das ist ein objektives Ergebnis des sozialen Fortschritts, der eine qualitativ neue Situation geschaffen hat.

Die Entwicklung dieses Prozesses ist aber offensichtlich der Fähigkeit einiger Politiker voraus, die unumkehrbaren Veränderungen zu begreifen und zu erfassen. Ebenso wie im Bereich von Kernwaffen leben sie in alten Vorstellungen.

Der Ausweg besteht ebenfalls darin, die Kluft zwischen dem vorauseilenden Lauf der Ereignisse und der Erfassung der Realitäten, dem Begreifen dessen, was geschieht und was das in sich birgt, zu verringern und zu überwinden, so lange es noch nicht zu spät ist.

Die Betrachtung der Welt als eine eigene Domäne, die willkürliche Erklärung von Zonen der eigenen »Lebensinteressen« sind auch heute noch präsent. Das stimuliert aber auch das Wettrüsten, weil sich das aus dem Einsatz auf die Stärke ergibt, ohne die man sich die Möglichkeit eines politischen und ökonomischen Diktats nicht sichern kann. Das sind Klischees der alten Denkweise, da es als »legitim« galt, andere Völker auszubeuten, über ihre Ressourcen zu verfügen und eigenmächtig über ihre Geschichte zu entscheiden.

Die Sowjetunion, die sowjetischen Menschen betrachten sich als einen Teil der Weltgemeinschaft. Die Besorgnisse der Menschheit sind unsere Besorgnisse, ihr Schmerz ist unser Schmerz, ihre Hoffnungen sind unsere Hoffnungen.

Neues gemeinsames Denken ...

10. April 1987

Es gibt in der heutigen Welt eine solche wechselseitige Abhängigkeit, daß alle Völker wie eine Gruppe von Alpinisten an der Wand eines Berges hängen. Sie können sich entweder gemeinsam zum Gipfel durchschlagen oder aber gemeinsam in den Abgrund stürzen. Doch damit letzteres nicht geschieht, müssen die Politiker sich über engstirnige Interessen erheben und sich der ganzen Dramatik der gegenwärtigen Situation bewußt werden. Deshalb ist ein neues politisches Denken im nuklearen Zeitalter so unerläßlich. Nur ein solches Denken kann alle an den internationalen Beziehungen Beteiligten zur Annahme unverzüglicher Maßnahmen für die Abwendung einer nuklearen Katastrophe, des drohenden Untergangs der Menschheit veranlassen.

. . .

Angesichts der großen Bevölkerungsdichte und des hohen Niveaus der Urbanisierung ist Europa mit Waffen übersättigt. Auf diesem Kontinent stehen sich Armeen mit einer Stärke von je drei Millionen Mann gegenüber. Sogar ein »konventioneller« Krieg wäre hier vernichtend. Nicht nur deshalb, weil die heutigen konventionellen Waffen um ein vielfaches zerstörerischer sind als die im zweiten Weltkrieg eingesetzten, sondern auch, weil es in Europa etwa 200 Kernkraftwerksblöcke und ein verzweigtes Netz großer Chemiebetriebe gibt, deren Zerstörung ein Leben auf dem Kontinent unmöglich machen würde.

Nehmen Sie die Umweltverschmutzung. Die Industrialisierung und der Verkehr auf unserem Kontinent haben ein Ausmaß angenommen, daß die Gefährdung der Umwelt bereits am kritischen Punkt angelangt ist. Dieses Problem hat die nationalen Grenzen schon weit überschritten, es ist ein gesamteuropäisches geworden.

Es ist an der Zeit, auch darüber nachzudenken, wie die Integrationsprozesse in beiden Teilen Europas weiter verlaufen werden. Die Gesetze der Weltwirtschaft sind objektiv. Aber auch der wissenschaftlich- technische Fortschritt drängt zur Suche nach bisher nichtgekannten Formen der gegenseitig vorteilhaften Kooperation.

. . .

Die Bewegung auf dieses Ziel hin wird keineswegs nur von Überlegungen moralischer Art diktiert. Sie entspricht den grundlegenden Interessen aller europäischen Nationen, da in unserem Zeitalter der gegenseitigen Abhängigkeit immer größere Probleme entstehen, die sich nur durch gemeinsame Anstrengungen der europäischen, ja der gesamten internationalen Gemeinschaft lösen lassen. Erfordert denn nicht der Kampf gegen solche die Zivilisation bedrohende Erscheinungen wie Terrorismus, Kriminalität und Rauschgift einen Zusammenschluß? Ist es denn nicht klar: Vereinen wir heute nicht die Anstrengungen im Kampf gegen ein solches neues, über die

Menschheit hereinbrechendes Übel wie AIDS, kann es morgen bereits zu spät sein.

Man könnte diese Aufzählung fortsetzen. Im wahrsten Sinne des Wortes werden Dutzende höchst komplizierte Probleme heute zu globalen Problemen. Das heißt, sie können nur durch eine vereinte internationale Gemeinschaft gelöst werden. Europa kann ein würdiges Beispiel geben, und unsere Länder sind fest dazu entschlossen, hierzu ihren würdigen Beitrag zu leisten.

18. Mai 1987

Wenn man die internationalen Angelegenheiten von der menschlichen Seite sieht, so gibt es jetzt kaum etwas Aktuelleres als die Humanisierung der Politik. Die atomare Abrüstung ist im Kern auch eine Frage des Humanismus, und sogar vor allem – des Humanismus.

Es ist Zeit, umzulernen ...

Mai 1987

Das XX. Jahrhundert unterscheidet sich jedoch auch dadurch, daß eine Reihe prinzipiell neuer materieller Faktoren aufgetreten sind, die dazu zwingen, das Gewicht nationaler Entscheidungen für die Bestimmung des Schicksal der Zivilisation, das Verhältnis des Erkenntnisprozesses und der Anwendungsverfahren der Wissenschaft Zeit und Raum selbst anders wahrzunehmen. Es ist eine Sache, wenn eine Politik von der »Position der Stärke« vom Schießpulver symbolisiert wird, und eine ganz andere, wenn hinter ihr ein Potential steht, daß fähig ist, in wenigen Minuten den Mythos vom Ende der Welt in eine wirkliche Hölle zu verwandeln. Oder, es ist eine Sache, wenn eine Handvoll Betriebe den Himmel mit Ruß überziehen. – schwärzt, und eine völlig andere, wenn sich mit der Verschmutzung der Lebensumwelt alle so intensiv beschäftigen, weil über uns auch das ökologische Schwert hängt. Ob man es will oder nicht, das Leben erzwingt den Umbau jeder nationalen Wirtschaft, und der Weltwirtschaft im ganzen.

. . .

Niemand hat Grund, die Rolle des alles vorab Wissenden zu beanspruchen, des kategorischen Orakels. Es gibt keinen Staat, der andere zu belehren hätte. Wir alle sind in irgend etwas Lehrer und Schüler.

. . .

Vertiefen Sie sich in die ideelle und sittliche Konzeption des XXVII. Parteitages unserer Partei, der dort angenommenen neuen Fassung des Programms. In der Verbindung der Konzeption des Wettbewerbs zweier Systeme und der wachsenden Tendenz zur Interdependenz der Staaten der Weltgemeinschaft sehen wir die Dialektik der gegenwärtigen Entwicklung. Es bildet sich eine widersprüchliche, aber wechselseitig abhängige und in vielem ganzheitliche Welt heraus, in der der Kampf zwischen Kapitalismus und Sozialismus nur und ausschließlich in den Formen friedlichen Wettstreits und friedlicher Konkurrenz verlaufen kann. Eine Welt, in der die Gewährleistung der Sicherheit immer mehr nicht als militärische, sondern als politische Aufgabe erscheint, und in der Sicherheit, wenn man über die UdSSR und die USA spricht, nur internationalen Beziehungen insgesamt – nur allgemein.

. . .

Es ist nicht leicht, im reifen Alter umzulernen. Das stimmt. Aber was hilft's – die Zeit fordert das ihre. Das »Stop«-Signal wird vor den Nationen und ihren Führern immer häufiger aufleuchten. Und niemand darf diese objektive Notwendigkeit als Minderung der Souveränität, des Prestiges oder des nationalen Stolzes empfinden, um so mehr, wenn sie auf Stärke beruhen.

. . .

Wie ist die Unverwundbarkeit unseres ganzen, gemeinsamen Erdenhauses zu erreichen. . . Die Sowjetunion schlägt vor, gemeinsam auf die Herausforderungen der Epoche zu antworten. Gemeinsam, das heißt nicht auf Kosten und nicht zum Nachteil des anderen. Das bedeutet sich zu bemühen, vor allem das zu sehen, was uns verbindet und zu Teilen des Ganzen macht, und nicht was uns in entgegengesetzte Pole teilt.

Ja, bei uns gibt es eine sozialistische Ordnung, unser Volk zieht gerade diejenige gesellschaftliche Form vor, die es in der Revolution erobert und in den Kriegen gegen die Interventen und Faschlisten verteidigt hat, wobei es Dutzende Millionen Menschen verlor. Wir halten unsere Ordnung nicht in allem für vollkommen, wir tun vieles, damit das Leben besser wird, sauberer, geistig und materiell reicher. Mögen es verschiedene sein. Aber ist das wirklich ein Grund für Feindschaft, dafür, einander sein System, seine Lebensweise, seinen Maßstab für Freiheit aufzudrängen? Und woher kommt dieser selbstgewisse Anspruch auf »Vollkommenheit«? Der ist gefährlich, sehr gefährlich.

. . .

An die erste Stelle wird die Aufgabe der Herausbildung eines neuen politischen Denkens und, wahrscheinlich, eines neuen internationalen Rechts gerückt. Eines Denkens, das sich durch die Achtung gegenüber Menschen und Völkern einer anderen geistigen Schattierung, seiner anderen sozialen Auffassung auszeichnet. Eines internationalen Rechts, das von Doppelstandards gereinigt ist, das Angriffskriege und alle anderen Formen internationaler Gewalt kategorisch für ungesetzlich erklärt. In einer anderen als der jetzt geordneten Gemeinschaft müssen wir erneut gemeinsam ein Verfahren zur Verteilung des Wohlstands auf alle Länder des Planeten finden.

. . .

Abschließend weise ich darauf hin, daß unserer Zeit eine besondere Unbeständigkeit eigen ist. Wieviele Ereignisse und sichtbare Veränderungen vollziehen sich in unserem und in Ihrem Land, in der ganzen Welt in sehr kurzer Zeit. »Zeit ist Geld«. Das ist so. Aber vor allem ist Zeit – Leben. Und sowohl im unmittelbaren wie im politischen Sinn. Wir müssen uns beeilen, um uns, unsere Kinder und Nachkommen von den Sorgen und Bedrohungen zu retten. Während wir uns in unserem Land umstellen, ändern wir unser politisches Denken, frischen es auf mit den Realitäten des Zeitalters der Nuklearraketen, des Weltraums und der Computer. Dasselbe erwarten wir von allen anderen und von Ihnen – den Amerikanern.

• Neue Beziehungen im »Sozialistischen Weltsystem«

China ...

11. März 1985

Das erste Gebot für Partei und Staat ist, die brüderliche Freundschaft mit unseren engsten Kampfgefährten und Verbündeten – den Ländern der großen sozialistischen Gemeinschaft – zu hüten und allseitig zu festigen. Wir werden alles uns Abhängende tun, um das Zusammenwirken mit den sozialistischen Staaten zu erweitern und die Rolle und den Einfluß des Sozialismus im Weltgeschehen zu erhöhen. Wir möchten eine ernsthafte Verbesserung der Beziehungen zur Volksrepublik China und sind der Auffassung, daß dies bei Gegenseitigkeit durchaus möglich ist.

23. April 1985

Zu einer immer wichtigeren Aufgabe wird die größtmögliche Vervollkommnung und Bereicherung der Zusammenarbeit, die Entwicklung der allseitigen Verbindungen mit den sozialistischen Bruderländern, die Sicherung ihres engen Zusammenwirkens auf politischem, ökonomischem, ideologischem und dem Verteidigungsgebiet sowie in anderen Bereichen, die Sorge für eine organische Verbindung der nationalen und internationalen Interessen aller Teilnehmer dieser großen Gemeinschaft.

. . .

Die Sowjetunion wird zielbewußt und beharrlich die gegenseitigen Beziehungen festigen und die Zusammenarbeit mit anderen sozialistischen Länder, darunter auch mit der Volksrepublik China, entwickeln. Unsere Position zu dieser Frage ist bekannt. Sie bleibt in Kraft.

8. Mai 1985

In den Nachkriegsjahren hatte sich das sozialistische Weltsystem herausgebildet, das einen großen Weg zurücklegte; es entstand die sozialistische

Staatengemeinschaft. Die neue Gesellschaftsordnung, die auf der Erde festen Fuß gefaßt hatte, bewies ihre Lebensfähigkeit. Sie erweckte die schöpferischen Kräfte von Millionen zum Leben und ermöglichte es, in kürzester Frist Taten von historischer Bedeutung zu vollbringen. Der Sozialismus tritt heute als ein machtvolles Weltsystem hervor, das die Entwicklung der Menschheit und ihre Zukunft stark beeinflußt und ein unüberwindbarer Faktor des Friedens und ein Garant der Sicherheit der Völker ist.

Die Staaten der großen Gemeinschaft verfügen über unschätzbare Erfahrungen und einen eingespielten Abstimmungsmechanismus ihrer Politik. Sie treten in internationalen Fragen geschlossen auf und verteidigen konsequent die Sache des Friedens und der Abrüstung sowie die Prinzipien der friedlichen Koexistenz. Eine besondere Rolle kommt hierbei der Organisation des Warschauer Vertrages, ihrem Politischen Beratenden Ausschuß und den Vereinigten Streitkräften der verbündeten Staaten zu. Solange die Bedrohung des Friedens und der Sicherheit nicht beseitigt ist, werden die Mitgliedsländer des Warschauer Vertrages auch weiterhin alles Notwendige tun, um sich vor beliebigen Anschlägen zu schützen. Eine Bestätigung dafür ist die Verlängerung des Vertrages für den nächsten Zeitraum, die von allen Teilnehmerländern einmütig gebilligt wurde.

26. Juni 1985

Unter den gegenwärtigen Bedingungen müssen wir bei der Lösung der Aufgaben zur Festigung des Weltfriedens vor allem daran denken, die internationalen Positionen der Länder des Sozialismus zu stärken und zur Entwicklung der allseitigen Zusammenarbeit zwischen ihnen beizutragen. Wir bemühen uns, in diesem Sinne zu wirken. Es geht um die Vertiefung der wirtschaftlichen Zusammenarbeit und der ökonomischen Integration der Mitgliedsländer des Rates für Gegenseitige Wirtschaftshilfe. Eine gutorganisierte Spezialisierung und Kooperation der Produktion und ein aktives Zusammenwirken bei der Entwicklung von Wissenschaft und Technik stärken unsere ganze Gemeinschaft und jedes ihrer Mitglieder ökonomisch, vergrößern ihr Verteidigungspotential weiter und machen die Politik des ökonomischen Drucks unwirksam, die zur Zeit vom Westen gegenüber den sozialistischen Ländern verfolgt wird.

. . .

Ich hatte schon Gelegenheit, über die Beziehungen zur Volksrepublik China zu sprechen. Ich denke, die Zeit hat beiden Seiten gezeigt, daß keine von ihnen aus Entzweiung, erst recht nicht aus Feindseligkeit und Mißtrauen Nutzen zieht und daß eine gutnachbarliche Zusammenarbeit durchaus möglich und wünschenswert ist. Wir beabsichtigen unsererseits, aktiv dazu beizutragen, daß die negative Phase in den sowjetisch-chinesischen Beziehungen, die viele künstliche Barrieren errichtete, völlig überwunden wird. Ich bin davon überzeugt, daß es letztendlich genauso kommen wird.

Europa ...

28. Januar 1986

In Europa bestehen unseres Erachtens heute alle Voraussetzungen dafür, die Zwietracht zwischen Ost und West zu überwinden, insbesondere in Fragen der Sicherheit und der gegenseitig vorteilhaften Zusammenarbeit. Wir sind der Auffassung, daß Europa durchaus in der Lage ist, seine »europäische Antwort« auf die Herausforderung der Zeit zu geben. Die KPdSU ist bereit, an der Suche nach Substanz und Formen dieser Antwort aufs aktivste mitzuwirken. Wir hoffen, daß unsere Vorschläge von den linken, den demokratischen und den Friedenskräften Europas als ein Beitrag der sowjetischen Kommunisten zu dieser wichtigen Angelegenheit gewertet werden.

. . .

Nach unserer Ansicht könnten, wenn man von den Tatsachen ausgeht, die linken und demokratischen Kräfte, deren untrennbarer Bestandteil die Kommunisten stets waren und sind, im Kampf gegen die Kriegsgefahr koordiniert vorgehen. . . In einigen Fragen, darunter auch politischen, gibt es zwischen den verschiedenen Strömungen der linken Kräfte mitunter mehr Differenzen als Gemeinsamkeiten. Nach der Überzeugung der KPdSU sind diese Differenzen, wie tief sie auch sein mögen, weitaus unwichtiger als das Anliegen, das Streben, die Kriegsgefahrt abzuwenden.

Im Mittelpunkt unserer Gespräche mit Genossen Natta standen natürlich Fragen, die mit der Rolle der KPdSU und der IKP im Kampf gegen die nukleare Gefahr, für Frieden und Sozialismus und überhaupt mit der Rolle der Kommunisten der Welt von heute zusammenhängen. Wir sind überzeugt, daß die in unserer Bewegung bestehenden Probleme, Schwierigkeiten und Differenzen in einzelnen Fragen überwindbar sind.

. . .

Unsere Partei Lenins und die Partei Antonio Gramseis und Palmiro Togliattis verbinden langjährige Bande der Freundschaft und Zusammenarbeit. Die Vergangenheit darf nicht vergessen werden. In ihr liegen stets die Wurzeln der Gegenwart. Doch muß man nach vorn blicken, in die Zukunft, wobei es gilt, nur das in die Zukunft mitzunehmen, was die geschichtliche Bewährungsprobe bestanden hat, und sich ohne Bedauern von dem zu trennen, was eine geschlossene und effektive Arbeit behindert. Gerade davon geht die KPdSU aus. Zwischen unseren Parteien bestehen weiter Differenzen in der Beurteilung der einen oder anderen Probleme, Ereignisse und Fakten. Das ist ein natürlicher Vorgang. Um so wertvoller und notwendiger ist ein brüderlicher Dialog zwischen der KPdSU und der IKP und überhaupt zwischen den kommunistischen Parteien. Unsere Partei tritt dafür ein, daß er sich weiter entwickelt und jene Formen annimmt, die dem Geist und den Erfordernissen von heute entsprechen.

Wirtschaftliche und politische Entwicklung …

25. Februar 1986

Heute sind die Geschicke des Friedens und des sozialen Fortschritts enger als je zuvor mit der Dynamik der *wirtschaftlichen und politischen Entwicklung des sozialistischen Weltsystems* verbunden. Das Bedürfnis nach einer solchen Dynamik wird durch die Sorge für das Wohlergehen der Völker diktiert. Doch braucht die sozialistische Welt diese Dynamik auch deshalb, weil es gilt, der Kriegsgefahr entgegenzutreten. Schließlich handelt es sich dabei um eine Demonstration der Möglichkeiten der sozialistischen Lebensweise. Freunde wie Feinde blicken auf uns. Die riesige, vielgesichtige Welt der Entwicklungsländer blickt auf uns. Sie will ihre Wahl treffen, ihren Weg finden, und von den Erfolgen des Sozialismus, von der Überzeugungskraft seiner Antworten auf die Herausforderungen der Zeit hängt in vieler Hinsicht ab, wie diese Wahl ausfallen wird.

Wir sind von dem Vermögen des Sozialismus überzeugt, auch seine kompliziertesten Aufgaben zu lösen. Lebenswichtig dafür ist ein immer aktiveres Zusammenwirken, das einen Effekt nicht nur des bloßen Addierens, sondern des Multiplizierens unserer Potentiale sichert und einen Stimulus für die Beschleunigung unseres gemeinsamen Voranschreitens bildet. Seinen Niederschlag findet das auch in den gemeinsamen Dokumenten der Länder der sozialistischen Gemeinschaft.

Das Herzstück ihrer *politischen Zusammenarbeit* bleibt das Zusammenwirken der regierenden kommunistischen Parteien. Im letzten Jahr gab es praktisch kein einziges Bruderland, mit dessen Führung wir keine Treffen und ausführlichen Gespräche gehabt hätten. Auch die Formen einer solchen Zusammenarbeit erneuern sich. In Entstehung begriffen ist eine weitere, möglicherweise zentrale Einrichtung dieser Zusammenarbeit: Multilaterale Arbeitstreffen der Spitzenpolitiker der Bruderländer. Solche Treffen geben die Möglichkeit, sich über den ganzen Komplex der Probleme des sozialistischen Aufbaus, seine inneren und äußeren Aspekte operativ und kameradschaftlich zu beraten.

In der alles andere als einfachen internationalen Lage war es von großer Bedeutung, daß der *Warschauer Vertrag* auf einmütigen Beschluß der Teilnehmerländer verlängert wurde. Dieser Vertrag erlebt gleichsam eine zweite Geburt, ohne ihn kann man sich heute die Weltpolitik insgesamt schwerlich vorstellen.

. . .

In der *Wirtschaft* wurde das Komplexprogramm des wissenschaftlich-technischen Fortschritts angenommen. Sein Sinn ist der Übergang der RGW- Länder zu einer abgestimmten wissenschaftlich-technischen Politik. Der Schwerpunkt verlagert sich von den überwiegenden Außenhandelsbeziehungen auf die Spezialisierung und Kooperation der Produktion, besonders im Maschinenbau. Nach unserer Ansicht sind Veränderungen auch in der Tätigkeit des Stabs der sozialistischen Integration – des Rates für Gegenseitige Wirtschaftshilfe – erforderlich. Die Hauptsache aber ist, daß man sich bei der Verwirklichung des Programms weniger aufs Administrieren, auf allerlei Komitees und Kommissionen verlegt und daß man mehr Aufmerksamkeit den ökonomischen Hebeln, der Initiative, dem sozialistischen Unternehmergeist und der Einbeziehung der Arbeitskollektive in diesen Prozeß schenkt. Das wird denn auch ein zutiefst parteiliches Herangehen sein, wie es für ein so außerordentliches Vorhaben unerläßlich ist.

Energie, Tüchtigkeit, Initiative – all diese Eigenschaften entsprechen den Erfordernissen der Zeit, und wir werden danach streben, daß sie sich auf das gesamte System der Einbeziehung der Bruderparteien erstrecken. Die KPdSU mißt dem lebendigen, umfassenden Verkehr zwischen Bürgern der sozialistischen Länder, zwischen Menschen verschiedener Berufe und Generationen, zunehmende Bedeutung bei. Das ist eine Quelle der gegenseitigen geistigen Bereicherung, ein Kanal des Austausches von Gedanken, Ideen und von *Erfahrungen des sozialistischen Aufbaues*. Heute ist es nämlich besonders wichtig, aufgrund der Entwicklung nicht eines einzigen, sondern mehrerer Länder den Charakter der sozialistischen Lebensweise zu analysieren sowie die Prozesse der Vervollkommnung von Demokratie, Leitungsmethoden und Kaderpolitik neu zu überdenken. Eine aufmerksame, rücksichtsvolle Haltung zu den gegenseitigen Erfahrungen und deren praktische Verwertung sind eine riesige Reserve der sozialistischen Welt.

Überhaupt gehört die Fähigkeit des Sozialismus, zu lernen, zu seinen Vorzügen. Lernen, Probleme, die das Leben aufwirft, zu lösen. Lernen, Krisensituationen, die unser Klassengegner zu schaffen und zu nutzen trachtet, vorzubeugen. Lernen, Versuchen entgegenzuwirken, die darauf abzielen, die sozialistische Welt zu spalten und die einen Länder gegen andere auszuspielen. Lernen, keine Interessenkollisionen der verschiedenen sozialistischen Staaten zuzulassen, und diese Interessen harmonisch aufeinander abzustimmen, und selbst für die schwierigsten Probleme Lösungen zu finden, die für alle Beteiligten akzeptabel sind.

Unserer Meinung nach lohnt es sich, auch die Beziehungen innerhalb der sozialistischen Welt als Ganzes einmal unter die Lupe zu nehmen. Wir glauben nicht, daß die Gemeinschaft von den anderen sozialistischen Ländern durch Barrieren getrennt sei. Die KPdSU setzt sich für ehrliche, offene Beziehungen zu allen kommunistischen Parteien, zu allen Staaten des sozialistischen Weltsystems und für einen kameradschaftlichen Meinungsaustausch mit ihnen ein. Wir sind bestrebt, in erster Linie das zu sehen, was die sozialistische Welt vereint. Deshalb freuen sich die sowjetischen Kommunisten über jeden Schritt auf dem Weg der Annäherung aller sozialistischen Staaten, über jeden positiven Wandel in den Beziehungen zwischen ihnen.

Mit Genugtuung kann man eine bestimmte Verbesserung der Beziehungen der Sowjetunion zu ihrem großen Nachbarn, dem *sozialistischen China* konstatieren. Die Unterschiede in den Betrachtungsweisen, insbesondere im Hinblick auf einige interationale Probleme, bleiben bestehen. Doch wir stellen auch etwas anderes fest: die Möglichkeit, vielfach gemeinsam zu arbeiten sowie auf gleichberechtigter und prinzipieller Grundlage, keineswegs zum Nachteil von Drittländern zusammenzuwirken.

...

Die KPdSU ist ein unabhängiger Bestandteil der internationalen kommunistischen Bewegung. Wir sowjetischen Kommunisten verstehen sehr wohl: Jeder unserer Siege beim sozialistischen Aufbau ist zugleich ein Sieg der gesamten Bewegung. Deshalb sieht die KPdSU ihre vornehmlichste internationale Pflicht im erfolgreichen Voranschreiten unseres Landes auf dem Weg, den die Oktoberrevolution eröffnet und freigelegt hat.

...

Die gewaltige Vielfalt der kommunistischen Bewegung und der Aufgaben, die sich vor ihr erheben, ist ebenfalls eine Realität. Manchmal führt das zu Meinungsverschiedenheiten und Differenzen. Die KPdSU dramatisiert nicht den Umstand, daß zwischen den kommunistischen Parteien nicht immer und nicht in allem volle Einmütigkeit besteht. Absolut identische Ansichten über ausnahmslos alle Fragen kann es wohl überhaupt nicht geben. Die kommunistische Bewegung bildete sich heraus, als die Arbeiterklasse als selbständige und mächtige politische Kraft die internationale Bühne betrat. Die Parteien, die diese Bewegung bilden, entstanden auf nationalem Boden, verfolgen jedoch gemeinsame Endziele: den Frieden und den Sozialismus. Und gerade das ist das Wichtigste und Ausschlaggebendste, das, was sie vereint.

Unserer Meinung nach ist die Mannigfaltigkeit unserer Bewegung kein Synonym für ihre Zersplitterung. Genauso hat die Einheit nichts gemein mit Uniformität, Hierarchie, mit der Einmischung der einen Parteien in die Angelegenheiten anderer, mit dem Anspruch einer Partei auf den Monopolbesitz der Wahrheit.

Die Stärke der kommunistischen Bewegung kann und muß in ihrer Klassensolidarität, der gleichberechtigten Zusammenarbeit aller Bruderparteien im Kampf für die gemeinsame Zukunft liegen.

Entwicklung der Weltpolitik und des Sozialismus ...

30. Juni 1986

Genossen! Der X. Parteitag der Polnischen Vereinigten Arbeiterpartei zieht aus naheliegenden Gründen die besondere Aufmerksamkeit aller Kommunisten, breiter politischer Kreise in der ganzen Welt auf sich. Die Krise, die um die Wende von den 70er zu den 80er Jahren ihre Gesellschaft erschütterte, machte deren Widersprüche manifest. Zugleich verdeutlichte sie die gesamte Kompliziertheit der gegenwärtigen Auseinandersetzungen beider Systeme und brachte in zugespitzter Form die Probleme an den Tag, mit denen der Sozialismus in der keineswegs einfachen, im Zeichen einer Wende stehenden Etappe seiner Entwicklung konfrontiert ist. Eben deshalb sind die Lehren aus der polnischen Krise nicht nur für die polnischen Kommunisten wichtig.

Die erste und wohl auch wesentlichste Lehre besteht unseres Erachtens darin, daß diese Ereignisse, so kompliziert und mehrdeutig sie auch waren, folgendes klar vor Augen geführt haben: Der Sozialismus hat tiefe Wurzeln geschlagen und die Werktätigen unserer Länder können sich ein Leben ohne ihn gar nicht mehr vorstellen. Das bedeutet aber auch, daß die sozialistischen Errungenschaften nicht rückgängig zu machen sind. Wie in dem Bericht Genossen Jaruzelskis präzise ausgedrückt ist, sind die Ideen des Marxismus- Leninismus in die »Blutbahnen der Nation« eingegangen und die sozialistischen Werte und Normen zu untrennbaren Bestandteilen des gesellschaftlichen Bewußtsein geworden.

In vollem Maße hat sich auch bestätigt, daß der Sozialismus heute als eine internationale Realität, als Bündnis von Staaten in Erscheinung tritt, die durch politische, ökonomische, kulturelle und Verteidigungsinteressen eng miteinander verbunden sind. Die Hand gegen die sozialistische Ordnung zu erheben und zu versuchen, sie von außen zu untergraben, das eine oder andere Land aus der sozialistischen Gemeinschaft herauszureißen – das bedeutet, nicht nur gegen den Willen des Volkes, sondern auch gegen die gesamte Nachkriegsordnung und in der Endkonsequenz gegen den Frieden Sturm zu laufen.

28. Juli 1986

In den letzten Jahren haben sich unsere Beziehungen zusehends gebessert. Ich möchte bekräftigen: Die Sowjetunion ist jederzeit bereit, mit China auf jeder beliebigen Ebene auf das ernsthafteste Fragen zu erörtern, die zusätzliche Maßnahmen zur Schaffung der guten Nachbarschaft betreffen. Wir hoffen, daß die uns trennende (wir möchten sagen – uns verbindende) Grenze in naher Zukunft zu einer Grenze des Friedens und der Freundschaft wird.

Die sowjetischen Menschen nehmen das von der Kommunistischen Partei Chinas gestellte Ziel, nämlich das Land zu modernisieren und in der Perspektive eine sozialistische Gesellschaft aufzubauen, die des großen Volkes würdig wäre, mit Verständnis und Achtung auf.

Wir und China haben, soweit man urteilen kann, ähnliche Prioritäten – die Beschleunigung der sozialökonomischen Entwicklung. Warum sollten wir einander dann nicht unterstützen und bei der Realisierung unserer Pläne dort zusammenarbeiten, wo es offensichtlich beiden Seiten zum Nutzen gereichen würde? Je besser die Beziehungen sind, desto mehr können wir Erfahrungen austauschen.

Neue Formen der Zusammenarbeit …

10. April 1987

Hierbei haben wir einiges, worauf wir uns stützen können. Während der Nachkriegszeit hat sich der Sozialismus in ein mächtiges internationales Gebilde verwandelt. Zwischen den Bruderländern wurde ein verzweigtes Netz von wechselseitigen Beziehungen auf Partei-, Staats- und gesellschaftlicher Ebene geknüpft. Für die internationale sozialistische Arbeitsteilung wurden feste Grundlagen geschaffen. Große Erfahrungen wurden in der Arbeit multilateraler Organisationen der sozialistischen Staaten gesammelt. Der Austausch von Werten der Wissenschaft und der Kultur hat bedeutende Ausmaße angenommen.

Gegenwärtig entsprechen jedoch viele in der Vergangenheit entstandene Formen und Methoden der Zusammenarbeit nicht mehr den heutigen Möglichkeiten und Erfordernissen. Man kann sagen, daß die Periode der Herausbildung des Sozialismus als Weltsystem abgeschlossen ist. Es begann eine neue Etappe, die es erforderlich macht, das gesamte System der Wechselbeziehungen unserer Länder auf ein qualitativ neues Niveau zu heben.

Was rückt hierbei in den Vordergrund? Welche Prinzipien gelten in erster Linie?

Wir gehen vor allem davon aus, daß das gesamte System der politischen Beziehungen zwischen den Ländern des Sozialismus konsequent auf Gleichberechtigung und gegenseitiger Verantwortlichkeit beruhen kann und muß. Niemand hat das Recht, Anspruch auf eine Sonderstellung in der sozialistischen Welt zu erheben. Die Selbständigkeit jeder Partei, ihre Verantwortung vor dem eigenen Volk und das Recht, souverän die Fragen der Entwicklung des Landes zu lösen, sind für uns selbstverständliche Prinzipien. Zugleich sind wir zutiefst davon überzeugt, daß Erfolge der sozialistischen Gemeinschaft nicht möglich sind, ohne daß sich jede Partei und jedes Land nicht nur um die eigenen, sondern auch um die gemeinsamen Interessen sorgt, ohne daß ein achtungsvolles Verhältnis zu den Freunden und Verbündeten besteht und deren Interessen unbedingt berücksichtigt werden.

. . .

Bekannt sind die Leninschen Worte, daß ein allseitig entwickelter Sozialismus nur aus einer Reihe von Versuchen entstehen kann, von denen jeder einseitig sein wird. Historisch gesehen war es so, daß die Sowjetunion in der ersten Phase der Herausbildung des sozialistischen Weltsystems das einzige Land mit Erfahrungen des sozialistischen Aufbaus war. Diese Erfahrungen wurden natürlich als Maßstab genommen. Heute haben bereits mehrere Bruderländer eine reiche Geschichte sozialistischer Entwicklung hinter sich, in deren Verlauf spezifische Formen und eigenständige Lösungen angewandt wurden. Keine einzige Partei besitzt das Monopol auf die Wahrheit. Und natürlich sind sie alle zutiefst daran interessiert, alles Wertvolle, was in der sozialistischen Welt hervorgebracht wird, unter Berücksichtigung der Bedingungen ihrer Länder zu nutzen.

18. Mai 1987

Frage: In jüngster Zeit gibt es Anzeichen eines neuen Geistes in den Beziehungen zwischen der UdSSR und China. Ihre Rede in Wladiwostok im vergangenen Jahr wie auch Ihr Besuch in Indien haben bestätigt, daß die Sowjetunion die vollständige Normalisierung der zwischenstaatlichen Beziehungen zu China anstrebt. Der Abzug eines bestimmten Teils der sowjetischen Truppen aus der Mongolei war ein zusätzliches günstiges Signal. Die Chinesen bezeichnen jedoch die Lage in Kampuchea als eines der Haupthindernisse für die vollständige Normalisierung der politischen Beziehungen. Wie ist Ihre Meinung dazu?

Antwort: Sie haben recht. Die Sowjetunion wirkt aktiv darauf hin, die Beziehungen zwischen den beiden größten sozialistischen Ländern, der UdSSR und der VR China, vollständig zu normalisieren.

In jüngster Zeit entwickeln sich die Beziehungen in Handel und Wirtschaft, Wissenschaft und Technik sowie auf dem Gebiet der Kultur dynamisch, es werden politische Konsultationen zu einigen aktuellen internationalen Fragen geführt.

Wir messen der Tatsache große Bedeutung bei, daß die UdSSR und die VR China an einige grundlegende Fragen der Weltpolitik von ähnlichen Positionen herangehen. Sowohl wir als auch die führenden Repräsentanten Chinas betonten, daß zur Lösung der inneren Aufgaben der sozialen Erneuerung Frieden notwenig sei. Beide Länder haben erklärt, sie würden niemals als erste Kernwaffen einsetzen. Wir sind entschieden gegen das »Sternenkriegs«-Programm. Einen ähnlichen Standpunkt vertritt China. Wir interessieren uns für alles, was in der VR China getan wird, um die Wirtschaft in Ordnung zu bringen und zu modernisieren. Und wir wünschen dem großen Nachbarvolk, der Kommunistischen Partei Chinas, von ganzem Herzen Erfolg in diesem schwierigen Werk.

Trotzdem sind die sowjetisch-chinesischen Beziehungen bislang nicht vollständig normalisiert. Ich möchte nicht darüber polemisieren, woran das liegt. Ich nenne nur das von Ihnen erwähnte Problem – Kampuchea.

Das ist keine Frage der sowjetisch-chinesischen Beziehungen. Aber, wie uns scheint, müssen sowohl die Sowjetunion als auch die VR China an ihrer Regelung interessiert sein. Wir gehen konsequent davon aus, daß es für das Kampuchea-Problem nur einen Weg der Regelung – und zwar den politischen – gibt. Wie wir meinen, wächst das Bemühen eben um eine solche Regelung. Das ist sehr wichtig.

• Beziehungen zur »Dritten Welt«

Volle Souveränität ...

23. April 1985

Wir treten für den weiteren Ausbau der vielseitigen Zusammenarbeit mit den Ländern Asiens, Afrikas und Lateinamerikas ein. Die KPdSU und der Sowjetstaat unterstützen ständig das Recht aller Völker, selbst und in Übereinstimmung mit der eigenen Wahl ihre sozialökonomische Gegenwart zu bestimmen und die Zukunft ohne jegliche Einmischung von außen aufzubauen. Es ist eine hoffnungslose, zum Scheitern geweihte Sache, zu versuchen, den Völkern dieses souveräne Recht abzusprechen.

27. Mai 1985

Uns ist, Herr Brandt, Ihre Anteilnahme an den Problemen der gegenseitigen Beziehungen zwischen den entwickelten und Entwicklungsländern gut bekannt. Das können wir sehr gut verstehen. Das menschliche Gewissen kann nicht ruhen, wenn Dutzende Millionen Menschen in Afrika, Asien, aber auch in Lateinamerika an Hunger und Krankheiten sterben, in Unwissenheit und Armut leben.

Eine normale Entwicklung der befreiten Länder, die Überwindung ihrer aus der kolonialen Vergangenheit vererbten Rückständigkeit, die Herstellung wirklich gleichberechtigter Beziehungen zwischen ihnen und den kapitalistischen Industrieländern sind wichtige Voraussetzungen für die Normalisierung der internationalen Beziehungen als Ganzes.

Es scheint die Zeit näher zu rücken, da Fragen der Durchsetzung gleichberechtigter, von jeglicher Diskriminierung freier internationaler Wirtschaftsbeziehungen, einer neuen Weltwirtschaftsordnung einschließlich des Problems der Verschuldung der Entwicklungsländer, Gegenstand einer umfassenden internationalen Diskussion sein werden. Wir wären dafür. Die Weltgemeinschaft hat allen Grund, Sorge für die ökonomische Sicherheit von Staaten und Völkern zu tragen.

26. Juni 1985

Das heutige Weltbild wird durch die unablässig wachsende Rolle der Staaten im internationalen Leben charakterisiert, die sich vor gar nicht langer Zeit von kolonialer oder halbkolonialer Abhängigkeit befreit und einen selbständigen Entwicklungsweg eingeschlagen haben. Davon, wie sich die Geschicke dieser Länder gestalten, wie die Beziehungen mit den entwickelteren Staaten aufgebaut werden, wird in der Entwicklung der Welt vieles abhängen.

Für die Sowjetunion ist die Frage völlig klar, in den Völkern, die sich vom Kolonialismus befreit haben, sehen wir Freunde und gleichberechtigte Partner im Kampf für Frieden und Fortschritt, wir sind völlig solidarisch mit ihrem Streben, ihre Souveränität zu behaupten, ihre Freiheit und Unabhängigkeit zu verteidigen. Im Rahmen einer gleichberechtigten Zusammenarbeit und entsprechend unseren Möglichkeiten helfen wir ihnen, eine eigene fortgeschrittene nationale Wirtschaft aufzubauen.

Mit einem Wort, wir tun alles, um die gleichberechtigte freundschaftliche Zusammenarbeit mit den befreiten Ländern zu erweitern und zu vertiefen und werden dies auch weiter tun.

Unterstützung sich befreiender Nationen ...

4. Oktober 1985

Die Amerikaner verkünden mal hier mal dort ihre »Lebensinteressen«. Vielleicht sollten sich die Amerikaner über die Formel Gedanken machen.

Übrigens ist dies eine der Voraussetzungen, wenn es zu ungenügendem Verständnis und zu zugespitzten Situationen kommt. Wenn man alles in der Welt zum Territorium seiner »Lebensinteressen« erklärt, was bleibt dann den anderen Völkern, den 200 Staaten? Die Lage eines Vasallen vielleicht? Das steht doch im Widerspruch zu der Konzeption einer gleichberechtigten Entwicklung der Völker, der Möglichkeit, daß jedes Volk seine souveränen Rechte verwirklichen und seine Wahl treffen kann. Verläuft doch dieser Prozeß nicht selten schmerzhaft.

Wir halten mit unserer Haltung nicht hinter dem Berg. Wenn sich das Volk in dem einen oder anderen Land für den Weg fortschrittlicher Umwälzung entscheidet und danach strebt, seine selbständige Politik auszuarbeiten, seine Auffassung im geistigen Bereich zu gestalten und seine ökonomischen Institutionen zu schaffen, so begrüßen wir das. Wir sind auf der Seite dieser Völker. Sobald wir aber davon sprechen, erklärt man: »Die Hand Moskaus!«, »Die Hand Moskaus!«

Die internationalen Beziehungen werden in einer veränderlichen, buntschillernden Welt auf der Ebene der politischen, kulturellen, wirtschaftlichen Entwicklung, auf verschiedenen Stufen des Fortschritts verwirklicht. Und wir müssen jeden Schritt mit großer Verantwortung tun. Es ist unzulässig, von imperialen Überlegungen auszugehen. Ich beziehe dies auch auf die Sowjetunion. Wir haben das nie zugelassen und werden es auch nicht zulassen.

Neue Vorschläge ...

15. Januar 1986

Unsere neuen Vorschläge sind an die ganze Welt adressiert. Der Übergang zu aktiven Schritten zur Einstellung des Wettrüstens und zur Rüstungsreduzierung ist eine unabdingbare Voraussetzung auch für die Lösung der sich immer stärker zuspitzenden globalen Probleme – Zerstörung der Umwelt des Menschen, Notwendigkeit der Suche nach neuen Energiequellen, Kampf gegen ökonomische Rückständigkeit, Hunger und Krankheit. Das vom Militarismus aufgezwungene Prinzip »Aufrüstung statt Entwicklung« muß abgelöst werden durch das Prinzip »Abrüstung für Entwicklung«. Die Schlinge einer Billionen-Verschuldung, die derzeit Dutzende Länder und ganze Kontinente würgen, ist direkte Folge des Wettrüstens. Mehr als 250 Milliarden Dollar, die jährlich aus den Entwicklungsländern herausgepreßt werden, sind eine Summe, die mit dem Ausmaß des gigantischen Rüstungsbudgets der USA praktisch übereinstimmt. Und ihrem Wesen nach ist diese Übereinstimmung durchaus kein Zufall.

Die Sowjetunion ist dafür, daß jede Maßnahme zur Rüstungsbegrenzung und -reduzierung und jeder Schritt auf dem Weg der Befreiung von Kernwaffen den Völkern nicht nur mehr Sicherheit geben, sondern es auch ermöglichen wird, mehr Mittel für die Verbesserung der Lebensbedingungen der Menschen bereitzustellen. Die Völker, die Rückständigkeit überwinden und das Niveau der industriell hochentwickelten Länder erreichen wollen, verbinden nicht zufällig die Perspektiven für ihre Befreiung von der ihre Wirtschaft auslaugenden Schuldenabhängigkeit vom Imperialismus mit der Begrenzung und Liquidierung der Rüstungen, mit der Kürzung der Rüstungsausgaben und mit der Umverteilung der Ressourcen für Ziele der sozialen und wirtschaftlichen Entwicklung. Dieses Thema wird zweifellos während der bevorstehenden internationalen Konferenz über Abrüstung und Entwicklung in diesem Sommer in Paris einen wichtigen Platz einnehmen.

Die Sowjetunion ist dagegen, daß die Verwirklichung von Abrüstungsmaßnahmen von den sogenannten regionalen Konflikten abhängig gemacht wird. Dahinter verbirgt sich die Abneigung dagegen, den Weg der Abrüstung zu gehen, ebenso wie das Streben, souveränen Völkern einen fremden Willen und eine solche Ordnung aufzuzwingen, die es ermöglichen würde, die durch und durch ungerechten Bedingungen für die Existenz von Ländern auf Kosten anderer, für die Ausnutzung ihrer Natur-, Arbeitskraft- und geistigen Ressourcen zu egoistischen und imperialen Zielen einzelner Staaten oder aggressiver Gruppierungen aufrechtzuerhalten. Die Sowjetunion war schon immer dagegen und wird es auch weiterhin sein. Sie war und bleibt ein konsequenter Verfechter der Freiheit der Völker, des Friedens, der Sicherheit und der Festigung der internationalen Rechtsordnung. Ihr Ziel ist es, regionale Konflikte nicht zu schüren, sondern durch kollektive Anstrengungen auf gerechter Grundlage zu liquidieren, je eher, desto besser.

Abhängigkeiten der »Dritten Welt« ...

25. Februar 1986

Ein neuer, komplizierter und beweglicher Komplex von Widersprüchen ist zwischen dem Imperialismus und den Entwicklungsländern und -völkern entstanden. Die Befreiung der ehemaligen Kolonien und Halbkolonien war ein wuchtiger politischer und ideologischer Schlag gegen das kapitalistische System. In der Form, wie es sich im 19. Jahrhundert herausbildete und noch in der ersten Hälfte des 20. Jahrhunderts bestand, hörte dieses System auf zu existieren. Ein langwieriger, schwieriger, doch unaufhaltsamer Prozeß der sozialökonomischen Umgestaltung im Leben der Völker, die die Mehrheit der Menschen ausmacht, ist im Gange. Ein Prozeß, der nicht wenige grundsätzliche Veränderungen gebracht hat, doch auch auf keine geringen Schwierigkeiten gestoßen ist.

Durch politische Manöver, Versprechungen und Bestechungen, militärische Drohungen und Erpressungen, nicht selten auch durch direkte Einmischung in die inneren Angelegenheiten der befreiten Länder konnte der Kapitalismus die früheren Beziehungen der wirtschaftlichen Abhängigkeit in hohem Maße hinüberretten. Auf dieser Grundlage hat es der Imperialismus vermocht, ein äußerst raffiniertes System der neokolonialistischen Ausbeutung zu schaffen und zu praktizieren sowie eine beträchtliche Anzahl befreiter Staaten noch enger an sich zu binden.

Die Folgen sind tragisch. Die Entwicklungsländer mit ihrer Gesamtbevölkerung von mehr als zwei Milliarden Menschen sind praktisch eine einzige Armutsregion. Zu Beginn der 80er Jahre machte das Pro-Kopf-Einkommen in den befreiten Ländern als Ganzes nur ein Elftel des Standes in den entwikkelten kapitalistischen Ländern aus. In den letzten drei Jahrzehnten nimmt dieser Unterschied nicht ab, sondern zu. Und es geht nicht nur um die relative Armut. Es geht auch um Analphabetentum und Unwissenheit, chronische Unterernährung und Hungersnot, um eine erschreckende Kindersterblichkeit und um Seuchen, die Hunderte Millionen Menschen befallen.

Eine solche Lage ist ein Schandfleck für die zivilisierte Menschheit! Schuld daran ist der Imperialismus. Und dies nicht nur vom Standpunkt der Geschichte – der kolonialen Raubpraktiken auf ganzen Kontinenten, die eine unglaubliche Rückständigkeit hinterlassen hatten –, sondern auch in gleichem Maße vom Standpunkt der heutigen Entwicklung.

. . .

Die Notlage der Entwicklungsländer ist ein äußerst ernsthaftes, weltumspannendes Problem. Gerade darin und nicht in etwas anderem liegen die wahren Ursachen vieler Konflikte in Asien, Afrika und Lateinamerika. Das ist die Wahrheit, wie sehr sich die herrschenden Kreise der imperialistischen Mächte über die »Hand Moskaus« auch auslassen mögen, um ihre neokolonialistische Politik und ihre globalen Ansprüche zu rechtfertigen.

. . .

Wie jedes andere Land messen wir natürlich der Sicherheit unserer Grenzen, sowohl zu Lande als auch auf See, große Bedeutung bei. Wir haben viele Nachbarn, und sie sind verschieden, an keinen von ihnen haben wir Gebietsansprüche. Keinen von ihnen bedrohen wir. Aber wie das Leben schon mehrmals bewies, gibt es nicht wenige Kräfte, die, ohne sich um die nationalen Interessen zu kümmern, danach trachten, die Lage an den Grenzen der Sowjetunion zuzuspitzen.

So haben die Konterrevolution und der Imperialismus Afghanistan in eine einzige blutende Wunde verwandelt. Die UdSSR unterstützt die Bemühungen dieses Landes um die Verteidigung seiner Souveränität. Wir möchten die sowjetischen Truppen, die sich in Afghanistan auf Ersuchen seiner Regierung befinden, schon in allernächster Zukunft in die Heimat zurückziehen. Auch die Zeit ihres etappenweisen Abzugs ist mit der afghanischen Seite vereinbart worden: sobald eine politische Regelung erzielt ist, die die reale Einstellung der bewaffneten äußeren Einmischung in die inneren Angelegenheiten der Demokratischen Republik Afghanistan gewährleistet und die Nichtwiederaufnahme einer solchen Einmischung zuverlässig garantiert. Es ist ein nationales Grundinteresse der UdSSR, mit allen Nachbarstaaten stets gute und friedliche Beziehungen zu unterhalten. Das ist ein wesentliches wichtiges Ziel unserer Außenpolitik.

»Abrüstung für die Entwicklung ...«

6. Mai 1986

Man kann die Krise, die die afrikanischen Länder durchleben, nicht durch neue Finanzspritzen überwinden. Damit kann man die Krankheit nicht heilen. Hier sind radikale Maßnahmen zur Ausmerzung ihrer tiefgehenden Ursachen erforderlich, die vom Kolonialismus als Erbe hinterlassen wurden und vom Neokolonialismus hervorgebracht werden. Diese Maßnahmen muß man aufs engste mit der Lösung des Problems der Abrüstung verbinden. Würde doch jeder Schritt auf dem Wege zur Abrüstung nicht nur eine höhere Sicherheit für alle gewährleisten, sondern auch die Möglichkeit geben, Mittel für die Überwindung der Rückständigkeit, darunter natürlich auch der afrikanischen Länder, freizusetzen. Unsere Lösung lautet »Abrüstung für die Entwicklung«. Ich denke, Sie werden sich mit einer solchen Fragestellung einverstanden erklären.

30. Juni 1986

Die Vergrößerung der Kluft zwischen den wirtschaftlich entwickelten und den Entwicklungsländern stellt ein überaus aktues Problem dar. Die Handlungen der Imperialisten können hier nicht anders als internationales Wuchertum genannt werden. Unverblümt gesagt, handelt es sich dabei um Ausplünderungspolitik. Der Imperialismus läßt Dutzende Länder immer mehr im Netz der finanziellen und technologischen Abhängigkeit verstricken. Er verschmäht auch die alten Methoden – die Anwendung von roher Gewalt – nicht.

Unsere Position zu dieser Frage ist bekannt. Jedes Volk hat das Recht, souverän sein Schicksal zu bestimmen. Dieses Prinzip ist unverzichtbar für normale internationale Beziehungen. Wir werden auch weiterhin auf eine Umgestaltung der internationalen politischen und Wirtschaftordnung auf vernünftiger und gerechter Grundlage hinwirken und alle antiimperialistischen Bewegungen und Organisationen unterstützen, unabhängig von deren sozialer Orientierung.

Afghanistan ...

21. November 1986

In Afghanistan wollen wir keinerlei Basen haben, wir suchen dort keine Rohstoffquellen. Die Verhältnisse dort entwickeln sich nicht einfach. Die Gründe sind uns und Ihnen bekannt.

Damals haben wir auf das Gesuch, Afghanistan zur Hilfe zu kommen, reagiert, und vorübergehend, auf Bitten seiner Regierung, Truppen entsandt. Wir wollen dort natürlich nicht ewig bleiben. Damit wären auch das afghanische Volk und seine Regierung kaum einverstanden.

Wir sind für eine politische Regelung in Afghanistan. Die afghanische Regierung denkt ebenso. Das was unter der Ägide der UNO gemacht wird – ich denke an den Auftrag von Cordoves – ist eine realer Prozeß. Er kann erfolgreich abgeschlossen werden und zu einer politischen Regelung führen, wenn, auch Pakistan und die Vereinigten Staaten von Amerika für eine politische Regelung sind. Aber bislang sehen wir, daß wenn ein Fortschritt zu beobachten ist, gleich von ihrer Seite Maßnahmen ergreifen werden, um ihn zu hintertreiben. Dennoch denke ich, daß jener Tag nicht fern ist, an dem das Problem einer politischen Regelung in Afghanistan gelöst werden wird. Das wird gleichzeitig auch eine Lösung der Frage des Rückzugs unserer Truppen aus Afghanistan bedeuten.

Wir sind für ein blockfreies, unabhängiges Afghanistan. Und ich möchte noch einmal sagen: wir haben keinerlei expansionistische Vorhaben hinsichtlich Afghanistans. Das muß der ganzen Welt absolut klar sein.

Welthunger und Wettrüsten ...

27. November 1986

Heute ist die Kriegsgefahr nicht nur ein starker Streß, der die seelische Gesundheit zerrüttet. Das Wettrüsten bedeutet auch, daß riesige materielle, geistige und sonstige Ressourcen gebunden und somit dem Menschen die nötigen Mittel zur Verbesserung seiner Existenzbedingungen entzogen, also seine Möglichkeiten eingeengt werden, die Gesellschaft durch sein Schöpfertum zu bereichern.

Wenn wir tatsächlich das Leben von Milliarden Menschen radikal verbessern wollen, so müssen die dafür erforderlichen Mittel den Rüstungsausgaben entnommen werden. Mit anderen Worten geht es darum, die materielle Basis des Wettrüstens zu beschneiden und die freigewordenen Mittel für Zwecke der Entwicklung einzusetzen.

. . .

Wenn das gelingt, kann die Aufgabe der völligen Beseitigung von Hunger, Armut, Analphabetentum und anderer sozialer und wirtschaftlicher Übel schon zu Lebzeiten der heutigen Generationen auf eine praktische Ebene übertragen werden.

Wenn Dutzende von Millionen Menschen Not leiden, wenn es ihnen an den notwendigsten Existenzmitteln fehlt, kann man unmöglich so leben, als ginge es einen nichts an.

Die Einstellung des Wettrüstens wird auch effektiv zur Verwirklichung der Idee einer neuen internationalen Wirtschaftsordnung beitragen. Dies wird auch die Lösung des Problems der Auslandsschulden erleichtern, das für viele Länder inzwischen nicht nur verheerende wirtschaftliche Auswirkungen, sondern auch politische Folgen hat.

● Sicherheits- und Abrüstungspolitik

Entspannungspolitik der 70er Jahre ...

18. Dezember 1984

Es ist gut bekannt, daß Europa in den siebziger Jahren zur Wiege der Entspannungspolitik geworden ist. Wichtige Richtungen in der Zusammenarbeit bildeten sich damals zwischen den Staaten Westeuropas und der Sowjetunion, den anderen sozialistischen Ländern heraus. Diesem Prozeß schlossen sich die USA und Kanada an, die die Schlußakte von Helsinki unterzeichnte haben.

Seinerzeit gelang es, die Kanäle für die Verbreitung der Kernwaffen abzuriegeln. Das wurde durch den entsprechenden internationalen Vertrag über die Nichtweiterverarbeitung von Kernwaffen institutionalisiert, dem bis heute bereits über hundert Staaten beigetreten sind. Die Kernwaffenversuche in der Atmosphäre, im kosmischen Raum und unter Wasser wurden eingestellt und verboten, es wurde über das vollständige und allgemeine Verbot solcher Versuche verhandelt. Im Ergebnis sowjetisch-amerikanischer Vereinbarungen wurden die strategischen nuklearen Rüstungen und Raketenabwehrsysteme bestimmen Begrenzungen unterzogen. Aktiv wurde nach Möglichkeiten zur Eindämmung des Wettrüstens auch in anderen Richtungen gesucht: bei den Massenvernichtungswafften wie auch bei den konventionellen Rüstungen. Der politische Dialog gewann an Tempo. Sichtlich reger wurden die Handelsbeziehungen, die Kontakte in der Kultur, Wissenschaft und auf anderen Gebieten. Niemand kann die offensichtliche Tatsache bestreiten, daß die Menschen in den Jahren der Entspannung ruhiger zu leben begannen, mit einer größeren Zuversicht in ihre Zukunft.

. . .

Es vollzog sich eine Gesundung des internationalen Klimas. Es handelte sich dabei nicht um Zugeständnisse der einen Seite an die andere. Hier offenbarte sich der Realismus, der auf der Berücksichtigung der gegenseitigen Interessen der Länder mit unterschiedlichen Gesellschaftssystemen gründet, hier wirkte sich die allgemeine Erkenntnis dessen aus, daß man seine eigene Sicherheit durch die Beeinträchtigung der Sicherheit der anderen nicht aufbauen kann.

Mit anderen Worten, es siegten die Vernunft, die Erkenntnis dessen, daß der Krieg eine unpassende, unannehmbare Methode zur Lösung strittiger Probleme ist, daß es in einem Nuklearkrieg wie auch beim Wettrüsten und bei der Konfrontation keinen Sieger geben kann. Es wurde augenscheinlich, daß der kalte Krieg ein anomaler Zustand der Beziehungen ist, der stets eine Kriegsgefahr in sich birgt. All das schuf grundlegende Prinzipien für eine günstige Entwicklung der internationalen Ereignisse in den 70er Jahren. Auf dieser Grundlage schlug die friedliche Koexistenz von Staaten mit unterschiedlicher sozialer Ordnung im gesamten System der internationalen Beziehungen immer tiefere Wurzeln und wurde mit immer größerem Inhalt erfüllt. Auch heute vertreten wir die Ansicht, daß es keine vernünftige Alternative zu der Politik der friedlichen Koexistenz gibt und geben kann. Das möchte ich besonders nachdrücklich und entschieden betonen...

Wenn wir von Krieg und Frieden sprechen, so muß man dabei im Auge behalten, daß der Charakter der modernen Waffen, vor allem der nuklearen, die traditionelle Vorstellung von diesen Problemen verändert hat. Die Menschheit steht an der Schwelle einer neuen Etappe der wissenschaftlich-technischen Revolution, die sich auch auf die Weiterentwicklung der Kriegstechnik auswirken wird. Und diejenigen, die Spekulationen über »begrenzte«, »schnell ablaufende« oder »langanhaltende« Nuklearkriege anstellen, stehen offensichtlich immer noch unter dem Bann der überlebten Stereotypen, als der Krieg zwar ein großes Unheil war, aber der Menschheit nicht, wie es heute der Fall ist, mit dem Untergang drohte. Das nukleare Zeitalter diktiert unvermeidlich eine neue politische Denkweise. Das akuteste und dringendste Problem, das heute alle Menschen auf der Erde in Atem hält, ist das Problem der Verhütung eines Nuklearkrieges.

11. März 1985

Der einzig vernünftige Ausweg aus der entstandenen Lage ist eine Vereinbarung zwischen den einander gegenüberstehenden Kräften darüber, daß das Wettrüsten – vor allem bei nuklearen Waffen – auf der Erde unverzüglich eingestellt und im Weltraum nicht zugelassen wird. Eine Vereinbarung auf ehrlicher und gleichberechtigter Grundlage ohne Versuche, die andere Seite »auszutricksen«, und ihr die eigenen Bedingungen zu diktieren. Eine Vereinbarung, die allen hilft, dem ersehnten Ziel näher zu kommen, nämlich der vollständigen Vernichtung der Kernwaffen und ihrem Verbot für alle Zeiten, der völligen Beseitigung der Gefahr eines Kernwaffenkrieges. Davon sind wir fest überzeugt.

Morgen beginnen in Genf Verhandlungen zwischen der Sowjetunion und den Vereinigten Staaten von Amerika. Der Standpunkt der UdSSR zu diesen Verhandlungen ist gut bekannt. Ich kann nur von neuem bekräftigen: Wir streben keine einseitigen Vorteile gegenüber den Vereinigten Staaten und den NATO-Ländern an, keine militärische Überlegenheit über diese Länder. Wir wollen die Einstellung, nicht die Fortsetzung des Wettrüstens und schlagen deshalb vor, die Kernwaffenarsenale einzufrieren und die Stationierung von Raketen zu stoppen. Wir wollen eine echte und bedeutende Reduzierung der angehäuften Waffen und nicht die Schaffung immer neuer Waffensysteme, sei es im Weltraum oder auf der Erde.

Es wäre zu wünschen, daß unsere Verhandlungspartner in Genf die Haltung der Sowjetunion verstehen und mit Gegenseitigkeit beantworten. Dann würde ein Abkommen möglich werden. Und die Völker der Welt könnten erleichtert aufatmen.

Parität als Friedenssicherung ...

23. April 1985

Eine unüberwindliche Kraft im Kampf für die friedliche Zukunft der Menschheit ist die geschlossene Gemeinschaft der sozialistischen Staaten, ihre Wirtschafts- und Verteidigungsmacht, die Einheit ihrer Handlungen in der internationalen Arena. Eine außerordentlich wichtige historische Errungenschaft der sozialistischen Bruderländer ist die Erreichung eines militärstrategischen Gleichgewichts mit den Staaten des aggressiven NATO-Blocks. Diese Parität muß um des Friedens willen aufrechterhalten werden. Sie zügelt zuverlässig die aggressiven Gelüste des Imperialismus.

Wir werden auch weiterhin keine Anstrengungen scheuen, damit die Streitkräfte der UdSSR über alles Notwendige für eine zuverlässige Verteidigung unseres Vaterlandes und seiner Verbündeten verfügen und uns niemand überraschen kann...

Wir sind überzeugt: Ein Weltkrieg kann verhindert werden. Wie jedoch die Erfahrungen zeigen, ist der Kampf um die Erhaltung des Friedens und die Gewährleistung der allgemeinen Sicherheit eine komplizierte Sache und erfordert immer neue Anstrengungen. Durch Verschulden des Imperialismus bleibt die internationale Situation beunruhigend und gefahrvoll. Die Menschheit steht vor der Wahl: entweder ein weiteres Anheizen der Spannungen und Konfrontation oder eine konstruktive Suche nach gegenseitig annehmbaren Vereinbarungen, die den Prozeß der materiellen Vorbereitung eines nuklearen Konflikts stoppen könnten.

Die Verantwortung für die entstandene Situation tragen vor allem die herrschenden Kreise der Vereinigten Staaten von Amerika. Und das muß mit aller Bestimmtheit gesagt werden. Sie sind nach wie vor die Initiatoren des Wettrüstens und sabotieren die Abrüstung, was die Weltgemeinschaft gut weiß. Auf ihre Initiative hin werden immer neue Arten von Massenvernichtungswaffen geschaffen. Jetzt versucht man, das Wettrüsten auf den Weltraum auszudehnen. Auch Hunderte amerikanische Militärstützpunkte, die über den ganzen Erdball verstreut sind, destabilisieren die Lage in der Welt.

26. April 1985

Die Sowjetunion und die anderen Länder des Warschauer Vertrages trachten weder nach einer Überlegenheit auf der Erde noch im Weltraum. Wir sind nicht bestrebt, darum zu wetteifern, wer einen höheren nuklearen Zaun baut. Wir werden aber auch nicht zulassen, daß die militärstrategische Parität gestört wird. Das ist die gemeinsame feste Position der Teilnehmer des Warschauer Vertrages. Wenn die Vorbereitung auf Sternenkriege weitergehen sollte, wird uns keine andere Wahl übrigbleiben, als Gegenmaßnahmen zu ergreifen, die Verstärkung und Vervollkommnung der nuklearen Offensivwaffen selbstredend mit eingeschlossen.

28. August 1985

Jeder Mensch, dem das Wesen der Fragen einigermaßen bekannt ist, wird ohne weiteres sehen, daß hinter unseren Vorschlägen die ernstesten Absichten stehen und nicht irgendein Versuch, die öffentliche Meinung zu beeinflussen. Alle realen Bemühungen zur Begrenzung der nuklearen Rüstungen haben mit dem Verbot der Tests begonnen – erinnern Sie sich an den Vertrag von 1963, der zu einem ersten großen Schritt auf diesem Wege wurde. Die vollständige Einstellung der Nukleartests würde das nukleare Wettrüsten in seiner gefährlichsten Richtung – in der qualitativen – stoppen. Außerdem wäre sie ein ernsthafter Beitrag zur Erhaltung und Festigung des Regimes der Nichtweiterverbreitung von Kernwaffen.

Wenn man schon in allem, was wir tun, tatsächlich nur Propaganda sieht, warum dann darauf nicht nach dem Prinzip antworten: »Auge um Auge, Zahn um Zahn«? Wir haben die Kernexplosionen eingestellt. Und Sie, die Amerikaner, würden aus Rache das gleiche tun und uns obendrein einen weiteren propagandistischen Schlag versetze, indem sie beispielsweise die Entwicklung einer der neuen strategischen Raketen aussetzen. Und wir würden darauf mit ähnlicher »Propaganda« antworten. Und so weiter und so fort. Wem, fragt sich, würde das Wetteifern in einer solchen »Propaganda« schaden? Es könnte natürlich kein umfassendes Abkommen über die Rüstungsbegrenzung ersetzen, würde aber ohne Zweifel ein wichtiger Schritt zu einem solchen Abkommen sein.

. . .

Sowjetisch-amerikanische Beziehungen …

Sie fragten, was in den sowjetisch-amerikanischen Beziehungen das Wichtigste, das Entscheidende ist. Ich denke, die unumstößliche Tatsache, daß wir nur gemeinsam überleben oder untergehen können, ganz gleich, ob wir einander gefallen oder nicht. Die Hauptfrage, auf die wir uns eine Antwort geben müssen, lautet, ob wir schließlich bereit sind, anzuerkennen, daß es keinen anderen Weg gibt, als in Frieden miteinander zu leben, ob wir bereit sind, unsere Denk- und Handlungsweise von kriegerischen auf friedliche Bahnen umzustellen? Wie man bei Ihnen sagt, leben und leben lassen. Wir nennen das friedliche Koexistenz. Was die Sowjetunion betrifft, so antworten wir auf diese Frage mit ja…

Das offizielle Washington bringt bei Antworten auf Kritik an der sogenannten strategischen Verteidigungsinitiative gern ein Argument vor, das ihm möglicherweise vernichtend erscheint – die Russen sind gegen Sternenkriege. Und weil das so ist, ist es ein gutes und richtiges Programm. Wenn man aber im Atomzeitalter von einer solchen Logik ausgeht, so erwartet uns eine recht düstere Zukunft.

Wir, und wie ich hoffe, auch viele Amerikaner gehen anders an die Frage heran. Wir sind der Ansicht, daß es Situationen gibt, in denen beide Seiten verlieren. Das sind Kernwaffenkrieg, Wettrüsten und internationale Spannungen. Dementsprechend gibt es auch Situationen, in denen beide gewinnen: Frieden und Zusammenarbeit, gleiche Sicherheit und die Beseitigung der Angst vor einer nuklearen Katastrophe...

Die Realität unserer Zeit besteht darin, daß das Entwicklungsniveau von Wissenschaft und Technik das Entstehen einer völlig neuen Situation, den Beginn einer ganz neuen Etappe des Wettrüstens möglich macht. Ich habe versucht, Ihre Fragen offen zu beantworten, und ich bitte deshalb, meine Antworten nicht als übliche Propaganda aufzufassen. Denn es ist doch eine Tatsache, daß es bereits jetzt den Vereinigten Staaten und der Sowjetunion sehr schwer fällt, miteinander etwas abzusprechen, irgendwelche Schritte zu machen, um aufeinander zuzukommen. So groß ist das gegenseitige Mißtrauen. Wenn das Wettrüsten aber in ein neues Stadium eintritt, wenn dafür praktisch die neuesten Errungenschaften von Wissenschaft und Technik angewendet werden, könnte dann nicht eine Seite der Versuch erliegen, die vermeintliche Überlegenheit über die andere Seite dafür zu nutzen, um sich selbst die Hände frei zu machen und den verhängnisvollen Schritt zu tun? Das ist eine sehr verantwortungsvolle Etappe.

Bei aller Schärfe unserer bilateralen Beziehungen wirken jedoch einige Begrenzungen weiter fort – die Existenz des militär-strategischen Gleichgewichts, das beiden Seiten ein gewisses Maß an Sicherheit garantiert, der Vertrag über die Raketenabwehr, der Salt-II-Vertrag, der praktisch eingehalten wird, der Vertrag über das Verbot von Kernwaffenversuchen in den drei Sphären. Diese Begrenzungen existieren und üben ihre Wirkung aus, obwohl man bekanntlich schon dabei ist, sie zu untergraben: es wurden Kräfte in Bewegung gesetzt, die bestrebt sind, diese einer weiteren Entfaltung des Wettrüstens hinderlichen Begrenzung zu beseitigen.

Gäbe es all diese zügelnden Faktoren nicht mehr, so würde sich der Wettlauf bei der Schaffung immer neuer Waffenarten mit bisher unbekannter Intensität entfalten. Zieht doch jeder derartige Schritt der einen Seite einen Gegenschritt der anderen nach sich, folgt doch jedem Gift ein Gegengift. Das ist eine Lehre der Geschichte, die man nicht ignorieren darf.

Alle Menschen wollen leben, niemand möchte umkommen. Deshalb muß man politischen Mut fassen und den sich ausbreitenden bedrohlichen Prozeß zum Stehen bringen. Das Wettrüsten muß eingestellt, die Abrüstung und die Gesundung der Beziehungen müssen in Angriff genommen werden.

Wir sind zu radikalsten Lösungen bereit ...

30. September 1985

Ich möchte unterstreichen, daß wir nicht nur Erklärungen abgeben, sondern auch genau in dieser Richtung vorgehen. Einseitig haben wir auf den Ersteinsatz von Kernwaffen verzichtet und ein Moratorium für alle nuklearen

Explosionen verhängt. Wir haben die Stationierung von Mittelstreckenraketen in Europa ausgesetzt. Der ganzen Welt haben wir erklärt, daß wir nicht als erste mit Waffen in den Weltraum gehen werden. Unser Land ist auch zu anderen radikalen Lösungen bereit.

Und nun? Versuchen Sie einmal, sich unvoreingenommen ein Urteil darüber zu bilden, was als Antwort auf unsere Initiativen getan und gesagt wird. Weitere nukleare Explosionen sind vorgenommen und Satellitenabwehrwaffen erprobt worden, fieberhaft wird Mißtrauen gegenüber unseren Initiativen geschürt. Man kann sich des Eindrucks nicht erwehren, als habe schon die Möglichkeit, daß es zu Vereinbarungen in Genf kommt, daß eventuell die Waffenproduktion verringert und die militärischen Ambitionen gemäßigt werden müßten, manch einen in Angst versetzt. Doch, wie man so sagt: Wir werden sehen. An Geduld soll es uns nicht fehlen. Obwohl ich offen sagen muß: All das liegt sehr fern von der Suche nach Wegen zur Gesundung der internationalen Lage.

. . .

Wenn wir davon sprechen, daß wir an einer solchen Grenze angelangt sind, hinter der sich nicht mehr kontrollierbare Ereignisse vollziehen können, ist dies keine Form von Pessimismus.

Das ist ein Ausdruck der Verantwortung des sowjetischen Staates und seiner Führung für das Schicksal der Welt. Einigen kommt es ungelegen, daß die Völker die Situation so erkennen, wie sie ist. Im Ergebnis der Entwicklung von Wissenschaft und Technik haben wir jetzt jedoch eine Etappe erreicht, in der das Wettrüsten auch in den Weltraum getragen werden kann. Wir haben eine Etappe erreicht, in der neue Waffenarten geschaffen werden können, sogar nichtnukleare, die jedoch von nicht geringerer Stärke und Wirksamkeit sind, wenn man in diesem Fall von Wirksamkeit sprechen darf.

Offen gesagt, ist es bereits jetzt sehr schwierig, Verhandlungen aufzunehmen. Sie werden vielleicht bemerkt haben, daß sich eine Art von Militarisierung des politischen Bewußtseins vollzieht. Was aber wird sein, wenn morgen der Prozeß der Militarisierung des Weltraums beginnt, wenn kosmische Angriffswaffen geschaffen werden? Wie soll dann die logische Antwort der anderen Seite auf ein derartiges Vorgehen sein? Keinesfalls so, daß mit der Abrüstung auf dem Gebiet der strategischen Waffen und anderer nuklearer Mittel begonnen wird. Man muß der Realität ins Auge schauen und sehen, wie sich die Situation entwickelt.

Es gibt keine Sieger …

3. Oktober 1985

Sieger kann es in einem Kernwaffenkrieg nicht geben – dem dürften alle verantwortungsbewußten Politiker zustimmen. Es ist an der Zeit, daraus eine praktische Schlußfolgerung zu ziehen und das nukleare Wettrüsten einzustellen. Und wir nehmen an, daß diese Folgerung von allen ehrlichen, realistisch denkenden politischen Kräften, Persönlichkeiten des öffentlichen Lebens, von allen Menschen unterstützt wird, denen ihre Heimat, ihr Leben und das Leben ihrer Kinder und Enkelkinder teuer ist...

Ich beginne mit der allgemeinsten Frage: Was ist eigentlich Sicherheit in Europa? Es ist das Fehlen von Krieg und Kriegsgefahr. Der wechselseitige Zusammenhang, die Verflechtung der Geschicke der Völker ist ungeachtet der von ihnen gewählten unterschiedlichen sozialen Wege in Europa besonders stark zu spüren. Wegen seiner geographischen Dichte, der Überfüllung mit Waffen, ist Europa wie kein anderer Kontinent durch einen bewaffneten Konflikt verwundbar, um so mehr durch einen nuklearen Konflikt.

Die Sicherheit Europas kann also nicht mit militärischen Mitteln, mit militärischer Gewalt gewährleistet werden. Es ist eine ganz neue Situation, die einen Bruch mit den Traditionen, mit der Denk- und Handlungsweise bedeutet, die sich in Jahrhunderten, ja Jahrtausenden herausgebildet haben. Das menschliche Denken braucht Zeit, um sich allem Neuen anzupassen. Das trifft auf alle zu. Wir spüren das, wir haben begonnen, umzudenken, viele gewohnte Sachen, darunter auf militärischem und natürlich auch auf politischem Gebiet, voll mit den neuen Realitäten in Einklang zu bringen. Wir möchten, daß ein solches Umdenken auch in Westeuropa und außerhalb seiner Grenzen einsetzt.

Einstweilen ist die Angst vor einer inakzeptablen Vergeltung ein Hindernis für einen Krieg und die Anwendung von militärischer Gewalt. Doch sehen alle ein, daß ein dauerhafter Frieden nicht allein auf Angst gebaut sein kann. Doch die ganze Frage besteht darin, wo man nach einer Alternative zur Angst oder, in der militärischen Sprache gesprochen, zur Abschreckung suchen soll?

Wir sehen, welche Versuche jetzt unternommen werden, um einen Ausweg zu finden – aufgrund des Einsatzes neuer Waffen in sogenannten Sternenkriegen. Das ist eine Illusion und dabei eine äußerst gefährliche. Es wäre überhaupt naiv, die Lösung des Problemes der Sicherheit in der Vervollkommnung von Schild und Schwert zu suchen. Die Sicherheit in Europa wie auch die internationale Sicherheit insgesamt kann nur auf dem Wege der friedlichen Koexistenz, der Entspannnung, der Abrüstung, der Stärkung des Vertrauens und der Entwicklung der internationalen Zusammenarbeit herbeigeführt werden.

Dieser Weg ist lang und schwierig, um so mehr, als er die Überwindung des gegenseitigen Argwohns, des Mißtrauens und der Voreingenommenheit erfordert, die sich in Jahrzehnten angehäuft haben. Doch einen anderen Weg gibt es nicht, wenn wir leben wollen. Und wie jeder lange Weg beginnt er mit den ersten Schritten, die oft besonders schwerfallen. Wir verstehen das und wollen die Lösung der Aufgabe sichern helfen – uns und Ihnen, davon sind auch die Vorschläge diktiert, die ich schon erwähnt habe.

Reaktion auf »Star-Wars« ...

27. November 1985

Und schließlich tauchte zu allem Überfluß das »Sternenkriegs«-Programm auf, die sogenannte strategische Verteidigungsinitiative. In Washington ist man von dieser Ideee nachgerade besessen, ohne allerdings viel über die schwerwiegenden Folgen nachzudenken, die im Falle ihrer Verwirklichung unvermeidlich wären. Der Gedanke, Waffen in den Weltraum zu bringen, ist für alle Völker der Welt äußerst gefährlich, und das ohne Ausnahme.

Aber uns war auch etwas anderes klar: Eine solche Politik der USA muß unweigerlich mit den Realitäten kollidieren. So ist es auch gekommen. Die Sowjetunion hat gemeinsam mit ihren Verbündeten deutlich erklärt: eine militärische Überlegenheit über sie wird nicht zugelassen.

...

Verrechnet haben sich auch jene, die meinten, daß ihre Linie der Konfrontation in der internationalen Entwicklung bestimmend wird. Ich möchte in diesem Zusammenhang hinzufügen, daß Träume von Weltherrschaft von Anfang an verhängnisvoll sind – sowohl was die Ziele als auch die Mittel betrifft. Ebenso, wie Vorstellungen vom Perpetuum mobile aus der Unkenntnis der elementaren Naturgesetze entstehen, erwachsen Herrschaftsansprüche aus Vorstellungen von der Welt von heute, die von der realen Wirklichkeit weit entfernt sind.

Die Sowjetunion hat ihre entschiedene Abfuhr für den Kurs der USA auf die Zerstörung des militär-strategischen Gleichgewichts mit umfassenden Friedensinitiativen, mit Zurückhaltung und Konstruktivität im Herangehen an die zentralen Fragen von Frieden und Sicherheit verbunden.

...

Ich habe den Präsidenten gefragt: Nimmt die amerikanische Führung wirklich ernsthaft an, daß wir unter den Bedingungen der Entwicklung amerikanischer Weltraumwaffen unser strategisches Potential reduzieren und selbst den USA helfen würden, es zu schwächen? Darauf darf man nicht rechnen. Gerade das Gegenteil ist der Fall: Um das Gleichgewicht herzustellen, ist die Sowjetunion gezwungen, die Effektivität, die Genauigkeit und die Stärke ihrer Waffen zu erhöhen, um die von den Amerikanern geschaffene elektronisch-kosmische »Sternenkriegs«-Maschinerie zu neutralisieren, wenn es erforderlich ist.

Und werden sich die Amerikaner wirklich wohler fühlen, wenn zu den von Washington geplanten Staffeln der Weltraumwaffen im Kosmos unsere Waffen hinzukommen? Man kann doch in den USA nicht darauf hoffen, daß sie im Weltraum das Monopol besitzen werden. All das ist, gelinde gesagt, unseriös.

Die amerikanische Administration kann aber immer noch nicht der Versuchung widerstehen, auszuprobieren, ob es möglich ist, militärische Überlegenheit zu erlangen. So auch jetzt, wo man das Wettrüsten im Weltraum anzettelt und glaubt, uns dabei in der Elektronik und in der Computertechnik abzuhängen. Doch wir werden, wie bereits mehrfach in der Vergangenheit geschehen, darauf eine Antwort finden – und zwar eine wirksame, ausreichend schnelle und wohl auch billigere als es das amerikanische Programm ist. Das haben wir dem amerikanischen Präsidenten auch in aller Deutlichkeit gesagt.

Ich denke, daß für eine wirkliche Wende in unseren Beziehungen, die den Interessen der UdSSR und den USA sowie den Interessen der Völker der Welt entspräche, ein neues Herangehen, eine neue Sicht auf viele Dinge und vor allem der politische Wille der Führung beider Länder erforderlich sind. Die UdSSR – das habe ich in Genf betont – hegt keine Feindschaft gegenüber den USA und achtet das amerikanische Volk. Wir bauen unsere Politik nicht auf dem Wunsch auf, die nationalen Interessen der USA zu schmälern.

Mehr noch – wir möchten beispielsweise keine Veränderung des strategischen Gleichgewichts zu unseren Gunsten. Wir möchten das deshalb nicht, weil eine solche Situation das Mißtrauen der anderen Seite vergrößern und die Instabilität der allgemeinen Lage verstärken würde.

Das Leben gestaltet sich so, daß sich unsere beiden Länder an die strategische Parität als natürlichen Zustand zu gewöhnen haben. Wir müssen zu einer gemeinsamen Auffassung darüber gelangen, welches Rüstungsniveau jede der Seiten aus der Sicht ihres zuverlässigen Schutzes als relativ ausreichend betrachten kann. Wir sind davon überzeugt, daß ein solch ausreichendes Niveau weit niedriger läge, als es die UdSSR und die USA derzeit tatsächlich haben. Das bedeutet, daß gewichtige praktische Schritte zur Rüstungsbegrenzung und -reduzierung durchaus möglich sind. Maßnahmen, welche die Sicherheit sowohl der UdSSR als auch der USA und die gesamte strategische Stabilität in der Welt keineswegs schwächen, sondern im Gegenteil festigen würden.

15. Januar 1986

Die wichtigste dieser Aktionen ist ein konkretes, einen ganz bestimmten Zeitraum umfassendes Programm zur vollständigen Beseitigung der Kernwaffen in der ganzen Welt.

Die Sowjetunion schlägt vor, den Prozeß der Befreiung der Erde von nuklearen Waffen in den nächsten fünfzehn Jahren bis zur Jahrhundertwende schrittweise und konequent zu verwirklichen und zum Abschluß zu bringen.

Das 20. Jahrhundert hat der Menschheit die Kernenergie gebracht. Aber diese große Leistung des Geistes kann für die Menschen zu einem Instrument der Selbstvernichtung werden.

Läßt sich dieser Widerspruch lösen? Nach unserer Überzeugung ja. Wirksame Wege zur Beseitigung der nuklearen Waffen zu finden, ist eine Aufgabe, die man bewältigen kann, wenn man mit deren Lösung unverzüglich beginnt...

Die Menschheit befindet sich in einer verantwortungsvollen Etappe einer neuen Weltraumära. Und es ist an der Zeit, sich vom Denken in den Kategorien der Steinzeit freizumachen, als die Hauptsorge darin bestand, sich mit einem größeren Knüppel oder einem schwereren Stein zu bewaffnen. Wir sind gegen Waffen im Weltraum. Unser materielles und intellektuelles Potential garantiert der Sowjetunion die Möglichkeit, jede Waffe zu entwikkeln, wenn man uns dazu zwingt. Wir erkennen aber das ganze Ausmaß der Verantwortung vor der jetzigen und den kommenden Generationen. Unserer tiefen Überzeugung nach sollte man nicht mit dem »Sternenkriegs«-Programm ins dritte Jahrtausend gehen, sondern mit großangelegten Projekten für die friedliche Erschließung des Weltraums mit den Kräften der ganzen Menschheit. Wir schlagen vor, solche Projekte praktisch in Angriff zu nehmen und zu verwirklichen. Das ist einer der wichtigsten Wege zur Sicherung des Fortschritts auf unserem Planeten und zur Schaffung eines zuverlässigen Sicherheitssystems für alle.

Hindernis radikaler Abrüstung ...

28. Januar 1986

Freilich haben wir nicht damit gerechnet – und rechnen auch nicht damit –, daß die Verwirklichung der von der Sowjetunion unterbreiteten Vorschläge eine einfache oder leichte Angelegenheit sein würde. Die Feinde, die Gegner der Abrüstung, und zwar überzeugte und hartnäckige, sind nicht gering an der Zahl. Es sind dies vor allem jene Kräfte des Monopolkapitals, die aus der Produktion immer neuer und neuer Waffenarten kolossale Profite ziehen.

Es sind dies jene kurzsichtigen Politiker, die das Wettrüsten vorantreiben und denen daran gelegen ist, es als Mittel zur wirtschaftlichen Zermürbung des Sozialismus und als einen Hebel zu benutzen, um Kräfte in der internationalen Arena, die ihnen nicht passen, mit militärischer Gewalt unter Druck zu setzen und sich damit die Weltherrschaft zu sichern. Es sind dies jene Kreise in der Welt des Imperialismus, die sich selbst in den Fragen von Krieg und Frieden von egoistischen, eigensüchtigen Zielen leiten lassen, denen weder die nationalen Interessen der eigenen Länder noch die Geschicke der Menschheit heilig sind.

Es gibt auch ein weiteres reales Hindernis für eine radikale Abrüstung. Ich meine eine gewisse Trägheit des Denkens, dessen Zurückbleiben hinter der sich vor unseren Augen rapide verändernden Welt. Viele gewohnte Urteile und herkömmliche Vorstellungen, die möglicherweise vor 30, 20 oder auch zehn Jahren noch zutrafen, sind heute hoffnungslos überholt. Im Atomzeitalter erwächst aus einer bis an die Zähne bewaffneten und sich weiter bewaffnenden Welt die Möglichkeit, daß ein Kernwaffenkrieg ausbricht.

Sowjetisches Sicherheitskonzept ...

4. Februar 1986

Also, die Frage der »Sternenkriege« ist sehr weitreichend. Hier prallen nicht nur zwei Haltungen zu diesem konkreten Programm aufeinander, sondern auch verschiedenes Herangehen, zwei Sicherheitskonzeptionen.

Die amerikanische, das ist die Konzeption der Gewährleistung der Sicherheit vor allem durch militärtechnische Mittel, in diesem Fall einer neuen »Superwaffe«, eines technischen Tricks, der helfen soll, aus der nuklearen Sackgasse herauszukommen. Die USA wollen dabei, um aus der Sackgasse herauszukommen, ungeachtet des sehr vagen und bis zum Lächerlichen unglaubwürdigen Geredes über die Bereitschaft »zu gegebener Zeit« mit anderen Ländern, einschließlich der UdSSR die »Wundertechnologie« zu teilen, nur eines: für sich selbst die absolute Sicherheit erreichen und alle anderen in die Lage der »absoluten Unsicherheit« versetzen.

Die sowjetische, das ist die Konzeption der Gewährleistung der gleichen Sicherheit für alle auf dem Wege der Reduzierung von Rüstungen und der Abrüstung, bis zur vollständigen Liquidierung aller Arten von Massenvernichtungswaffen. Denn in unserer Zeit kann es keine Sicherheit der UdSSR ohne Sicherheit der USA, keine Sicherheit der Länder des Warschauer Vertrages ohne Sicherheit der NATO-Länder geben.

Und ohne ihre gegenseitige Sicherheit kann es auch keine allgemeine Sicherheit geben.

. . .

Die Anhänger einer nuklearen Rüstung führen das Argument ins Feld, die Beseitigung der Kernwaffen werde angesichts der sowjetischen »Überlegenheit« bei den sogenannten konventionellen Waffen den Westen »schutzlos« lassen. Ich möchte jetzt nicht darüber streiten, ob eine solche »Überlegenheit« besteht oder nicht. Es kommt auf etwas anderes an – unsere Vorschläge sehen eine Reduzierung auch dieser Waffen vor. Ebenso die Verstärkung vertrauensbildender Maßnahmen. Wir haben nicht deshalb den Vorschlag unterbreitet, die Kernwaffen zu beseitigen, um den Rüstungswettlauf einfach in andere Sphären zu verlagern, die mit der Zeit nicht minder gefährlich werden können.

Wir wissen, daß die Realisierung unserer Sicherheitskonzeption enorme Anstrengungen, Arbeit, beharrlichen Kampf und Bruch mit tausendjährigen Traditionen erfordert, wovon ich bereits gesprochen habe. Aber die Welt kann nicht einfach auf alte Weise weiter leben und handeln, wenn die reale Gefahr eines Kernwaffenkrieges besteht.

Ist eine Welt ohne Waffen, eine Welt ohne Kriege überhaupt möglich? Diese Frage möchte ich mit einer Frage beantworten: Ist es möglich, die menschliche Zivilisation zu bewahren und gleichzeitig das Wettrüsten unablässig zu forcieren, die Spannungen weiter zu schüren und dabei gleichsam am immer schmaler werdenden Grat zum Krieg zu balancieren? ...

Die sich verändernde politische Atmosphäre hilft auch uns, hilft der Sowjetunion, an die Ausarbeitung neuer Vorschläge, neuer Initiativen noch kühner und noch entschlossener heranzugehen. Bisweilen werde ich gefragt: Kann die Sowjetunion glauben, daß die gegenwärtige US-Administration und die Regierungen einiger ihr verbündeter Länder den neuen sowjetischen Vorschlägen zustimmen, beispielsweise dem völligen Verbot nuklearer Explosionen der etappenweisen Vernichtung der nuklearen Waffen in Europa und in der ganzen Welt, der Verhinderung des Wettrüstens im Weltraum usw.? Dies ist eine berechtigte Frage. Doch darf man eine Politik, besonders im Zeitalter der Kernwaffen, nicht nach dem Prinzip gestalten: vertraust du dem Partner überhaupt oder nicht. Eine Politik muß auf reale Grundlagen aufbauen, die Verteilung der Kräfte in der internationalen Arena sowie die Bedürfnisse der Zeit, die Interessen des eigenen Volkes sowie der anderen Völker und der Welt insgesamt berücksichtigen. Da dem so ist, ist die Sowjetunion als sozialistischer Staat einfach verpflichtet, der Welt eine radikale und gleichzeitig realistische, die Interessen aller Völker berücksichtigende Alternative zu einem Nuklearkrieg, ein Programm zur Lösung der vor der Menschheit stehenden Probleme vorzuschlagen. Diese Vorschläge sind eine Art »Stunde der Wahrheit«.

Die internationale Strategie der KPdSU ...

25. Februar 1986

Genossen! Die grundlegenden Aufgaben der wirtschaftlichen und sozialen Entwicklung unseres Landes bestimmen auch die internationale Strategie der KPdSU. Ihr Hauptziel ist überaus klar: Dem Sowjetvolk die Möglichkeit des Schaffens unter den Bedingungen eines dauerhaften Friedens und in Freiheit zu sichern. Im Grunde ist das die oberste programmatische Forderung der Partei an unsere Außenpolitik. Sie in der heutigen Situation zu erfüllen, heißt vor allem, der materiellen Vorbereitung eines Atomkrieges Einhalt zu gebieten.

Nach allseitiger Erwägung der heutigen Situation hat die KPdSU ein ganzheitliches Programm für die völlige Beseitigung der Massenvernichtungswaffen bis Ende des laufenden Jahrhunderts – ein seinen Dimensionen und seiner Bedeutung nach historisches Programm – unterbreitet. Seine Verwirklichung würde der Menschheit eine grundsätzlich neue Entwicklungsrichtung eröffnen und die Möglichkeit bieten, sich ausschließlich auf das Schaffenswerk zu konzentrieren.

Wie Sie wissen, entsandten wir unsere Vorschläge nicht nur über die traditionellen diplomatischen Kanäle, sondern wir riefen auch unmittelbar die Weltöffentlichkeit, die Völker an. Es ist an der Zeit, sich über die harten Realitäten unserer Tage bis zur Endkonsequenz klarzuwerden. Die Kernwaffen drohen mit einem Feuersturm, der das Menschengeschlecht von der

Erde hinwegfegen kann. Unser Appell betont erneut den offenen, ehrlichen, leninistischen Charakter der außenpolitischen Strategie der KPdSU.

Der Sozialismus lehnt Kriege als Mittel zur Lösung zwischenstaatlicher politischer und ökonomischer Widersprüche und ideologischer Streitigkeiten bedingungslos ab. Unser Ideal ist eine Welt ohne Waffen und Gewalt, eine Welt, in der jedes Volk frei über seinen Entwicklungsweg, seine Lebensweise entscheidet. Das ist Ausdruck des Humanismus der kommunistischen Ideologie, ihrer moralischen Werte. Deshalb bleibt der *Kampf gegen die nukleare Gefahr und das Wettrüsten für die Erhaltung und Festigung des Weltfriedens* auch weiter die Hauptrichtung in der internationalen Tätigkeit der Partei...

Für den Frieden muß man kämpfen, beharrlich und zielstrebig kämpfen. Man muß jede auch noch so geringe Chance suchen, finden und ergreifen, um, solange es noch möglich ist, in der Tendenz zur Steigerung der Kriegsgefahr einen Umbruch zu bewirken. Aus dieser Einsicht heraus analysierte das ZK der KPdSU auf seinem April-Plenum erneut den Charakter und die Ausmaße der nuklearen Gefahr und legte praktische Schritte fest, die die Situation sanieren könnten. Hierbei gingen wir von folgenden prinzipiellen Erwägungen aus.

Erstens. Der Charakter der modernen Waffen läßt keinem einzigen Staat die Hoffnung, sich allein durch militärisch-technische Mittel zu schützen, sagen wir, durch die Schaffung einer Verteidigung, und sei sie auch noch so mächtig. Die Gewährleistung der Sicherheit nimmt immer mehr den Charakter einer politischen Aufgabe an, deshalb kann sie nur mit politischen Mitteln gelöst werden. Es bedarf vor allem des Willens, den Weg der Abrüstung zu gehen. Die Sicherheit kann nicht bis ins Unendliche auf der Angst vor Vergeltung, das heißt auf den Doktrinen der »Eindämmerung« oder »Abschreckung« aufgebaut werden. Es wäre schon an sich absurd und unmoralisch, die ganze Welt zur nuklearen Geisel herabzuwürdigen, aber darüber hinaus peitschen solche Doktrinen die Hochrüstung an, und früher oder später kann sie sich jeder Kontrolle entziehen.

Zweitens. Spricht man vom Verhältnis UdSSR – USA, so kann die Sicherheit nur gegenseitig, und nimmt man die internationale Beziehung insgesamt, kann sie nur allgemein sein. Die höchste Weisheit liegt nicht darin, ausschließlich an sich selbst zu denken, noch dazu zum Nachteil der anderen Seite. Alle müssen sich gleich sicher fühlen, denn die Angst und Unruhe des nuklearen Zeitalters bewirken Unvoraussagbarkeit in Politik und konkretem Handeln. Sehr wichtig wird es, die kritische Bedeutung des Faktors Zeit zu berücksichtigen. Das Aufkommen neuer Systeme von Massenvernichtungswaffen läßt die Zeit unablässig schrumpfen und reduziert die Möglichkeiten, bei Krisen politische Entscheidungen über Fragen von Krieg und Frieden zu treffen.

Drittens. Die Lokomotive des Militarismus sind noch immr die USA, ist ihre industrielle Rüstungsmaschinerie, die vorläufig keine Anstalten macht, auf niedrigere Tourenzahlen zu gehen. Selbstverständlich muß dem Rechnung getragen werden. Doch wir verstehen sehr wohl: Die Interessen und Ziele des Militär-Industrie-Komplexes sind keineswegs die Interessen und Ziele des amerikanischen Volkes, keineswegs die wahren nationalen Interessen dieses großen Landes.

Die Welt ist natürlich viel größer als die USA und ihre Okkupationsstützpunkte im Ausland. Und man darf in der Weltpolitik nicht ausschließlich auf die Beziehungen zu einem einzigen, noch so wichtigen Land setzen. Wie die Erfahrung zeigt, gibt das nur der Arroganz der Stärke neuen Auftrieb. Aber selbstverständlich messen wir dem Zustand und Charakter der Beziehungen zwischen der Sowjetunion und den USA große Bedeutung bei. Unsere beiden Länder haben nicht wenige Berührungspunkte, sie haben das objektive Bedürfnis, miteinander in Frieden zu leben und auf gleichberechtigter und für beide Seiten nützlicher Grundlage – allerdings nur auf gleichberechtigter und für beide Seiten nützlicher Grundlage – zusammenzuarbeiten.

Viertens. Die Welt ist in stürmischen Veränderungen begriffen, und niemandem ist es gegeben, in dieser Welt den ewigen Status quo zu bewahren. Sie setzt sich aus zahlreichen Staaten zusammen und jeder von ihnen hat seine durch und durch legitimen Interessen. Ausnahmslos alle sehen sie sich vor einer fundamentalen Aufgabe: ohne die Augen vor sozialen, politischen und ideologischen Gegensätzen zu verschließen, sich die Wissenschaft und die Kunst anzueignen, die darin besteht, auf der internationalen Szene ein zurückhaltendes und umsichtiges Verhalten an den Tag zu legen und zivilisiert, d. h. unter den Verhältnissen eines korrekten internationalen Verkehrs, einer korrekten internationalen Zusammenarbeit, zu leben. Doch damit diese Zusammenarbeit einen weiten Spielraum erhält, benötigt man auch ein allumfassendes System der internationalen wirtschaftlichen Sicherheit, ein System, das jeden Staat vor Diskriminierung, Sanktionen und sonstigen Attributen der imperialistischen, neokolonialistischen Politik gleichermaßen schützen würde. Neben der Abrüstung könnte ein solches System zu einem zuverlässigen Eckstein der internationalen Sicherheit insgesamt werden.

Kurzum, für Kriege und die Politik der Stärke ist die Welt von heute viel zu klein und gebrechlich. Sie kann nicht gerettet und erhalten werden, wenn man nicht entschieden und ein für allemal mit der Denk- und Handlungsweise bricht, die jahrhundertelang auf der Vertretbarkeit, Zulässigkeit von Kriegen und bewaffneten Konflikten basierte.

Folglich muß erkannt werden, daß sich das Wettrüsten ebensowenig gewinnen läßt wie ein Atomkrieg selbst. Die Fortsetzung eines solchen Wettlaufs auf der Erde und erst recht seine Ausdehnung auf den Weltraum wird das ohnehin kritisch hohe Tempo der Anhäufung und Perfektionierung der Kernwaffen beschleunigen. Die Situation in der Welt könnte so weit gedeihen, daß sie nicht mehr von Vernunft und Willen der Politik abhängen würde. Sie wäre eine Gefangene der Technik, der militärisch-technokratischen Logik. Folglich können ein Atomkrieg, aber auch schon die Vorbereitung darauf, d. h. das Wettrüsten, das *Streben nach militärischer Überlegenheit, objektiv niemandem politischen Gewinn bringen*.

Ferner muß erkannt werden, daß das heutige Niveau der Balance der nuklearen Potentiale der einander gegenüberstehenden Seiten unverhältnismäßig hoch ist. Vorläufig bringt es jeder der Seiten *gleiche Unsicherheit*. Aber nur eben vorläufig. Die Fortsetzung des nuklearen Wettrüstens würde diese gleiche Unsicherheit unvermeidlich steigern und könnte sie auf einen Punkt bringen, da selbst die Parität aufhört, ein Faktor der militärisch-politischen Zurückhaltung zu sein. Folglich gilt es vor allem, das Niveau der militärischen Konfrontation bedeutend zu senken. In unserem Zeitalter wird wahrhaft gleiche Sicherheit nicht durch eine maximal hohe, sondern durch eine maximal niedrige strategische Balance gewährleistet, aus welcher man zudem die nuklearen und alle sonstigen Massenvernichtungswaffen völlig ausschließen muß.

Schließlich muß erkannt werden, daß es in der heutigen Situation keine Alternative zur Zusammenarbeit und zum Zusammenwirken aller Staaten gibt. Somit haben sich objektive – ich betone objektive – Bedingungen ergeben, unter denen die Auseinandersetzung zwischen Kapitalismus und Sozialismus *lediglich und ausschließlich in Formen des friedllichen Wettbewerbs und der friedlichen Rivalität* verlaufen kann.

Für uns ist friedliche Koexistenz der politische Kurs, an den sich die UdSSR auch künftig strikt zu halten gedenkt. In Gewährleistung der Kontinuität in der außenpolitischen Strategie wird KPdSU eine aktive internationale Politik durchführen, die sich an den Realitäten der Welt von heute orientiert. Natürlich lassen sich die Probleme der internationalen Sicherheit mit einer oder zwei Friedensoffensiven, selbst, wenn sie sehr intensiv sind, nicht lösen. Nur eine konsequente, planmäßige und beharrliche Arbeit kann den Erfolg herbeiführen.

. . .

In voller Übereinstimmung mit Geist und Buchstaben der unterbreiteten Initiativen wird auch die *sowjetische Militärdoktrin* aufgebaut. Sie ist eindeutig auf Verteidigung orientiert. Im militärischen Bereich wollen wir auch künftig so handeln, daß niemand mehr Grund zur Angst um die eigene Sicherheit, und sei es eine imaginäre Angst, hat. Aber auch wir und unsere Bündnispartner wollen gleichermaßen vom Gefühl der Gefahr, in der wir schweben, frei sein. Die UdSSR hat sich verpflichtet, keinen nuklearen Erstschlag zu führen, und wird sich strikt daran halten.

Doch ist es kein Geheimnis, daß Szenarien eines nuklearen Überfalls auf uns bestehen. Wir sind nicht berechtigt, uns über sie hinwegzusetzen. Die Sowjetunion ist der überzeugendste Gegner eines wie immer gearteten Atomkrieges. Unser Land setzt sich dafür ein, die Massenvernichtungswaffen aus dem Verkehr zu ziehen und das Rüstungspotential auf ein vernünftig hinreichendes Maß zu begrenzen. Nur daß Charakter und Niveau dieses Maßes noch immer durch die Haltungen und Taten der USA und ihrer Blockpartner gebremst werden. Unter solchen Umständen sagen wir immer wieder: *Auf größere Sicherheit erhebt die Sowjetunion keinen Anspruch, eine geringere wird sie nicht hinnehmen.*

Umfassendes System der Sicherheit …

11. März 1986

Fjodor Dostojewski schrieb einst – und nach historischen Maßstäben vor gar nicht allzu langer Zeit: »Das Geheimnis des menschlichen Seins besteht nicht darin, nur zu leben, sondern darin, wofür man lebt.« Ich bestreite diese Formulierung nicht. Doch denken Sie daran, welch neuen Inhalt sie im Nuklearzeitalter erhält. Ich würde sagen, daß es sich in unserer Zeit lohnt, das Leben der Rettung des Lebens auf der Erde selbst zu weihen. Es gibt kein wichtigeres Ziel.

Noch nie zuvor ist in der Geschichte der Menschheit ein solches Problem entstanden und nun ist es da, deutlich, derb und nicht zu bestreiten, mit harter Unerbittlichkeit, praktisch greifbar. Niemand kann es ignorieren, da es alle angeht. Und ich bin überzeugt, daß es durch die Bemühungen unserer heutigen Generation gelöst werden muß. Wir können und dürfen die Lösung dieser Aufgabe nicht auf die kommenden Generationen abwälzen. Entweder wir lösen es in einem überschaubaren historischen Zeitabschnitt und befreien so unsere Kinder und Enkel von der schweren Bürde einer Existenz in der ständigen Gefahr der wahrscheinlichen und fast augenblicklichen Selbstvernichtung der Menschheit, oder wir lösen es jetzt nicht . . . Und dann wird es, selbst wenn das Schlimmste nicht passiert, unvorstellbar schwierig oder gar unmöglich sein, es zu lösen.

Um zu überleben, muß man zweifellos anders, auf neue Art leben und handeln. Das trifft vor allem für die Koexistenz von Staaten zu. Ihre gegenseitigen Beziehungen bilden die Anatomie und Physiologie dessen, was sich internationales Leben nennt. Die Beziehungen zwischen den Staaten müssen auf Achtung der gegenseitigen Interessen, vor allem der Interessen der Sicherheit, aufbauen, die durch materielle, politisch-rechtliche und moralisch-psychologische Garantien gewährleistet werden, auf der Zusammenarbeit sowohl bei der Suche nach Wegen zur Rettung des Lebens, als auch bei der Lösung eines ganzen Komplexes globaler Probleme, von denen die Qualität dieses Lebens abhängt. Anders gesagt, muß die alte Lage der Dinge, bei der die nationale Sicherheit vor allem auf den Wegen militärtechnischer Lösungen und der Politik der Stärke betrachtet wurde, bei der die Welt zu einer Geisel des nuklearen Todes wurde, einem umfassenden System der Sicherheit weichen, das alle Bereiche der internationalen Beziehungen umfaßt. Die Menschheit kann und muß mit der Natur in Frieden leben.

Neue Denkweise erforderlich …

31. März 1986

Wir klagen nicht über unsere Finanzlage, obwohl wir auch keine entbehrlichen Mittel haben. Um so mehr, weil wir wegen der herausfordernden imperialistischen Politik einen Teil der Ressourcen in die Stärkung der Verteidigungsfähigkeit unseres Landes lenken müssen. Das werden wir auch weiterhin tun: die friedliche Arbeit des sowjetischen Volkes, unserer Freunde und Verbündeten wird auch weiterhin zuverlässig geschützt.

. . .

Ist eine Verbesserung der sowjetisch-amerikanischen Beziehungen wirklich möglich ohne praktische Beschlüsse über eine Beschränkung des Wettrüstens; kann man wirklich Vertrauen schaffen, wenn die Arsenale mit immer raffinierteren Kriegswaffen angefüllt werden? Wir sind überzeugt, daß zum Frieden ein anderer Weg führt, der Weg vom Wettrüsten zur Abrüstung.

Dazu ist es unerläßlich, die alte Denkweise aufzugeben, derzufolge die Führer des Imperialismus das Postulat der altrömischen Legionäre – »wenn du den Frieden willst, bereite den Krieg vor« – auch heute auf die internationalen Beziehungen für anwendbar halten.

. . .

Uns sind auch die Absichten bekannt, die Sowjetunion im Wettrüsten zu zermürben. Sie sind uralt und offen gesagt, unklug. Dabei wird nichts herauskommen, und somit vorausgaben die Amerikaner sowohl ihr Geld wie auch ihre Kräfte vergebens für die Verwirklichung dieser Doktrin, die schon längst gescheitert ist.

8. April 1986

. . . es ist Zeit, damit aufzuhören, die Beziehungen mit der UdSSR auf fehlerhaften Vorstellungen und Illusionen aufzubauen. Eine der gefährlichsten dieser Illusionen besteht darin, daß die friedlichen Absichten und Aufrufe der Sowjetunion als Kennzeichen der Schwäche beurteilt werden. Vielmehr: durch das Wettrüsten zermürbt man uns nicht, aus dem All vertreibt man uns nicht, in der Technologie umgeht man uns nicht. Aus diesen Versuchen wird nicht Gutes herauskommen.

Wie aus zahlreichen Briefen ersichtlich ist, die beim Zentralkomitee eingehen, sorgen sich nicht wenige unserer Menschen: wird es nicht so kommen, daß unter dem Deckmantel der Gespräche über den Frieden und fruchtloser Verhandlungen der Westen einen plötzlichen Durchbruch bei der Rüstung unternimmt, auf den wir nicht reagieren können? Ich kann versichern, Genossen, daß das nicht gelingen wird. Den Unterschied zwischen Worten und Taten sehen wir sehr wohl. Die Sowjetunion bildet ihre Politik unter Berücksichtigung der Gesamtheit aller realen Faktoren. Wir werden uns nicht plötzlich überraschen lassen. Der Sowjetstaat hat mehrmals gezeigt, daß er jede beliebige Herausforderung beantworten kann. Wenn es erforderlich ist, wird er auch diesmal in der nötigen Weise antworten.

18. April 1986

Man erklärt uns, Westeuropa könne nicht auf Kernwaffen verzichten, auch auf die amerikanischen nicht, weil es sich dann angesichts der Streitkräfte und konventionellen Rüstungen der Warschauer Vertragsstaaten weniger sicher fühlen würde. Die Rechtspresse sucht dieses Scheinargument noch zu untermauern, indem sie phantastische Schreckensbilder einer Invasion des Westens durch eine Armada sowjetischer Panzer verbreitet.

Was haben wir dazu zu sagen?

Vor allem würde die Beseitigung der Kernwaffen in Europa nicht nur für den Westen, sondern auch für uns eine neue Situation schaffen. Wir können nicht vergessen, daß im vornuklearen Zeitalter unser Territorium aus westlicher Richtung überfallen wurde, und zwar nicht nur einmal.

Und noch etwas: Ich möchte hier, von der Hauptstadt der sozialistischen DDR aus, an alle Menschen in Westeuropa appellieren: Glaubt nicht den Hirngespinsten von der Aggressivität der Sowjetunion. Niemals und unter keinen Umständen wird unser Land Kriegshandlungen gegen Westeuropa beginnen, wenn wir und unsere Bündnispartner nicht zum Objekt eines Überfalls seitens der NATO werden. Ich wiederhole: niemals.

. . .

Unsere Politik enthält keine Fußangeln. Wir bieten dem Westen nicht die geballte Faust, sondern die offene Hand dar. Ich möchte betonen: Wir suchen nach Wegen zur gegenseitigen Verständigung und zur Begrenzung des Wettrüstens nicht aus Schwäche. Wir brauchen den Frieden, aber nicht nur wir, sondern alle. Unsere Politik wird von der Sorge um das Überleben der Menschheit vielleicht der einzigen Zivilisation in den kosmischen Weiten der Galaxis bestimmt.

Balance auf einem niedrigeren Niveau ...

7. Juli 1986

Wollen wir doch das Ganze auf neue Art betrachten: Der Westen soll bei den Waffenarten, von denen er mehr hat, entsprechende Reduzierungen vornehmen und auch wir werden ohne Zögern unser »Übergewicht« abbauen, wo es besteht. Mit anderen Worten: Suchen wir nach einer Balance auf einem niedrigeren Niveau. Das ist eine reale und eine unaufschiebbare Aufgabe, und wir dürfen vom Westen eine positive und konkrete Reaktion erwarten.

28. Juli 1986

Es ist ein dringendes Gebot der Zeit, die gegenwärtige Entwicklungsstufe der Zivilisation, der internationalen Beziehungen und der Welt neu einzuschätzen; einer widerspruchsvollen, komplizierten und doch objektiv durch die Bande der wechselseitigen Abhängigkeit geeinten Welt: der internationalen Beziehungen, die bei all den Unterschieden und Interessengegensätzen es nicht mehr gestatten, nach den tausendjährigen Traditionen des »Faustrechts« zu leben: der Zivilisation, die eine bisher beispiellose Geistes- und Schaffenskraft des Menschen und zugleich ihre Zerbrechlichkeit und Verwundbarkeit durch die Kräfte offenbart, die durch den menschlichen Verstand freigesetzt, jedoch in den Dienst der Zerstörung gestellt worden sind.

All das diktiert die Notwendigkeit und macht es dringend erforderlich, so manche Schablonen im Herangehen an die Außenpolitik, so manche althergebrachte Modelle des politischen Denkens und der Anschauungen über Krieg und Frieden, über die Verteidigung, über die Sicherheit einzelner Staaten und die internationale Sicherheit von Grund auf zu verändern. Daraus erhellt, daß unsere radikalen und in vollem Sinn globalen Vorschläge – wie das Programm zur Beseitigung der nuklearen und der anderen Massenvernichtungswaffen noch in diesem Jahrhundert, die Vorschläge zum völligen Verbot der Kernwaffenversuche, zum Verbot der chemischen Waffen, zur Zusammenarbeit bei der friedlichen Nutzung des Weltraums und eine ganze Reihe anderer – die ganze Welt, alle Länder angehen.

. . .

Wir bekommen oft aus dem Ausland verschiedene Erfindungen über die Aufstockung der Militärmacht durch die Sowjetunion im Osten des Landes zu hören. Mit allem Nachdruck erkläre ich: Wir tun nichts und werden nichts über das hinaus tun, was dem minimalen Bedarf unserer Verteidigung und des Schutzes unserer Freunde und Verbündeten entspricht. Insbesondere im Hinblick auf die amerikanischen militärischen Aktivitäten in der Nähe unserer und ihrer Grenzen.

18. August 1986

Die Situation wird immer unhaltbarer. Heute reicht es nicht mehr aus, die bestehenden Verträge zu erhalten. Es sind große und praktische Schritte erforderlich, um den Militarismus zu zügeln und die Entwicklung der Ereignisse zum Besseren zu wenden. »Das Gleichgewicht der Angst« hört auf, ein Faktor der Eindämmung zu sein. Und nicht nur deshalb, weil die Angst überhaupt kein guter Ratgeber für die Vernunft ist und zu Handlungen verleiten kann, deren Folgen unvorhersehbar sind.

Diese Angst ist unmittelbar am Wettrüsten beteiligt. Sie verstärkt das Mißtrauen und die Verdächtigungen und schafft dadurch einen Teufelskreis des Schürens von Spannungen. Dafür gibt es nicht wenige Beispiele.

. . .

Den Umstand, daß wir Verhandlungen führen, deuten manche amerikanische Politiker als Ergebnis der wachsenden militärischen Potenzen der USA und des SDI-Programms.

Die amerikanische Administration, die ihre Politik auf solchen falschen Prämissen aufbaut, kann niemals auf den Weg ehrlicher Übereinkünfte und der Gesundung des internationalen Klimas gelangen. Und dennoch wird man den Realitäten des Lebens Rechnung tragen müssen. Davon kann man nicht abgehen.

Was unsere Vorschläge betrifft, so ergeben sie sich aus den Realitäten der heutigen Welt und sind nicht von Schwäche, sondern von der Einsicht in die hohe Verantwortung für die Geschicke der Menschheit diktiert. Das ist die Situation zu diesem Zeitpunkt.

...

Doch wir wollen hoffen, daß in den amerikanischen Einschätzungen und Handlungen Realismus und Einsicht in die Notwendigkeit einer gemeinsamen Suche nach der Gesundung der internationalen Situation, der Einstellung des sinnlosen Wettrüstens und nach der Beseitigung der Kernwaffen die Oberhand gewinnen werden.

Wir wissen aber auch, mit wem wir es zu tun haben. Deshalb ist die Sicherheit des Landes eine heilige Sache für uns. Das müssen alle wissen. Das ist eine Frage des Prinzips.

9. September 1986

Wenn man militärische Überlegenheit will, braucht man das Moratorium nicht.

Wenn man das Wettrüsten fortsetzen will, und besonders wenn man es in neue Bereiche, in den Kosmos, übertragen will, braucht man das Moratorium nicht.

Wenn man neue, vollkommenere Waffenarten besitzen will, so bringt ein Moratorium erst recht nichts.

Wenn man bei der Lösung internationaler Probleme auf Stärke setzt und zum Mittel des Diktats und der Erpressung greifen will, steht ein Moratorium ebenfalls im Weg.

Wenn man Angst davor hat, mit dem anderen sozialen System auf den Gebieten der Wirtschaft, Demokratie, Kultur, des geistigen Reichtums menschlichen Lebens in ehrlichen Wettstreit zu treten, dann paßt einem das Moratorium schon gar nicht.

Wenn einem egal ist, was aus der Natur, aus dem Lebensbereich des Menschen wird, dann wird man auch weiterhin nukleare Explosionen durchführen.

Wenn der unstillbare Appetit des militärischen Busineß und aller, die mit ihm verflochten sind, wichtiger sind, als die Meinungen und Lebensinteressen von Hunderten Millionen Menschen in der ganzen Welt, dann setzt man die Kernwaffentests fort.

Mit anderen Worten, das Verhältnis zum Moratorium zeigt das wirkliche Wesen und die Richtung der Politik. Da gibt es kein Ausweichen.

. . .

Was aber unsere wirtschaftlichen Sorgen betrifft, so möchten wir sie rascher und besser meistern. Deshalb würden wir jede Möglichkeit begrüßen, Mittel und Kräfte von der Verteidigung auf zivile Zweige, auf die Erhöhung des Lebensniveaus der Menschen umzuorientieren. Aber die Sicherheitsinteressen werden wir dabei niemals preisgeben und werden auf ihre Kosten niemals, darunter auch nicht bei Verhandlungen, Konzessionen machen. Das würde uns das sowjetische Volk auch nicht erlauben.

Die Versuche, durch Wettrüsten die UdSSR und den Weltsozialismus wirtschaftlich zu unterhöhlen, sehen wir sehr deutlich. Und wir unternehmen alles, damit diese böswilligen Pläne nicht aufgehen werden. Wir werden in mehreren Richtungen gleichzeitig handeln: auf diplomatischem, militärischem, politischem und – jawohl – auch auf propagandistischem, vor allem aber auf wirtschaftlichem Gebiet. Wir werden die Effektivität der Wirtschaft erhöhen, das Tempo beschleunigen und die Leitung vervollkommnen.

18. September 1986

Wir führen einen schwierigen Kampf für den Frieden. Früher haben die USA alle ihre militaristischen Pläne mit vielen unbegründeten Mutmaßungen mit vielen Entstellungen des Bildes der Sowjetunion und ihrer Außenpolitik erklärt.

Erstens, behauptet man, daß die Sowjetunion die ganze Welt zu unterwerfen droht, daß sie die militärische Vorherrschaft anstrebt, daß sie beabsichtigt, ganz Westeuropa zu okkupieren. Die Sowjetunion will, heißt es, die »Tatze« auf Afrika und Asien legen. Sie haben damit ein Bild der Sowjetunion gezeichnet, wie sie gesagt haben, des »russischen Bären«, des »russischen Aggressors«. Ich sehe Sie an: vermitteln wir tatsächlich einen solchen Eindruck, ich, und Sie, und alle unsere Generationen, die all das geschaffen haben, was es in unserem Land gibt? Wir sind stolz auf unser Land. Wieviel Kraft haben wir aufgebracht, wieviele Leben hingegeben! Denken wir uns wirklich solche tückischen Pläne hinsichtlich anderer Völker aus?

Absage an wirtschaftliche Zermürbungstaktik ...

14. Oktober 1986

Und so, buchstäblich einen oder zwei Schritte von Entscheidungen entfernt, die von historischer Tragweite für das gesamte Nuklear- und Kosmoszeitalter hätten sein können, haben wir es nicht vermocht, diesen Schritt oder diese Schritte zu tun. Es hat keine Wende in der Weltgeschichte stattgefunden, obwohl sie noch möglich gewesen wäre.

Aber unser Gewissen ist rein. Man kann uns keinen Vorwurf machen. Wir haben alles getan, was in unserer Macht stand.

. . .

Mir scheint, die Amerikaner machen bei ihrer Beurteilung der Situation zwei schwerwiegende Fehler.

Der eine ist taktischer Natur. Sie nehmen an, daß sich die Sowjetunion früher oder später mit den Versuchen, das amerikanische strategische Diktat wiederherzustellen, abfinden wird. Es sollen ausschließlich sowjetische Rüstungen reduziert werden, weil die Sowjetunion angeblich mehr als die USA an einer Abrüstungsvereinbarung interessiert ist. Aber das ist ein tiefer Irrtum. Und je schneller die Amerikaner, die amerikanische Administration sich davon freimachen – das sage ich wohl schon zum hundersten Mal –, desto besser wird das für sie selbst, für unsere Beziehungen und für die gesamte Weltlage sein.

Der zweite Fehler ist strategischer Natur. Die Vereinigten Staaten wollen die Sowjetunion durch das Wettrüsten mit den modernsten und kostspieligsten Weltraumwaffen wirtschaftlich zermürben. Sie wollen verschiedene Schwierigkeiten für die sowjetische Führung schaffen und ihre Pläne, darunter auch im sozialen Bereich, bei der Verbesserung der Lebensbedingungen unseres Volkes durchkreuzen und damit eine Unzufriedenheit des Volkes über seine Führung hervorrufen. Dadurch sollen zugleich die Möglichkeiten der Sowjetunion in ihren ökonomischen Beziehungen mit den Entwicklungsländern eingeschränkt werden, damit sie unter diesen Bedingungen gezwungen werden, sich vor den Vereinigten Staaten zu demütigen.

Ergebnisse eigener Initiativen ...

16. Februar 1987

Die Schaffung und dann auch die Anhäufung von Kernwaffen und ihren Trägermitteln über jegliche vernünftige Grenze hinaus haben den Menschen technisch in die Lage versetzt, seiner eigenen Existenz ein Ende zu bereiten. Gleichzeitig machen die Anhäufung von sozialem Sprengstoff und die Versuche, die Probleme einer Welt, die sich grundlegend verändert hat, weiterhin mit Gewalt und Methoden zu lösen, die aus der Steinzeit vererbt wurden, die Katastrophe auch politisch überaus wahrscheinlich. Die Militarisierung der Denk- und Lebensweise schwächt oder beseitigt gar die moralischen Hemmungen auf dem Wege zum nuklearen Selbstmord.

. . .

Auf dem militärpolitischen Gebiet brachten wir das Programm zur Vernichtung der Kernwaffen bis zum Jahr 2000 ein. Es wurde im Namen des sowjetischen Volkes vor dreizehn Monaten, am 15. Januar 1986, verkündet. Und wir sind davon überzeugt, daß dieses Datum in die Geschichte des Kampfes für die Rettung der Zivilisation vor dem Untergang eingehen wird.

Noch davor ergriffen wir die Initiative, alle nuklearen Explosionen einzustellen, und verlängerten das einseitige Moratorium mehrmals. Uns gehört die Idee von Reykjavik, und wir brachten dorthin Initiativen, die, falls sie Anklang bei der anderen Seite gefunden hätten, die Einstellung des Wettrüstens und eine grundlegende Hinwendung zur Abrüstung und Beseitigung der nuklearen Gefahr bedeuten würden. Zusammen mit unseren Verbündeten entschieden wir uns zu kühnen, breitangelegten Schritten in der Frage der vertrauensbildenden Maßnahmen und der Reduzierung der konventionellen Rüstungen und Streitkräfte in Europa. Wir bekundeten die Bereitschaft zur vollständigen Vernichtung der chemischen Waffen.

In Wladiwostok luden wir die Länder Asiens und des Pazifikraums zur gemeinsamen Suche nach einer Sicherheit für alle und einen jeden in dieser riesengroßen und erwachenden Weltregion, zu einer gegenseitig vorteilhaften und gleichberechtigten Zusammenarbeit ein. Wir unterzeichneten die Deklaration von Delhi, in der sich unser philosophisches und politisches Streben nach einer Welt ohne Kernwaffen und ohne Gewalt mit der Haltung des großen Indien und von Milliarden Menschen decken, die in der Bewegung der Nichtpaktgebundenen vertreten sind.

Als entschiedene Anhänger einer neuen internationalen Wirtschaftsordnung formulierten wir eine Konzeption der internationalen ökonomischen Sicherheit und unterbreiteten sie zur allgemeinen Aussprache.

Und schließlich ist unser neues Herangehen an humanitäre Probleme, die zum »Dritten Korb von Helsinki« gehören, für alle offensichtlich. Ich muß diejenigen enttäuschen, die annehmen, dies sei ein Ergebnis des Drucks seitens des Westens auf uns, wir wollten jemandem gefallen und verfolgten irgendwelche geheimen Ziele. Nein. Das ist ebenfalls das Ergebnis einer neuen Denkweise...

Nicht nur in diesem Saal, sondern auch außerhalb ist wohl kein Mensch zu finden, der die Kernwaffen für eine harmlose Sache halten würde. Jedoch gibt es nicht wenige Menschen, die aufrichtig daran glauben, daß dieses Übel zur Abwendung eines noch größeren Übels eines Krieges notwendig ist. Diese These liegt der Doktrin der nuklearen Abschreckung zugrunde.

Was ist in diesem Zusammenhang zu sagen?

Erstens. Selbst wenn man auf dem Boden dieser Doktrin bleibt, muß man zugeben, daß der »nukleare Schutzbrief« nicht völlig sicher und nicht unbefristet ist. Zu jedem Zeitpunkt kann er sich als Todesurteil für die Menschheit erweisen. Je mehr Kernwaffen, desto geringer sind die Chancen dafür, daß sie sich »brav benehmen« werden. Ausbreitung dieser Waffen, Komplizierung der damit verbundenen technischen Systeme, Vergrößerung der Transportmaßstäbe, ständige Möglichkeit für technische Störungen, für das Auftreten menschlicher Schwächen oder den bösen Willen von irgend jemandem, das alles insgesamt stellt eine große Menge von Zufälligkeiten dar, von denen es abhängt, ob die Menschheit existieren oder nicht existieren wird.

Zweitens. Betrachten wir die Doktrin der Abschreckung von einer anderen Seite. Im Grunde genommen ist das eine Politik der Drohungen. Jedes Verhaltensmodell hat seine innere Logik. Wenn die Bedrohung als ein Mittel der Politik auftritt, ist der Wunsch natürlich, daß eine solche Bedrohung in jedem Fall von allen ernst genommen wird. Dazu ist es aber erforderlich, die Bedrohung periodisch durch Handeln zu untermauern; in diesem Falle durch Anwendung militärischer Gewalt. Daraus kann nur eine Schlußfolgerung gezogen werden: Nicht nur, daß die Abschreckungspolitik, in historischer Perspektive betrachtet, die Möglichkeit militärischer Konflikte nicht senkt, sondern sie erhöht diese vielmehr. Nichtsdestoweniger klammern sich manche an diese Doktrin selbst nach Reykjavik.

. . .

Drittens. In den Abrüstungsdiskussionen kann man immer wieder folgende These hören: Dem Menschen sei angeblich eine Art »Gewalt-Instinkt«, ein »Kriegs-Instinkt« angeboren, und dieser Instinkt sei angeblich unüberwindbar.

Was ergibt sich denn daraus? Ist denn der Krieg ein unabdingbarer Begleiter des Menschen? Folglich sind auch Aufkommen, Perfektionierung und Anhäufung immer neuer Mittel zur Vernichtung des Menschen unvermeidlich?

Es ist unmöglich, sich mit derartigen Ansichten abzufinden. Sie erinnern an die Zeiten, da immer vollkommenere Waffen dazu entwickelt und eingesetzt wurden, um andere Völker zu erobern und zu zwingen, für sich zu arbeiten, oder sie einfach auszuplündern. Eine derartige Vergangenheit ist kein Vorbild für die Zukunft und erst recht keine Schablone dafür. Der Mensch an der Schwelle des 21. Jahrhundert weiß überaus viel und kann überaus viel leisten. Aus eben diesem Grunde ist er verpflichtet, die Notwendigkeit einer Demilitarisierung der Welt zu erkennen. Wir glauben daran, daß eine solche Welt möglich ist und werden alles tun, um den Enderfolg dieser, wohl der größten gesellschaftlichen Initiative, zu gewährleisten.

Das Thema der nuklearen Abschreckung hat noch einen weiteren Aspekt. In der Politik darf man das Problem des Rationalen und Irrationalen nicht vergessen. Besonders in unserer komplizierten Welt, in der der Inhalt dieser Begriffe selbst einem überaus starken Einfluß der Besonderheiten der historischen Erfahrung der Völker, der ziemlich unterschiedlichen politischen Kulturen, Traditionen und vielem anderen ausgesetzt ist. Es ist gar nicht leicht, das alles auf einen gemeinsamen Nenner zu bringen, der für alle ohne Ausnahme rationell ist. Deshalb bleibt auch folgendes eine unumstößliche Wahrheit: je mehr Kernwaffen, desto größer die Möglichkeit eines verhängnisvollen Fehlers.

Verzicht auf Kernwaffenstatus ...

Unsere Konzeption der Schaffung eines Systems der allumfassenden internationalen Sicherheit, unsere anderen Initiativen, sie alle widerspiegeln den klaren Wunsch und die Bereitschaft der Sowjetunion, auf ihren Status einer Kernwaffenmacht zu verzichten, alle anderen Rüstungen auf ein vernünftig hinreichendes Mindestmaß zu reduzieren.

Die UdSSR verlangt für sich nichts, was sie anderen absprechen wollte, sie beansprucht nicht ein Gran mehr Sicherheit, als sie zum Beispiel die USA haben. Die Sowjetunion wird jedoch auch keinen beeinträchtigenden Status, keine Diskriminierung akzeptieren.

Betrachten Sie alle unsere Vorschläge. Sie enthalten keinen Versuch, irgendeine unserer Waffen aus den Verhandlungen auszuklammern. Unser Prinzip ist einfach: Alles muß begrenzt und reduziert werden, in bezug auf Massenvernichtungswaffen gilt es, auf deren Vernichtung hinzuwirken. Dort, wo eine Ungleichheit in irgendwelchen Elementen besteht, die Lage auszugleichen. Und nicht durch Aufstockung bei demjenigen, der zurückgeblieben ist, sondern durch eine Reduzierung bei dem, der dem anderen voraus ist. Auf dem Wege zum historischen Ziel, zu einer entmilitarisierten Welt, wird es natürlich Etappen geben. In jeder davon müssen die gegenseitigen Interessen, das Gleichgewicht auf einem vernünftigen und ausreichenden Niveau mit ständiger Tendenz zur Senkung eingehalten werden. Alle müssen es begreifen und darüber übereinkommen: eine Parität der Fähigkeit, einander mehrfach zu vernichten, ist wahnsinnig und absurd.

. . .

Wir erheben keine Ansprüche auf den Besitz der Wahrheit in letzter Instanz. Wir reagieren bereitwillig auf Vorschläge, die von anderen Ländern, politischen Parteien, gesellschaftlichen Bewegungen und auch Einzelpersonen unterbreitet werden. Die Sowjetunion unterstützte die Idee der Schaffung eines kernwaffenfreien Korridors im Herzen Europas, von kernwaffenfreien Zonen im Norden Europas, auf dem Balkan, im Südteil des Pazifiks und in anderen Regionen. Wir sind bereit, Konsultationen über jeden Vorschlag durchzuführen, um nach der besten Variante, die alle zufriedenstellt, zu suchen.

. . .

Meine Damen und Herren, Genossen! Die Zeit schrumpft gleichsam zusammen, in dem Maße, wie die Gefahr einer neuen Runde des Wettrüstens zunimmt, wie auch im Zusammenhang mit der rapiden Zuspitzung regionaler und sogenannter globaler Probleme. Man darf sie nicht mehr für Versuche verschwenden, einander zu überrunden, einseitige Vorteile zu erlangen. Der Einsatz in diesem Spiel, das Überleben der Menschheit ist zu hoch. Darum wird die Berücksichtigung des kritischen Zeitfaktors lebensnotwendig.

Ehrliche Rüstungsbegrenzungen ...

25. Februar 1987

Manchmal bekommt man allerdings folgende Meinung zu hören: Das ist alles richtig, und wir unterstützen von Herzen die Außenpolitik der Partei, aber in der Welt ist es nach wie vor unruhig, das Wettrüsten will kein Ende nehmen, die nukleare Bedrohung bleibt real, und der amerikanische Imperialismus ist nicht nur zu keiner Abrüstung bereit, sondern baut vielmehr sein offensives Potential aus.

Diese Einschätzung der Sachlage ist im allgemeinen richtig, doch meines Erachtens dennoch unvollständig.

In der Tat, die Lage in der Weltarena ist gefährlich, die sowjetisch-amerikanischen Verhandlungen über die Begrenzung der Kernwaffen treten durch Verschulden der Führung der USA auf der Stelle, scharfe Konflikte in verschiedenen Gebieten der Welt bergen die Gefahr großer Komplikationen in sich. Doch man darf auch anderes nicht übersehen.

In der Atmosphäre der internationalen Beziehungen selbst, in den Stimmungen der Öffentlichkeit, in der Einstellung sowohl einfacher Menschen als auch vieler Staatsmänner zur Wahl der Position in der heute wichtigsten Frage, der Frage von Krieg und Frieden, hat sich eine einschneidende Wende angedeutet und nimmt immer mehr Gestalt an.

. . .

Wir haben alles Notwendige unternommen, um unsere Sicherheit und die Sicherheit unserer Freunde und Verbündeten zuverlässig zu gewährleisten, und werden das auch weiter tun, damit keiner in Versuchung gerät, unsere Grenzen auf Festigkeit zu prüfen. Wir werden aber keinen einzigen Schritt über die Erfordernisse und Bedürfnisse der Verteidigung in vernünftigem und ausreichendem Maße hinausgehen. Wir werden nicht gedankenlos und automatisch dem folgen, was der Imperialismus uns beim Wettrüsten aufzwingen will.

Für alle ehrlichen Schritte zur Rüstungsbegrenzung und -reduzierung zur Gewährleistung einer zuverlässigen Kontrolle über diesen Prozeß und zur Festigung der internationalen Sicherheit halten wir alle Türen offen und werden dies auch weiter tun.

Jeder unserer Schritte auf dem Weg der sozialistischen Erneuerung ist zugleich ein Sieg der Kräfte des Friedens und des Fortschritts und eine Niederlage der Kräfte von Aggression und Militarismus.

Auf diese Weise, Genossen, verschmelzen die Probleme, die wir uns in der Innenpolitik stellen, mit den Problemen, die auf dem internationalen Schauplatz gelöst werden müssen.

30. März 1987

Die Rüstungen müssen auf eine Stufe des vernünftigen Ausreichenden vermindert werden, das heißt – auf eine Stufe, die erforderlich ist ausschließlich für die Lösung von Verteidigungsaufgaben. Im europäischen Haus soll sich jede Wohnung gerechtfertigt vor Einbrechern schützen, aber so, daß nicht der Nachbar zugrunde gerichtet wird.

25. Juni 1987

Von der schlechten Disziplin und dem Fehlen einer gebührenden Ordnung zeugen Fakten der sich periodisch wiederholenden bedeutenden und außerordentlichen Vorfälle. Die Ursachen sind in der Regel die gleichen: Undiszipliniertheit, Unordnung, Mißwirtschaft und Verantwortungslosigkeit. Davon zeugt auch die Verletzung des sowjetischen Luftraums und die Landung in Moskau eines westdeutschen Sportflugzeuges. Dieser Vorfall ist in jeder Hinsicht präzedenzlos. Er erinnert ein weiteres Mal daran, wie stark und zählebig in unserer Gesellschaft und sogar in der Armee jene negativen Erscheinungen sind, die vom April-Plenum des ZK und dem XXVII. Parteitag der KPdSU aufgedeckt wurden. Dies unterstreicht die Notwendigkeit, die Wachsamkeit zu erhöhen, noch entschlossener zu handeln, Disziplin, Organisiertheit, Verantwortung und Verläßlichkeit allerorts auf allen Ebenen zu festigen. Im Namen des Politbüros und des Verteidigungsrates erkläre ich fest: Weder in der Partei noch im Volk darf es Zweifel an der Fähigkeit der Streitkräfte der UdSSR zur Verteidigung des Landes geben.

Quellenverzeichnis:

Hinweis: Beim Nachweis wurde soweit möglich darauf geachtet, leicht zugängliche Quellen zu benennen. Nur in Ausnahmefällen – wo keine deutschsprachigen Fassungen vorlagen, wurde auf russischsprachige Quellen Bezug genommen.

10. Dez. 1984: Gorbatschow, M. S., Lebendiges Schaffen des Volkes. Referat auf der wissenschaftlich-praktischen Unionskonferenz »Vervollkommnung des entwickelten Sozialismus und die ideologische Arbeit der Partei im Lichte der Beschlüsse des Juni-Plenums (1983) des ZK der KPdSU«. 10. 12. 1984. APN-Verlag, Moskau 1985. Zuerst in erheblich verkürzter und entstellter Fassung in: Pravda, 11. Dezember 1984. Die Publikation in: Sowjetunion heute (Beilage), Nr. 1 1985 basiert auf der Pravda-Fassung. Die vollständige Fassung des APN-Verlages wurde offensichtlich erst nach der Ernennung M. S. Gorbatschows zum Generalsekretär des ZK der KPdSU im Frühjahr publiziert.
Hinweis des Herausgebers: Von außerordentlich großem Interesse ist in diesem Zusammenhang die Tatsache, die diese Rede in der kürzlich erschienenen, dreibändigen, vom Institut für Marxismus-Leninismus beim ZK der KPdSU herausgegeben Ausgabe ausgewählter Reden und Artikel von M. S. Gorbatschow (Gorbačev, M. S., Izbrannye reči i stat'i. I: 1967–1983; II: 1984–1985; III 1985–Juli 1986, Moskva 1987) gekürzt und bearbeitet publiziert worden ist! So hat die Redaktion offensichtlich durchgängig die Bezüge zu früheren Parteichefs und deren Namen aus den Reden gestrichen und zum Teil wichtige Passagen aus dem Text entfernt, ohne dafür eine Erklärung zu liefern.

18. Dez. 1984: Rede M. S. Gorbatschows vor Mitgliedern des britischen Parlaments in London. In: Sowjetunion heute (Beilage), Nr. 1 1985, S. IX–XI.

11. März 1985: Rede M. S. Gorbatschows auf dem Plenum des ZK der KPdSU. In: Sowjetunion heute, Nr. 4 1985, S. 4–5 (Tag der Wahl M. Gorbatschows zum Generalsekretärs der Partei).

7. April 1985: Interview M. S. Gorbatschows mit der »Pravda«. In: Sowjetunion heute (Beilage), Nr. 5 1985, S. III–IV.

23. April 1985: Über die Einberufung des Ordentlichen XXVII. Parteitages der KPdSU und die mit seiner Vorbereitung und Durchführung zusammenhängenden Fragen. Referat des Generalsekretärs des ZK der KPdSU, M. S. Gorbatschow. In: Sowjetunion heute (Beilage), Nr. 6 1985, S. I–IX.

26. April 1985: Rede M. S. Gorbatschows auf dem Empfang für die Teilnehmer des Treffens der führenden Partei- und Staatrepräsentanten der Länder des Warschauer Vertrages in Warschau. In: Sowjetunion heute (Beilage), Nr. 6 1985, S. XX–XXI.

8. Mai 1985: Unsterbliche Heldentat des sowjetischen Volkes. Rede zum Anlaß des 40. Jahrestages des Sieges des sowj. Volkes im Großen Vaterlän-

dischen Krieg. In: Sowjetunion heute (Beilage), Nr. 6 1985, S. X–XVI.

17. Mai 1985: Nastojčivo dvigat'sja vpered (Hartnäckig vorwärts). (Auftritt auf einer Versammlung des Aktivs der Leningrader Parteiorganisation.) In: Gorbačev, M. S.: Izbrannye reči i stat'i, M. 1985, S. 66–82.

27. Mai 1985: Tischrede M. Gorbatschows bei einem Essen zu Ehren Willy Brandts in Moskau. In: Sowjetunion heute (Beilage), Nr. 6 1985, S. XXIII–XXIV.

11. Juni 1985: Die Grundfrage der Wirtschaftspolitik der Partei. Referat des Generalsekretärs des ZK der KPdSU, M. S. Gorbatschow, auf der Beratung zu Fragen des wissenschaftlich-technischen Fortschritts. In: Sowjetunion heute (Beilage), Nr. 7 1985, S. I–V.

26. Juni 1985: Aktivno dejstvovat', ne terjat' vremeni (Aktiv handeln, keine Zeit verlieren). Ansprache des Genossen M. S. Gorbatschow auf dem Treffen mit dem Kollektiv des Dnepropetrovsker Metallurgischen Betriebs »G. I. Petrowski«. In: Gorbačev, M. S., Izbrannye reči i stat'i. M. 1985. S. 139–160.

28. Aug. 1985: Antworten M. S. Gorbatschows auf Fragen der amerikanischen Zeitschrift »Time«. In: Sowjetunion heute (Beilage), Nr. 10 1985, S. I–VIII.

30. Sept. 1985: Für eine friedliche Zukunft Europas und der ganzen Welt. Besuch M. S. Gorbatschows in Frankreich vom 2. bis 5. Oktober 1985. Ansprache und Interview im französischen Fernsehen. In: Sowjetunion heute (Beilage), Nr. 11 1985, S. I–VI.

3. Okt. 1985: Rede M. S. Gorbatschows vor französischen Parlamentariern. In: Sowjetunion heute (Beilage), Nr. 11 1985, S. IX–XIII.

4. Okt. 1985: Erklärung M. S. Gorbatschows auf der Pressekonferenz in Paris. In: Sowjetunion heute (Beilage), Nr. 11 1985, S. XVI–XXII.

15. Okt. 1985: Die Politik der Partei: Sorge für das Wohl des Volkes, für Frieden und Fortschritt. Referat M. S. Gorbatschows auf dem Plenum des ZK der KPdSU. In: Sowjetunion heute, Nr. 11 1985, S. 4–8.

21. Nov. 1985: Pressekonferenz M. S. Gorbatschows in Genf. (Anläßlich des sowjetisch-amerikanischen Treffens (Reagan–Gorbatschow)). In: Sowjetunion heute (Beilage), Nr. 12 1985, S. I–XV.

27. Nov. 1985: Rede M. S. Gorbatschows vor dem Obersten Sowjet der UdSSR. In: Sowjetunion heute (Beilage), Nr. 12 1985, S. VIII–XV.

10. Dez. 1985: Rede M. S. Gorbatschows vor dem Amerikanisch - Sowjetischen Handels- und Wirtschaftsrat. (Tischrede). In: Sowjetunion heute (Beilage), Nr. 1 1986, S. II–IV.

15. Jan. 1986: Erklärung M. S. Gorbatschows zur Abrüstungsfrage. In: Sowjetunion heute (Beilage), Nr. 2 1986, S. I–V.

28. Jan. 1986: Aus der Tischrede M. S. Gorbatschows bei einem Essen zu Ehren des Generalsekretärs der Italienischen Kommunistischen Partei. In: Sowjetunion heute (Beilage), Nr. 3 1986, S. I–II.

4. Feb. 1986: Antworten M. S. Gorbatschows auf Fragen der Zeitung »L'Humanité«. In: Sowjetunion heute (Beilage), Nr. 3 1986, S. III–VIII.

25. Feb. 1986: Politischer Bericht des ZK der KPdSU an dem XXVII. Parteitag der Kommunistischen Partei der Sowjetunion. Bericht des Generalse-

kretärs des ZK der KPdSU, S. M. Gorbatschow. In: Sowjetunion heute (Sonderheft), März 1986, S. 3–43.

6. März 1986: Ansprache des Generalsekretärs des ZK der KPdSU, M. S. Gorbatschow anläßlich der Beendigung des Parteitages. In: Sowjetunion heute (Sonderheft), April 1986, S. 88–90.

11. März 1986: Antwort M. S. Gorbatschows an Prof. Maurice Maurois (Paris). In: Sowjetunion heute (Beilage), Nr. 4 1986, S. I–II.

31. März 1986: Otvety M. Gorbaëva alžirskomu žurnalu »Revoljus'on afriken«. In: Izvestija, 3. April 1986.

8. April 1986: Reč' tovarišča M. S. Gorbačeva na vstreče s trudjaščímisja goroda Tol'jatti (Rede auf einem Treffen mit Arbeitern in der Stadt Tol'jatti.). In: Pravda, 9. April 1986.

18. April 1986: Grußansprache M. S. Gorbatschows auf dem XI. Parteitag der SED. In: Sowjetunion heute (Beilage), Nr. 5 1986, S. II–V.

6. Mai 1986: Tischrede M. S. Gorbatschows bei einem Essen zu Ehren José Eduardo dos Santos (VR Angola). In: Sowjetunion heute (Beilage), Nr. 6 1986, S. II–III.

16. Juni 1986: Über den Fünfjahrplan der wirtschaftlichen und sozialen Entwicklung der UdSSR für die Jahre 1986 bis 1990 und die Aufgaben der Parteiorganisationen bei seiner Verwirklichung. Bericht des Generalsekretärs des ZK der KPdSU, M. S. Gorbatschow. Moskau, APN-Verlag 1986, S. 7–82.

30. Juni 1986: Ansprache M. S. Gorbatschows auf dem Parteitag der Polnischen Vereinigten Arbeiterpartei. In: Sowjetunion heute (Beilage), Nr. 8 1986, S. I–V.

7. Juli 1986: Tischrede M. S. Gorbatschows bei einem Essen zu Ehren François Mitterrands (im Kreml). In: Sowjetunion heute (Beilage), Nr. 8 1986, S. V–VI.

28. Juli 1986: Reč' tovarišča Gorbačeva M. S. na toržestvennom sobranií, posvjaščennom vručenija Vladivostoku ordena Lenina (Rede M. S. Gorbatschows anläßlich der Verleihung des Lenin Ordens an die Stadt Wladiwostok). In: Pravda, 29. Juli 1986. Auszüge auch in: Sowjetunion heute (Beilage), Nr. 9 1986, S. I–IV. Hier ist die Pravda-Fassung zugrundegelegt.

31. Juli 1986: Die Umgestaltung duldet keinen Aufschub, sie betrifft alles und jeden. Rede M. S. Gorbatschows vor dem Aktiv der Regionalparteiorganisation in Chabarowsk. In: Sowjetunion heute (Beilage), Nr. 9 1986, S. VI–XIII.

18. Aug. 1986: Erklärung M. S. Gorbatschows im sowjetischen Fernsehen. In: Sowjetunion heute (Beilage), Nr. 9 1986, S. XIII–XVI.

9. Sept. 1986: Antworten M. S. Gorbatschows auf Fragen der Zeitung »Rudé Právo«. In: Sowjetunion heute (Beilage), Nr. 10 1986, S. I–VI.

18. Sept. 1986: Reč' General'nogo sekretarja CK KPSS M. S. Gorbačeva na vstreče s partinym aktivom Krasnodarskogo Kraja. In: Izvesija, 20. September 1986.

14. Okt. 1986: Ansprache M. S. Gorbatschows über sein Treffen mit US-Präsident Reagan im sowjetischen Fernsehen (Reykjavik). In: Sowjetunion heute (Beilage), Nr. 11 1986, S. VIII–XII.

27. Okt. 1986: Antwort M. S. Gorbatschows auf eine Frage der Veranstalter des VI. Internationalen Schriftstellertreffens in Sofia. In: Sowjetunion heute (Beilage), Nr. 11 1986, S. XIX.

21. Nov. 1986: Interv'ju M. S. Gorbačeva índijskím žurnalistam. In: Pravda, 24. November 1986.

27. Nov. 1986: Rede M. S. Gorbatschows vor dem Parlament in Delhi. In: Sowjetunion heute (Beilage), Nr. 1 1987, S. I–III.

27. Jan. 1987: Über die Umgestaltung und die Kaderpolitik der Partei. Referat des Generalsekretärs des ZK der KPdSU, M. S. Gorbatschow, auf dem Plenum des ZK der KPdSU. In: Sowjetunion heute (Beilage), Nr. 2 1987, S. I–XXIII.

28. Jan. 1987: Schlußwort M. S. Gorbatschows auf dem Plenum des ZK der KPdSU. In: Sowjetunion heute (Beilage), Nr. 2 1987, S.XXV–XXVII.

14. Feb. 1987: Überzeugung – eine Stütze der Umgestaltung. Treffen mit Leitern der Massenmedien. Rede von M. S. Gorbatschow. In: Sowjetunion heute (Beilage), Nr. 3 1987, S. IX–XIII.

16. Feb. 1987: Ansprache M. S. Gorbatschows vor den Teilnehmern am internationalen Forum »Für eine Welt ohne Kernwaffen, für das Überleben der Menschheit«. In: Sowjetunion heute (Beilage), Nr. 3 1987, S. I–VIII.

25. Feb. 1987: Gorbatschow, M. S., Die Umgestaltung ist das ureigenste Anliegen des Volkes. Rede auf dem XVIII. Gewerkschaftskongress der UdSSR. Moskau, APN-Verlag, Moskau 1987. 31 Seiten.

30. März 1987: Reč' M. S. Gorbačeva na obede v čest' Prem'er Ministra Velikobritaníí M. Tetčer. In: Pravda, 31. März 1987 (Tischrede beim Empfang von M. Thatcher in Moskau).

10. April 1987: Rede M. S. Gorbatschows auf einer Kundgebung in Prag. In: Sowjetunion heute (Beilage), Nr. 5 1987, S. I–VIII.

13. April 1987: Byt' patriotom svoej rodiny, žit' i rabotat' po sovesti (Rede in Leninsk beim Treffen mit Arbeitern). In: Pravda, 14. Mai 1987.

16. April 1987: Die Jugend als schöpferische Kraft der revolutionären Erneuerung. Rede M. S. Gorbatschows auf dem XX. Komsomolkongress. In: Sowjetunion heute (Beilage), Nr. 5 1987, S. IX–XVII.

18. Mai 1987: Antworten M. S. Gorbatschows auf Fragen der Redaktion der Zeitung »l'Unita« (Italien). In: Sowjetunion heute (Beilage), Nr. 6 1987, S. I–IX (Auszüge). Ergänzt durch Passagen aus: Moskovskíe novostí, Nr. 22 1987.

Mai 1987: Gorbačev, M. S., K lučemu miru. Slova k amerikanskomu čitatelju. In: Kommunist, Nr. 7 1987, S. 3–12.

25. Juni 1987: Über die Aufgaben der Partei zur grundlegenden Umgestaltung der Wirtschaftsleitung. Referat des Generalsekretärs des ZK der KPdSU, M. S. Gorbatschow, auf dem Plenum des ZK der KPdSU. In: Sowjetunion heute (Beilage), Nr. 7 1987, S. I–XXV.

16. Juli 1987 : Praktičeskimi delami uglubljat' perstrojku. (Treffen M. S. Gorbatschow mit Leitern der Massenmedien und Künstlerverbänden). In: Izvestija, 16. Juli 1987 (datiert nach Erscheinen).